Günter Knoblauch (Hg.)

AF281513

Zwischen Humor und Repression

Band 1
Aufbruch und Illusion
Eine Anthologie in drei Bänden
(2. aktualisierte Auflage)

Studieren in der DDR
Zeitzeugen erzählen

Impressum

Bibliografische Information der Deutschen Nationalbibliothek: Die Deutsche Nationalbibliothek verzeichnet diese Publikation in der Deutschen Nationalbibliografie; detaillierte bibliografische Daten sind im Internet über http://dnb.dnb.de abrufbar.

Zwischen Humor und Repression – Studieren in der DDR *(Originalausgabe)*
Gefördert von der Bundesstiftung zur Aufarbeitung der SED-Diktatur
Lektorat: Birgit Scholz *(Ausgabe 2017)*
© 2017 Mitteldeutscher Verlag, Günter Knoblauch, Rainer Jork (Hg.)

Neugestaltete und erweiterte Ausgabe in 3 Bänden
© 2025 Günter Knoblauch (Hg.)
Umschlaggestaltung, Satz und Layout: Günter Knoblauch
Schriften: Tahoma, SIL OFL

Günter .Knoblauch
D-82061 Neuried
www.knobi-muc.de

Verlag: BoD · Books on Demand GmbH, Überseering 33, 22297 Hamburg, bod@bod.de
Druck: Libri Plureos GmbH, Friedensallee 273, 22763 Hamburg

ISBN: 978-3-7693-5207-8

Günter Knoblauch (Hg.)

Zwischen Humor und Repression
Studieren in der DDR

Band 1
(2. Auflage)

Die vorliegende Publikationsreihe knüpft an das Projekt „Studieren in der DDR" an, das 2014 mit Unterstützung der Bundesstiftung zur Aufarbeitung der SED-Diktatur und unter der Trägerschaft der Stiftung Leben und Arbeit Wilsdruff durchgeführt wurde. Die Ergebnisse wurden 2017 im Mitteldeutschen Verlag unter dem Titel „Zwischen Humor und Repression – Studieren in der DDR" veröffentlicht.

Diese Publikation wurde durch die Unterstützung zahlreicher Förderer ermöglicht, von denen hier stellvertretend einige genannt seien:

- Dr. Matthias Rößler, Landtagspräsident des Freistaates Sachsen (2009–2024),
- Lutz Rathenow, Sächsischer Landesbeauftragter zur Aufarbeitung der SED-Diktatur (2011–2021),
- Christian Dietrich, Landesbeauftragter des Freistaates Thüringen zur Aufarbeitung der SED-Diktatur (2013–2018),
- sowie die Staatskanzlei Thüringen unter Ministerpräsident Bodo Ramelow.

Für die Buchauflage 2025 konnten dank der Unterstützung der Alumni-Koordinatorinnen Susann Mayer (TU Dresden) und Christin Kieling (Universität Leipzig) weitere Autoren gewonnen werden. Herrn Volkmar Lehman danke ich für die Bereitstellung von Material aus dem Archiv der TU Dresden.

Mein Dank gilt allen, besonders Kristin Koschnick, für ihre wertvolle Unterstützung bei der Konzeption und Gestaltung der Buchumschläge

Titelfoto: Demonstration zum 1. Mai 1954, es marschiert das Studiensemester von Günter Herrmann (Foto: Günter Herrmann)

Hinweis zum Umgang mit dem Buch

Lassen Sie sich von Ihrer Neugier leiten – schlagen Sie das Buch einfach an einer beliebigen Stelle auf und tauchen Sie in die Erzählungen ein.

Jeder Beitrag bietet für sich allein spannende Einblicke und regt zum Nachdenken an.

Die Bände der Buchreihe tragen folgende Untertitel:

Band 1 „**Aufbruch und Illusion**"
Band 2 „**Anpassung und Widerständigkeit**"

Diese beiden Bände widmen sich den Studienzeiten von Ende der 1950er- bis Ende der 1980er-Jahre. Sie beleuchten unterschiedliche Facetten dieser Epochen.

Band 3 „**Das Kompendium**"
Dieser Band stellt eine didaktische Sammlung bereit, die Materialien, Anregungen und Hinweise für den Umgang mit den Texten der Autoren enthält.

Inhaltsverzeichnis

Hinweis zum Inhaltsverzeichnis:
Wer hier erwartungsvoll nach Autorennamen sucht, wird enttäuscht – oder überrascht. Stattdessen präsentiert das Inhaltsverzeichnis pointierte Hinweise auf Themen und Inhalte, teils zugespitzt, teils bewusst vereinfacht, aber immer mit einem Augenzwinkern Richtung Kern der Sache. Die Sortierung folgt nicht der Prominenz, sondern schlicht den Studienzeiten der Autorinnen und Autoren. Und ja – hinter den Beiträgen stehen sowohl bekannte Namen als auch jene, die es nie auf ein Podium, aber sehr wohl in diesen Band geschafft haben. Wer wissen will, wer was geschrieben hat, wird natürlich bei den jeweiligen Texten fündig.

I

Hinweis zur Redaktion

Zur Einordnung der redaktionellen Beiträge siehe die Hinweise auf Seite 36.

Zum Geleit

Geleitwort des Landtagspräsidenten a.D. Dr. Matthias Rößler zur 3-teiligen
Buchreihe „Zwischen Humor und Repression"

Liebe Leserinnen und Leser,

ich freue mich, Ihnen eine Lektüre empfehlen zu können, die insbesondere jene fesseln wird, die in der DDR studiert haben oder sich für die Bildungsgeschichte unseres Landes im 20. Jahrhundert interessieren.

35 Jahre nach der friedlichen Revolution und der deutschen Einheit sind die Ereignisse von damals längst Geschichte. Dennoch prägen sie bis heute die Biografien von Millionen DDR-Bürgern. Dazu gehört auch das Studium in der DDR – ein Kapitel, das zunehmend in Vergessenheit gerät, da inzwischen eine neue Generation herangewachsen ist.

In der neu gestalteten und erweiterten Auflage von *„Zwischen Humor und Repression"* werden diese Erfahrungen bewahrt. Mit neuen Beiträgen und zusätzlichen zeithistorischen Informationen bietet die dreibändige Buchreihe nicht nur tiefere Einblicke in die damaligen Realitäten des Studiums in der DDR, sondern schafft auch einen zeitgemäßen Zugang zu den Ereignissen.

Die persönlichen Erfahrungsberichte von akademischen Vertretern der 1950er bis 1980er Studienjahrgänge – insbesondere an der TU Dresden, aber auch an anderen Universitäten in der DDR – eröffnen jüngeren Generationen eine lebendige Perspektive auf die Studienbedingungen im „real existierenden Sozialismus".

Die vorliegende Textanthologie erhebt nicht den Anspruch, das Studium in der DDR wissenschaftlich aufzuarbeiten. Die Herausgeber haben jedoch bereits bei der Ausschreibung zur Erstauflage 2017 eine offene Plattform geboten, um unterschiedliche Erlebnisse und existenzielle Erfahrungen einzubringen: *„Was war gut und worauf hätten wir verzichten können?"*

Das Ergebnis – wie die Beiträge eindrücklich zeigen – ist eine Warnung vor einseitigen oder allzu pragmatischen Sichtweisen sowie vor den weit verbreiteten Nostalgiebestrebungen. Gleichzeitig hoffe ich, dass damit ein wichtiger Beitrag geleistet wird, um den für alle Beteiligten schwierigen Weg von der ideologisch geprägten „Kaderschmiede" hin zu einer freien Lehre und Forschung nachzuvollziehen. Ebenso soll die freiheitliche Demokratie als Chance für die Gestaltung des akademischen Deutschlands im 21. Jahrhundert wahrgenommen werden.

Mein besonderer Dank gilt den Herausgebern und Förderern dieses Buchprojekts, das bereits mit der Erstauflage 2017 einen bedeutenden Abschluss gefunden hatte. Ebenso danke ich allen ehemaligen Studierenden und Dozenten, die mit ihren Zeitzeugnissen zum Gelingen dieser bislang einzigartigen Dokumentation für die neuen Bundesländer beigetragen haben.

Dass Günter Knoblauch das Projekt erneut aufgegriffen, überarbeitet und in Zusammenarbeit mit neuen Autorinnen und Autoren erweitert hat, ist ein großer Gewinn. Besonders wertvoll ist die Anpassung an heutige technische Möglichkeiten sowie an veränderte Lern- und Lesegewohnheiten.

Ich hoffe, dass die folgenden Berichte ein breites Interesse wecken – insbesondere bei Schülerinnen, Schülern und Studierenden in Sachsen, Thüringen und darüber hinaus. Sie stellen eine authentische Quelle und einen wertvollen Zitatenschatz für zukünftige Forschungsvorhaben zur sächsischen sowie ostdeutschen Bildungsgeschichte dar.

Ich wünsche Ihnen eine spannende Lektüre und viele neue Einblicke in ein bewegtes Kapitel der ostdeutschen Bildungsgeschichte.

Dr. Matthias Rößler
Sächsischer Landtagspräsident a.D.

Ein Vorwort und gleichzeitig ein Rückblick zu „Zwischen Humor und Repression"

Günter Knoblauch

Der Titel der Dokumentation schlägt einen Bogen vom Aufbruch in den Nachkriegsjahren über Illusion und Anpassung, den Humor und ein scheinbar normales Studium ohne besondere Vorkommnisse bis hin zu Widerständigkeit und schließlich zur Repression durch den Staat.

Günter Herrmann schrieb mir dazu in einem Brief vom 28. September 2016: *„Nein, es wurde nicht illusionistisch studiert, sondern ernsthaft, wohlüberlegt, mit festen konkreten Zielen und [...] auch mit Lebens- und Schaffensfreude trotz [...] Repressionen. Dies war möglich durch verschiedene Arten der Anpassung, in einer gewissen Tarnhaltung (Brecht: ‚Ich lerne ihre Regeln, um sie zu brechen!'), ohne überzogene, weil selbstmörderische Opposition. Der Begriff Anpassung ist nicht unbedingt negativ besetzt: In der gesamten Evolution erfolgte Anpassung zur Erhöhung der Überlebenschance. Es konnten auch nicht 17 Millionen auswandern."*

Zwischen Humor und Repression beschreibt die Gratwanderung, auf die sich Studierende damals oft begeben mussten.

Ein Rückblick

Ein Treffen im August 2007 mit dem damaligen Rektor der TU Dresden, Professor Hermann Kokenge, führte zu einer Vereinbarung, das Thema der Aufarbeitung entweder im Rahmen einer Ringvorlesung oder einer Tagung zu behandeln. Monate später fiel die Entscheidung zugunsten einer Tagung, die 2009 stattfand.

Parallel dazu wurde Dr. Matthias Lienert, Leiter des Archivs der TU Dresden, vom Rektor mit der Sichtung und Zusammenstellung des Materials beauftragt. Auf Grundlage zahlreicher Interviews und Recherchen entstand die Dokumentation *„Zwischen Widerstand und Repression – Studenten der TU Dresden"*, die 2011 im Böhlau-Verlag veröffentlicht wurde.
Im Vorfeld dieser Tagung führten meine Frau und ich Gespräche mit Absolventen und Professoren der TU Dresden. Dabei begegneten uns häufig

kritische Stimmen zu bisherigen Publikationen über das Studium an der TH/TU Dresden. Typische Kommentare lauteten beispielsweise: *„Nostalgie pur"* –
bezogen auf die Publikation *„Mit dem Motorrad durch den Zeunerbau"* – oder *„So kann man das doch nicht stehen lassen!"*, mit Blick auf *„Reiner Pommerins 175 Jahre TU Dresden"*.

Ein besonders prägnantes Beispiel für die Kritik:
In der offiziellen Geschichte der TU Dresden von Prof. Pommerin wird das Wirken des MfS lediglich auf einer knappen Seite behandelt. Dort heißt es:
„In einigen Jahren werden hoffentlich Forschungen sowohl das Ausmaß von Ablehnung als auch von Kooperationsbereitschaft mit der Staatssicherheit an der TU Dresden wissenschaftlich befriedigend belegen."
Prof. Pomerin, im Westen sozialisiert und erst 1990-1992 als Professor für Mittlere und Neuere Geschichte an die TU Dresden berufen, war zweifellos nicht die ideale Besetzung für dieses Thema.

Besteht ein Mangel an Wissen über die Vergangenheit? Die Meinungen dazu gehen auseinander.
Die einen sagen: „Herr Knoblauch, so kann man es doch nicht stehen lassen." Sie äußern sich so, weil sie wissen, wie es wirklich war.

Und die Anderen? Der ehemalige Direktor des Hanna-Arendt-Instituts HAI), Prof. Besier, (geb. 1947), der in der Bundesrepublik sozialisiert wurde und sich auf Kirchengeschichte habilitierte, wechselte 2003 an die TU Dresden. Dort wurde er als Professor für Totalitarismusforschung Direktor des HAI und zog 2009 über die Landesliste der Linken in den Sächsischen Landtag ein. In Zusammenhang mit der Aberkennung meines akademischen Grades durch die TU Dresden schrieb mir Besier:
„[...] die Uni hat Sie rehabilitiert – [...] der Professor hat sich - wenn auch reichlich spät – bei Ihnen entschuldigt, [...]. Meine Frage: Was erwarten Sie noch?"

Ob aus dem Osten oder aus dem Westen – dies sei wertfrei gesagt und lediglich als Erklärung. Besier hatte offenbar nicht verstanden, dass es nicht um mich persönlich ging, sondern um die Reputation der Universität. Es ging darum, dass die TU Dresden durch diesen Vorgang die Möglichkeit hatte, sich als Institution zu reflektieren und ihre Verantwortung in der Aufarbeitung der Vergangenheit wahrzunehmen.

Ein Glücksfall zur richtigen Zeit:
Es war ein entscheidender Wendepunkt, als ich auf den damaligen Rektor, Prof. Herrmann Kokenge, traf – den richtigen Gesprächspartner zur richtigen Zeit. Spontan fanden sich weitere Unterstützer und Mitarbeiter, wie in der Danksagung erwähnt, die das Projekt voranbrachten. Nur so konnte die erste Publikation entstehen:
„Zwischen Humor und Repression – Studieren in der DDR".

Am 15. Juni 2011 fanden zwei Veranstaltungen statt: *„Was bedeutet Freiheit von Lehre und Studium aus dem Blickwinkel der DDR-Vergangenheit"* an der TU Dresden sowie *„50 Jahre Mauer"* in der Dreikönigskirche in Dresden.
Ein Teilnehmer der Tagung am 15 Juni 2011, Prof. Günter Franke, äußerte sich in der Abschlussdiskussion sehr emotionell: *„Hier wird immer nur über die großen Fälle gesprochen, jedoch nicht über die vielen kleinen Repressionen, denen wir täglich ausgesetzt waren."*

Am folgenden Tag trafen wir uns mit Teilnehmern und stellten fest, dass Tagungen für einen kleinen, elitären Kreis nicht ausreichen, wenn das Ziel darin besteht, die Einzelschicksale aus dem Dunkeln zu holen.

Bereits beim Symposium *„Zur personellen und strukturellen Erneuerung an der TU Dresden nach 1990"* im November 2001 sowie bei der Festveranstaltung *„Der Neubeginn 1989"* im Oktober 2003 wurden die Ereignisse der Jahre 1989/1990 thematisiert. Dabei wurde auf Defizite in der Aufarbeitung hingewiesen, doch im Wesentlichen blieb es bei diesen Feststellungen.

Am Abend des 16. Juni 2011 beschlossen Rainer Jork, Günter Knoblauch und Hermann Kokenge, das Projekt „Einzelschicksale" weiter zu verfolgen

Entwicklung des Konzepts
Zu Beginn stand die Frage: Wie umfassend soll die Dokumentation gestaltet sein? Welche Themen sollen den Schwerpunkt bilden? Und: Beschränken wir uns auf die TU Dresden? Bereits seit den Tagungen 2009 und 2011 bestanden Kontakte zu anderen Universitäten. Bei einem Arbeitstreffen im

September 2011 in Radebeul nahmen auch Dr. Jens Blecher, Direktor des Archivs der Universität Leipzig, und Dr. Christoph Meixner, Leiter des Hochschularchivs der Hochschule für Musik Franz Liszt Weimar (HfM), teil. Da unsere Gesprächspartner jedoch an genehmigte Budgets gebunden waren und wir ehrenamtlich arbeiteten, blieb es zunächst bei der Vereinbarung, den Kontakt zu pflegen.

Anfang 2012 kristallisierte sich das Konzept heraus: Persönliche Erlebnisse aus der Studienzeit sollten in Form von drei Seiten Text dargestellt werden (anstelle vollständiger Biografien), ergänzt durch ein Foto aus der Studentenzeit – eine Idee von Lutz Rathenow, dem sächsischen Landesbeauftragten für die Aufarbeitung der SED-Diktatur. Dazu kam eine Kurzbiografie von sechs Zeilen sowie eine zeitgeschichtliche Einordnung durch einen das Projekt begleitenden Historiker. Später wurde beschlossen, auch studentische Schnappschüsse und Dokumente aufzunehmen, um die Authentizität der Beiträge zu erhöhen.

Im Dezember 2012 war das Konzept fertig, und wir hatten bereits Zusagen für Beiträge von rund 20 Absolventinnen und Absolventen.

Nun stellten sich neue Fragen: Wie kann die Finanzierung sichergestellt und das Projekt organisatorisch geführt werden? Unsere ursprünglichen Vorstellungen gingen von bis zu 50 Beiträgen aus.

Die Suche nach einem Projektleiter
Trotz intensiver Bemühungen gelang es nicht, einen „Kümmerer" zu finden, der die Leitung und Koordination des Projekts bis zur Veröffentlichung übernehmen konnte. Die in Frage kommenden Personen – meist aus dem Umfeld der TU Dresden – standen dem Vorhaben zwar positiv gegenüber und hielten es für wichtig, waren jedoch alle bereits stark in anderen Projekten eingebunden und mussten daher absagen. Dennoch leisteten fast alle von ihnen wertvolle Beiträge zur Publikation.
Das Jahr 2012 verging damit, weiter für das Projekt zu werben und Finanzierungsmöglichkeiten zu suchen. Anfang 2013 traf sich das Projektteam – bestehend aus Rainer Jork, Günter Knoblauch und Hermann Kokenge – erneut, um eine Zwischenbilanz zu ziehen:
1. Die bisherigen Gespräche hatten die Relevanz des Projekts bestätigt.

2. Ein „Kümmerer" war weiterhin nicht gefunden, weshalb wir beschlossen, die Verantwortung selbst zu übernehmen.
3. Externe Finanzierung durch Verlage oder Verbände zeichneten sich nicht ab. Daher folgten wir dem Vorschlag,, eine Förderung bei der **Bundesstiftung zur Aufarbeitung der SED-Diktatur** in Berlin zu beantragen.

Der Kontakt zur Bundesstiftung Anfang 2013 verlief vielversprechend, und auch die Suche nach einem Träger für den Förderantrag – notwendig, da Einzelpersonen nicht förderberechtigt sind - erschien zu diesem Zeitpunkt unproblematisch.

Die Suche nach einem Träger für das Projekt
Die Suche nach einem geeigneten Träger erwies sich als ernüchternd und frustrierend. Die TU Dresden – unter ihrem neuen Rektor Müller-Steinhagen, dem Nachfolger von Prof. Kokenge – wäre geradezu prädestiniert gewesen, das Projekt zu übernehmen. Doch ihre Absage war eine Enttäuschung – sehr moderat formuliert.
Ein persönliches Gespräch zwischen dem Sächsischen Landtagspräsidenten Dr. Matthias Rößler und Müller-Steinhagen hinterließ bei Rößler den Eindruck, dass der neue Rektor dem Vorhaben durchaus aufgeschlossen gegenüberstand. Letztlich scheiterte die Unterstützung vermutlich am Widerstand des TU-Senats, der offenbar keine Aufarbeitung wollte.

Die schriftliche Absage des Rektors an Rößler und ihre Begründung wirkten bereits damals befremdlich – und tun es bis heute. Die große Resonanz auf die Publikation in der Öffentlichkeit und Presse verstärkt diesen Eindruck noch. Ich werde in einem Kommentar noch näher darauf eingehen.
Müller-Steinhagen verband seine Absage gleichzeitig mit einem Verweis auf die GFF (Gesellschaft der Freunde und Förderer der TU).
Nach einem vielversprechenden Erstkontakt durch Altrektor Kokenge schien die Gesellschaft der Freunde und Förderer der TU Dresden (GFF) eine geeignete Alternative zu sein. Aufgrund ihres Profils hätte sie ideal als Träger fungieren können. Wir wiesen ausdrücklich darauf hin, dass für die GFF bei einer Übernahme der Trägerschaft weder Kosten noch Belastungen entstehen würden. Dennoch folgten lange Wartezeiten und ausweichende Antworten der Geschäftsführerin auf wiederholte Nachfragen, was den Fortschritt des Projekts erheblich verzögerte.

Die Absage der TU Dresden

Am 28. August 2013 – dem Abgabetermin für unser Projekt bei der Bundesstiftung in Berlin – erreichte uns schließlich folgende Mitteilung per E-Mail:

„[...] im Auftrag von Frau Dr. Krätzig möchte ich Ihnen mitteilen, dass der Vorstand des Fördervereins in seiner letzten Beratung im April 2013 auf Bitten von Herrn Prof. Kokenge auf der Basis der zu diesem Zeitpunkt vorliegenden Informationen abgelehnt hat, das von Ihnen vorgestellte Projekt in Trägerschaft zu begleiten. Dies wurde Herrn Prof. Kokenge damals bereits mitgeteilt und ausführlich erläutert. [...] Gina Urban, i. A. der Gesellschaft der Freunde und Förderer der TU Dresden e. V."

Diese Aussagen stehen im Widerspruch zu den Angaben von Prof. Kokenge. Die Ablehnung der Trägerschaft war ein beschämender Vorgang für die TU Dresden.

Ehemalige Mitarbeiter der TU Dresden recherchierten den politisch-akademischen Hintergrund von Dr. Krätzig. Seit 2005 ist sie Geschäftsführerin der GFF und promovierte 1987 – zwei Jahre vor dem Ende der DDR – an der Fakultät für Gesellschaftswissenschaften, dem damaligen Institut für Marxistisch-Leninistische Wissenschaften der TU Dresden. Das wirft eine entscheidende Frage auf: Gab es möglicherweise auch bei der GFF kein Interesse an einer Aufarbeitung der Vergangenheit?

Die Absage der GFF brachte das Projekt in erhebliche Gefahr und zwang uns zu einem weiteren Jahr des Wartens – eine Herausforderung, die viel Geduld erforderte.

Eine ungewöhnlich offene Absage

Eine weitere Absage, die uns erreichte, war bemerkenswert offen und verdient Erwähnung. Professor Peer Pasternack vom Institut für Hochschulforschung Halle-Wittenberg antwortete am 27. August 2013, nur wenige Stunden nach meiner Anfrage: „[...] vielen dank für ihre anfrage, die ich inhaltlich unmittelbar nachvollziehen kann. es gibt allerdings ein problem: wir haben selbst für die antragsrunde 2014 einen antrag bei der stiftung gestellt und dürfen dessen erfolgsaussichten nicht durch einen zweiten antrag gefährden. es fällt mir aus genau diesem grund auch schwer, ihnen einen anderen potentiellen projektträger zu empfehlen, da für alle einschlägigen vereine oder institutionen das gleiche zutreffen dürfte [...]. mit besten grüßen peer pasternack."

Im Gegensatz zur *langwierigen Kommunikation der TU Dresden* war diese Rückmeldung direkt und ehrlich.

Wenige Tage nach Ablauf der Abgabefrist ergab sich unerwartet eine Lösung: Bei einem zufälligen Treffen mit dem Landrat Arndt Steinbach erhielt Herr Jork dessen spontane Zusage, die Trägerschaft durch die *Stiftung Leben und Arbeit in Wilsdruff* zu übernehmen.

Gewinnung von Zeitzeugen

In den vergangenen Jahren haben wir rund 150 Absolventen von Hochschulen und Universitäten zur Mitarbeit angesprochen und dabei sehr gemischte Reaktionen erhalten.

Einige sagten spontan zu und erklärten sich bereit, ihre damaligen Erlebnisse und Gedanken niederzuschreiben. Andere reagierten emotional aufgewühlt und schilderten, wie sie das Studium unter den engen Systemvorgaben erlebt hatten. Doch es gab auch Enttäuschungen: *„[...] ich bin doch nicht blöd und schreibe das auf, dann verklagt mich vielleicht jemand"*, äußerte ein Angesprochener.

Einige Absolventen bezeichneten sich als damals politisch desinteressiert und sahen keine besonderen Ereignisse oder Erinnerungen, die sie teilen könnten. Andere distanzieren sich bewusst von der damaligen Zeit oder möchten mit den Vorgängen von damals nichts mehr zu tun haben. Ein ehemaliger Kommilitone formulierte es so: *„Ich war damals davon überzeugt [...] aber ich kann und will heute nicht das verteidigen und rechtfertigen, an das ich damals geglaubt habe."*

Besonders beim Thema Stasi verstummte der Austausch oft abrupt, wenn wir es ansprachen.

In Internetforen stießen wir auf interessante Diskussionen, doch die Forenmitglieder lehnten eine Mitarbeit ab. Sie erklärten, die Anonymität der Foren biete ihnen Schutz, den eine Buchpublikation nicht gewährleisten könne.

Auch Fragen zur Nutzung und Sicherheit des gesammelten Materials wurden häufig gestellt und erforderten viel Überzeugungsarbeit. Ehemalige Studenten berichteten zwar ausführlich von ihrer Studienzeit, reagierten aber überrascht, als wir sie ermutigten, ihre Erinnerungen selbst aufzuschreiben – sie hatten angenommen, wir würden diese Aufgabe für sie übernehmen.

Professor Kurt Reinschke von der TU Dresden fragte mich im Oktober 2011, ob es überhaupt möglich sei, genügend Autoren zu gewinnen: *„Keiner will an die eigene Bevormundung und das eigene knechtige Verhalten erinnert werden."* Diese Worte beschreiben treffend die psychologische Abwehr vieler Zeitzeugen, die als Schutzmechanismus dient.

Die Bereitschaft zur Mitarbeit und die Offenheit, ihre Erfahrungen zu teilen, war auffallend höher bei Absolventen, die vor dem Mauerbau oder unter großen Risiken später in den Westen geflüchtet waren. Ein in der DDR gebliebener Gesprächspartner brachte es auf den Punkt: *„Man hat uns verbogen, und das wirkt bis heute nach."*

In unserer Datenbank aus dem Jahr 2011 sind 20 Absolventen verzeichnet, die damals spontan ihre Teilnahme zugesagt hatten. Aufgrund der Projektverzögerung konnten sie jedoch – sei es aus Altersgründen oder aufgrund ihres Todes – leider nicht mehr mitwirken.

Für die vorliegende neue Ausgabe von *Zwischen Humor und Repression – Studieren in der DDR* meldeten sich nach Bekanntgabe des Projektes über die Alumni Gruppen der TU Dresden und der Universität Leipzig weitere ehemalige Absolventen - auch anderer Bildungseinrichtungen. Dadurch konnten einige neue Beiträge aus dem Zeitraum der 1970er-und 1980er-Jahre aufgenommen werden.

Wird die Dokumentation repräsentativ sein?

Im September 2015 schrieb mir Prof. Kurt Reinschke:

„[...] daraus folgt für mich, dass die ‚Stichprobe der Berichtenden' nicht als ‚repräsentative zufällige Stichprobe' aus der ‚Grundgesamtheit von zigtausend DDR-Studenten' angesehen werden kann – leider, [...] – und erst recht nicht aus der ‚Grundgesamtheit' aller in der DDR seinerzeit heranwachsenden geistig regen Jungen und Mädchen, denn dazu gehören die Vielen, denen aus politischen Gründen eine höhere Schulbildung versagt blieb. Von den in der DDR spürbar repressierten Studenten werden die daraus gestärkt hervorgegangenen Personen wie [...] ganz gern Episoden aus ihrer Studienzeit in der DDR erzählen. Die durch die Repressionsmaßnahmen für immer Gebrochenen – von den unnatürlich früh verstorbenen bis zu Tilo W. [...] – aber nicht. Sie [die Dokumentation] zeigt einen kleinen Ausschnitt."

Hier wird deutlich: All jene, die manipuliert, indoktriniert oder erpresst wurden, denen aus politischen Gründen eine höhere Schulbildung von Anfang an verwehrt blieb und die keinerlei soziale Aufstiegschancen hatten, werden in keiner Statistik der Historiker erfasst.

„Die im Dunklen sieht man nicht", um es mit Brechts Worten aus der *„Moritat von Mackie Messer"* in der *Dreigroschenoper* zu sagen.

Nein, auch wir konnten diese Menschen nicht erfassen. Ihre Lebenswege blieben als sogenannte „früh gebrochene Biografien", vergeudete menschliche Ressourcen und zerstörte Existenzen im Dunkeln.

Die Autorinnen und Autoren, die in der Dokumentation zu Wort kommen, bilden einen kleinen, aber gewichtigen Ausschnitt dieser Generation ab. Man sollte nicht nur ihre Beiträge lesen, sondern auch auf ihre Biografien achten - für einige von ihnen markierte das Jahr 1989 einen Wendepunkt.

Die sogenannte schweigende Mehrheit hat das Studium und die damit verbundenen Vorteile, aber auch die Restriktionen in Kauf genommen.

Unterrepräsentierte Perspektiven: Trotz mehrerer Anfragen konnten wir nur wenige Beiträge von Absolventen gewinnen, die dem DDR-System nahestanden.

Zum Umgang mit dem Zeitzeugenmaterial

Können die Autoren die Erlebnisse ihrer Studienzeit Jahrzehnte später noch einmal nachvollziehen und beschreiben?

Ein Autor kann seine damalige Einstellung nicht einfach zurückdrehen – und niemand hat das erwartet. Einige Autoren unterscheiden stärker zwischen ihren damaligen und heutigen Auffassungen, andere weniger. Die Berichte spiegeln daher oft auch ihre heutige Sicht wider – allein schon in der Auswahl dessen, was erzählt wird und was für die aktuelle Deutung ihres Lebens wichtig erscheint. Hilfreich waren hier noch vorhandene Dokumente aus der damaligen Zeit.

Uns war bewusst, dass jeder Eingriff in das übergebene Material kritisch betrachtet werden könnte. Deshalb beschränkten wir uns darauf, die Autoren beratend zu unterstützen, Fragen zu stellen und, wenn nötig, Kürzungen gemäß den Projektvorgaben vorzuschlagen. In einigen Fällen haben wir bei der

Textlänge ein Auge zugedrückt, in anderen schlugen wir vor, aus dem Material zwei thematisch getrennte Beiträge zu erstellen.

Wichtig war uns, den individuellen Stil der Autoren zu bewahren. Hier und da haben wir Fußnoten der Autoren ergänzt, um zusätzliche Erklärungen zu liefern – mit Bedacht. Zu knapp gefasste Fußnoten könnten leicht zu fehlerhaften historischen Einschätzungen führen. Daher wurden ergänzend *„Kommentare zeithistorisch"*, *„Informationen zeithistorische"* sowie *„Themenbeiträge"* eingefügt, um eine vertiefende Einordnung zu ermöglichen.

Ursprünglich hatten wir uns vorgestellt, dass ein Historiker die Beiträge im zeithistorischen Kontext begleiten würde. Ideal wäre eine Zusammenarbeit mit einem Hochschulinstitut für Geschichte gewesen, bei der ein Professor und seine Studenten diese Aufgabe als Lehrprojekt übernehmen könnten. Trotz intensiver Bemühungen ließ sich dieser Wunsch leider nicht realisieren.

Die Projektarbeit gewinnt an Dynamik
Die Logistik, um die vielen Kontakte (im Laufe des Projektes bis Anfang 2016 etwa 150) und das uns übergebene Material zu organisieren, stellte eine enorme Herausforderung dar. Dieses Material musste in Zusammenarbeit mit den Autoren in den vorgegebenen Rahmen eingepasst werden. Die Vorgabe lautete: maximale Beitragslänge 170 Zeilen.
Viele Autoren hielten sich jedoch nicht an diese Vorgabe und schrieben sich zunächst „alles von der Seele". Die Korrespondenz – sei es per E-Mail oder Briefpost oder telefonisch – sowie die Absprachen und Vereinbarungen erforderten einen hohen Aufwand und intensive organisatorische Abstimmung in unserem Dreierteam.

Die eingereichten Beiträge „lebten": Autoren ergänzten oder strichen Inhalte, reichten Bildmaterial nach und mussten Genehmigungen für die Verwendung von Fotos und Dokumenten einholen. Dabei war es eine große Herausforderung, die Übersicht über die vielen entstehenden Versionen zu bewahren.

Mit der Bewilligung der Förderung durch die Bundesstiftung gewann das Projekt Anfang 2015 zusätzlich an Dynamik. Gleichzeitig warfen sich neue Fragen auf:

- Sollten wir weitere Hochschulen einbeziehen? Das Projekt hatte doch die TU Dresden als Auslöser.
- Passt das Thema eines neuen Beitrags zur Gesamtausrichtung des Projekts?
- Reicht eine kurze Fußnote oder ist ein ausführlicher Kommentar nötig?
- Wie sollten humoristische Elemente wie politischer Witz oder studentisches Liedgut eingebaut werden?
- Wird die Dokumentation „stasilastig", wenn wir entsprechende Dokumente aufnehmen?
- Wie lässt sich die Dokumentation gestalten, sodass sie auch im Schulunterricht genutzt werden kann? Welche didaktischen Hilfen sollten im Anhang ergänzt werden?

Beim Aufbau der Dokumentation legten wir Wert darauf, dass später einzelne Abschnitte leicht für Lesungen oder als Serienbeiträge, beispielsweise in (Uni-) Journalen verwendet werden könnten.

Zum Abschluss mussten alle Rechte an Fotos, Dokumenten und bereits veröffentlichten Beiträgen geklärt werden. Während einige Verlage schnell und unproblematisch zustimmten, waren bei anderen persönliche Gespräche nötig. Ablehnungen gab es ebenfalls, etwa bei der „Politischen Grafik", in der ursprünglich Plakate von Majakowski gezeigt werden sollten. Ein Galerist lehnte aus politischen Gründen ab, da er die Grafiken nicht in diesem Kontext erscheinen lassen wollte (Galerie Thomas Flor, Berlin). Daraufhin verwendeten wir anderes Material.

Ein langer Weg zum Ziel
Von der Idee, Erlebnisse und Einzelschicksale aus der Studienzeit festzuhalten, bis zum Abschluss vergingen über vier Jahre. Zählt man die erste Kontaktaufnahme zur TU Dresden bis zum Erscheinen des Buches im Jahr 2017 hinzu, erstreckte sich der Reife- und Arbeitsprozess über insgesamt acht Jahre.

Das Team
Bereits zu Beginn des Projekts wurde uns, den drei Initiatoren, schnell bewusst, wie vielfältig die anstehenden Entscheidungsprozesse sein würden und welche Herausforderungen es zu bewältigen galt. Wir konnten dabei

unterschiedliche Lebenserfahrungen einbringen: Zwei von uns waren Absolventen der TU Dresden. Einer verließ die DDR durch Flucht und musste sich in der Bundesrepublik neu etablieren, während der andere seinen Berufsweg in der DDR beschritt. Der dritte im Team war Professor Hermann Kokenge, Altmagnifizenz der Technischen Universität Dresden.

Nach dem Lesen der ersten Berichte über studentische Werdegänge bezeichnete Professor Kokenge die „Perfidie des Systems" als zentrales Thema und verwendete „Perfidie" als Synonym für „Gemeinheit". Leider konnte er die Veröffentlichung im Jahr 2017 nicht mehr erleben, da er im Dezember 2014 unerwartet verstarb. Sein Tod zwang uns dazu, unseren Arbeitsstil zu überdenken und eine neue Arbeitsteilung vorzunehmen. Trotz teils unterschiedlicher Sichtweisen und Intentionen setzten wir individuelle Schwerpunkte, die wertvolle Erfahrungen brachten – sowohl in der Arbeit mit den Berichten der Autoren als auch in der Zusammenarbeit mit den Unterstützern, Förderern und Institutionen, die am Projekt beteiligt waren.

Unsere Lektorin, Frau Dr. Scholz, sorgte für die sprachliche und inhaltliche Homogenität des Gesamtwerks. Der Mitteldeutsche Verlag (mdv), dem 2016 die Rechte für die Buchausgabe übertragen wurden, übernahm die endgültige Gestaltung und Redaktion. Besonders aufwändig war die Aufbereitung des umfangreichen Bildmaterials. Dank einer sehr guten Zusammenarbeit konnten alle Herausforderungen erfolgreich gemeistert werden.

Die Neuauflage wird diskutiert und auf den Weg gebracht
Da der mdv keine zweite Auflage plante, zog ich die Rechte im Oktober 2019 zurück. In Gesprächen mit Interessenten zeigte sich ein großes Interesse an bestimmten Beiträgen und Themenschwerpunkten der Publikation. Auch eine Reduzierung des Umfangs zugunsten einer wirtschaftlicheren Vermarktung wurde in Betracht gezogen, jedoch verworfen.

Auf der anderen Seite gab es exzellente Rezensionen in Rundfunk, Tageszeitungen sowie Publikationen von Organisationen und Institutionen, die sowohl die Bedeutung des Materials als auch die Notwendigkeit einer weiteren Aufarbeitung dieses Themenbereichs erkannten und die Publikation weiterempfahlen. Mir war daher klar: Dieses Material war es wert, an nachfolgende Generationen weitergetragen zu werden. Ebenso klar war, dass Anpassungen notwendig sein würden.

Im September 2024 informierte ich daher Autorinnen, Autoren und Unterstützer über meine Überlegungen zu einer Neuauflage der Publikation von 2017. Die überaus positive Resonanz hat mich überrascht und in meinem Vorhaben bestärkt.

Das neue dreibändige Werk erscheint nun in einem vollständig überarbeiteten Konzept.

Die zeitliche Struktur der Beiträge wurde beibehalten – unabhängig von den Studienorten der Autoren. Beim Bildmaterial und den Biografien der Autoren stellte sich die Frage: Was interessiert die neue Lesergruppe besonders? Was kann gekürzt oder anders platziert werden? Und was sollte stattdessen aufgenommen werden, um die Zeit authentisch widerzuspiegeln?
Zeithistorische Informationen wurden vertieft, neu formuliert oder als Anmerkungen eingebunden. Dies mag für Leser der Erlebnisgeneration den Lesefluss gelegentlich unterbrechen, doch dabei bitte ich zu bedenken: Diese Anpassung berücksichtigt eine junge Lesergeneration, die wenig Kenntnisse oder Bezug zu den damaligen sprachlichen Begriffen, gesellschaftspolitischen Vorgaben sowie den Lebens- und Studienbedingungen hat. Zudem orientiert sich die neue Gestaltung an den veränderten technischen Zugangs- und Lesegewohnheiten dieser Zielgruppe.
Die als zusätzlich gedachten Informationen der etwa 650 Fußnoten der vorherigen Ausgabe wurden – bis auf wenige Ausnahmen – direkt in die Texte der Autoren integriert.
Zusätzlich wurde die Möglichkeit geschaffen, neue Beiträge aufzunehmen, insbesondere zu Studienzeiten bis Ende der 1980er Jahre, um bestehende Lücken ansatzweise zu schließen

Unterstützung fand ich bei den Alumni-Gruppen der Universitäten Dresden und Leipzig. Auch die Hochschule für Musik Franz Liszt Weimar wurde angesprochen. Die Einladung blieb jedoch unbeantwortet.

Günter Knoblauch, Neuried/München im Februar 2025

***

In Memoria

In Professor Hermann Kokenge haben wir einen Menschen kennen und schätzen gelernt, der 2007 unbefangen auf uns zugegangen ist und sich als Rektor der TU Dresden offen für Probleme zeigte, die ihm eigentlich fremd waren: die Aufarbeitung des
politischen Unrechts, das an Studenten und Dozenten der TU Dresden in den Jahren
der DDR begangen wurde. Kokenge kam erst 1993 aus den westlichen Bundeslän-
dern nach Dresden.

Zu seinen Verdiensten zählen die Durchführung der Tagungen „Politisch motivierte
Urteile und andere Formen von Repressionen gegen Studenten der TU Dresden" und
„50 Jahre Mauer" sowie sein Auftrag zur Erstellung der Dokumentation „Zwischen
Widerstand und Repression" für die Jahre 1945–1989. Auch nach 2010 – nun als Alt-
Rektor der TU Dresden – engagierte er sich bis zu seinem Tod im Dezember 2014 in
unserem gemeinsamen neuen Projekt „Mein Studium in der DDR – Zeitzeugen be-
richten". Leider hatten seine Nachfolger im Amt des Rektors der TU Dresden kein
Interesse mehr an der Weiterführung der Vergangenheitsaufarbeitung.

Rainer Jork verstarb völlig unerwartet im Jahr 2020. Sein Nachwort und seine Sicht
zum Projektablauf aus der Buchausgabe von 2017 – „Erfahrungen und Eindrücke zum
Projekt – Studieren in der DDR" – ist in Band 2, „Anpassung und Widerständigkeit",
nachzulesen.

Ein besonderes Verdienst von ihm war es, einen Träger für das Projekt zu gewinnen:
die Stiftung Leben und Arbeit Wilsdruff, die unsere Vorhaben vorbehaltlos unterstützte. Sein früher Tod verhinderte leider, dass er an der neuen Ausgabe mitarbeiten
konnte - sein Beitrag hätte die Publikation zweifellos bereichert.

***

Der Zeitzeuge als "Feind" des Historikers

Im Vorfeld des Projektes wurde intensiv darüber diskutiert, wie Zeitzeugen selbst mit ihrer Vergangenheit umgehen. Es gab Bedenken, dass Wahrnehmungen und Ereignisse subjektive empfunden und dadurch unterschiedlich bewertet werden könnten. Dadurch, so die Befürchtung, könnten diese Schilderungen möglicherweise nicht ausreichend nah an der *„Wahrheit"* der Historiker liegen.

Man könnte jedoch auch argumentieren, dass Historiker historische Entwicklungen oft in Dimensionen beschreiben, in denen das Einzelschicksal lediglich als statistischer Wert unter vielen erscheint. Viele Betroffene finden sich in solchen Darstellungen nicht wieder.

Professor Hermann Kokenge, Altrektor der TU Dresden und Mitinitiator dieses Projektes, sprach nach dem Lesen der ersten Schilderungen von der Perfidie des Systems in der DDR.

Gerade persönliche Erlebnisse scheinen mir daher besser geeignet, Nostalgiebestrebungen und Geschichtsklitterungen entgegenzuwirken.

Ich bat Michael Mansion – er ist kein Historiker – um seine Sicht auf eine mögliche Diskussion über die Aussagekraft von Zeitzeugenberichten zum Studium in der DDR.

***

Der Zeitzeuge als "Feind" des Historikers?

Michael Mansion

Der Zeitzeuge als "Feind" des Historikers ist eine schöne Metapher, die nachdenklich stimmt.

Ich denke mal, dass jedwede Außenbeobachtung der DDR gleich welcher Couleur auch immer, zu Zeiten ihrer (noch) Existenz unvollständig war. Neben den zentralen Bruchlinien in dieser Gesellschaft, gab es den sogenannten Alltag als angepasste Überlebensstrategie, der nur für diejenigen nachvollziehbar ist, die dort gelebt haben.

Das wird auch aus vielen der Beiträge dieser Publikation ersichtlich. So beschreibt auch der Untertitel des zweiten Bandes „Anpassung und Widerständigkeit" diese Situation.

Unter Berücksichtigung einer Nachkriegssituation, in welcher auch durchaus konservative Liberale und Christen im Westen eine Vergesellschaftung der Banken und Schlüsselindustrien forderten, was aus ihren Programmen aus dieser Zeit noch ersichtlich ist, war die Absicht, einen antifaschistischen und sozialistischen Staat auf deutschem Boden (im Osten) zu errichten ein (aus meiner Sicht) im Prinzip nobles Vorhaben.

Und so ist es auch konsequent, dem ersten Band dieser Publikation den Untertitel „Aufbruch und Illusion" zu geben.

Es wird Historiker geben, die hier schon im Beginn das Ende gewusst haben wollen, aber da wäre ich vorsichtig. Zu beobachten war jedoch bei einiger Aufmerksamkeit eine zunehmende institutionalisierte und ideologische Enge, die einen gewissen Höhepunkt in der Zwangsemeritierung von Ernst Bloch im Jahre 1957 erfuhr.

Diesen und einige andere Facts konnte der (im Vergleich zu Honecker) durchaus klügere Ulbricht nicht mehr glattbügeln, zumal er durch den stets überfordert wirkenden Honecker abgelöst wurde.

Was auf keinen Fall gut gehen konnte, war die Erfüllung der Parole, den wesentlich besser ausgestatteten und vor allem auch international besser vernetzten Westen ökonomisch überholen zu wollen und dies unter der permanenten Prämisse, die besten gefertigten Produkte exportieren zu müssen, um dann mit dem Rest im eigenen Land einen Mythos am Leben zu erhalten.

Das war jedoch kein Spezifikum der DDR, wie man aus dem Beitrag von Uta Knoblauch bei der Weinernte in Bulgarien lesen kann: „Die guten Trauben sind für den Export in die Bundesrepublik." Oder wenn man über die Einsätze der Studenten bei der Einbringung der Ernte bei Wolfgang Friese nachliest und sieht, wie weit die offizielle Information über die „Erfolge durch die Kollektivierung" mit der Realität auseinanderliefen. Und wenn man sieht, wie der Staat bei Kritik zurückschlug.

Man könnte all dies als Banalität abtun, übersieht dabei jedoch die für die Betroffenen schwerwiegenden Konsequenzen: Exmatrikulation, ein Bewährungsjahr, der Verlust beruflicher Aufstiegschancen - um nur einige zu nennen. Ist in diesem Zusammenhang die Einordnung als „Subjektivität der Schilderung" gerechtfertigt? Ich meine: nein.

Ich räume ein, dass man all dies als sehr singuläre Betrachtungen sehen, werten und abtun könnte, insbesondere wenn man auf die „großen Themen und Zwänge" der ideologisch und wirtschaftlich komplexen Außenbeziehungen zur Sowjetunion und anderen Partnern verweist.

Dennoch zeigen die Beiträge der Erfurter Studenten, von Martina Pontius und Gabriele Stötzer und anderen, eindrucksvoll, wie weitreichend und tiefgreifend sich der Staat – gesetzeswidrig, wohlgemerkt - in die Belange von Kunst und Kultur im Bildungswesen einmischte. Ob die Entwicklung einer paranoiden politischen Kultur dabei zwangsläufig die Folge sein muss, bleibt eine äußerst spannende Frage

Das perfide Unrecht, dass vielen DDR-Bürgerinnen und -Bürgern angetan wurde, ist vor allem deshalb zu kritisieren, weil sich der Staat DDR (damit) durch den Bruch der in seiner Verfassung verankerten Rechte in ein Unrecht gesetzt hat. Es geschieht also nicht einfach nur Rechtsbruch durch ein

Fehlurteil, sondern es geschieht staatliches Unrecht, welches, da von ihm nicht revidiert, ihn selbst in ein Unrecht sich selbst gegenüber setzt. Damit ist er nicht Unrechtsstaat ad hoc im Sinne seiner Gründung, sondern er wird zu einem solchen.

Insoweit und als Warnung (auch) an den Staat, der solches Unrecht nicht wiederholen darf, sind alle persönlichen Schicksale von Wichtigkeit im Sinne ihrer individuellen Besonderheiten.

Anzumahnen ist die weiterhin und lt. Grundgesetz erforderlich (gewesene) Verfassungsdebatte nach der deutsch/deutschen Vereinigung zur Klärung der Rolle des Staates in der Demokratie.

Ich füge hinzu, dass der Schaden, der durch solche Rechtsbeugung (und damit Rechtsbrüche) vor allem auch in und durch die DDR entstanden ist, einen unseligen Schatten auf jede gedachte konkrete gesellschaftliche Utopie wirft, die sich damit zugleich für etwas verantworten soll, was man ihr als unvermeidlich in dem Sinne unterstellt, dass die Änderung eines Status Quo an sich schon den Rechtsbruch impliziert.

Die Aufarbeitung der Vergangenheit des Staates DDR, verlangt vor allem vor dem Hintergrund der Nachkriegs-Orientierung im Schatten der beiden großen Supermächte, sowohl historischen Respekt, so wie individuelle Sensibilität gegenüber den Lebensbiographien der DDR-Bürgerinnen und Bürger.

Michael Mansion, geb. 1943 in Weißenfels/Sachsen-Anhalt. Zahntechniker-Ausbildung, ab 1991 tätig im Kulturbereich Saarlouis (u. a. als SBS-Geschäftsführer). Früher Zugang zu Literatur und Musik, politisch geprägt durch KZ-Überlebende, den Marxismus und die Philosophie von Ernst Bloch. Heute freier Schriftsteller und mehrfacher Buchautor zu gesellschaftsrelevanten Themen. Mitarbeit bei Faktum und der Gesellschaft für wissenschaftliche Aufklärung und Menschenrechte (GAM).

Das Jahr 1989 – das Ende parteipolitischer Einfluss-nahme der SED an der TU Dresden

Prof. Dr. rer. nat. habil. Sigismund Kobe (TH/TU Dresden, Studienjahrgang 1960, Fakultät Mathematik und Naturwissenschaften, Diplom 1965

Der vorliegende Beitrag entstand in Anlehnung an einen Beitrag des Autors "Rückblick auf TU-Initiativen beim Neubeginn", Festveranstaltung am 14. Oktober 2003[1]

Blick auf die Vollversammlung aller Mitarbeiter und Studenten der TU am 13. November 1989 um 13 Uhr am Sportplatz Nöthnitzer Straße (Foto: Dr. Rolf Dietzel)

Von den Bombenangriffen des 13. und 14. Februar 1945 auf Dresden waren auch große Teile der Gebäude und Einrichtungen der Technischen Hochschule betroffen. So war die erste Phase des Wiederaufbaus durch die

---

[1] Der Neubeginn 1989 – Würdigung von TU-Initiativen zur Hochschulerneuerung zwischen 1989 und 1993 in Sachsen, Festveranstaltung am 14. Oktober 2003, Sammlung der Reden und Beiträge. Hg. v. A. Post, Dresden 2004, S. 46–71.

Notwendigkeit geprägt, die Folgen der Zerstörung zu beheben und zunächst Strukturen für die Wiederaufnahme des Studienbetriebes zu schaffen. Diese Aufgabe wurde Wissenschaftlern übertragen, die ihren Instituten als Ordinarien im Sinne der traditionellen Universitäten vorstanden. Den meisten von ihnen gelang es, sich über mehrere Jahre einer Einflussnahme von außen weitgehend zu entziehen. Charakteristisch war ein autoritärer Führungsstil. Ihnen zur Seite standen Mitarbeiterinnen und Mitarbeiter aus dem akademischen Mittelbau, der im Laufe der Zeit weiter ausgebaut werden konnte. Gemeinsam war es möglich, eine hohe Qualität der Lehre zu sichern. Absolventen der TH Dresden aus dieser Zeit und auch in der Folgezeit genossen wegen ihrer fundierten fachlichen Ausbildung einen guten Ruf.

Das Ziel der Machthaber in der sowjetischen Besatzungszone und später der DDR war es, ihren Einfluss auf das Hochschulwesen mehr und mehr auszubauen. Beschränkten sich die Maßnahmen der ersten Hochschulreform im Jahre 1945/46 im Wesentlichen noch auf die Ausschaltung nationalsozialistisch belasteter Hochschullehrer, so wurde 1951/52 im Zuge der zweiten Hochschulreform eine zentralistische Steuerung des Hochschulwesens durchgesetzt. Für alle Studenten wurde das gesellschaftswissenschaftliche Grundstudium mit den Fächern Marxismus-Leninismus, politische Ökonomie und dialektischer und historischer Materialismus zur Pflicht. Mit der Beseitigung traditioneller Institutsstrukturen und der Auflösung der Fakultäten während der dritten Hochschulreform ab 1967/68 entstand eine neue Situation. Die Einflussnahme der SED auf die Hochschulen der DDR wurde zur Staatsdoktrin und untergrub zunehmend und schleichend deren Autonomie. Die nun einsetzende Entwicklung ist wohl am ehesten durch den Begriff „Deformation" zu charakterisieren

Es wurde fast unmöglich, die Hochschullehrerlaufbahn einzuschlagen, ohne der Staatspartei anzugehören, und jeder Betroffene musste in dieser Konfliktsituation seine persönliche Entscheidung treffen. Jedem Eingeweihten sind Beispiele bekannt, wie unter solchen Schlagworten wie „Kaderpolitik", „Nomenklaturkader" (im Sprachgebrauch der SED ein Ausdruck für Führungskräfte aller Art) und „Kaderreserve der Partei" die Linientreue eines Kandidaten zur Partei einen höheren Stellenwert bekam als dessen wissenschaftliche und hochschulpädagogische Kompetenz. In weiteren Fällen wurden bei Berufungen sogar DDR-Gesetze unterlaufen.

Folgende Beispiele für „Deformationen" seien hier erwähnt:

■ Wissenschaftler wurden durch Kontrolle des Briefverkehrs mit Kollegen im Ausland bevormundet, ja entmündigt. Abgehende Briefe mussten bei der Parteileitung offen eingereicht werden, und es unterlag der Willkür der Schnüffler, ob die Post überhaupt abging oder ob eventuell eingehende Post dem Adressaten zugestellt wurde, und wenn ja, dann natürlich im geöffneten Zustand.

■ Die ROA (Reserveoffiziersanwärter) -Werbung wurde aggressiv und erpresserisch geführt. Derjenige Student, der sich dennoch nicht beugte, wurde als Forschungsstudent abgelehnt, konnte also nicht Doktorand werden. Auf diese Weise verlor unsere Universität nachweislich viele ihrer besten Studenten für den wissenschaftlichen Nachwuchs, während besser Angepasste deren Plätze einnahmen.

■ Die folgende Begebenheit zeigt, dass die „Deformationen" sogar bis in die wissenschaftliche Arbeit selbst hineinreichten. Ende April 1989 konnte man überall lesen, dass es in der Nacht vom 18. zum 19. April einem Kollektiv von Kernphysikern und Elektrochemikern der TU Dresden gelungen ist, eine Kernfusion auf kaltem Wege einzuleiten. Am 20. April wurde eiligst eine Pressekonferenz einberufen. Anstatt die Ergebnisse der Versuche zuerst mit Fachkollegen an der Universität zu diskutieren, wurde in der erfolgshungrigen Parteipresse der Eindruck vermittelt, dass das Energieproblem der Zukunft von TU-Wissenschaftlern praktisch gelöst worden sei. Diese Einschätzung erwies sich sehr bald als unzutreffend.

In dieser Zeit wurden die Geschicke der Universität längst durch die SED fremdbestimmt. De facto stand der Erste Sekretär der SED-Kreisleitung TU Dresden vor dem Rektor. Etwa 80 Prozent der wissenschaftlichen Mitarbeiterinnen und Mitarbeiter (bei den Hochschullehrern war der Anteil noch höher) waren Mitglieder der SED. Selbst unter diesen machte sich ab Ende 1988 mehr und mehr die Erkenntnis breit, dass die Zeit für eine Veränderung gesellschaftlicher Strukturen gekommen war. Sie setzten darauf, dass sich die Ideen von „Glasnost" und „Perestroika" allmählich durchsetzen würden und damit der vermeintliche „Führungsanspruch" der Partei erhalten werden könne. Es blieb jedoch eher bei einem Wunschdenken, denn die Prinzipien von Parteidisziplin und -doktrin blieben auch weiterhin in Kraft.

Daher waren Reformen „von innen heraus" unmöglich und es bedurfte eines Anstoßes „von außen". Als sich die SED-Führung anschickte, den 40. Jahrestag ihres Staates zu feiern, überschlugen sich die Ereignisse. Im Zusammenhang mit der Durchfahrt von Zügen der Prager Botschaftsflüchtlinge kam es ab dem 3.Oktober 1989 zu gewalttätigen Auseinandersetzungen am Dresdner Hauptbahnhof.

Im Laufe der Woche änderte sich die äußere Form der Proteste, und etwa nach Wochenmitte sahen sich friedliche Demonstranten in Dresden unter der Losung „Keine Gewalt" der Gewalt der Staatsmacht gegenüber. Ein wichtiger erster Erfolg der friedlichen Revolution wurde in Dresden errungen. Bereits am Sonntag, dem 8. Oktober, also am Vorabend der großen Leipziger Demonstration, hatte sich die „Gruppe der 20" gebildet und es begannen erste Verhandlungen mit Partei- und Stadtleitung. Als „Gruppe der 20" wurden jene etwa 20 Dresdner Bürger bezeichnet, die während der Demonstration am 8.Oktober 1989 ernannt und beauftragt wurden, mit den örtlichen Behörden über politische Forderungen zu verhandeln. Sie trugen wesentlich mit dazu bei, dass die friedliche Revolution in Dresden und der DDR ohne blutige Zusammenstöße ablief.

An der Universität selbst – nur wenige hundert Meter von den Ereignissen entfernt – war keinerlei Reaktion zu spüren, abgesehen von einer Stellungnahme des Rektors (Hans-Jürgen Jacobs war Rektor von 1986 bis 1990) im DDR-Fernsehen gegen die Demonstration auf der Straße. Noch am 6.Oktober schrieb der Erste Prorektor einen Brief an das MfS und meldete das Auffinden von Flugblättern gegen ROA-Werbeaktionen.

Sprachlosigkeit machte sich breit, die Stimme des Geistes schien zu schweigen.

Die Gruppe derjenigen, die mit dem andauernden Schweigen nicht einverstanden war, bestand hauptsächlich aus parteilosen akademischen Mitarbeitern, die meist der mittleren und älteren Generation angehörten. Man kannte sich untereinander als kritische Fragesteller während der monatlichen Schulungen in Marxismus-Leninismus. Andere waren auch schon an der sogenannten „Baumaktion" beteiligt, bei der es darum ging, Bäume im Gelände der Universität vor willkürlichem Fällen zu bewahren. Schon ein solcher Protest galt als Auflehnung gegen die Staatsmacht. Ansonsten versahen sie- eher unauffällig – ihre Pflicht als Angehörige des akademischen Mittelbaus.

Ich erinnere mich an eine Begegnung mit Dr. Peter Müller[2] in der Zeit, als die meisten TU-Angehörigen nur eine Frage bewegte, ob denn die Parteimächtigen den gesellschaftlichen Frieden auf die gleiche Weise wiederherstellen würden, wie dies zuvor die chinesischen Genossen auf dem „Platz des Himmlischen Friedens" (Massaker am 4. Juni 1989 im Zentrum Pekings mit Hunderten Toten) praktiziert hatten. Mit der raschen Entwicklung auf der Straße und dem diesbezüglich glücklichen Ausgang wandelte sich auch das Thema in den Gesprächsrunden. Nun stand die Frage im Raum: Wie geht es weiter mit der TU? Es formierte sich eine „Initiative für die Umgestaltung an der Universität". Bald stießen Mitarbeiter aus den Werkstätten, den technischen Bereichen und aus der Sektionsbibliothek hinzu.

Dann überschlugen sich die Ereignisse: Am Montag, dem 13. November, also vier Tage nach der Öffnung der Grenzen sollte das Konzil im Großen Hörsaal Physik tagen. Stattdessen berief die Leitung der Universität eine Vollversammlung aller Mitarbeiter und Studenten am Sportplatz Nöthnitzer Straße ein, die um 13 Uhr begann. Die Ankündigung, das Studienfach Marxismus-Leninismus in Zukunft nicht mehr als Pflichtveranstaltung durchzuführen, sondern nur noch auf freiwilliger Basis anzubieten, wurde als große Errungenschaft der Erneuerung gepriesen.

Den meisten der damals Anwesenden wird aber das mutige Auftreten von Dr. Hilmar Heinemann von der Sektion Physik in Erinnerung geblieben sein. Er stellte sich als Vertreter des „Neuen Forums" vor, nachdem er sich einen Platz auf der Rednerliste durch die Drohung erzwungen hatte, dass für den Fall seiner Abweisung dies auf der am gleichen Abend stattfindenden Dresdner Montagsdemonstration thematisiert werden würde. Seine Sicht auf den 40. Jahrestag der DDR als – wörtlich: „40 Jahre Leben in einem Staatsgefängnis, 40 Jahre Bevormundung durch die SED und 40 Jahre Leben mit Demütigung, Lüge und Heuchelei" – wurde mit empörten Zwischenrufen quittiert. Zu diesem Zeitpunkt erschien vielen Zuhörern eine solche Aussage als überzogen. Insbesondere Mitglieder der SED fühlten sich persönlich

---

[2] Dr. Peter Müller (geb. 1938), Mitarbeiter an der Sektion Physik, Arbeitsgruppe Grundlagenausbildung, Mitautor von Büchern zur Physikausbildung von Ingenieurstudenten. Mitinitiator der „Initiative für die Umgestaltung an der Universität".

angegriffen, der Gedanke an eine mögliche Mitverantwortung war ihnen unangenehm.

Allein aus dieser Szene lässt sich ein Eindruck davon gewinnen, wie komplex sich der nun folgende Prozess der Umgestaltung an der TU Dresden gestaltete, der sicher zu den kompliziertesten Abschnitten der 175-jährigen Geschichte dieser Bildungseinrichtung gehört. Trotz mancher Brüche und Rückschläge gelang den aktiv an diesem Prozess Beteiligten der Neubeginn. Bei ihnen wurden zusätzliche Kräfte freigesetzt durch eine einmalige Aufbruchstimmung nach einer friedlichen Revolution, die auf der Straße begonnen hatte.

Sigismund Kobe, geb. 1940 in Zella-Mehlis; 1959 Abitur, Immatrikulation TH Dresden, einjähriges Vorpraktikum im Schreibmaschinenwerk Dresden, 1960–1965 Studium der Kernphysik und Physik, 1965 Diplom; 1965–1992 Assistent, Lehrer im Hochschuldienst und Oberassistent an der Sektion Physik; 1971 Promotion, 1988 Dr. sc. nat., 1991 Dr. rer. nat. habil. (TU Dresden), 1992–2006 Professor am Institut für Theoretische Physik.

Aufbruch und Illusion

Studienbeginn in den
50er- und 60er-Jahren

Günter Herrmann: Demonstration zum 1. Mai 1954, an der ich nur als fotografierender Zaun-gast teilnahm. Es marschiert mein Semester – Studienjahrgang 1951 (Foto G. Herrmann).

***

Die Autoren im Bild – eine Galerie am Ende des Buches

Die Beiträge in den beiden Bänden entstanden erst viele Jahre nach den geschilderten Erlebnissen – mit zeitlichem Abstand, gereifter Perspektive und einer sprachlichen wie emotionalen Ausgewogenheit, die das Alter mit sich bringt. Dabei sind unterschiedliche Texte entstanden: einige eher unpolitisch oder persönlich geprägt, andere beschreiben das System mit teils humorvoll-groteskem Blick – wieder andere setzen sich mit schwerwiegenden politischen Erfahrungen auseinander, deren Wirkung bis heute nachhallt.

Um dieser persönlichen Dimension ein Gesicht zu geben, wurde – soweit Bildmaterial vorlag – eine Fotogalerie der Autoren zusammengestellt.

Wer nach der Lektüre eines Beitrages neugierig geworden ist und wissen möchte, wie die Studentin oder der Student damals aussah, dem sei der Blick in die Galerie am Ende des Buches empfohlen.

Die Galerie folgt keiner alphabetischen Reihenfolge und ordnet auch nicht nach Bekanntheit – und das mit Absicht. Denn nicht der Name steht im Vordergrund, sondern die Geschichte dahinter. Vielleicht begegnet der Leser dort einem Gesicht, das er bereits kennt – aus einer Erinnerung, die ihn besonders gerührt hat.

***

Einordnung der redaktionellen Beiträge

Alle Anmerkungen, zeithistorischen Informationen, Erläuterungen und Kommentare in diesem Band stammen – sofern nicht ausdrücklich anders vermerkt – vom Herausgeber. Sie dienen der kontextuellen Einordnung und sollen insbesondere jüngeren Leserinnen und Lesern ein besseres Verständnis für Begriffe, Zwänge und Verhaltensmuster vermitteln, die das Leben und Studieren in der DDR geprägt haben – heute aber vielfach nicht mehr bekannt sind.

Dabei wird bewusst zwischen verschiedenen Formen der Kommentierung unterschieden: *Anmerkung, Kommentar, Erläuterung* und *Information (zeithistorisch)* sind keine beliebig austauschbaren Begriffe, sondern folgen einem redaktionellen Konzept. Ihre jeweilige Bedeutung sowie der Umgang mit diesen Kategorien wird auf Seite 341 und im Band 3 - *Kompendium zur Buchreihe* - erläutert.

Diese Einordnung hilft, die historische Tiefe und redaktionelle Struktur der Beiträge besser nachvollziehen zu können – und macht zugleich transparent, wo die Stimme des Herausgebers beginnt und wo sie sich bewusst zurücknimmt.

***

Ich wurde in der der Seminargruppe als Nicht-FDJ-Mitglied „toleriert"

Licht und Schatten meines Chemiestudiums – eine episodische Rückschau

Dr. rer. nat. Dipl.-Chem. Günter Herrmann (TH/TU Dresden, Studienjahrgang 1951, Fakultät Mathematik und Naturwissenschaften, Diplom 1959, Promotion 1970)

Ein gutes Abiturzeugnis und meine soziale Herkunft als Arbeiterkind sicherten mir 1951 einen Studienplatz der Fachrichtung Chemie an der TH Dresden. Eigentlich zog es mich nach überwundener frühjugendlicher Begeisterung für dieses Fach jetzt mehr zu den Geisteswissenschaften, aber die Chemie erschien mir als eine sichere Bank und weniger ideologisch beeinflusst.

Dass ich keine Studiengebühr zu zahlen hatte und außerdem Stipendium bekam (180 Mark/Monat, mit Leistungsstufe 240 Mark) war mir damals selbstverständlich, ich machte mir kaum Gedanken dazu. Rückblickend gehört dies aber zweifellos zu den anerkennenswerten Aspekten dieser Zeit.

Allerdings ließ sich das künftige Studienklima schon erahnen, als ich im Mitteilungsblatt zum Immatrikulationsbescheid mit Unbehagen las: *„Als Student ist es Deine Aufgabe, die Wissenschaft zu meistern, am Aufbau des demokratischen Deutschland mitzuhelfen und den Frieden zu erkämpfen. Die Aneignung der fortschrittlichen Wissenschaft des Marxismus/Leninismus ist dazu eine wichtige Voraussetzung. Die Gewähr zur Erfüllung dieser Voraussetzung bieten die gesellschaftswissenschaftlichen Vorlesungen, die Mitarbeit in den Parteien oder Massenorganisationen und in den Studiengruppen der FDJ. Die Organisation der Freien Deutschen Jugend an der Technischen Hochschule wird Dir bei der Lösung aller Aufgaben gern behilflich sein."*

Ich war nicht in der FDJ und in keiner Massenorganisation. Wie würde das gehen? Was würde auf mich zukommen?

Der Studienbeginn war eine belastende Umstellung, der Übergang von der Oberschule zum ganztägigen Stehen im überfüllten und schlecht ventilierten Anfängerpraktikum wie auch in den nachfolgenden umfangreichen Praktika war neben den Vorlesungen rein physisch eine Anstrengung. Anfangs ging ich auch täglich zu Fuß zur TH, um mich nicht in die zur Nachkriegszeit stets überfüllten Straßenbahnen drängen zu müssen.

Rückblickend staune ich über die erhebliche Zeit, die ich für die unendlich scheinende Reise durch die analytischen Praktika benötigte. 1952 ist aber auch jene Mappe am dicksten, in denen ich die Programme meiner Opern- und Konzertbesuche sammelte:

Meine Flucht in 40 Opern-, Theater- und Konzertaufführungen im ersten Studienjahr war Kompensation eines unbefriedigenden und belastenden Studienalltags. Studenten erhielten an der Abendkasse vor Beginn noch verbliebene Karten für eine Mark; ein Anrecht für zwölf Philharmoniekonzerte kostete mich 20Mark. Dabei empfand ich die Zensur der Moderne durch die damalige Kulturpolitik als äußerst bedrückend (Formalismusdebatte); andrerseits wurde Klassik bewusst propagiert, mancher fand dadurch überhaupt erst seinen Weg zur Kunst.

Die ersten vier Semester erlebte ich als belastend durch die Vorlesungen und Seminare in Marxismus-Leninismus (ML) mit dem wöchentlich vorgeschriebenen Riesenpensum an Pflichtliteratur, die man lesen und exzerpieren musste. Im Seminar konnte man jederzeit zu einem darauf bezüglichen Referat aufgerufen werden! Da hatten es die aus den Betrieben delegierten Kommilitonen mit ihren Erfahrungen auf diesem Gebiet viel leichter und nutzten das auch gehörig zu klassenkämpferischer Selbstdarstellung und Profilierung aus. Hier spürte ich mein gewisses Behütetsein aus der Oberschulzeit als Mangel an Alltagsertüchtigung! Deshalb hatte ich viel nachzuholen.
Versagen in ML-Prüfungen wäre teuer zu stehen gekommen. Mit Schaudern erinnere ich mich an die Wochenenden, wo ich versuchte, die massenhaft aufgebürdete Pflichtliteratur zu lesen, zu verstehen und zu exzerpieren, statt meine Nase in Chemiebücher zu stecken, was zweifellos auch einem rascheren Fortkommen im Praktikum förderlich gewesen wäre.

Die Prüfungen in ML glichen eher einem Verhör und der Erforschung des „Bewusstseins"; man saß vor einer mit rotem Stoff bespannten Tischfront auf einem einzelnen Stuhl. In dialektischem Materialismus, also eher philosophischen Fragen, wusste ich mich ganz gut zu schlagen, unsicher war ich hingegen in Geschichte der Arbeiterbewegung, obwohl selbst ein Arbeiterkind. Im Ergebnis bescheinigte mir der berüchtigte Dozent Werner Turski – der Leser wird noch öfter auf diesen Namen stoßen - ein „kleinbürgerliches

Bewusstsein", was als Tadel gemeint war, was ich aber eher als ehrend empfand, denn ich wusste um die Bedeutung bürgerlicher Werte.

Der Zwang zur Pflichtliteratur und zu ihrer Verinnerlichung hatte natürlich
Methode: Das Bewusstsein wurde damit angefüllt, quasi hypnotisch über-
füllt; bei der geschickten Vernetzung von Propaganda mit wissenschaftlichen
Quellen musste sich mancher Zweifler fragen, ob der dialektische Materialismus nicht vielleicht doch in richtiger Weise die Welt und ihre Gesetze wider-
spiegelt?
Ich hätte dies einfach glauben müssen, aber konnte es nicht. Zu weit war
der Horizont meiner schulischen Bildung gewesen, zu unabhängig und auch
individualistisch mein Denken.
Als Einzelkind war mir schon jede Vermassung zuwider; schon in der Nazizeit
litt ich als „Pimpf" (Jugendorganisation der Nationalsozialisten, Vorstufe der
Hitlerjugend) darunter, in Reih und Glied marschieren und eine Uniform tragen zu müssen, so dass ich später nie Mitglied der FDJ war. Ich konnte nicht
verstehen, warum ich wieder eine Uniform anziehen sollte, auch nicht für
den propagierten „Friedenskampf".

Allerdings wurde ich innerhalb der Seminargruppe als Nicht-FDJ-Mitglied toleriert, es gab keine Agitation, in den Verband einzutreten. Auch als eine
Liste kursierte, in welche Sparte der neu gegründeten halbmilitärischen „Gesellschaft für Sport und Technik" (GST) man eintreten wolle, und ich mich
für überhaupt keine entschied, blieb das ohne Folgen. Als Nichtmitglied blieben mir natürlich auch viele Hintergrundinformationen verwehrt, die in den
FDJ-Versammlungen zum Studienablauf besprochen wurden.

Erstaunlicherweise erregte meine Initiierung eines „Diskussionszirkels" keinen Argwohn. Aus Interesse an echter geistiger Auseinandersetzung (und
mit dem Bestreben im Hinterkopf, enges indoktriniertes Denken aufzuwei-
ten) kamen mehrere Themenabende zustande, darunter zu Einsteins Relati-
vitätstheorie (was das Lächeln einiger Physiker einbrachte) und zum Existen-
zialismus des Jean-Paul Sartre. Die Einladungen dazu hingen sogar öffentlich
im Schaukasten.
1953 wurde mir meine FDJ-Nichtmitgliedschaft beinahe zum Verhängnis. Ich
ahnte nichts Gutes, als ich per Postkarte für den 21. Mai um 20 Uhr ins
Prorektorat für Studentenangelegenheiten einbestellt wurde. Gedrückte

Atmosphäre herrschte im Zimmer 10 mit den wenigen Studenten der TH, die nicht in der FDJ waren. Turski, inzwischen Prorektor für Studentenangelegenheiten, ließ uns wissen, dass wir mit unserer Einstellung nicht würdig wären, an der Hochschule zu studieren. Am Schluss musste man an einem dicht an der Tür aufgestellten Tisch mit Aufnahmeformularen vorbei! Ich ging ohne Eintragung vorbei, verunsichert, was ich in der Folgezeit tun sollte, aber auch darauf vertrauend, als Arbeiterkind schon nicht als Erster exmatrikuliert zu werden. Stalin war zwei Monate vorher gestorben, das politische Klima veränderte sich: Mit dem 17. Juni war das Problem vom Tisch und von anderen Themen überlagert. Glück gehabt.

Ich erwähnte, wie ich zwei Schwierigkeiten ausgesetzt war: der massiven und zeitaufwendigen Indoktrination in Marxismus-Leninismus und der physischen Belastung durch die ganztägige Laborarbeit neben den Vorlesungen. Zum Abschlusskolloquium des physikalisch-chemischen Praktikums im Institut für Elektrochemie und Physikalische Chemie (Direktor Prof. Dr. Kurt Schwabe) sah ich mich veranlasst, die dortige Institutsatmosphäre hervorzuheben und meinte beides: die besten Arbeitsbedingungen und vor allem das geistige Klima. Daher bat ich Professor Schwabe, meine Diplomarbeit bei ihm anfertigen zu dürfen.

Mit einem Schlag änderte sich meine Befindlichkeit: Es folgte eine Zeit der Geborgenheit unter dem Regiment Schwabes, den viele wegen seiner Strenge fürchteten, dem man sich aber wegen seiner fachlichen und moralischen Autorität und seiner vertrauensbildenden Führung gern unterordnete. Im Institut, in das die Partei lange Zeit vergeblich versuchte Genossen unterzubringen, herrschte ein liberaler Geist und bei aller Beachtung der Staatsraison eine fachliche und mentale Aufgeschlossenheit gegenüber dem Westen. Mit Selbstverständlichkeit konnten zum Beispiel bei Doktorfeiern und den legendären Weihnachtsfeiern Tonbandaufnahmen aus „Schlager der Woche" (RIAS!) ertönen.

Was Schwabe nach der Wende ungerechterweise als „Systemnähe" vorgehalten wurde, wussten wir damals wohl zu schätzen: Manche Beziehung zu politisch einflussreichen Persönlichkeiten (man benötigte seine wissenschaftliche Kompetenz) wirkte wie ein Schutzschild gegenüber Ansinnen und Einmischungsversuchen der Partei. Unter Schwabes schützender Hand konnten wir ohne ideologische Bevormundung arbeiten! Dies muss wohl der damalige Kaderleiter Haft vor Augen gehabt haben, als er wegen einer beantragten Westreise nach entsprechender Diskussion meinte: *„Ihr arbeitet ja hier noch weiter, wenn auf der Bergstraße schon die Panzer rollen!"*

Wie kritisch Schwabe eingestellt war und wie mutig er sein konnte, belegt unvergesslich ein Zitat aus seiner späteren Antrittsrede als Rektor der TU: *„Begrüßt mir heiter und mit Achtung den, der euer Wort wie einen schlechten Pfennig prüft!" (B.Brecht).* Dass ich unter seiner Leitung in großer Freiheit und Sicherheit auch promovieren durfte, gehört zu den glücklichen Umständen meines Lebens, so dass ich gern von den „Goldenen Sechzigerjahren" spreche.

Ich konnte also, obwohl weder Parteimitglied noch Mitglied einer Massenorganisation, mit etwas Glück politisch ziemlich unbehelligt studieren. Dabei hatte ich Achtung vor manchen Genossen, die in ehrlicher Überzeugung an bestimmte humanistische und soziale Ziele geradezu mit Idealismus glaubten, nahm hingegen mit größtem Unbehagen jene wahr, die wohlgedrechselte Reden führten und die Ideologie vor ihren persönlichen Karrierekarren spannten, gar in Fanatismus Befriedigung an der Machtausübung fanden.

Dass die Werktätigen in der DDR mein Studium bezahlten, habe ich mir erst relativ spät bewusstgemacht. Wenn in leichter Abänderung eines Brecht-Zitates gelten mag *„Wer vom Staat will leben, wird ihm wohl müssen auch was geben ...",* so war meine Gegenleistung keine ideologische Konzession, sondern bestand darin, dass ich mich im Beruf für die Heimat nützlich gemacht habe (Umweltschutz) und nicht nach dem Westen gegangen bin. Ich fand es charakterlos und schäbig erst in der DDR kostenlos zu studieren, um nach dem Abschöpfen der Vorteile dann die Seite zu wechseln, es sei denn, es gab dafür Gründe persönlicher Gefährdung.

Günter Herrmann, geb. 1933; Abitur 1951, Chemiestudium TH /TU Dresden, 1959 Diplom, 1970 Promotion; 1969–1989 Wiss. Mitarbeiter.; Abteilungsleiter Met. Observatorium Wahnsdorf; Leitungsaufgaben Kammer d. Technik und im Rat für gegenseitige Wirtschaftshilfe (RGW).
1989–1995 Sächsisches Landesamt für Umwelt und Geologie, Fachbeirat Messtechnik und Reinhaltung der Luft im Verein Deutscher Ingenieure (VDI)

***

***

** Kommentar zeithistorisch ** - Prorektor Werner Turski

Der Name Werner Turski taucht immer wieder in Berichten auf. Was war er für eine Persönlichkeit?

Über den „Gewerbelehrer und Prorektor Werner Turski" berichtet Dr. Eberhard Schröder im Absolventenmagazin der TU Dresden, dass er Turski im Oktober 1945 in einem Lazarett in Zittau begegnete. Turski habe damals den Rang eines Leutnants bekleidet und dort die Soldaten „ideologisch auf Vordermann gebracht". Turski sei „noch fest überzeugt vom deutschen Endsieg" gewesen.

Vor dem gleichen Mann habe er dann erneut am 21. Mai 1953 im Prorektorat für Studentenangelegenheiten der TH Dresden gesessen und musste sich „[...] dessen Fragen wegen meiner Nichtzugehörigkeit zur FDJ stellen. Seine scharfen Drohungen und Vorwürfe gegen mich wechselten schnell in einen verbindlichen Ton, nachdem ich ihm kurz einiges aus meinem Werdegang berichtet hatte. [...] möglicherweise erinnerte sich der Herr Prorektor an mich [...] vom November 1944 in Zittau. [...] Vielleicht kam ihm damals auch der Gedanke: ‚Dieser Mann könnte mir schaden.'" (Zit. n. Dr. habil. Eberhard Schröder in „KONTACT – online" der TU Dresden, Lesererzählungen.)

***

Information zeithistorisch – Kurt Schwabe

Prof. Kurt Schwabe (1905–1983) ist vielen ehemaligen Studenten nachhaltig in Erinnerung geblieben – ein deutliches Zeugnis seiner außergewöhnlichen Persönlichkeit. Sein Wirken wird in diesem Band unter anderem in den Beiträgen von Hans-Jürgen Hardtke (*„Neue Studenten empfingen wir im Blauhemd der FDJ"*) und Reinhard Keller (*„Als Parteiloser werden Sie immer am Katzentisch sitzen müssen"*) eindrucksvoll beschrieben.

Schwabe war Professor an der Technischen Hochschule Dresden (später Technische Universität Dresden) und ein herausragender Wissenschaftler auf den Gebieten der Elektrochemie und physikalischen Chemie. Er leitete das Institut für Elektrochemie und Physikalische Chemie sowie – von 1959 bis 1965 – das Institut für Radiochemie am Zentralinstitut für Kernforschung in Rossendorf bei Dresden.

Seine wissenschaftliche Arbeit und sein persönliches Engagement hinterließen nicht nur in der Forschung, sondern auch bei seinen Studenten einen bleibenden Eindruck. Damit wirkte er weit über die Grenzen seiner Disziplin hinaus und prägte eine ganze Generation von Hochschulabsolventen.

***

„Jede Rübe ein Meilenstein auf dem Weg zum Sozialismus!"

Dr.-Ing. Heinz Clemens (TH Dresden, Studienjahrgang 1950, Fakultät Elektrotechnik, Diplom 1959, Promotion 1970)

In der Publikation „Mit dem Motorrad durch den Zeunerbau" beschreibt er studentische Erlebnisse, wovon wir hier einen kleinen Ausschnitt bringen

Später Herbst – im Norden der DDR hatten viele Bauern ihre Höfe verlassen und waren in den Westen gegangen. Die Kartoffelernte war gefährdet, die Rüben steckten natürlich auch noch im Boden. Also: Studenten an die Basis der Ernährungswirtschaft! Ende Oktober schließlich hieß es auch für die Diplomanden der TU Dresden – Maschinenbauer, Architekten, Elektriker und was es da alles noch gab – ran an die Kartoffeln.

Auf dem Weg zum Ernteeinsatz, Anfang der 50er-Jahre (Foto: Heinz Clemens)

So mitten aus der ersten wissenschaftlichen Tätigkeit gerissen, hielt sich unsere Begeisterung in Grenzen. Doch wir hatten immer wieder gelernt: „Freiheit ist die Einsicht in die Notwendigkeit ...". Die Notwendigkeit der Sicherung unserer Ernährung einsehend, waren wir gewissermaßen frei und nahmen das Kommende gelassen, nicht ohne Humor.

25 Juni 1953

Entscheid der Kommission
Zugelassen - Abgelehnt

ABF

Aufnahmeantrag

für die *8289*

Universität/Hochschule _Technische Hochschule Dresden_

I. Fakultät: _Elektrotechnik_   II. Fakultät: _____

Fachrichtung: _Starkstrom (Kraftwerkst.)_ Fachrichtung: _____

Berufsziel: _Dipl.-Ing._   Berufsziel: _____

Die Bewerbung ist nur an einer Universität/Hochschule möglich. Der Aufnahmeantrag ist mit den auf Seite 4 geforderten Unterlagen bis spätestens 31. Mai 1953 über die Schul- oder Betriebsleitung an die gewählte Universität/Hochschule einzureichen. Nur eine sorgfältige Beantwortung aller Fragen ermöglicht eine richtige Bearbeitung.

Eintragungen nur durch Prorektorat:

I.	II.	III.	OS		Deutsch	Biologie	Lateinisch	Praktische Tätigkeit:
			ABF	X	Gegenwartskd.	Erdkunde	Griechisch	
			PS		Geschichte	Körp.	Kunstgeschichte	Gesellschaftliche Tätigkeit:
			AOS		Mathematik	Russisch	Musikgeschichte	
			Sonst.		Physik	Englisch		Auszeichnung:
					Chemie	Französisch		

SED	LDP	CDU	NDP	DBD	FDJ	FDGB	DSF	GST	DS	KB	VdgB	DFD

I.

1. Name: _Clemens_ (in Blockschrift)   2. Vorname: _Heinz_

3. geb. am: _17.12.26_ in: _Obercünnersdorf %i._ Land: _Sachsen_

4. Familienstand: ledig - **verh.** - verw. - gesch. ¹) 5. Anzahl der Kinder: _1_

6. Staatsangehörigkeit: _Deutsche_   7. Nationalität: _Deutscher_

8. Heimatanschrift: _Böhlen b/ Leipzig, Am Streitteich 27 N30, Tichatscheckstr. 14_

9. Jetzige Anschrift: _Dresden A20, Zelkescher Weg 41_

10. Sind Sie Zögling eines staatlich anerkannten Kinderheimes? _nein_

II.

1. Haben Sie sich schon einmal an einer Universität/Hochschule beworben? _____

   wenn ja - wann? _____ an welcher? _____

2. Haben Sie schon an einer Universität/Hochschule studiert? _____ wo? _____

   Fachrichtung: _____ wann? _____ Wieviel Semester? _____

3. Haben Sie bereits im Studiengang erforderliche Prüfungen abgelegt? _____

   welche? _____ wann? _____ Note: _____

4. Schulbildung:

	Note der Abschlußprüfung	Wann abgelegt?	Name und Ort der Schule
ABF	X	_18. Juli 1953_	_ABF der TH Dresden_
Oberschule			
Abendoberschule			
Fachschule			
Sonstige Lehranstalten			

Best.-Nr. HSch 2002 Aufnahmeantrag (Universität/Hochschule)
Gebrauch-Leitverlag Erfurt, Anger 37/38

Ze 209 60/65 B 53 8346 V/4/9 DVE 589 · 20

Aufnahmeantrag für die ABF vom 25. Juni 1962 (Archiv der TU Dresden)

Einige Kommilitonen meinten offenbar, dass eine solche Zugfahrt gen Norden nicht ohne die passenden Parolen ablaufen könne. Woher die viele Kreide kam, ist mir bis heute noch nicht ganz klar. Jedenfalls zierten bereits in Riesa die ersten Losungen die Wagenwände. Bei der Einfahrt in Halle gab es in unserem Bereich, soweit sichtbar, keinen Wagen mehr ohne schmückende Zeichnungen und Sprüche. Einige sind mir im Gedächtnis geblieben: „Wir fahren nicht nach drüben, wir fahren in die Rüben".

Wobei das Wort „drüben" so oder so in der DDR eine besondere Bedeutung hatte. Oder: „Jede Rübe ein Meilenstein auf dem Weg zum Sozialismus!" Die Sprüche waren eine Mischung aus Humor und etwas abgelassenem Frust.

Aber irgendwer fand immer etwas Gefährdendes. In Halle angekommen, sollte es wegen Maschinenwechsels zwanzig Minuten Aufenthalt geben, so jedenfalls verkündete es der Bahnhofslautsprecher. Trägerkolonnen wurden bestimmt, aus der Gastwirtschaft Getränke heranzuschaffen. Sie waren noch nicht lange verschwunden, da gab es plötzlich helle Aufregung. Der „Rotmützige" verkündete nach Trillerpfeifensignal, dass alle sofort einzusteigen hätten, der Zug würde augenblicklich den Bahnhof verlassen.

Jedoch – da hatte der „Rotmützige" nicht mit dem Solidaritätsgefühl der Studenten gerechnet. Die noch im Zug verbliebenen Kommilitonen stiegen aus und bekundeten, nicht eher wieder einzusteigen, bis der letzte Mitstreiter mit den Getränken wieder am Zug sei. Und sie blieben hartnäckig. Irgendwann waren dann alle „Transportkolonnen" wieder am Zug. Der Bahnverantwortliche war sichtlich erleichtert, als er das Abfahrtssignal erteilen konnte.

Wir machten es uns mit Essen und Trinken wieder in den Wagen bequem. So ging es fröhlich und ohne Aufenthalt bis nach Wittenberge. Dort wurde der Zug jedoch auf ein Nebengleis außerhalb des Bahnhofs geleitet, rechts und links des Zuges standen Bahnpolizisten in voller Uniform Spalier. Das Öffnen der Abteiltüren wurde untersagt, gegenteilige Versuche mit Tritten gegen die Tür beantwortet. Mit Wasser und Lappen wurden nun die Wagen abgewaschen. Die Fragen vorwitziger Studenten blieben zunächst unbeantwortet.

Nun fassten sich zwei Mitglieder der Sozialistischen Einheitspartei Deutschlands (SED) den Mut, stiegen aus und fragten die Polizisten nach dem Sinn der Aktion. Als die Uniformierten merkten, dass sich keine extrem gefährlichen Menschen, im Gegenteil: sogar Genossen, im Zug befanden, wurden sie etwas zugänglicher. Wir erfuhren, dass die Bahnpolizisten vom Sonntagnachmittagskaffee weg in Alarmbereitschaft versetzt worden waren. Ein Zug mit konterrevolutionären Losungen und mit dem Ziel, die DDR „aufzurollen", sollte gestoppt werden. Nachdem sich allerseits die Aufregung gelegt hatte, trat die Bereitschaftseinheit auf der rechten Seite des frisch gewaschenen Zuges an. Die Weiterfahrt wurde freigegeben. Keiner von den Befehlshabern der Bereitschaftseinheit hatte aber mitbekommen, dass an unserem Wagen auf der linken Seite neu mit großen Buchstaben verkündet wurde: „Trotz des Wassers und der Lappen werden wir die Rüben schnappen!"

Unser Transportzug, behördlicherseits abgewaschen, traf gegen Mitternacht auf dem Zielbahnhof der mecklenburgischen Kreisstadt ein. Eine Reihe von Lkws stand bereit, um uns in die Ernteeinsatzorte zu bringen. Einem Fahrzeug zugeteilt, nannten wir dem Fahrer das verordnete Fahrtziel. „Ach, ins *Land des Lächelns* wollt Ihr?"(Bezug auf Franz Lehárs romantische Operette „Das Land des Lächelns), war seine Antwort, „Na, dann los!". Am Einsatzort angelangt gab es trotz nächtlicher Stunde noch „Futter" für die hungrigen Studiosi. Danach konnten die müden Häupter auf Stroh im Kulturraum lagern.

Heinz Clemens, geb. 1926 im Lausitzer Weberdorf Obercunnersdorf; Schule in Böhlen bei Leipzig, Elektrikerlehre Kraftwerk Böhlen, 1950 Abitur an der Arbeiter-und-Bauern-Fakultät der TH Dresden, Studium Elektrotechnik, 1959 Diplom; Institut für Elektrische Energieanlagen, 1970 Promotion, Lehrauftrag an der TU Dresden, 1967–1991 Forschungsgruppenleiter Institut für Energieversorgung Dresden, Vorsitzender eines KDT-Fachgremiums, Tätigkeit im Vorstand des VDE Dresden.

(Anmerkung des Herausgebers:
Der Leser beachte die Spalte (Pfeil), in der neben den Blockparteien (links) auch gesellschaftliche Organisationen aufgeführt sind. Deutlich wird, dass von den Kandidaten erwartet wurde, möglichst vielen dieser Organisationen beizutreten. Ihre Hauptfunktion bestand darin, die Kontrolle und den Einfluss der SED auf die Gesellschaft zu sichern, die Bevölkerung im Sinne des Sozialismus zu erziehen, ideologische Einheit zu fördern und die politische Loyalität zu überwachen.)

Italienisches Intermezzo

Dr. rer. nat. Dipl.-Chem. Günter Herrmann (TH/TU Dresden, Studienjahrgang 1951, Fakultät Mathematik und Naturwissenschaften, Diplom 1958, Promotion 1970)

1957 legte ich an der TH Dresden die Diplomprüfung in Chemie ab, wobei mir das Zusammenschreiben der Diplomarbeit recht schwerfiel, denn ich konnte mich im Herbst 1956 nach einer kurz entschlossen und recht kühn unternommenen Italienreise wochenlang nicht mehr auf die Arbeit konzentrieren.

Diese Italienreise wurde ein bestimmender Einschnitt in meinem Leben. Im Dresdner Antiquariat, damals noch in der Rothenburger Straße in einer Baracke, hatte ich schon lange vorher für eine Mark Baedekers „Italien von den Alpen bis Neapel" gekauft und war fasziniert von den detaillierten farbigen Karten und unmittelbar nachvollziehbaren Informationen. Alles schien so nahe gerückt, so möglich, so machbar, wenn man nur Mut dazu hätte, falls die Umstände es zuließen!

1956 war es möglich, einen Interzonenpass zu bekommen ohne Angabe von Reisegründen. Animierend kam hinzu, dass ich als Verehrer von Carl Orff mir seine „Catulli Carmina" und „Concenti di voci" nach Catull-Gedichten über den Gardasee (Sirmio) angeeignet hatte und der Gardasee mit relativ erschwinglichem Reiseaufwand erreichbar schien. Ich sehe mich noch im qualitativen Praktikum stehen, durch die trüben, angeätzten Fensterscheiben auf den azurblauen Himmel schauen (ähnlich verlockend blau das Meer auf den Baedeker-Karten), im Ohr Orffs „Iam veregelidos refert tepores" („Jetzt bringt der Frühling die linden Lüfte zurück") aus den „Concenti", höre im Geist immer wieder das emphatisch lockende Tenorsolo aus dem Sirmio-Gedicht Catulls: „O quid solutis est est beatius curis!" („Oh was ist glücklicher als gelöste Sorgen!")

Es musste einfach sein! Verwandte in Hannover überwiesen mir 80 DM postlagernd nach München. Mit zwei Freunden löste ich dort im italienischen Reisebüro ein preiswertes „Biglietto circulare" München–Bozen–Rovereto– (von dort mit Bus zum Gardasee) –Verona–Venedig–Triest–Salzburg–München. Im Meldeamt in München tauschten wir unseren Interzonenpass gegen einen Interimspass, damals kein Verstoß gegen das Passgesetz, das es noch nicht gab. Vorher wurden wir im Amt ein wenig befragt über unsere Absichten: „Ja, hoabts denn a Geld?"

Der erste Tag auf italienischem Boden, gleichzeitig die erste Übernachtung dort unter freiem Himmel, wurde zum Elementarerlebnis. An einem strahlend blauen Tag stiegen wir von Rovereto kommend in Nago oberhalb des Gardasees aus dem Bus, zogen mit dem Campingbeutel auf dem Rücken staunend durch die heißen, mittagsstillen Gassen des Dorfes, verfehlten den Weg nach Torbole hinunter und plötzlich öffnete sich der Blick durch Olivenhaine hindurch auf den bis dahin ganz verborgenen See tief unter uns, auf die majestätischen Hochufer, die nahen Orte mit der grünlich schimmernden Sarcamündung und auf die Ferne, die sich ganz verlor im Silbergrau des Mittags. Und alles großartiger als gedacht.
Goethe schrieb 1786 in Torbole: *„Wie sehr wünschte ich meine Freunde einen Augenblick neben mich, dass sie sich der Aussicht freuen könnten, die vor mir liegt."*
Auch ohne des Dichters Worte damals zu kennen – wir waren uns einer großen Stunde an einem herausragenden Orte bewusst.

Wie soll man dies beschreiben, dass es nachvollziehbar wird? Was muss vorangegangen sein, dass schöne Bilder so gefangen nehmen? Was musste folgen, um wie an einem schönen Traum daran zu hängen? Ich hatte Freunde neben mir, die sich mit mir freuten, jubelnd und sprachlos zugleich. Das Tor des Südens schien uns aufgetan, ein lebendig Band geknüpft zur alten Geschichte; das Verstehen schien uns schlagartig erhellt für mediterranes Lebensgefühl und für das Sehnen ganzer Generationen. Bedarf's der Nachsicht, so zu sprechen?

Wir zogen an diesem Tag nicht weiter. Wir blieben bei den Oliven am sonnendurchglühten Hang, vom Nachmittag bis zum Morgen; wir holten am Dorfbrunnen Wasser in Plastebeuteln, kauften in einem Tante-Emma-Laden Wermutwein „vom Fass", lauschten abends dem Konzert der Grillen, nachts dem Lispeln der Blätter über unseren Köpfen, während die Lichter Rivas und Torboles herüber funkelten. Wir fühlten uns geborgen im völlig freien Lagern auf dem kargen und selbst über Nacht noch sonnenwarmen, steinigen Boden. Dies war ein Tag, der unverlierbar einging ins Erinnern, voll von Wärme,

Licht und Duft und Ahnungen der Ferne, ein Tag, den überlegende Regie nicht wirkungsvoller, nicht berührender, nicht nachhaltiger hätte inszenieren können. Ein Tag, der Traum und Hoffnung nährte viele Jahre, die dort entdeckten Wege weiter zu beschreiten.

Noch Jahre nach dem Mauerbau träumte ich vom Gardasee (Foto G. Herrmann, 1956)

Die Heimat mit ihren Problemen lag so weit hinter uns, dass wir auf einer Landstraße lauthals eine Parodie auf die zu Hause laufende Werbekampagne für die Kasernierte Volkspolizei (verdeckte Remilitarisierung) nach der Melodie eines Armeemarsches von uns gaben: „Wissarionowitsch Stalin, unser großer weiser Herr, der rief am ersten Mai alle Jugend ans Gewehr. Durch sein Sprachrohr Wilhelm Pieck ließ er's verkünden überall, doch keiner ist dabei, kein Schwein geht zur Polizei!"

Nach zwei Wochen saß ich wieder zu Hause über meiner Arbeit brütend, unfähig mich zu konzentrieren, aber mit tausend lebendigen Bildern im Kopf, von denen ich zudem nur einem vertrautesten Kreis berichten konnte.

Das Eintauchen aus der damals noch grauen DDR in die farbige Zauberwelt des Südens hatte mich so aus der Fassung gebracht, dass mich erst ein Mahnschreiben von Professor Schwabe, das er mir per Motorradboten ins Haus zustellte (!), wieder auf den Boden der Tatsachen zurückholte, ich meinen Arbeitsplatz im Institut räumte, meine Diplomarbeit über Glaselektroden zusammenschrieb, um schließlich im April 1957 meine Diplomprüfung abzulegen.

Es war eine lebenswichtige Reise, Schlüsselerlebnis für spätere, nicht enden wollende Italienbegeisterung. Noch Jahre nach dem Mauerbau träumte ich immer wieder (farbig!) von der Gardaseelandschaft. Wie viele Jahre mussten vergehen, um dieses Land wiederzusehen, kaum dass man es jemals hoffen konnte! Dann geschah das Wunder...

Günter Herrmann, geb. 1933; Abitur 1951, Chemiestudium TH / TU Dresden, 1959 Diplom, 1970 Promotion; 1969–1989 Wiss. Mitarbeiter.; Abteilungsleiter Met. Observatorium Wahnsdorf; Leitungsaufgaben Kammer d. Technik und im Rat für gegenseitige Wirtschaftshilfe (RGW). 1989–1995 Sächsisches Landesamt für Umwelt und Geologie, Fachbeirat Messtechnik und Reinhaltung der Luft im Verein Deutscher Ingenieure (VDI)

***

Anmerkung zeithistorisch – Reisegenehmigung nach dem Westen
Bis 1955 konnte man relativ unkompliziert eine Reisegenehmigung in die Bundesrepublik (‚Westen') bei der Polizei beantragen und erhielt sie in der Regel auch. Ab 1956 änderte sich dies jedoch, und insbesondere bei Jugendlichen – so auch bei mir – wurden Reisen abgelehnt. In solchen Fällen blieb noch die Möglichkeit, nach Westberlin zu fahren, was relativ einfach mit der S-Bahn möglich war, von dort nach Westdeutschland zu fliegen.

***

Von persönlicher Benachteiligung bis zur Sippenhaftung

Disqualifizierung und Benachteiligung unter der Regie
der SED und Stasi

Prof. Dr.-Ing. habil. Gerhard Hönisch (TH Dresden, Studienjahrgang 1951, Fakultät Maschinenwesen, Diplom 1956, Promotion 1963)

Gerhard Hönisch verstarb bereits 2012. Der vorliegende Beitrag wurde von Rainer Jork aufgezeichnet. Er entstand auf der Grundlage von Interviews, die Rainer Jork mit Erika Hönisch (Jahrgang 1937), der Schwester des Verstorbenen, führte, sowie auf der Grundlage von Dokumenten, die Erika Hönisch zur Verfügung stellte (Anm. d. Hg.).

Erika Hönisch übergab den Herausgebern Dokumente und persönlichen Notizen aus dem Nachlass ihres Bruders und schrieb dazu:

„Die Biografie von Herrn Professor Dr.-Ing. Gerhard Hönisch zeigt exemplarisch auf, wie Menschen disqualifiziert und benachteiligt wurden, die dem Druck der Partei der SED standhielten. Überwachung, auch der Angehörigen, durch die Stasi, eingeschränkte Dienstreisen, keine angemessene Bezahlung, Wohnraumverweigerung, Versuche, alte Freundschaften zu zerstören, bis zur offenbar absichtlichen gesundheitlichen Schädigung waren die angewandten Methoden des Umgangs mit einem unbescholtenen und qualifizierten Wissenschaftler, der 30 Jahre unterdrückt und geschädigt wurde."
Mit Blick auf den „von meinem Bruder erlebten markanten Widerspruch von Freiheit der Forschung und Übernahme von Lehrtätigkeit unter politischer Einflussnahme nach Studienabschluss an der TH Dresden sehe ich es als moralische Verpflichtung an, die durchlebten Zeiten meines Bruders […] zwischen 1963 bis 1991, seine enormen Schwierigkeiten und Belastungen, die ich miterlebte, zu schildern, weil er im Jahr 2012 verstorben ist."

„Durch seine eindeutige ablehnende Haltung zur Mitgliedschaft in der SED, in der Kampfgruppe - siehe „zeithistorische Information – Kampfgruppen" am Beitragsende - und gegenüber der Forderung, seine Verbindungen zu Verwandten und Bekannten in Westdeutschland und Westberlin nachweislich abzubrechen, wurde er zum Staatsfeind, hochgradig „republikflucht-verdächtig" und auch im Urlaub überwacht. […] Sein Name befand sich auf einer um

1991 vom ZDF gesendeten „Liste zu observierender Personen" der Stasi, die Namen und Adresse enthielt."

Nach seinem Maschinenbaustudium an der TH Dresden war Hönisch wegen seiner hervorragenden Leistungen für eine Hochschullaufbahn prädestiniert. Folgerichtig war er dann dort wissenschaftlicher Assistent und Oberassistent am Institut für Maschinenlehre und Verarbeitungsmaschinen bei Professor Dr.-Ing. Tränkner, promovierte 1963 und wurde auch von diesem für den Hochschullehrernachwuchs vorgeschlagen.

Er schrieb jedoch rückblickend 2006 dazu:
„Spätestens seit 1960 bin ich sicher, von der Stasi (Ministerium für Staatssicherheit der DDR) beobachtet und sowohl privat wie auch dienstlich behindert worden zu sein, weil ich in meinen Arbeitsstellen (TH/TU Dresden, VVB Nagema[3]/Institut Nagema, Bergakademie Freiberg) ein wichtiger und anerkannter Fachmann, aber parteilos war und Verwandte und Freunde in Westdeutschland hatte.
970 bemühten sich zwei in Rente gehende Professoren in Dresden und Ilmenau, mich als Nachfolger zu gewinnen. Daraufhin wurde ich vom Arbeitsplatz weg in eine Versammlung von ca. 10 SED-Parteisekretären, Betriebs- und Kaderleitern gerufen (Kaderleiter war der DDR-Terminus für Personalleiter, das waren zuverlässige SED-Mitglieder).
Einziger Tagesordnungspunkt der mehrstündigen Versammlung war meine berufliche Zukunft. Zunächst wurde ich wegen meiner fachlichen Arbeit gelobt, dann wurde mir klargemacht, dass die Berufung auf eine Professorenstelle nur dann möglich ist, wenn ich Mitglied der SED und Kampfgruppe werde und meine Verbindungen zu Verwandten und Bekannten in Westdeutschland und Westberlin nachweisbar abbreche. Das alles lehnte ich höflich, aber eindeutig ab, worauf die Versammlung zu einem Tribunal wurde, das mich in Art eines Kreuzverhörs stundenlang in die Zange nahm und mit der Feststellung endete, dass jemand, der ein solches Angebot ablehne, nur ein hartnäckiger Staatsfeind sein könne.
Ich sollte bezüglich Aufgaben und Gehalt auf Anfängerniveau zurückgestuft werden und musste mir eine andere Arbeitsstelle suchen.

---

[3] VVB Nagema: Vereinigung volkseigener Betriebe, Maschinenbau Nahrungs- und Genussmittel in Dresden, später Institut und Kombinat Nagema. (Anm. d. Hg.).

der am 12.12.1957 in Leipzig versammelten Prorektoren
für den wissenschaftlichen Nachwuchs, Professoren,
Dozenten und Assistenten.

Die Konzentration aller Kräfte der Deutschen Demokratischen
Republik auf den Aufbau des Sozialismus erfordert grundlegende
Klärung in Methode und System der Auswahl, Ausbildung und
Erziehung des wissenschaftlichen Nachwuchses, insbesondere der
Assistenten, Aspiranten und der jüngeren Dozenten.

Nicht nur Aufgeschlossenheit gegenüber dem gesellschaftlichen
Geschehen, sondern bewußte Zuwendung ; nicht nur die Fähigkeit
zwischen Fortschritt und Reaktion zu unterscheiden, sondern
die Bereitschaft für den Fortschritt zu handeln - das sind die
Eigenschaften, die wir zusammen mit einem hohen fachlichen
Können von jedem verlangen, der einmal als Wissenschaftler
in unserer sozialistischen Gesellschaft tätig sein will.

Wir, die hier versammelten Prorektoren für den wissenschaftlichen Nachwuchs, Professoren, Dozenten und Assistenten, fordern
von jedem Angehörigen des wissenschaftlichen Nachwuchses

offene Parteinahme für die Deutsche Demokratische
Republik als des rechtmäßigen, die demokratische
und friedliche Entwicklung unseres Vaterlandes garan-
tierenden deutschen Staates ;

Achtung und Schutz des sozialistischen Eigentums an den
Produktionsmitteln, als ökonomischer Grundlage unserer
gesellschaftlichen Ordnung ;

wissenschaftliche praktische Unterstützung der Arbeiterklasse als der gesellschaftlich führenden Kraft
in diesem Staat sowie der mit ihr verbündeten Bauern
und den werktätigen Schichten unseres Volkes ; beim
Aufbau des Sozialismus auf allen Gebieten unseres
gesellschaftlichen Lebens ;

Anerkennung und Zusammenarbeit mit der Partei der
Arbeiterklasse als der führenden politischen Kraft
unseres Staates, die ihre Führung im Bündnis mit den
in der Nationalen Front des demokratischen Deutschland
vereinigten demokratischen Parteien und Organisationen
ausübt ;

ernsthaftes Bemühen, die Erkenntnisse des wissenschaftlichen Sozialismus zu erweitern und im fachlichen sowie
im gesellschaftlichen Leben anzuwenden ;

bewußter Einsatz des gesamten Wissens und Handelns für
ein sozialistisch erneuertes Deutschland.

Erste Seite der Grundsatzerklärung von 1957

Dieses sozialistische Erziehungsziel kann nur erreicht
werden, wenn alle zur Ausbildung und Erziehung unseres
sozialistischen Nachwuchses berufenen Kräfte zusammenwirken.

> Wir rufen alle auf, Professoren, Dozenten,
> Assistenten, Aspiranten, die Mitglieder der
> Gewerkschaft und der Freien Deutschen Jugend,
> sich unter Führung der Partei der Arbeiter-
> klasse bei dieser Aufgabe zu vereinigen.

Zweite Seite der Grundsatzerklärung von 1957

Ganz sicher ist danach in meiner Kaderakte festgelegt worden, dass ich für keine leitenden Aufgaben mehr in Frage komme, scharf zu bewachen und zu benachteiligen sei. Zum Beispiel habe ich in der DDR nie eine Wohnung bekommen.
Zum Professor wurde ich erst nach 1989 berufen.

Eine Besuchsgenehmigung in die BRD erhielt ich auch bei Todesfällen von Verwandten nicht. Mein Telefon wurde überwacht und in wenigen Fällen, in denen eine Telefonverbindung in die BRD gelang, wurde sie nach wenigen Worten gekappt."

Herr Dr. Hönisch, der übrigens vor Beginn seines Studiums innerhalb eines Jahres einen Facharbeiterbrief als Maschinenschlosser erwarb, wurde dann von der TU Dresden aus ab 1963 nach der VVB Nagema delegiert, wo er Fachgruppenleiter war. Hier wurde ihm in eine Beurteilung vom 2. Februar 1965 unter anderem eingetragen: *„[...] Neben seiner guten fachlichen Arbeit ist seine gesellschaftliche Arbeit innerhalb unseres Betriebes noch nicht im erforderlichen Maße gegeben. [...] Für seine weitere Entwicklung ist Koll. Dr. Hönisch zu wünschen, dass es ihm gelingt, seine ausgezeichneten Fachkenntnisse mit einem entschiedenen und klaren politischen Auftreten zu verbinden [...]."*

In einer weiteren Beurteilung vom 7. Januar 1970 ist zu lesen:

„Koll. Dr. Hönisch trat bei der Beurteilung und Diskussion von fachlichen Problemen immer zielstrebig, verantwortungsbewusst und kritisch auf. Es muss aber festgestellt werden, dass seine politische Entwicklung bisher nicht durch eine ähnliche Konsequenz gekennzeichnet ist."

Im Anschluss an seine Arbeit in der VVB Nagema sowie nach kurzer Arbeitslosigkeit und vor Beginn seiner Tätigkeit als wissenschaftlicher Oberassistent an der TU Dresden 1979 wirkte Hönisch seit 1971 als Lektor - Universitätsangestellter mit Lehrauftrag - an der Bergakademie Freiberg.

Gerhard Hönisch schrieb dazu auf: *„Im Januar 1971 wurde ich arbeitslos, da ein von mir vorgesehener Arbeitsstellenwechsel an die Bergakademie Freiberg entgegen vorherigen Vereinbarungen zunächst auf Grund der politisch negativen Beurteilung nicht gelang. Von einem zuständigen Leiter im Kombinat Nagema [...] wurde mir in dieser Lage eine Stelle für 800,– Mark Monatsgehalt angeboten."*

Die primär auf Hönisch orientierten Behinderungen und Überwachungen erstreckten sich auch auf seine Freunde und Familienmitglieder, die damit praktisch vorsorglich in „Haftung" genommen wurden. Das betraf besonders seinen (2008 verstorbenen) Schulfreund Dr. Peter Reinhold, Rechtsanwalt und Notar in Bensheim, der bald nach Kriegsende mit seinen Angehörigen nach Westdeutschland zog. Hönisch beschreibt diese lebenslange Freundschaft in einer besonderen Chronik.

Gerhard Hönisch, geb. 1932 in Chemnitz, Ausbildung zum Maschinenschlosser; 1951 Studium Maschinenbau TH Dresden; 1956 bis 1963 wissenschaftlicher Assistent/ Oberassistent an der THD. 1963–1970 VVB Nagema, 1971 Lektor (Oberassistent) an der Bergakademie Freiberg, 1979 wissenschaftlicher Oberassistent an der TUD.
1992 außerordentlicher Professor/ ordentlicher Professor TU Dresden.

***

***

Information zeithistorisch – Kaderakte
Die Kaderakte ist eine spezielle Form der begleitenden Personalunterlagen.
Begleitend bedeutet: Die Kaderakte wanderte lebenslang bei jedem Stellen-
wechsel mit.

***

Information zeithistorisch - Kampfgruppen
Die Mitglieder der sogenannten Kampfgruppen der Arbeiterklasse waren of-
fiziell Freiwillige, die voll berufstätig waren und sich dafür bereit erklärten.
Die Kampftruppen waren dem Ministerium des Inneren und damit der Volks-
polizei zugeordnet und mit leichten Waffen ausgerüstet. In den volkseigenen
Betrieben war – wie auch in anderen Einrichtungen– der Parteisekretär der
SED der Oberkommandierende der Kampfgruppe. Übungen fanden auch
während der Arbeitszeit statt. (Anm. v. R. Jork).

***

Das Verhalten der Kader – also aller Vorgesetzten und IM des MfS, die an
den Beurteilungen von Gerhard Hönisch mitwirkten – entsprach den Vorgaben der Richtlinie des Ministeriums für Staatssicherheit, wie sie in der Durchführungsanweisung Nr. 1 festgelegt waren (siehe Band 2 der Publikation).

> 1.3. Zur stärkeren Unterstützung der analytischen und
> operativen Tätigkeit sind in den Verwaltungen der
> Universitäten, Hoch-, Fach- und Erweiterten Ober-
> schulen wichtige Schlüsselfunktionen durch IM zu
> besetzen bzw. geeignete Kader in solchen Funktionen
> zu werben. Dabei kommt es besonders darauf an,
> überprüfte und zuverlässige IM einzusetzen, die
> befähigt und bereit sind, Aufgaben des MfS konspi-
> rativ durchzusetzen.

Durchführungsanweisung Nr. 1 des MfS vom 10.Januar 1968, Seite 5

***

Betreuungsnotstand durch „Republikflucht" im Lehr-körper
Erlebnisbericht an der BA Freiberg und der Universität Leipzig

Prof. Dr. rer. nat. Hans-Peter Leidhold, (Bergakademie Freiberg, Karl-Marx-Universität Leipzig, Diplom 1959)

Ich habe im Mai 1952 die Abiturprüfung in meiner Geburtsstadt Großenhain in Sachsen mit der Note „sehr gut" abgelegt. Damit standen mir alle Studiengänge offen (das war nur in den ersten Jahren der DDR der Fall). Mein Problem war die Wahl des „richtigen Studienganges".
Da mein Elternhaus keine akademische Tradition hatte, gab es keine Vorbilder, und Beratung war gefragt. Mein Vater als selbstständiger Kaufmann, engagierter Christ und parteiloser Mann der politischen Mitte riet mir von ideologisch beeinflussten Fächern, wie zum Beispiel Jura, ab. Also orientierte ich mich an meinen Stärken: Mathematik und Naturwissenschaften.

Ein reines Mathematikstudium war mir wegen der damals unklaren Berufsaussichten zu riskant. Als Kompromiss wählte ich Geodäsie und Geophysik. Das Studium an der Bergakademie Freiberg (BA) war gut organisiert. Mit einem befreundeten Kommilitonen bewohnte ich ein großes Zweibettzimmer im Thälmann-Wohnheim (einer ehemaligen großen Kaserne) der BA. Das Grundstipendium von 130 Mark plus Leistungszulage war auskömmlich. Fachlich gab es keine Schwierigkeiten. Aber das obligatorische außerfachliche Programm mit „Grundlagen des Marxismus-Leninismus" (abgekürzt: ML) (Vorlesung und Seminar), der FDJ-Studentengruppe, dem vertieften russischen Sprachunterricht und der Körpererziehung war (bis auf Letztere) belastend. Denn es ging hier weniger um Wissensvermittlung etwa im Sinne eines Studiums generale, als um politisch-ideologische Erziehung. Studenten sollten Kader des Arbeiter-und-Bauern-Staates werden und den „Westen" als Klassenfeind betrachten.

(Anmerkung des Herausgebers: Unter Kader verstand man einen Mitarbeiter oder eine Mitarbeiterin in einem Betrieb, einer gesellschaftlichen Einrichtung oder Organisation (zum Beispiel in Bildungseinrichtungen, volkseigenen Betrieben und Parteien).

Entsprechend hießen die Leiter der Personalbüros Kaderleiter, die sich dann auch um die sogenannten Kaderentwicklungspläne kümmerten. Ziel der Kaderentwicklung war auch, politisch besonders vertrauenswürdige Führungskräfte heranzuziehen.).

Eine freie politische Diskussion in den ML-Seminaren kam nicht zustande, wenn man persönliche Repressalien vermeiden wollte. Größere politische Gegensätze in der Seminargruppe gab es im ersten Studienjahr nicht, wohl aber später.

Eine besondere politisch-gesellschaftliche Erfahrung machten wir im Berufspraktikum im Sommer 1953. Drei Wochen davon beanspruchte ein Untertagepraktikum im VEB Bleierzgruben „Albert Funk", Betriebsabteilung Halsbrücke. Dieses Praktikum in einer Grube bis 700 Metern Tiefe war hochinteressant. Ausbildungsziel war das Kennenlernen von Technik und Technologie des Untertageerzbergbaus in Verbindung mit den hohen, vor allem körperlichen Anforderungen an die Bergarbeiter.

Am Sonnabend, dem 27. Juni 1953, fand kurzfristig eine Belegschaftsvollversammlung unter Tage statt, an der auch wir Praktikanten teilnahmen. Es war eine äußerst angespannte Situation im Halbdunkel, die Älteren sitzend, die Jüngeren stehend. Die Sprecher der Bergarbeiter waren konfrontiert mit der Betriebsleitung, der SED-Betriebsparteiorganisation und Vertretern der Gewerkschaft FDGB. Der Protest der Bergarbeiter richtete sich gegen die erhöhten Arbeitsnormen wie bereits auf der zentralen Demonstration in Berlin am 17. Juni 1953, also zehn Tage früher.

Die zehn Tage Verzögerung resultierten wahrscheinlich aus der schleppenden Nachrichtenübermittlung zwischen Berlin und der Provinz. Insbesondere über die militärische Niederschlagung des Protestes war hier noch nichts bekannt, denn Fernsehen gab es damals noch nicht. Jedenfalls wurde knallhart verhandelt und mit Streik gedroht. Das Szenario entsprach ganz und gar nicht dem in der ML-Vorlesung gelehrten Interessenausgleich zwischen Partei, Staat und Arbeiterklasse. Eine freie Gewerkschaft als Vermittler gab es nicht wirklich, und der Staat nutzte sein Gewaltmonopol gegen die eigenen Bürger aus.

Welches Ergebnis in Halsbrücke erreicht wurde, erfuhren wir nicht. Vermutlich ist die allgemeine Rücknahme der Normerhöhungen auch hier wirksam geworden. Diese Vorgänge stimmten mich – auch im Hinblick auf die Zukunft

– schon nachdenklich, und der Gedanke eines Wechsels (Flucht) in den Westen kam wieder ins Bewusstsein.

Schon im Laufe des Frühjahrssemesters 1953 wurde mir klar, dass mich die gewählte Studienrichtung nicht befriedigte. Ich beschloss nun doch, einen Wechsel zur reinen Mathematik nach Leipzig unter allen Umständen zu erreichen. Dieser Wechsel kam schließlich zustande und war mit einer Rückstufung ins erste Studienjahr verbunden. Ich hatte zwar ein Jahr verloren, war aber nun in der richtigen Spur.

Neue Kommilitonen, das Leben in einer Großstadt, Privatquartier statt Studentenwohnheim, etwas freiere Wahl der Vorlesungsfächer (auch unter dem Aspekt der Verständlichkeit der einzelnen Professoren), großer kultureller Gestaltungsspielraum, das waren die neuen Aspekte. Fachlich kam ich gut zurecht, was auch dem vorzüglichen Lehrkörper geschuldet war. Die Regelstudienzeit betrug fünf Jahre bzw. zehn Semester. Die ML-Pflichtausbildung setzte sich fort mit „Dialektischem und historischem Materialismus" (zweites Studienjahr) und „Grundlagen der politischen Ökonomie" (drittes Studienjahr), jeweils mit Vorlesung und Seminar. Zu den Seminaren waren Vorträge und Ausarbeitungen zu liefern, die streng bewertet wurden und zunehmend der Kontrolle der politischen Zuverlässigkeit des Einzelnen dienten. Einige Kommilitonen schwenkten allmählich auf die Linie von Partei und Staat ein. Der Umgang mit diesen wurde komplizierter und damit meistens zurückhaltender. Russisch wurde bis Ende des dritten Studienjahres gelehrt. Gern wahrgenommen wurde die Körpererziehung, die bis Ende des zweiten Studienjahres Pflichtfach war, aber auch danach noch angeboten wurde.

Ein besonderes Ereignis war im Sommer 1954 eine sechswöchige Fahrradrundreise durch die Bundesrepublik, die ich mit einem Freund unternahm. Nur 1955 war die Grenze zwischen den beiden deutschen Staaten für solche Reisen ohne besondere Genehmigung noch offen (ansonsten war ein Grenzübertritt nur über West-Berlin möglich). Da die Mitnahme von Mark der DDR (Ostmark) verboten war (und zudem der Umtauschkurs ganz ungünstig war), konnte eine solche Reise nur mit Hilfe von Verwandtschaft im Westen oder über Jugendherbergen, die für „Ost"-Gäste Verpflegungsgutscheine (kein Bargeld) ausgaben oder quasi über Bettelei realisiert werden.

Wir wollten unser Glück trotzdem versuchen und wählten den Grenzübergang Helmstedt. Wir wurden als Fahrradfahrer nicht etwa durchgewinkt, sondern in ein Kontrollgebäude eingewiesen und einer Kontrolle in drei Etappen unterzogen: 1. Fahrrad, 2. Gepäck und 3. Leibeskontrolle. Beim Fahrrad wurden Lenker und Bereifung auf enthaltene Geldscheine untersucht. Die Bereifung musste der Radbesitzer anschließend selbst wieder aufpumpen. Das Gepäck wurde ausgepackt und Stück für Stück kontrolliert. Der detaillierten Leibeskontrolle konnte ich entgehen, indem ich auf Nachfrage einen kleingefalteten 10-DM-Schein (frühere Gabe eines Westverwandten) aus der Hosentasche holte. Der Kontrolleur ging damit stolz zu seinem Vorgesetzten im gleichen Raum, der – wie ich hören konnte – zu ihm sagte: „Zurückgeben, aber anpfeifen!", was dann auch erfolgte. Die Frage nach weiterem Geld verneinte ich spontan, obwohl ich noch 50 Ostmark bei mir hatte und die „Ausfuhr" von Ostmark untersagt war. Mir wurde geglaubt, und die abenteuerliche Westrundreise per Rad und Anhalter konnte beginnen. Der Arbeiter- und Bauernstaat war sich nicht zu schade, ein solch diskriminierendes Prozedere an seinen Studenten zu praktizieren.

Tief beeindruckt von unserer Rundreise, die uns bis nach Zürich geführt hatte, kehrten wir nach sechs Wochen zurück und wurden wieder argwöhnisch kontrolliert, diesmal mehr nach Schriften des „Klassenfeindes" wie Nachrichtenmagazinen und großen Tageszeitungen. Die Umstellung zurück auf die hiesigen Verhältnisse fiel uns nicht leicht und war erneut von Diskussionen über einen Wechsel in den Westen begleitet.

Nach fünf weiteren Semestern erfolgreichen Studiums begann die Diplomphase. Diese Zeit brachte für mich große, unvorhersehbare Schwierigkeiten, die letztlich dem sich verschärfenden politischen Ost-West-Konflikt geschuldet waren, der die innerdeutsche Grenze schließlich zum Eisernen Vorhang zwischen zwei politischen Lagern werden ließ.

Man wählte seinen „Diplomvater" und hatte zunächst diverse Fachliteratur zu studieren, ehe das Diplomarbeitsthema festgelegt wurde. Ich sprach beim Institutsdirektor Professor Dr. Hölder im Herbst 1957 diesbezüglich vor, wobei die Themenvergabe für Januar 1958 festgelegt wurde. Bei meiner

Vorsprache zu diesem Zeitpunkt wurde mir mitgeteilt, dass Professor Hölder von einer Dienstreise in die Bundesrepublik Deutschland endgültig nicht zurückgekehrt sei.

Ich war wie vom Schlag getroffen. Um einen neuen Betreuer hätte ich mich selbst zu kümmern. Das bedeutet in der Mathematik auch die Orientierung auf ein neues Spezialgebiet und damit weitere Einarbeitungszeit. Ich konnte schließlich Professor Dr. Schäfer, bei dem ich Hilfsassistent gewesen war, als neuen Diplomvater (mit neuem Arbeitsgebiet) gewinnen. So unglaublich das klingt, auch Professor Schäfer setzte sich noch vor der Themenfestlegung in den Westen ab (Republikflucht, wie es später offiziell hieß).

Die Gefahr, dass die innerdeutsche Grenze eventuell bald ganz geschlossen werden könnte, führte zu dieser 1958 verstärkt einsetzenden Fluchtwelle.

Wer kam jetzt noch als Diplomvater infrage, bei dem ich zumindest Vorlesungen gehört hatte und mit dessen Umgangsart ich zurechtkam?

Professor Dr. Beckert war schließlich bereit, mich zu betreuen. So ging es mit kurzer Einarbeitungszeit und einem neuen Thema weiter.

Ein Stipendium erhielt ich trotz dieser unverschuldeten Betreuungspannen jedoch nicht mehr. Einen solchen Fall hatte es wohl bisher noch nicht gegeben. Mein Elternhaus stockte seinen bisherigen kleinen Unterhaltsbeitrag auf, so dass ich meine Diplomarbeit in Ruhe anfertigen und Anfang 1959 einreichen und erfolgreich verteidigen konnte. Mein Studium hatte mit Einbeziehung des Fachrichtungswechsels knapp sieben Jahre gedauert.

Hans-Peter Leidhold, geb. 1934, studierte Geophysik/Mathematik (Diplom, KMU Leipzig), wissensch. tätig HS für Bauwesen Leipzig, 1969–1970 Leiter des Rechenzentrums, Fakultas Docendi; publizierte zwei Informatik-Lehrbücher, Promotion 1983 Dr. rer. nat.; 1991 Referent im Sächs. Staatsministerium für Wissenschaft und Kunst; 1992 Professor für Praktische Informatik an der HTWK Leipzig, Prorektor für Bildung bis zur Emeritierung 1999; Lehrtätigkeit bis 2000.

***

***

** Kommentar zeithistorisch ** - Betreuungsnotstand durch Flucht aus der DDR

Mit der Gründung der beiden deutschen Staaten nach dem Zweiten Weltkrieg im Jahre 1949 nahm die Absatzbewegung der Menschen nach dem Westen Deutschlands ständig zu. Sie erreichte Spitzenwerte mit über 330.000Personen im Jahr der durch sowjetische Panzer niedergeschlagenen Aufstand um den 17. Juni und über 200.000 vor dem Ausbau der innerdeutschen Grenze 1961. Die umfassenden Benachteiligungen des Mittelstandes und der Intelligenz im sogenannten „Arbeiter-und-Bauern-Staat" und der zunehmende Zwang zu Ergebenheitsbekundungen bis zum Eintritt in die SED veranlassten vor allem kreative und risikobereite DDR-Bürger, diesem „Paradies der Arbeiter und Bauern" den Rücken zu kehren. Verschiedentlich wurde versucht, die Westflucht von Wissenschaftlern dadurch zu begrenzen, dass man ihnen mit sogenannten Einzelverträgen gewisse Privilegien zubilligte. Das mag auch in bestimmten Fällen funktioniert haben, minderte aber schließlich nicht wesentlich die Fluchtbewegungen auch profilierter Wissenschaftler aus der DDR.

Mit der Installation der innerdeutschen Grenze am 13. August 1961 auf Anordnung des SED-Regimes in der DDR, gekennzeichnet durch die Mauer quer durch Berlin, Stacheldraht und Minenfelder, waren die Menschen im Osten Deutschlands zunehmend politischem Druck ausgesetzt. (In Studentenkreisen wurde dieser sogenannte „antifaschistische Schutzwall" mit „Antifaschuwa" abgekürzt.) Sie wurden in ihrem persönlichen Verhalten, ihrer Entwicklung, reglementiert und behindert, standen unter latentem Bekenntniszwang zu „ihrem sozialistischen Staat" und litten unter der eskalierenden Militarisierung des Lebens. Die Zwangskollektivierung in der Landwirtschaft (Studenten wurden eingesetzt, die Bauern zu „überzeugen"), die Enteignung auch kleinerer Privatbetriebe um 1972 sowie die sogenannten „Hochschulreformen" waren unter anderem für viele DDR-Bürger Grund für das Verlangen, sich diesen Repressionen durch eine Flucht in den Westen Deutschlands zu entziehen. Dies wurde auf allen nur denkbaren Wegen versucht. Die sogenannten „Republikflüchtlinge", oft auch ihre Angehörigen, wurden vom SED-Regime kriminalisiert. Nicht selten endete ein solcher Fluchtversuch mit dem Tode.

R. Jork

***

„Wir werden verhindern, dass du zum Studium kommst"

Hans-Joachim Preuß (TH Dresden, Studienjahrgang 1952, Fachrichtung Maschinenbau; Diplom 1956)

Mein Studium an der Technischen Hochschule Dresden – so hieß die heutige Technische Universität damals – begann am 17. November 1952, mitten im Semester. Der Grund für diesen verspäteten Beginn war: Nach Abschluss meiner Feinmechanikerlehre beim VEB Carl Zeiss in Jena hatte ich mich über die Betriebsleitung in Dresden beworben, da man damals für ein Studium vom Betrieb delegiert werden musste. Doch statt einer Antwort aus Dresden erhielt ich von der SED-Betriebsleitung die Aufforderung, mich zur Kasernierten Volkspolizei zu melden - „freiwillig", versteht sich.

Trotz intensiver Bearbeitung durch ständig wechselnde Werbekommissionen lehnte ich ab und wurde mit den Worten verabschiedet: „Wir werden verhindern, dass du zum Studium kommst." Anschließend versetzte man mich an eine unbedeutende Stelle im Werk.

Ende Oktober wagte ich entgegen den Regeln, direkt an die Hochschule zu schreiben und so die SED-Betriebsleitung zu übergehen. Heute erscheint es mir seltsam, dass ich diesen einfachen Schritt damals als mutig empfand. Doch er war erfolgreich: Im November erhielt ich einen Brief vom Prorektorat der TH Dresden, der mit den Worten begann: *„Wir sind sehr erstaunt, dass unser Immatrikulationsbescheid nicht in ihre Hände gelangt ist"*. Man forderte mich auf, mich umgehend in Dresden einzufinden.

Als ich diesen Brief dem Werkleiter zeigte, sprang er auf, schlug mit der Faust auf den Tisch und rief: *„Wenn dich diese Idioten studieren lassen, kann ich auch nichts mehr machen"*. Es war offensichtlich: Die SED-Betriebsleitung hatte meinen Immatrikulationsbescheid zurückgehalten.

In Dresden war alles vorbereitet. Im Prorektorat erhielt ich meinen Studienausweis, Lebensmittelkarten für die Mensa und die Zuweisung einer Unterkunft in der Schandauer Straße 76. Als Vermieter war „Internat" angegeben, doch dieses entpuppte sich als karges Fabrikgebäude mit Betontreppen, nackten Wänden, großen Sprossenfenstern und spärlicher Ausstattung: ein stählernes Stockbett, ein Spind, ein Stuhl und ein Platz an einem Gemein-schaftstisch.

Jeden Morgen wurde ein großer Topf warmer Muckefuck, ein Malzkaffee, geliefert. Manchmal schmeckte er merkwürdig weich, was zu Protesten meiner Kommilitonen führte - sie vermuteten, dass Soda beigemischt wurde, um die sexuelle Lust zu dämpfen.

Doch all diese Unannehmlichkeiten waren mir nebensächlich. Mein einziges Ziel war es, den Stoff nachzuholen und den Anschluss zu schaffen. Wir Leidensgenossen halfen einander, das Beste aus der Situation zu machen.

Vorlesung Prof. Faltin – Wärmelehre, 1955

Harte Anforderungen und skurrile Begegnungen

Das Studium war anspruchsvoll, vor allem in den technischen Fächern. Der Stoff war schwierig, Belege mussten geschrieben und Prüfungen abgelegt werden. Bei den Vorlesungen in den überfüllten Hörsälen schrieb der Professor Formeln und deren Ableitungen an die Tafel, die wir Studenten eifrig mitschrieben. Persönliche Kontakte zu den Professoren waren in den ersten Semestern selten. Eine Begegnung blieb mir jedoch in Erinnerung: Ein

Professor stellte sich in der Toilette neben mich an die Wand mit den Pinkelbecken. Während ich noch überlegte, ob ich etwas sagen solle, kam er mir zuvor und bemerkte: *„Man kann oftmals beim Wasserlassen bedeutende Gedanken fassen".*

Ein Kommilitone traf kurz vor einer Prüfung einen Professor in einer Bar. Sie kamen ins Gespräch und waren nach einigen Wodkas fast befreundet. Mein Kommilitone sagte mir: „Meine Prüfung ist gelaufen. Ich habe mit ihm gesoffen." Doch aus dem Prüfungszimmer kam er mit langem Gesicht: „Er hat mir nur eine vier gegeben, dieser ....". Beim nächsten Barbesuch beklagte sich der Kommilitone bei seinem Professor über die schlechte Note. Dieser konterte: „Ich hab dir eine gerechte Note gegeben. Du warst schlecht." Sie tranken vergnügt weiter. In den technischen Fächern kam es allein auf die Leistung an.

Politische Fächer und die allgegenwärtige Kontrolle

In den politischen Fächern zählte nicht nur Leistung. Gesinnung und Handeln waren entscheidend. Jeden Freitag standen vier Stunden „GeWi" Vorlesungen auf dem Plan: Marxismus-Leninismus, Dialektischer Materialismus und die Geschichte der KPDSU. Es empfahl sich, diese langen Prozeduren über sich ergehen zu lassen. Seminargruppenleiter sorgten dafür, dass alle teilnahmen.

Meine Klausuren wurden zwar gut bewertet, jedoch oft mit dem Hinweis: *„Eine bessere Note hätten Sie erhalten, wenn Sie aus den Erkenntnissen persönlich die richtigen Schlüsse gezogen hätten."* Gemeint war eine stärkere Beteiligung an den FDJ-Aktivitäten oder der Eintritt in die SED.

Im Sommer 1956 wurden wir aufgefordert, uns zu verpflichten, die Ferien nicht im kapitalistischen Ausland zu verbringen. Ich verweigerte die Unterschrift, sagte jedoch dem Seminargruppenleiter, dass ich nicht unterschrieben habe. Aber er könne sicher sein, ich komme wieder zurück.

Ich weiß nicht, was er an die FDJ-Leitung weitergegeben hat. Mir ist nichts passiert. Die Reisen in den Westen wollte ich mir nicht nehmen lassen. Den „Kapitalismus" mit eigenen Augen zu sehen, war für mich wichtig. Es machte immun gegen die tägliche lügnerische Propaganda, der wir ausgesetzt waren.

Der Weg in den Westen

Wie viele meiner Kommilitonen sah ich in der DDR keine Zukunft. Die Gängelei und Bevormundung waren unerträglich. Ich wollte mein Leben frei nach meinen eigenen Vorstellungen gestalten. Der Gedanke „abzuhauen" war ein ständiger Begleiter. Mehr als die Hälfte meiner Seminargruppe floh nach Studienabschluss.

Studienende - Umzug unserer Seminargruppe vor den Diplomprüfungen. Auch die FDJ-Funktionäre haben mitgemacht. Sie haben nachher einen Rüffel bekommen "wegen des Auflebenlassens von bürgerlichen Gebräuchen". Wir sind in drei oder vier Vorlesungen marschiert, mit Gitarren und Gesang und haben den Professoren gedankt, die sich darüber freuten.

Ich hatte am Lehrstuhl für chemische Verfahrenstechnik eine Stelle als wissenschaftlicher Assistent angenommen und stellte mir die Frage: *„Gehst du gleich oder promovierst du dich hier?"* Zwei ungewöhnliche, mir heute noch unbegreifliche Begebenheiten, machten mir die Entscheidung leicht.

Ende November 1957 fand in der Mensa ein Tanzabend statt. Frauen waren an der TH selten und eine Tanzpartnerin zu finden war entsprechend schwierig. Doch ich hatte Glück: Meine Partnerin war die Sekretärin des Prorektors. Mitten im Trubel sprach mich ein Bekannter an, was ich wegen der lauten

Musik zunächst nicht hörte. Beim zweiten Versuch rief er laut: *„Herr Preuß, hören Sie mich nicht?"* Nach einem kurzen Gespräch mit ihm tanzten wir weiter, und meine Tanzpartnerin fragte: *„Heißt du Preuß, Hans-Joachim Preuß?"* Als ich bejahte, beugte sie sich nah zu meinem Ohr und flüsterte: *„So ein Zufall. Ich habe heute deine Personalakte in der Hand gehabt. Ich sage dir nur eines. Hier wirst du nichts. Es heißt dort: ‚Steht unter starkem Einfluss der katholischen Kirche. Lehnt unseren Staat ab.'"*

Wie dieser Abend endete, weiß ich nicht mehr. Doch für mich war das ein klares Signal: Ich musste in den Westen.

Anfang Dezember lief ich zufällig an der Polizeistelle nahe des Postplatzes vorbei, wo man Reisepapiere beantragen konnte. Einer spontanen Eingebung folgend, ging ich hinein und stellte einen Antrag - obwohl ich im Sommer bereits im Westen gewesen war. Als Grund gab ich die Hochzeit meiner Cousine an. Der Polizist nahm meinen Antrag entgegen und meinte: *„Da werden sie wohl wenig Chancen haben, das ist ja die zweite Ausreise in diesem Jahr".*

Einige Tage später war ich wieder in der Nähe und beschloss nachzusehen, ob die Papiere vielleicht schon da wären. Nach der Anmeldung an der Pforte fand ich mich mit vielen anderen in einem engen, düsteren Warteraum wieder. Die bedrückende Atmosphäre war förmlich greifbar. Niemand sprach, alle starten stumm vor sich auf den Boden. Angst und Beklemmung lagen in der Luft. Immer wieder wurden Leute in das Amtszimmer gerufen, und die meisten kehrten wütend oder weinend zurück: Abgelehnt!

Dann war ich an der Reihe. Eine Polizistin legte meinen Antrag auf den Tresen, auf dem quer und breit in roter Schrift stand: *„Abgelehnt, da zweite Reise".* Das hatte ich erwartet und wollte gehen, doch die Polizistin rief mich zurück. Sie nahm meinen Personalausweis, griff nach einem Stapel und reichte mir tatsächlich die Reisepapiere. Ungläubig starrte ich darauf. Dort stand mein Name. Es war wie ein Traum, einfach unglaublich. Gerade hatte ich noch gelesen: *„Abgelehnt",* und jetzt hielt ich die Ausreisepapiere in Händen. Ich konnte mein Glück kaum fassen. Mir schien es wie ein Gottesurteil. Nun war alles klar! Es gab keine Zweifel mehr: Meine Zukunft lag klar vor mir. Ich bekam zum zweiten Mal in einem Jahr Ausreisepapiere. Meinem 75 Jahre alten Zimmervermieter war die Reise zu seinem Sohn ins Ruhrgebiet gerade abgelehnt worden.

Am 28. Dezember 1957 fuhr ich mit dem Zug über Hof in den Westen. Der Grenzübertritt verlief ohne Probleme. Am Grenzbahnhof vor Hof war die übliche Pass- und Gepäckkontrolle sowie die Kontrolle der Rückfahrkarte. Ich reiste mit zwei Koffern, der Gitarre und meinen alten Holzskiern, denn nach der angeblichen Hochzeit wollte ich noch Skifahren. Um im Abteil nicht mit zu viel Gepäck aufzufallen, hatte ich einen Koffer und die Skier als Reisegepäck aufgegeben.

Am Grenzbahnhof wurden *„alle Reisenden, die Gepäck aufgegeben haben"*, zum Gepäckwagen gerufen. Ich stieg aus und bemerkte mit Sorge, dass ich der Einzige war, der den Bahnsteig entlanglief. Ich fürchtete, dass die Grenzer viel Zeit zum Kontrollieren haben würden, wenn ich der Einzige war. Tatsächlich standen mein Koffer und die Skier allein im Gepäckwagon. Auf meine Aussage, dass ich nur ein Hochzeitsgeschenk und Skikleidung dabeihätte, scherzte der Grenzpolizist: *„Na, ein Maschinengewehr ist sicher nicht drin."* Dann ließ mich gehen.

Die Minuten, bis der Zug losfuhr und langsam die Grenze passierte, waren bange. Doch dann rief jemand: *„Wir sind im Westen!"* Ein erleichtertes Aufatmen ging durch den Zug. Die Menschen, die eben noch eingeschüchtert und schweigsam gewesen waren, wurden auf einmal fröhlich und ausgelassen. Es war, als ob die Befreiung von dem Druck des DDR-Systems sich auf einmal Bahn brach. Fremde redeten miteinander, lachten und teilten ihre Geschichten.

Für mich war das ein entscheidender Schritt. Die Studienzeit, die ich trotz aller Widrigkeiten genossen hatte, war vorbei. Ein neuer Lebensabschnitt begann.

Hans-Joachim Preuß, Hans-Joachim Preuß, geb. 1932 in Frankenstein/Schlesien. 1950 Abitur an der Oberschule für Jungen in Jena/Thüringen. Feinmechaniker Lehre beim VEB Carl-Zeiss Jena. 1952 Facharbeiter Prüfung. 1956 Diplomingenieur Maschinenbau Technische Hochschule Dresden. 1957 Wissenschaftlicher Assistent am Lehrstuhl Chemische Verfahrenstechnik. 1958 Reaktorentwicklung bei Siemens in Erlangen. 1969 Hauptabteilungsleiter bei der Kraftwerk Union. 1995 Ruhestand. 2014 Drei Jahre in Nischni Nowgorod/Russland.

***

1958 zog das System die Daumenschrauben enger

Dipl.-Ing. Hubertus Deick (TH Dresden, Studienjahre 1953–1958, Fakultät Bauingenieurwesen, TH Darmstadt, Fakultät Bauingenieurwesen)

Was trieb mich? Ich hatte zehn Semester in Dresden studiert. Von acht Diplomhauptprüfungen waren vier abgelegt. Alle Belege lagen bei den Lehrstühlen. Und nun „haut er ab"? So oder so ungefähr werden viele Kommilitonen, Freundinnen und Freunde gefragt haben. Die sogenannten Jugendfreundinnen und Jugendfreunde, die, die immer das Blauhemd trugen, meine ich damit nicht.
Ja, was trieb mich?

Ulli Pfeifer, unser Kommilitone, als Mitveranstalter unseres Treffens zum 50. Jahrestag der jährlichen Zusammenkunft unserer ehemaligen Seminargruppe brachte es mir nahe. Wer dazu bereit sei, solle es doch aufschreiben: Die Motive seiner „Republikflucht", sein Ankommen, seine ersten Erfahrungen im „Westen". Also kramte ich in den Erinnerungen und in den auffindbaren Unterlagen, schon echte Dokumente, aus dieser Vergangenheit. Dabei schlug ich nach einer sehr langen Zeit auch meine alten Tagebücher wieder auf.
Rückblick: Mein Studentendasein war schön. Mit dem Stipendium kam ich mehr schlecht als recht, aber doch immerhin aus. Im Kreis der Freunde, weibliche und männliche, gab es Abwechslung und Spaß. Ich sog die kulturellen Aspekte Dresdens in mich auf. Und meine große Nische war der Sport. In unserer Sektion der Hochschulsportgemeinschaft hatte der sozialistische Alltag keinen Zugang. Und wer in der „immer Recht habenden Partei" war, trug in unserem Bereich nie das Abzeichen mit den sich gebenden Händen („Die Partei hat immer Recht" – Zeile aus dem Refrain des „Liedes der Partei", verfasst von Louis Fürnberg (1909–1957) im Jahr 1949. Das Lied wurde genutzt als Lobeshymne der DDR-Staatspartei SED.).

Notfalls, mit dem Vorwand für wichtige Wettkämpfe trainieren zu müssen oder am 1. Mai oder am „Tag der Republik" wirklich einen wichtigen Wettkampf zu haben, gab es dann einen Persilschein von den Funktionären. So musste ich mich nicht in die Demonstrationszüge einreihen.

Meine Eltern, beide damals schon lange unter der Erde, hatten mich christlich erzogen.

Unsere erste Flucht aus dem ehemals deutschen Osten, ein Tabuthema, wir wurden ja befreit, hatte mir zudem ein anderes Bild von der ruhm- und siegreichen Roten Armee vermittelt, das doch erheblich von dem nun offiziellen – Deutsch-Sowjetische Freundschaft – abwich.

(Anm. d. Hg.: Gemeint ist die Flucht der deutschen Bevölkerung vor den vorrückenden sowjetischen Truppen (Rote Armee) aus den deutschen Gebieten (Ostpreußen, Pommern, Schlesien) von Oktober 1944 bis zum Ende des Krieges.)

Diese bewusst gewollte Distanz zum System bescherte mir aber auch eine gewisse „Blauäugigkeit", die so weit ging, dass ich und meine im „Westen" lebende Freundin ernsthaft überlegten, unser vielleicht gemeinsames Leben in der sogenannten DDR zu verbringen.

Es kam anders: Im Frühjahr 1958 zog das System die Daumenschrauben enger: Reiseverbot für Studenten in die Bundesrepublik, das berüchtigte 5-Punkte-Programm, das eine SED-Hochschulkonferenz auflegte, der schärfere Ton der Funktionäre.

In den Diskussionen über das 5-Punkte-Programm, zu dem ich mich wirklich nicht positiv erklären konnte, so wie gefordert, kam dann schon einmal hin und wieder der zarte Hinweis auf die Exmatrikulation.

Besonders wollte ich nicht den Forderungen nachkommen, meine Bereitschaft zu erklären, an einer vormilitärischen Ausbildung teilzunehmen, nach Abschluss des Studiums dorthin zu gehen, wo der „Arbeiter- und Bauernstaat" mich brauchte, und mir eine wissenschaftlich-atheistische Weltanschauung durch das Studium des Marxismus-Leninismus anzueignen.

Die Ereignisse eskalierten. Die Sektion schickte mich zu einer Kreisdelegiertenkonferenz. Ein „Nein" dazu ging nicht. Nur wer diese Konferenzen selbst einmal erlebt hat, kennt die ausschweifenden Monologe der Funktionäre. Stinklangweilig! Unter dem Vorwand, an einer Geburtstagsfeier teilnehmen zu wollen, verließ ich vorzeitig diese Veranstaltung, natürlich ohne Genehmigung. Der offizielle Brief dokumentierte darauf meinen Abgang als ein *„unserem demokratischen Prinzip widersprechendes und einem Studenten des Arbeiter- und Bauernstaates unwürdiges Verhalten"*.

Eine weitere Versammlung. Diskussion über einen Briefverkehr zwischen den Präsidenten „West" und „Ost" der Sportverbände. Dem „Westpräsidenten" wurde die Befürwortung der Atombewaffnung der Bundeswehr unterstellt. Aus einer Zeitschrift des bundesrepublikanischen Verbandes hatte ich aber den Originaltext vorliegen und versuchte, die Verdrehungen richtigzustellen. So „blauäugig" war ich! Klar die Reaktion: Ich verbreitete – so der Vorwurf – „NATO-Propaganda". Dann kam eine Verhandlung: *Die Angelegenheit wird nunmehr den staatlichen Organen übergeben.*" Es war für mich nicht schwer vorzustellen, was nun ablaufen würde.

```
            5 - Punkte-Programm der TH-Dresden
            ====================================

    1. Auftreten als FDJ'ler - Erfüllung der Aufgaben des Verbandes
       - Opferbereitschaft - Halten von bewusster Disziplin.

    2. In jedem Semester nützliche Taten für den Arbeiter- und
       Bauernstaat vollbringen - Arbeitseinsätze.

    3. Bereiterklärung zur Teilnahme an der militärischen Ausbildung
       - Lehrgänge und militärwissenschaftliche Vorlesungen.

    4. Nach Beendigung des Studiums dem Arbeiter- und Bauernstaat zur
       Verfügung stehen und "dort arbeiten, wo er es für nötig
       hält".

    5. Aneignung einer wissenschaftlich-atheistischen Weltanschau-
       ung bis zum Ende des Studiums durch gründliches Studium
       des Marxismus-Leninismus.
```

Fünfpunkteprogramm der TH Dresden, 1958 (Archiv Hubertus Deick)

Die Mauer war noch nicht errichtet. Durch den Tunnel musste kein Republikflüchtling, auch nicht durch Stacheldraht und über den Todesstreifen. Um Berlin gab es aber einen Ring strenger Kontrollen.

Da saß ich nun im Zug. Am Revers deutlich das FDJ-Abzeichen, das Abzeichen „Für gutes Wissen" in Bronze, das Sportleistungsabzeichen in Gold. Die Kontrolle und die Angst. War ich schnell genug gewesen? Die Fragen der Volkspolizisten. *„Meine Tante wohnt in der Schönhauser Allee. Ihr Name ist Martha Deick. Ich fahre zu ihr. Dort werde ich mich auf meine Diplomprüfungen vorbereiten."*

Der geöffnete Koffer schien beweiskräftig genug zu sein: Zeichnungen, Manuskripte, Fachbücher hatte ich oben auf die sonst unauffälligen Unterhosen, Socken, Oberhemden und Taschentücher gelegt. Und natürlich existierte diese Tante wirklich. Ganz klein zusammengefaltet steckte hinten in meiner Hose ein Papier, bereit im Falle des Falles verschluckt zu werden. West-Berlin, Lager Marienfelde.

Professor Bürgermeister war Lehrstuhlinhaber für Statik und Stahlbau an der TH Dresden (Foto: Fritz Rath)

Die folgenden elf Tage gäben Stoff für eine lange Erzählung. Laufzettel für das Notaufnahmeverfahren. Mit einem Blechnapf und zwei Decken beziehe ich mein Bett und teile das Zimmer mit fünf anderen Gestrandeten. „Achtung vor Diebstahl wird gewarnt!" Ich treffe den Sportfreund aus Dresden. In der DDR wurden aktive Sportler/Sportlerinnen mit Sportfreund/Sportfreundin bezeichnet, gleichbedeutend mit Sportkamerad/Sportkameradin. Die Bezeichnung „Kamerad" war in der DDR allgemein nicht üblich.

Befragungen durch die Dienste der Alliierten und schließlich der Flug nach Frankfurt.

Ein neues Kapitel in meinem Leben beginnt. Da das Herbstsemester in Darmstadt erst Mitte Oktober anfängt, arbeite ich in einem Ingenieurbüro für Baustatik und bekomme die Pläne für ein zwölfgeschossiges Gebäude, eine Stahlbetonskelettkonstruktion, auf den Schreibtisch. Zum ersten Mal soll ich eine Statik rechnen, nach der nun auch wirklich gebaut wird. Ich fange an. Statisch unbestimmte Systeme. Dafür kenne ich ja das Kraftgrößenverfahren. *„Was machst du denn da?"*, fragt mein Chef Wolfgang, der gestandene Fachschulingenieur, *„Hast du denn noch nie etwas von Cross oder Kani gehört?"*. Zumindest ich hatte beim Professor Bürgermeister diese Verfahren nicht gelernt. Dabei hatten Cross bereits 1930 und Kani 1949 ihre Verfahren bekannt gemacht. Möglicherweise waren sie nicht ausreichend akademisch. Ich lernte und rechnete und war ganz stolz, nach vier Wochen die Statik fertig zu haben. Kommentar von Chef Wolfgang: *„Na ja, eigentlich müsstest du mir ja Lehrgeld zahlen."* Ich verdiente 250 DM im Monat.

Darmstadt: Einige Dresdner Studenten trafen sich hier. Jedes Mal war dies nicht nur eine Überraschung, es war auch Freude dabei. Ein ganz klein zusammengefaltetes Papier half, dass die Dresdner Diplomprüfungen anerkannt wurden. Dieses ganz klein zusammengefaltete Papier: Es war eine eidesstattliche Erklärung einiger „guter" Kommilitonen über meine Diplomhauptprüfungen. „Glück ist die Frucht der Freiheit, und die Freiheit ist die Frucht der Tapferkeit." (Perikles).

Und mein A-Ausweis (Flüchtlingsausweis Vertriebene aus den ehemaligen Ostgebieten) mit C-Vermerk (anerkannter politischer Flüchtling aus der DDR) sorgte für ein auskömmliches Stipendium. In Darmstadt herrschte bekanntlich der Stahlbaupapst Klöppel[4]. Nach einer Vorlesung näherte ich mich ihm vorsichtig und trug überaus höflich, vielleicht sogar devot, mein Anliegen vor: Ich hätte bei Herrn Professor Bürgermeister bereits die Diplomprüfung in Statik abgelegt und bitte um Anerkennung dieser Prüfung. *„So, so! Beim Kollegen Bürgermeister haben Sie diese Prüfung gemacht."* Und dann mit erhobenem Zeigefinger: *„Aber Stahlbau machen Sie bei mir!"* Die Betonung lag eindeutig auf „mir". So habe ich also bei Klöppel dann „geknickt, gebeult und gekippt". Das sind für uns Bauingenieure, die sich mit der statischen Berechnung von Bauwerken aus Stahl, zum Beispiel Brücken, befassen, die Grundbegriffe.

Endlich hatte ich das Diplomzeugnis in der Hand und fing an, bei der Philipp Holzmann AG in Frankfurt in der Brückenbauabteilung „Brücken zu rechnen", zum Beispiel den quer vorgespannten Überbau der Autobahnbrücke Randersacker. Welcher Ingenieur ist nicht stolz auf seine ersten Arbeiten? Und so erzählte ich dies später meinen Söhnen. Die Folge: Wenn wir in späteren Jahren auf unseren Reisen in den Süden uns dieser Brücke näherten, kam es prompt von hinten: *„Papa, fahr vorsichtig. Da kommt deine Brücke!"*

Hubertus Deick, geb. 1935 in Schlochau/Pommern, flüchtete 1945 nach Sachsen-Anhalt. Nach dem Abitur 1953 studierte er Bauingenieurwesen, zunächst an der TH Dresden, nach der Flucht 1958 an der TH Darmstadt (Diplom 1960). Tätigkeiten als Statiker, Bauleiter und Niederlassungsleiter eines Baukonzerns bis 1985, dann Technischer Leiter eines mittelständischen Bauunternehmens; ehrenamtlicher Richter und Lehrbeauftragter an der Universität Siegen.

***

---

[4] Professor Klöppel war in Darmstadt Lehrstuhlinhaber für Statik und Stahlbau, also das Gegenüber von Professor Bürgermeister in Dresden.

Vor dem Abitur wurde ich zum Schuldirektor beordert oder Warum ich von Ost nach West ging

Dipl.-Ing. Berthold Fieseler (TH Dresden, Studienjahre 1953–1957, Fakultät Bauwesen; TH Hannover, Studienjahre 1959–1961, Fakultät Bauwesen, Diplom 1961)

Als das Abitur nahte, also etwa in der zehnten Klasse, riet mir eine wohlmeinende Lehrerin mit freundlichen, aber sehr ernst gemeinten Worten, doch der FDJ beizutreten.

In der NS-Zeit war man mit zehn Jahren zu den „Pimpfen" (dem Deutschen Jungvolk) gekommen. Im Vergleich dazu vermochte ich bei der FDJ weder in der Organisationsform noch im äußeren Erscheinen einen besonderen Unterschied zu erkennen. Daher konnte ich mich mit dem Gedanken, ein Mitglied der FDJ zu werden, nicht gerade anfreunden.

Meine Eltern, insbesondere mein Vater, standen der aktuellen politischen Propaganda und damit dem neuen Regime im Osten Deutschlands sehr kritisch gegenüber. Mein Vater vertrat den Standpunkt, dass sich auf dem Gebiet Deutschlands, das sich DDR nennt, politisch seit 1933 im Wesentlichen nichts geändert habe – nur die Farbe sei von „Braun" auf „Rot" gewechselt. Kommentar meiner Mutter dazu: „Dich holen sie auch noch mal ab." In dieser „politischen Umgebung" war ich herangewachsen und selbst kritisch geworden.

Als das Abi nahte, mussten wir Abiturienten uns noch in der Schule einer Werbung zum Offiziersanwärter unterziehen. Ich lehnte vorsichtig ab. Vor dem Abitur wurde ich, wie später auch andere, zum Schuldirektor beordert, der uns mit Blick auf ein beabsichtigtes Studium sehr unmissverständlich aufforderte, doch der SED beizutreten. Dieses Ansinnen brachte mich dann doch in Gesinnungsschwierigkeiten: Zu Hause bestand strikte Ablehnung, jetzt für mich der Zwang zur Abwägung: Ein „Nein" bedeutete in letzter Konsequenz den „Weggang". Gemeint ist der Wechsel nach Westdeutschland - die Mauer gab es noch nicht in dieser Zeit.

Eine Schülerin meiner Klasse war kurz zuvor wegen politischer Untragbarkeit von der Schule verwiesen worden. Zudem war die Zeit vor dem 17. Juni 1953 wirtschaftlich und damit auch politisch sehr angespannt. Nach einigem Hin und Her trat ich der Partei, also der SED, bei mit der inneren Einstellung, irgendwie da wieder rauszukommen.

Man erinnere sich, der Volksaufstand am 17. Juni 1953, hatte sich an einer Erhöhung der Arbeitsnormen entzündet und zu einem Generalstreik ausgeweitet. Zu den wirtschaftlichen Forderungen kamen politische, zum Beispiel nach freien Wahlen hinzu.

Mit dem Wintersemester 1953 begann ich das Bauingenieurstudium an der TH Dresden. Natürlich war auch die TH politisch eingebunden, was sich unter anderem besonders in den marxistisch-leninistischen Lehrfächern widerspiegelte. In Parteiversammlungen wurde die Schaffenskraft des Sozialismus gefeiert mit ihren „großartigen Zukunftsperspektiven". Einige, wie auch ich, äußerten sich verhalten kritisch dazu.

In Dresden traf ich am 1. Mai 1954 unverhofft einen ehemaligen Mitschüler in erdbrauner Uniform als Leutnant der damaligen Streitkräfte der DDR (gemeint ist die Kasernierte Volkspolizei). Er erzählte mir ohne Umschweife und mit einem gewissen Stolz, er werde an der Militärakademie in Dresden theoretisch am Gebrauch von „ABC-Waffen" ausgebildet.

Zum Studium gehörten auch Berufspraktika. Ich wurde im Sommersemester 1954 zum Berufspraktikum im Fach „Stahlbetonbau" nach Klietz (Havelland) geschickt und musste erstaunt feststellen, dass es sich dort um den Aufbau eines Armeeschießplatzes handelte. Stark armierte Bunker zum Versetzen von Aggregaten von Beschussobjekten quer zur Schießbahn sollten installiert werden. Ein begleitender Offizier erklärte auch, dass eine Beschussfläche für „Tiefflieger" zur Erdbekämpfung einzurichten sei, wobei die „Düsenjäger" von eigenen Piloten ab Unterleutnant geflogen würden. Am Rande bekamen wir mit, dass die für Aufbau, insbesondere Abholzungsarbeiten, eingesetzten Soldaten dies nicht ganz widerspruchsfrei erledigten.

Diese Begebenheiten machten mich zunehmend misstrauisch hinsichtlich des viel propagierten Friedenswillens der DDR-Regierenden. Mit ideologischer Redegewandtheit wurden kritische Anmerkungen dieser Art „ausgeräumt", immer mit dem obligatorischen Leitsatz: *„Die Partei hat immer recht."* (Zeile aus dem Refrain des „Liedes der Partei", verfasst von Louis Fürnberg (1909–1957) im Jahr 1949. Das Lied wurde genutzt als Lobeshymne der DDR-Staatspartei SED.). Schließlich gab es in der Bundesrepublik noch keinen militärischen Gegenpol in Form einer westdeutschen Armee; diese gab es erst ab November 1955.

Im Stillen kam mir der Gedanke an einen Parteiaustritt immer deutlicher ins Bewusstsein. Andererseits musste ich nach außen eine gewisse Loyalität zeigen, um kein Misstrauen aufkommen zu lassen. Die Gefahren und Konsequenzen wurden mir durch den entsprechenden Schritt eines Kommilitonen im Rahmen einer gesondert anberaumten Parteiversammlung vorgeführt. Seine Begründung, man müsse nicht in der Partei sein, um für den Frieden einzutreten, wurde nach einigem Hin und Her nicht anerkannt. Diese Denkweise entsprach nicht der Parteilinie, eher einem christlichen Gedankengut. Sein Abgang von der TH Dresden (seine Exmatrikulation) war damit besiegelt.
Mir wurde klar, dass dies für mich so nicht gehen soll. Ich bereitete mich in aller Stille und ohne jede Offenbarung vor. Solch einen Schritt musste man für sich ganz alleine gehen. In der Zeit des sogenannten „Büropraktikums" 1957 fuhr ich eines Tages in Richtung Stralsund über Ost-Berlin, um die erste Personenkontrolle vor Ost-Berlin zu überstehen. Damals, also in der Zeit der noch „offenen" Grenze in Berlin, wurden alle Personen, die nach Berlin einreisen wollten, in einem Ring um Berlin kontrolliert, sowohl an den Straßen als auch in den Zügen der Bahn.

Nach striktem Anraten meiner in Ost-Berlin wohnenden Verwandten fuhr ich in den zur abendlichen Berufszeit vollen S-Bahnzügen (eine Kontrolle fand um diese Zeit erfahrungsgemäß kaum statt) ohne Rückkehrabsicht von Ost-Berlin nach West-Berlin zum Aufnahmelager. Hier erlebte ich die üblichen Formalitäten und Befragungen von Vertretern der westlichen Besatzungsmächte (Amerikaner, Briten, Franzosen) und verweilte einige Zeit in einem Wartelager bis zum Überflug in die Bundesrepublik.

In dieser Zeit suchte mich ein früherer Bewohner meines Heimatortes auf und versuchte, mich mit einem harmlos scheinenden Angebot wieder zum Rückgang nach Ost-Berlin zu bewegen. Dies lehnte ich entschieden ab. Diese zwielichtige Person könnte einer von den vielen Spitzeln gewesen ein, vor denen wir ständig gewarnt wurden.

Meine Schwester erschien auch noch eines Tages in Westdeutschland. Sie hatte sich nach dem Abitur an den Universitäten Leipzig und Jena beworben und wurde mit dem Argument abgelehnt: *„Studenten aus dem bürgerlichen Milieu haben keinen Platz an unseren Universitäten."*

Rahmenbedingung bzw. Voraussetzung zum Studium war und blieb das Abitur. Beim Zugang erfolgte dann aber doch eine größere Gewichtung der Herkunft der oder des Einzelnen, ob aus dem Umfeld „Arbeiterklasse", womit eine höhere Zuverlässigkeit vorausgesetzt wurde, oder aus dem bürgerlichen Milieu mit der Unwägbarkeit der politischen Einstellung zum System. Diese Tendenz meine ich, war bei der Ablehnung meiner Schwester zum Studium zu erkennen, obwohl meine Schwester auch in der FDJ war.

Ich wurde dann in das Bundesland Nordrhein-Westfalen ausgeflogen und habe in Minden noch zwei Jahre in einem Ingenieurbüro gearbeitet, ehe ich mein Studium an der TU Hannover aufnahm und auch dort erfolgreich abschloss.

Um einen Staat und letztendlich seine Heimat zu verlassen, müssen schon schwerwiegende Zwänge vorliegen. Das galt früher bei Auswanderern und gilt auch heute noch. Oft liegt der Grund in wirtschaftlichen aber auch politischen Gegebenheiten, in der Hoffnung und dem Willen, mit den neuen, aber auch fremden, besseren Lebensumständen fertig zu werden.

Berthold Fieseler, geb. 1932 in Berlin, zog 1943 mit der Familie nach Magdeburg. Während der Oberschulzeit Eintritt in FDJ und SED. 1953 Beginn des Studiums an der TH Dresden, nach Praktikum Flucht nach Westberlin.
Zwei Jahre Tätigkeit in einem Ingenieurbüro in Minden (NRW), später Studium an der TH Hannover, Diplom 1965. Tätigkeit beim Bundesbauamt, u. a. Ausbau des Mittellandkanals, 1992–1997 Ausbau der Oststrecke.

***

„F. war Mitglied des DS, der FDJ, DSF und GST, leistete aber keine dementsprechende Arbeit"

Dipl.-Ing. Wolfgang Friese (TH Dresden, Studienjahre 1953–1955; TU Berlin (West), Studienjahre 1955–1963, Diplom 1963)

Wer die Zeit unmittelbar nach dem Zweiten Weltkrieg unbeschadet überstand, kann sich glücklich schätzen. Doch 1953 konnte ich in Nordhausen „Glücksteine sammeln", mein Abitur ablegen und in Dresden die Technische Hochschule besuchen. Nur relativ wenige bekamen damals überhaupt einen Studienplatz, ich sogar mit dem Urteil: *„F. war Mitglied des DS (Deutscher Sportbund), der FDJ, DSF und GST, leistete aber keine dementsprechende Arbeit."*

(Anmerkung des Herausgebers: Zur Bedeutung der Mitgliedschaft in den genannten Organisationen siehe Christian Höfgen, „Zwänge und Chancen als Student und wissenschaftlicher Assistent", G.Knoblauch „Der Klassenfeind sitzt auch in ihren Reihen" sowie den zeithistorischen Kommentar am Ende von Hanns-Lutz Dalpke, „In Dresden benutzte man die eigenen Füße, die Straßenbahn oder das Fahrrad".)

Großes Glück hatte ich auch mit meiner Studentenbude auf dem Weißen Hirsch im Rißweg 66 in Dresden. Vor mir hatte meine Wirtin eine Frau mit „Bonbon" abgewiesen. Als „Bonbon" wurden die Parteiabzeichen der SED bezeichnet. Mir vertraute sie.

Das alteingesessene Bildungsbürgertum bemühte sich, den Einfluss der zugezogenen „roten Herren" und ihrer Günstlinge zu begrenzen. Zu diesen Personen zählten in meiner Nachbarschaft einige bemerkenswerte Persönlichkeiten:

- **Martin Andersen Nexö**: Der dänische Schriftsteller und Ehrenbürger der Stadt Dresden lebte in meiner Nähe. Seine Tochter May Nexö-Hahn lud mich einst zu ihrer Klassenfeier ein.
- **Friedrich Paulus**: Der ehemalige Generalfeldmarschall der Wehrmacht war ebenfalls Nachbar und gelegentlich mein Tennispartner. Während die Herren ihn mit „Herr Feldmarschall" ansprachen, sagten die Damen „Herr Paulus".
- **Wilhelm Adam**: Der frühere Adjutant von Paulus in Stalingrad und Mitbegründer der Nationalen Volksarmee (NVA) gehörte ebenfalls zu diesem Kreis.

- **Manfred Baron von Ardenne**: Der renommierte Wissenschaftler und Professor war bekannt für seine Arbeiten im Auftrag der SS zur Entwicklung des Radars im Jahr 1943 in Berlin-Lankwitz.
- **Werner Turski**: Der Prodekan der Technischen Hochschule Dresden war ebenfalls eine prägende Persönlichkeit dieser Zeit *(siehe auch Seite 42: Kommentar zeithistorisch - Prorektor Werner Turski)*

Übrigens ist in Uwe Tellkamps Roman „Der Turm" diese Zeit im Dresdner Stadtteil Bad Weißer Hirsch beschrieben. Einige Personen aus dem Buch sind mir bekannt. Dort werden auch meine Wirtsleute, die Mätzolds, Inhaber eines Damensalons, genannt. Deren subtiler Widerstand bestand darin, Funktionärsfrauen möglichst abzuweisen. Mätzolds halfen Verfolgten auf der Flucht. Manchen Morgen flüsterte meine Wirtin mir zu: „Wir haben Besuch". Ich verstand. Oder sie weinte: „Wieder ist ein Freund verhaftet worden". Eine kritische Situation für mich entstand 1954 zur Volkskammerwahl, als ich fragte, wo denn die Kabine sei. Ich fand sie schließlich weit hinten im Saal. Als ich den Wahlzettel durchstrich, zerriss er durch den ausliegenden 8H-Bleistift und ich konnte ihn dann nicht mehr richtig falten. Bleistifte 8H ist eine extrem harte Bleistiftmine, die normalerweise unter anderem in der Lithographie verwendet wird. Der Sinn war, möglichst Änderungen am Wahlzettel zu erschweren oder überhaupt zu verhindern.

Ich erlebte eine jedoch schöne Zeit in Dresden, wurde zu Hauskonzerten, in die Oper und ins Theater eingeladen, zahlte keine Miete, verkehrte im Umfeld des Wohnortes auf dem Weißen Hirsch im Parkhotel, in der sogenannten „Kakadu-Bar", im Weihenstephan (Gartenrestaurant auf der Bautzener Landstraße in Dresden), im Dresdner Felsenkeller – alles Orte, die ich 1979 in recht marodem Zustand wiedersah.

Das Restaurant „Bei Sepp" wurde nach der friedlichen Revolution in der DDR das erste Sternerestaurant in Dresden. Ich badete im Kurhaus in Haile Selassies „goldener" Wanne. Es hieß, der Regent Äthiopiens und letzter Kaiser von Abessinien soll im Kurhaus auf dem Weißen Hirsch in einer Wanne mit goldenem Wasserhahn gebadet haben.

Der Vater meiner Tanzstundendame war selbstständig und lud uns auf die Pferderennbahn in Seidnitz ein. Manche lebten, als hätte sich die Welt mit dem Kriege nicht geändert. Unser Dozent, Dr. Christfreund (Professor für Straßenbau), von Mätzolds „Onkel" genannt, war ein Freund des Hauses.

Ich reiste von der DDR aus nach Düsseldorf in die Deutsche Bundesrepublik, jobbte dort auf dem Bau, kaufte mir modische „Sambaschuhe" und eine Uhr mit Datumsangabe. In Dresden wollte ich mir ein Radio der Marke Rennsteig für 250 Mark verdienen, um den RIAS (Rundfunk im amerikanischen Sektor von West-Berlin) zu hören. Dafür arbeitete ich mit meinem Kommilitonen Achim für den Dresdner Architekten Schmidt. Wir zeichneten Fassaden und maßen Ruinen auf. Letzteres war durchaus lebensgefährlich.

Den Lohn für meine erste Zeichnung konnte ich nicht einschätzen. Als ich 10 Mark verlangte, empörte sich der Architekt: „Ich muss eine Million verbauen, habe kein Material, keine Leute! Frau, gib ihm 50 Mark!"
Achim und ich konditerten auch im berühmten Restaurant „Toskana" am Blauen Wunder - so wird die berühmte Stahlbrücke über die Elbe genannt - und sangen den Schlager „Wir tanzen wieder Tango in der Bundesrepublik".
„Ah, die jungen Herren sind Studenten", so die alten Damen nebenan, „in welcher Verbindung sind Sie denn?"
Verbindung, so bezeichnete man einen Verband von Studenten und Ehemaligen (Alumni) einer Hochschule, die Brauchtum und gewachsene Tradition pflegen. Einer Verbindung trat ich erst in Berlin bei.

Und wieder war da ein Glückstein auf meinem Wege: Nach Weihnachten 1955 kam spät abends mein Freund Fredi Baumgart zu mir: „Meine Mutter hat Radio gehört. Im Frühjahr findet eine Volkskammersitzung statt. Möglicherweise wird beschlossen, Westberlin abzusperren. Komm, wir gehen."
Einen Augenblick Konfusion bei mir: Die Baustoffkundeprüfung stand an und was wird mit meinen Eltern, den Wirtsleuten? Mit meinem Ja erfüllte sich dann aber mein Traum BERLIN.
Wir trafen in Westberlin ein.

Student an der Technischen Universität in Berlin (West)

Fredi und ich, wir fanden erst einmal Aufnahme bei einer Freundin seiner Mutter. Alles Weitere waren Formalitäten. Das Land Berlin nahm Oststudenten zum weiteren Studium auf, es gab 90 DM Stipendium und 5 DM für die Monatskarte. Wir hatten keinen Flüchtlingsstatus und mussten nicht erst zur Erfassung ins Aufnahmelager. Mit dem neuen Personalausweis wollte ich mich bei einer Zimmerwirtin anmelden, aber – ich war noch keine 21 Jahre alt. Mit unter 21 Jahren war ich im Sinne der damaligen bundesdeutschen Gesetze noch nicht mündig. Doch der Reviervorsteher dozierte beeindruckend: „Wer einmal in Deutschland mit 18 Jahren für volljährig erklärt wird, der bleibt es!"

Wir wurden von der TU in West-Berlin aufgenommen mit Kleiner Matrikel. So nannte man eine Art Probestudium für maximal ein Jahr. Für ein reguläres Studium und den entsprechenden Abschluss mussten das Abitur, das Vordiplom und ein humanistisches Studium nachgewiesen werden, was im vorliegenden Falle für uns nicht möglich war. Die „Große" gab es erst nach Anerkennungsprüfungen für das Abitur, Vordiplom und Humanistisches Studium.

Nach der Bitte des Berliner Immatrikulationsbüros, die Vordiplomnoten zu schicken, schrieb der sonst stets freundlich gewesene Herr Wehrmann, leitender Mitarbeiter im Immatrikulationsbüro in Dresden, dass Friese den Sozialismus verraten habe und Noten nicht übersandt würden. Die Professoren bekamen sie aber privat von ihren Dresdner Kollegen, denn sie kannten sich vom Studium oder von internationalen Gremien her. „Schwein" hatte ich in Mathe. Professor Mohr fragte mich nach meinem Professor in Dresden. „Maruhn!", rief er, „der hat mich gerade besucht, wir haben fürchterlich einen gesoffen!" Mit einer „sozialen Vier" ließ er mich gehen.

(Anmerkung des Herausgebers: Maruhn war Direktor des Instituts für reine Mathematik an der TH Dresden; bei ihm ist der Autor nach eigenen Angaben in Mathematik durchgefallen.)

Wir drückten uns vor den aufwendigen Nachprüfungen, und vieles war vergessen.

Die DDR blieb allgegenwärtig. Lächerlich für uns waren die ständigen Agitationsschwärme von Trägern der Blauhemden - blaue Hemden gehörten zur Uniformierung der FDJ-Mitglieder - von der Humboldt-Universität in Ost-Berlin auf dem TU-Gelände in West-Berlin. Fanatische, fröstelnde „Jugendfreundinnen" bekamen von mitleidigen Seelen im Westen heißen Kaffee aus der Mensa gebracht.

Bedrohlich waren die wiederholten „Zuführungen" in die Kontrollbaracken an den Transitstraßen zu Ausforschungen und Anwerbungen sowie die

Spitzelbesuche, wenn ich später per Auto meine Eltern in der Heimat besuchte. Sie wussten vieles, aber nicht alles. Gegen das Ausspionieren und Bedrängen gab es nur ein Rezept: ein klares Nein und später im Beruf den Hinweis auf meine arbeitsvertragliche bzw. amtliche Verschwiegenheitspflicht und die Bemerkung, über das Gespräch berichten zu wollen. Das verstanden die „Organe", denn Gleiches band diese auch.

Dann kam am Sonntag, dem 13. August 1961 der Mauerbau, den Frau Baumgart schon 1955 befürchtet hatte. Mit den ansteigenden Flüchtlingsströmen hatte ich meine Kommilitonen im Zeichensaal, die im Randgebiet wohnten, aufgefordert, über das Wochenende in West-Berlin zu bleiben. Grenzziehungen durch Häuser sowie Verkehrs- und Versorgungsverbindungen kannte ich vom Südharz. Doch am Montag fehlte der halbe Saal, weil die Studenten aus Ost-Berlin fehlten.

Eine Woche hatten wir Zeit, mit ausgeliehenen Personalausweisen die alten Kumpel und ihre Frauen und Freundinnen über die Sektorengrenze zu schleusen. Bei Reisen nach Ost-Berlin nahm man gültige Ausweise von West-Berlinern mit, die ähnlich aussehende Oststudenten dann benutzten, um nach Westberlin zu gelangen. Dazu war es erforderlich, die entsprechenden Lebensdaten zu beherrschen, wenn man durch die Kontrollstellen gelangen wollte.
Nach dem Maurerbau fehlten Menschen in (West-)Berlin, damit entfiel auch meine vorläufige Aufenthaltserlaubnis. Jetzt endlich war ich ein richtiger Berliner. 1963 machte ich mein Diplom für Bau- und Verkehrswesen.
Was ich denn so lange gemacht hätte, wurde ich bei meinem ersten Bewerbungsgespräch von der Firma Eternit gefragt. Neben den lästigen Wiederholungsprüfungen war ich in der Wohlstandsfalle gelandet. Ich wollte als Student wie ein Philister leben, jobbte, kaufte mir einen Motorroller, fuhr ins Ausland, besaß eine Segeljolle.

Meine persönliche Bilanz: Für mich war Berlin kein Fluchtort, sondern ein Zielort, die Erfüllung meines Traumes. Ins Büro ging ich nicht am Charlottenburger Schloss vorbei, sondern fuhr durch die Steglitzer Schlossstraße. Natürlich denke ich zurück an die national-sozialistische wie an die rot-/realsozialistische Lebenszeit. In der Nazizeit gehörte unser Jahrgang zum Tätervolk, aber nicht zur Tätergeneration. In der DDR-Zeit habe ich mich betätigt, hatte durch opportunistisches Verhalten Vorteile, so im Sport wie in der Ausbildung. Ich passte mich der jeweiligen Lage an, handelte nach meinem Empfinden zweckmäßig. Ich war Sekretär in der Freien Deutschen Jugend (FDJ) unserer Oberschulklasse.

Gewählt wurden also der Seminargruppensekretär und der Kassierer aus der Gruppe. Personen die das Vertrauen der Gruppe genossen und nicht unbedingt den Parteilinien der SED entsprachen. Der Seminargruppensekretär war auch der Sprecher der Gruppe. Wir wählten für die notwendig zu bestellende Funktion einen „Reaktionär" Das war wichtig, musste dieser doch die gesellschaftlichen Beurteilungen schreiben – auch meine.

Ich denke an die guten Erlebnisse, an die wunderbaren Menschen, aber auch an die, die gelitten haben. Nicht ohne innere Konflikte sehe ich meine Förderung in Schule und Hochschule in der DDR. Einen finanziellen Ausgleich für mein Studium in der DDR zu zahlen, wäre ich bereit gewesen – das Schulgeld nicht. Das hatten meine Eltern bezahlt, wie lange, weiß ich nicht. Aber das Dresdener Studium hätte ich angemessen entgolten, so wie ich meine Berliner Studiendarlehen zurückgezahlt habe, in langen Ratenjahren und mit moderaten Beträgen.

Ich danke allen Menschen in Mitteldeutschland, die mir auf meinen Lebensweg geholfen haben – vor allem meinem Freund Fredi und seiner Mutter sowie meinen Wirtsleuten in Dresden, meinen Lehrern und insbesondere meinen Eltern. Ich bedanke mich bei meiner Frau Anne, ohne die ich nicht so ein schönes Leben hätte; die übrigens in ihrem emsländischen Dorf auch von Berlin geträumt hat und die ich zum Semestertreffen 1966 in Berlin kennenlernte. Am 9.November 1989 habe ich Freudentränen geweint!

Wolfgang Friese, geb. 1935 in Ellrich, besuchte die Humboldt-Oberschule in Nordhausen und studierte ab 1953 an der TH Dresden, bevor er nach West-Berlin floh. 1955–1963 Studium an der TU Berlin; 1963 Wissenschaftlicher Assistent für Stadtbauwesen, 1969–1972 Tätigkeit beim DIN, ab 1972 Baudirektor und Leiter der Berliner Straßenverkehrsbehörde. Bis 1989 Leiter des Arbeitsausschusses für Straßenverkehrsbehörden in westdeutschen Großstädten, 1989–2000 deutschlandweit.

***

„Zweifel an der führenden Rolle der Partei"

Dr.-Ing. Christian Meyer (1954 TU Dresden, Fakultät Bauwesen, 1958 TU Hannover, Fakultät Bauwesen, Bauingenieurexamen 1961, Promotion 1973)

Während des Studiums ab 1954 in Dresden wurde es dann ernster. Ich konnte meine Abneigung aufgrund meiner Jugenderlebnisse in der DDR nicht zurückhalten. Der blutig niedergeschlagene Ungarnaufstand 1956 war ein weiterer Knickpunkt. Die Hoffnung auf eine „Wende" war dahin. An einer Ferienreise in die ČSSR durfte ich nicht teilnehmen, wegen „politischer Unzuverlässigkeit". Man vermutete, ich würde wegen meiner Briefkontakte zu tschechischen Studenten dort Unterstützung für die Gründung eines Studentenverbandes finden.
Ich wurde auf Betreiben des Hochschul-FDJ-Sekretärs von der Anmeldeliste gestrichen. Einen Widerspruch gab es nicht.

Zum Prorektor Turski wurde ich mit zwei Kommilitonen vorgeladen, weil wir die „führende Rolle der Partei anzweifelten" und einen eigenen Studentenverband wollten. Das Gespräch verlief am Anfang einschmeichelnd unter dem Tenor: „Ihr armen Irren, von der westlichen Propaganda verführt."
Als wir jedoch dann vortrugen, dass wir die Gängelei und Bevormundung durch die SED-Kaderleitung der Hochschule und der Seminargruppe ablehnen, wie zum Beispiel:
„Ihr sollt nicht in die Bundesrepublik oder in das westliche Ausland reisen wollen, sondern stattdessen für den Frieden, das heißt für die SED-Herrschaft und gegen die westlichen Kriegstreiber in einer öffentlichen Demonstration mitmarschieren und den Klassenstandpunkt, das heißt den Sozialismus, verteidigen und freiwillig zum Ernteeinsatz aufs Land fahren."

Wir wollten stattdessen unser Hochschulleben selbst bestimmen und das am besten in einem frei gewählten Studentenverband. Da änderte sich schlagartig das Gesprächsklima, Prorektor Turski sprang hinter dem Schreibtisch auf und brüllte:
„Wer die führende Rolle der Partei anzweifelt, der spricht die Sprache des Klassenfeindes!"

Uns war klar, dass wir von ihm keine Unterstützung erwarten konnten, und wir bekamen Bedenken, uns noch weiter vorzuwagen und verabschiedeten uns rasch. Es fand sich aber kein „Rädelsführer", den man bestrafen konnte.

*(Anm.: siehe ** **Kommentar zeithistorisch** ** **Prorektor Turski** (Seite 42) und die Beiträge von W. Friese, Ch. Müller und G. Herrmann)*

Der Dozent für Gesellschaftswissenschaften, Schröder, zitierte mich vor, weil ich wegen „antisozialistischer Äußerungen" zu seinem Prüfungsstil von einem Kommilitonen bei ihm verpfiffen worden war. Der Prüfungsstil erstreckte sich neben fachlichen Fragen in Gesellschaftswissenschaften auch auf ausforschende Fragen zur persönlichen Überzeugung hinsichtlich des Sozialismus.

Als ein Kommilitone, dem es ähnlich ergangen war, im engeren Kreis davon berichtete, sagte ich etwas flapsig: „Das ist ja wie eine Entnazifizierung." Das war dem Dozenten Schröder hinterbracht worden und ich musste mich schriftlich und vor den Studenten meines Semesters entschuldigen. Die Prüfung habe ich trotzdem bestanden.
Später erfuhr ich, dass der Dozent Schröder auch in die Bundesrepublik geflüchtet war.

Durch Besuche in West-Berlin unter anderem zur Internationalen Bauausstellung sah ich, was möglich war und wie wir im Osten für dumm verkauft wurden.
Angst hatten wir keine – solange wir nicht verhaftet waren, stand uns ja immer noch der letzte Ausweg, West-Berlin, offen.

Der Altkommunist Otto Buchwitz (SPD/SED, Alterspräsident der Volkskammer Ehrensenator der TH Dresden) versuchte uns in einem langen Gespräch die ersehnte „Wende" auszureden. Er gehörte zur alten Garde der gutwilligen Kommunisten mit idealistischen Vorstellungen. Wir waren die gleiche Gruppe, die auch zum Prorektor Turski vorgeladen worden war. Hier verlief das Gespräch jedoch ganz anders. Wir fanden Verständnis auf der Suche nach einem „besseren Sozialismus". Dies schrieb er unserer Jugend zu, er als wesentlich Älterer – er war sicher schon über 80 Jahre alt – erzählte von seinen ideologischen Kämpfen mit Gesinnungsgenossen, die ähnliche Ideen hatten und vom „wahren Sozialismus" schwärmten, die aber alle gescheitert waren, weil sich die „Hardliner" durchgesetzt hatten. Er riet uns daher indirekt ab, auf eine Wende zum Besseren zu hoffen.

Dann war es irgendwann genug. Ich merkte, dass die Dummheit und Borniertheit der „sozialistischen Betonköpfe" immer mehr zunahm. Das konnte kein gutes Ende nehmen. Zugleich wuchs der Einfluss des „Goldenen Westens" immer mehr, zum Beispiel durch die Fachzeitschriften im Lesesaal. Die sogenannten „West-Vorträge" an der TU Dresden waren bei den noch nicht so politisch unterwanderten Architekten noch möglich und sehr gut besucht, auch von den Bauingenieuren. Hier berichteten unter anderen ehemalige Professoren der TH Dresden sowie andere Fachleute über ihre Bauten in der Bundesrepublik. Eine derartige „Reklame" war bei den SED-Parteigenossen gar nicht gern gesehen.

1958 wurden die Seminargruppen im „Bauing"-Semester neu aufgeteilt. Diese neue Aufteilung war einerseits notwendig, um die Fachrichtungen Konstruktiv (die meisten Kommilitonen), Wasserbau, Verkehrswesen und Baubetrieb zusammenzufassen. Andererseits war es dadurch möglich, politisch unsichere Kandidaten mit den sogenannten „Hundertprozentigen" zusammenzulegen – so wurden die Kommilitonen scherzhaft bezeichnet, die immer die Linie der SED vertraten und ihre „eigene Meinung" erst morgens mit der SED-Parteizeitung „Neues Deutschland" zugeschickt bekamen. Ich wurde den „Hundertprozentigen" zugeteilt und verlor dadurch meine gleich gesinnten Freunde.

Zur vormilitärischen Ausbildung wurden wir Studenten in Trainingslagern zusammengefasst. Hier verliefen im engeren Kreis eines Zeltes die Überlegungen zu einem eventuell zu leistenden Fahneneid auf die Verfassung der DDR und darüber, was ein gerechter und was ein ungerechter Krieg sei, offener. Das vertrug sich nun gar nicht mit meiner christlich-humanistischen Einstellung und es wurde mir nahegelegt, bei Beginn des neuen Studienjahres aus der evangelischen Kirche auszutreten und das zum Gegenstand einer „Diskussion" zu machen. Derartige Diskussionen mit vorher festgelegtem Ausgang waren mir zur Genüge bekannt, sie wurden ja immer von den oben erwähnten „Hundertprozentigen" geleitet und besucht. Die Seminargruppe mit den gleich gesinnten Kommilitonen hatte da gar keinen Einfluss. Es war zwecklos: Ich hätte mich nur noch tiefer in den aufgestellten ideologischen Fallen verfangen und nach offenen Kampf stand mir nicht der Sinn. Das hätte eine Exmatrikulation oder zumindest „ein Jahr Praxis" bedeutet. So hatte ich Ende 1958 genug von den Repressionen und Bevormundungen und verließ die DDR.

Die Flucht aus der DDR verlief zu jener Zeit problemlos. Zur zusätzlichen Sicherheit – man wusste ja nie, ob nicht doch irgendjemand etwas „gemeldet" hatte – fuhr ich mit meiner Großmutter von Radebeul aus mit dem Bummelzug ohne polizeiliche Ausweis- und Kofferkontrolle nach Berlin-Rangsdorf und von dort mit der S-Bahn über Friedrichstraße nach West-Berlin.
Meine restlichen Studienunterlagen brachte meine sehr umsichtige und „DDR feindliche" Großmutter später im Koffer nach West-Berlin.

Das nicht sehr gastliche Flüchtlingslager Berlin-Marienfelde umging ich, indem ich per Studentenflug des ASTA der Freien Universität gleich nach Hannover flog. Dort waren schon Werner Vinzelberg, Horst Habermann und andere Kommilitonen aus meinem Dresdner Semester immatrikuliert und ich wurde gut beraten und tatkräftig unterstützt. Es folgte noch das Eingliederungsverfahren im Lager Sandbostel/Lüneburger Heide. Die Immatrikulation an der TH Hannover klappte unverzüglich. Der Flüchtlingsausweis „C" (Flüchtling aus politischen Gründen) aufgrund meiner Vorgeschichte brachte mir sofort 250 DM pro Monat Stipendium. Zusätzlich besorgte ich mir noch einen Nebenjob als Statiker/ Bauzeichner bei einer mittelständischen Baufirma.

Der Studienübergang Dresden-Hannover war aufgrund der zahlreichen Dresdenkontakte der hannoverschen Professoren und Assistenten ebenfalls reibungslos. Meine mitgebrachten Übungsbelege wurden anerkannt, bzw. von den Assistenten sogar „wiedererkannt". So war zum Beispiel der Assistent im landwirtschaftlichen Wasserbau früher Assistent bei Professor Zuncker in Dresden gewesen und hatte die gleiche Aufgabe bearbeitet, einen Grundrissplan, der Prof. Zunckers Heimatgebiet zeigte. Der Assistent von Professor Pfannmüller im Stahlbau kannte die Aufgaben von Professor Bürgermeister in Dresden, der früher selbst Assistent bei Professor Pfannmüller in Prag gewesen war. Der Dozent Christfreund im Straßenbau in Dresden hatte einen

Bruder im Straßenbauamt in Hannover, der wiederum auch am Lehrstuhl für Straßenbau in Hannover gelegentlich tätig war. Es war also kein Problem bei diesen Kontakten zwischen Dresden und Hannover die von Dresden mitgebrachten Übungsaufgaben anzuerkennen und durch Zusatzaufgaben ergänzen zu lassen.

Ich hörte dann noch einige Vorlesungen und fertigte Übungsaufgaben und konnte 1961 das Studium mit dem Bauingenieurexamen abschließen.
Der Kreis hat sich geschlossen – ich habe hier nur Gutes erfahren und meine Flucht nie bereut.

> Christian Meyer, geb. 1936 in Einbeck, ab 1939 in Dresden, besuchte Schulen in Waldheim und Döbeln, Abitur 1954. Ab 1954 Studium TU Dresden, nach der Flucht 1958 an der TU Hannover (Bauwesen). Ab 1961 im Prüfbüro für Baustatik in Holzminden, 1965 Baustellentätigkeit bei Holzmann AG, ab 1967 wissenschaftlicher Mitarbeiter und 1970 Assistent am Institut für Baustoffkunde der TU Hannover; 1973 Promotion (Leichtbeton). Seit 1976 selbstständig als Sachverständiger für Bauschäden; 2004 Ruhestand.

✳✳✳

Information zeithistorisch - Arbeiter-und-Bauern-Fakultäten
Die Arbeiter-und-Bauern-Fakultäten (ABF) wurden 1949/50 in der DDR gegründet, um gezielt Kinder aus Arbeiter- und Bauernfamilien innerhalb eines zwei- bis dreijährigen Programms zum Abitur zu führen. Absolventinnen und Absolventen der ABF erhielten bevorzugt Studienplätze an Universitäten.
Dieses System wurde von der DDR-Führung genutzt, um eine systemtreue akademische Schicht zu etablieren und den Zugang zur höheren Bildung ideologisch zu steuern. Die ABF war ein zentrales Instrument zur Umsetzung der sozialistischen Bildungspolitik und zur Förderung politischer Loyalität im akademischen Bereich.
Eine ausführliche Kommentierung der Autorenbeiträge mit Verweisen auf die ABF findet sich im **Themenbeitrag – Arbeiter-und-Bauern-Fakultäten (ABF) in der DDR** (Band 1, S. 255)

✳✳✳

Rezensionen zur Buchausgabe von 2017
JUNGE FREIHEIT– Wochenzeitung für Debatte – LITERATUR
Nr. 3 /18 | 12. Januar 2018, Paul Leonhard

Tagtäglich vielen kleinen Repressionen ausgesetzt

[...] Letzteres erklärt sich daraus, dass das Buchprojekt im Ergebnis der Ta-
gung „Politisch motivierte Urteile und andere Formen der Repression gegen
Studenten der TH/TU Dresden in der DDR" entstand, die 2009 in der Elbe-
stadt stattfand. In der Diskussion sprach [...] Prof. Günter Franke, der von
1962 bis 1968 an der TU Dresden studiert hatte, die sehr emotionalen Worte:
„Hier wird immer nur über die großen Fälle gesprochen und nicht über die
vielen kleinen Repressionen, denen wir damals täglich ausgesetzt waren."

Als Resultat wurden Absolventen gebeten, aufzuschreiben, was ihrer Mei-
nung nach gut am Studium in der DDR war und worauf man hätte verzichten
können. „Wir stießen auf Humor, interessante Details...."

Es gab einige Leute, die meine Exmatrikulation durchsetzen wollten

Dipl.-Ing. Christian Müller (ABF TH Dresden, Studienjahrgang 1954; TH/TU Dresden 1958, Luftfahrtwesen/Fertigungstechnik, Diplom 1962).

Obwohl in meinem Lehr- und Arbeitsbetrieb sehr geordnete Verhältnisse herrschten (nicht in jedem VEB war das der Fall), fühlte ich mich dort als freier Mensch. Hinzu kam, dass ich in ländlicher Umgebung (ringsum freie Natur) in einem sehr toleranten Elternhaus aufgewachsen war (Vater Atheist und aktiver Sozialdemokrat, Mutter gläubige Christin, die Ehe hat trotzdem gehalten).

Mit Beginn des Studiums 1954 an der ABF war plötzlich alles anders. Mit dem Leben in einer Großstadt und dem Zusammenleben im Vierbettzimmer in einem Wohnheim musste ich mich arrangieren, aber gegen den straff geplanten Tagesablauf – was im nächsten Jahr noch viel schlimmer werden sollte – opponierte ich auf meine Weise. Ich hielt mich einfach nicht daran. Das Lernen fiel mir leicht und ich hatte auch ein größeres Vorwissen, so dass meine Leistungen nicht darunter litten, wenn ich die Nachmittage dazu nutzte, Dresden und Umgebung zu erkunden, anstatt Selbststudium zu betreiben.

Das fiel natürlich auf. Zwar wurde ich von meinen Zimmergenossen nicht verpfiffen, aber es gab Kontrolleure, die öfter mal unverhofft auftauchten, unter anderen auch den für das Heim zuständigen Dozenten Dr. Scheibe, sehr rigoros (ggf. früher Offizier) und linientreu.
Es kam, was kommen musste. Bereits drei Wochen nach Studienbeginn wurde ich auf einer Heimversammlung deshalb stark kritisiert und Anfang Dezember versuchte Dr. Scheibe, die FDJ-Gruppe zu einem Antrag auf Verweis gegen mich zu bewegen, kam aber nicht durch.

Ab 1955 verschärfte sich mit dem Beitritt der BRD zur EVG (Vorläufer der NATO) – bei uns damals als GKV (Generalkriegsvertrag) bezeichnet – die allgemeine politische Lage. So wurde eine Stipendienkürzung angekündigt, um mehr Mittel für die Aufrüstung zu bekommen (natürlich nicht so deutlich gesagt).

Auf einer Versammlung, wo wir darüber informiert wurden, sprach auch ich zur Diskussion und erhielt als einziger Redner Beifall: Denn ich war der Einzige, der sich dagegen gewandt hatte, während andere Diskussionsteilnehmer ... wir wissen, wie das gemacht wurde. Für die Leitung der ABF war das Grund genug, meinen Beitrag am Schwarzen Brett auszuhängen und mich dort zum Reaktionär zu stempeln. Von da an war ich das „schwarze Schaf" der ABF.

Aufgrund der großen Proteste überall wurde diese Ankündigung jedoch wieder zurückgenommen, so dass keine Stipendienkürzung erfolgte. Offiziell wurde nun auch ein Rahmenzeitplan eingeführt. Damit wurde der Tagesablauf auf die Minute genau geregelt: Hausaufgaben und Selbststudium, Essenszeiten, Nachtruhe, Heimfahrten nur am Wochenende und nicht jede Woche und Ähnliches.

Meine Eigenmächtigkeiten wurden damit zu Verstößen gegen die Gesetzlichkeit der ABF. Schließlich wurden alle aufgefordert, sich zu verpflichten, freiwillig der KVP (Kasernierte Volkspolizei, Vorläufer der NVA) beizutreten, wenn es Partei und Regierung für notwendig erachten. Für den späteren Einsatz in der Praxis galt Ähnliches. Sicherlich habe ich mich hier und da auch angepasst, nicht aber in der Eigenmächtigkeit, nach dem vormittäglichen Unterricht das zu tun, was ich wollte, nicht aber, was der Rahmenzeitplan vorschrieb. Davon zeugen viele Eintragungen in meinem Tagebuch über entsprechende „Zusammenstöße" und deren Ursachen.

Da man mir aber leistungsmäßig kein Versagen vorwerfen konnte, sogar anerkennen musste, dass ich leistungsschwächeren Studenten half, blieb es vorerst bei entsprechenden Kritiken, öffentlichen Rüffeln und Ähnlichem. Im Nachhinein habe ich aber den Eindruck, dass versucht wurde, mir endlich einmal etwas Schwerwiegendes anhängen zu können, zumal zwischen mir und Dr. Scheibe und unserem Klassendozenten, Herrn Pohlhard, persönliche Animositäten bestanden. Bei Ersterem wohl deshalb, weil ich seinen Anordnungen – man kann es auch Befehle nennen – nie nachkam, bei Letzterem könnte es gewesen sein, dass ich mich seiner Meinung nach unserer Russisch-Dozentin, Fräulein Konrad, zu sehr nähern würde.

Dann kam der 20. Juni 1956: die Zeugnisausgabe, verbunden mit der Ausgabe und dem öffentlichen Verlesen der dazugehörigen Beurteilungen. Ich weiß nicht mehr, was darin stand, fühlte mich aber ungerecht beurteilt und beschwerte mich. Für den Dozenten Pohlhard war das eine „Frechheit" (Wörtlich!) und er setzte den Antrag auf ein Disziplinarverfahren durch. Eine Aussprache über den Inhalt der Beurteilung gab es nicht.

Dieses Verfahren fand am 8. Oktober statt. Ich erinnere mich, dass ich dort nicht viel zu sagen hatte (das Urteil stand wohl schon fest), dass aber neben den Verstößen gegen die Studiendisziplin (Nichteinhaltung des Rahmenzeitplanes) die ganze Sache auch politisch ausgelegt wurde.

Davon war aber in der schriftlichen Begründung nichts mehr zu lesen. Dort heißt es nur lapidar: „Der Disziplinarausschuss sieht aufgrund der Feststellungen der Verhandlung, der aktenmäßigen Unterlagen und den eigenen Angaben des Beschuldigten als bewiesen an, dass er die Studiendisziplin wiederholt verletzt hat."

Damit hätte ich leben können, aber der Entzug des mir zustehenden Leistungsstipendiums von 80 Mark pro Monat schmerzte mich anfangs sehr. Durch „illegale" Zusatzverdienste habe ich das aber schnell wieder wettgemacht. „Illegal" deshalb, weil ich es hätte melden müssen, damit es mit dem Stipendium verrechnet werden kann. Der Korrektheit halber möchte ich noch sagen, dass mir nach einem Einspruch zwar das Leistungsstipendium nicht gewährt wurde (Sperrfrist ein Jahr), aber – verbunden mit dem plötzlichen Tod meines Vaters – mir 200 Mark Beihilfe gewährt wurden.

Außerdem wurde ich nach Studienabschluss 1957 als einer von drei Beststudenten ausgezeichnet, was wieder mit Zuwendungen verbunden war, obwohl die Sperrfrist noch nicht abgelaufen war. Von Insidern erfuhr ich später, dass die ABF die Bestrafung später als zu hart empfunden hatte und man eine gewisse Wiedergutmachung leisten wollte.

- Zurück zum Disziplinarverfahren. Es gab einige Leute, die meine Exmatrikulation durchsetzen wollten. Sicher haben Dr. Scheibe und Dozent Pohlhard dazugehört. Im Disziplinarausschuss war Prorektor Turski – wenn ich mich recht erinnere – der „Scharfmacher" *(siehe auch Seite 42 ** Kommentar zeithistorisch ** Prorektor Turski)*.

Einige Zeit später fiel er wegen seiner selbst für die Partei zu harten Vorgehensweisen in Ungnade. Es gab aber auch einige Dozenten, die sich entschieden dagegenstellten. Dazu gehörte unsere Russisch-Dozentin, Fräulein Konrad. Mir wurde berichtet, dass ich es insbesondere ihr zu verdanken habe, dass ich nicht „gefeuert" wurde. Um allen Missverständnissen vorzubeugen – es gab kein Liebesverhältnis, was Herr Pohlhard ggf. vermutete. Aber ich habe sie sehr gemocht, was ihr sicher nicht verborgen geblieben ist. Ob das ihre Haltung mit beeinflusst hat, weiß ich nicht.

Das Disziplinarverfahren, insbesondere der Entzug des Leistungsstipendiums, hat mich wohl doch noch zu dem Studenten gemacht, den man sehen wollte; denn danach findet sich in meinen Aufzeichnungen nichts mehr, was auf Eigenmächtigkeiten und entsprechende Kritiken hinweist. Und meine „illegalen" Verdienste wusste ich zu verstecken. Jetzt kann ich's sagen: Über die gesamte Studienzeit habe ich bei durchschnittlich 212 Mark Stipendium pro Monat noch reichlich 100 Mark dazuverdient. Das wäre ein Anlass für ein Disziplinarverfahren bzw. eine Exmatrikulation gewesen!

Die Erziehung in politischer Hinsicht (meine Verfehlungen wurden ja auch politisch gewertet) hat aber nicht ein Leben lang angehalten. Bei der späteren Arbeit im VEB Kombinat Fortschritt Landmaschinen bzw. im Mähdrescherwerk Bischofswerda kam es sehr bald zu politischen Auseinandersetzungen, die immer heftiger wurden. Schließlich landete der Fall „Müller, Mähdrescherwerk" in Verbindung mit Glasnost und Perestroika sogar auf dem Schreibtisch des mächtigsten Mannes im Bezirk Dresden, beim Leiter der Bezirksverwaltung der Staatssicherheit. Die sich aber schon deutlich abzeichnende friedliche Revolution bewahrte mich vor weiteren Konsequenzen.

Doch ein „schwarzes Kapitel" aus meiner Zeit im Mähdrescherwerk sei noch erwähnt: Meine bei Professor Soucek von der TU Dresden vorgesehene außerplanmäßige Aspirantur (außerplanmäßiger Promotionsstudiengang), wurde vom Betrieb über zwei Jahre blockiert. Offizielle Begründungen gab es nicht, es hatte sich jedoch herumgesprochen: „Müller ist politisch nicht zuverlässig" (die Umschreibung für „passt sich nicht an", „verhält sich nicht systemkonform"). Und bei den Gesprächen mit der Leitung unter vier Augen spielten da auch sehr persönliche Ressentiments für die Blockade meiner Aspirantur mit. Erst Anfang 1989 konnte ich – nachdem seitens der TU

Dresden eindringlich auf die bestehende Kooperationsvereinbarung zwischen der TU Dresden und dem Kombinat Fortschritt Landmaschinen, zu dem auch das Mähdrescherwerk gehörte, hingewiesen worden war – mit der Arbeit beginnen. In den Wirren des Zusammenbruchs der DDR, der Umstrukturierung der TU Dresden, der dortigen Personaländerungen im Lehrbereich und dem vorzeitigen Ruhestand von Professor Soucek sah die TU Dresden keine Möglichkeit, meine außerplanmäßige Aspirantur fortzuführen. Die Dissertation als solche habe ich abgeschlossen.

Resümee: Ich glaube, ein rechtschaffener Ingenieur geworden zu sein und der DDR das gegeben zu haben, was ich geben konnte (ohne sie damit retten zu können). Wahrscheinlich mehr, als wenn ich wieder als Werkzeugmacher gearbeitet hätte, wie es gekommen wäre, wenn sich 1956 die „Scharfmacher" mit ihrer Exmatrikulationsforderung durchgesetzt hätten. Und das alles wegen Dingen, worüber man jetzt nur noch lachen kann. So war das eben, wer nicht vollständig ins Schema passte, wurde fallen gelassen oder es kam noch schlimmer. Da spielte fachliche Qualifikation oft keine Rolle.
Zum Glück gab's aber auch noch Leute, die eine realistischere Sicht hatten. Ich freue mich, dass es jetzt die akademische Freiheit gibt, die ich mir damals gewünscht hätte.

Christian Müller, geb. 1935 in Großröhrsdorf/Oberlausitz, absolvierte nach der Grundschule Werkzeugmacher-Lehre im Sachsenwerk Radeberg. 1954 Delegierung zur ABF der TH Dresden, danach Studium Luftfahrtwesen, später Fertigungstechnik (Diplom 1962). Rückkehr ins Sachsenwerk, später zum Mähdrescherwerk Bischofswerda. 1986 postgraduales Studium Fachübersetzer (Englisch), 1989 Aspirantur TU Dresden. 1991 Abwicklung des Werks, Vorruhestand

***

(*Anmerkung des Herausgebers: Eine Darstellung seines gesamten studentischen Lebenslaufes verfasste Christian Müller für den Sammelband: Mit dem Motorrad durch den Zeuner-Bau. Erinnerungen ehemaliger TU-Studenten. Hg. v. Zentrale Studienberatung, Absolventenreferat [Redaktion], Rektor der TU-Dresden, 2005*)

***

Information zeithistorisch – Aspirantur

In der DDR bestand für Beschäftigte in Wirtschaft und Industrie unter bestimmten Voraussetzungen die Möglichkeit, mit Zustimmung des Betriebs und in Zusammenarbeit mit einer Hochschule oder Universität einen Promotionsstudiengang im Rahmen einer *„außerplanmäßigen Aspirantur"* zu absolvieren. Dieses Modell förderte eine enge Verbindung zwischen Theorie und Praxis und ermöglichte eine vergleichsweise schnelle Umsetzung von Forschungsergebnissen in die Praxis.

***

Ich sei nicht würdig, die DDR im sozialistischen Ausland zu vertreten

Dipl.-Ing. Gerhard Wedekind (Pädagogisches Institut Mühlhausen, 1953–1954, Biologie und Chemie; TH/TU Dresden, 1954 Bauingenieurwesen, Diplom 1960)

Zur Zeit des Abiturs 1953 war ich 17 Jahre alt. Eigentlich wollte ich Bauingenieur werden. Damals propagierte die Regierung jedoch den Lehrerberuf, der mir auch geeignet erschien. Aufgrund persönlicher Neigung bewarb ich mich an der Universität Halle für Mathematik und Physik und erhielt überraschend die Zusage zum Studium der Biologie und Chemie am Pädagogischen Institut in Mühlhausen/Thüringen. Das ging leider gehörig schief. Diese Hochschule entpuppte sich als Kaderschmiede der SED, die zur sozialistischen Erziehung der Kinder nur linientreue Pädagogen heranbilden wollte. Die Dozenten gebärdeten sich als stramme Kommunisten und billigten den sonntäglichen Kirchgang lediglich noch „älteren Mütterchen vom Lande" zu. Eine religiöse Einstellung mit kirchlicher Bindung hatte hier keinen Platz. Von den nicht der Partei ergebenen Lehrern aus meiner Verwandtschaft bekam ich die enormen Schwierigkeiten und Gewissenskonflikte bestätigt. Deshalb war für mich die Exmatrikulation nach nur sechs Monaten notwendig.

Der Übergang zur Technischen Hochschule Dresden vollzog sich wegen der Abiturnoten reibungslos. Folgende Studienfächer waren hier obligatorisch:
- im 1. Jahr die Geschichte der Arbeiterklasse,
- im 2. Jahr die Ökonomie im Sozialismus und
- im 3. Jahr die Theorie des Marxismus-Leninismus.

In der Dresdener Zeit gab es für mich ein Schlüsselerlebnis: Nach dem zweiten Semester war ein Austausch mit bulgarischen Studenten geplant. Die Teilnehmerzahl war auf 25 begrenzt. Es hatten sich 26 gemeldet. Der Parteisekretär unseres Semesters, Werner Haupt, teilte mir mit, dass ich aufgrund meiner politischen Einstellung und der Zugehörigkeit zur Studentengemeinde nicht würdig sei, die DDR im sozialistischen Ausland zu vertreten! 1994 bei einem Treffen in Dresden konnte er sich daran nicht mehr erinnern. Für mich war das eine willkürliche Bestrafung, ohne dass ich eine Veranlassung gegeben hätte.

Im sechsten Semester hatte natürlich auch ich das grundlegende Referat über „Gott oder ewige Materie" in meiner Seminargruppe zu halten. Und nach Abschluss der „gesellschaftswissenschaftlichen Fächer" musste ich nach meiner Kenntnis als einziger Prüfling des Semesters beim Hauptassistenten der Gesellschaftswissenschaften (Gewi) antreten. Zwar wüsste ich gut Bescheid in der Theorie, sagte er, aber aufgrund meiner Einstellung könne er mir nur die Note „Vier" geben. Darauf war ich später stolz, damals aber wusste ich, dass ich vorsorgen und anders planen musste. Dabei war doch in der Verfassung die weltanschauliche Grundeinstellung jedes einzelnen Menschen geschützt. So habe ich erfahren müssen, dass die in der Verfassung garantierten Grundrechte in der DDR nichts gelten.

Der Staat war ungerecht, heimtückisch und gefährlich. Die Bevölkerung im eigenen Land wurde nur mit den Nachrichten und Informationen versorgt, die der SED-Elite genehm waren. Mit diesem Staat der DDR war kein Staat zu machen! Den Abschluss des Studiums wollte ich aber unbedingt in Dresden erreichen. Danach wurde jede abgelegte Prüfung von mir dokumentiert und an meine Tante nach Hannover geschickt, mit dem Hinweis *„Freue dich mit mir über den Erfolg"*.

Anfang Dezember 1960 begann meine Arbeit zunächst in einem Projektierungsbüro in Dresden. Heiligabend 1960 sind meine schwangere Frau und ich mit der Reichsbahn in die „Hauptstadt der DDR" und mit der S-Bahn nach Westberlin gefahren. Schon am 2. Januar 1961 konnte ich als Statiker und Konstrukteur bei Rüterbau, einer Stahlbaufirma in Langenhagen am nördlichen Stadtrand von Hannover, meine eigentliche Berufslaufbahn starten. Bei dieser Firma arbeitete ich 25 Jahre, auch in leitenden Positionen.

Mein Freund Hans S. war der Meinung, man müsse als Christ in der DDR bleiben, um die Alternativen aufzuzeigen, auch bei einkalkulierten Nachteilen verschiedenster Art. Hier konnte ich ihm absolut nicht folgen. Ich fühlte mich überall beschnitten und meiner Grundfreiheitsrechte beraubt.

Ich habe immer außerordentlich wertgeschätzt, in persönlicher Freiheit leben und arbeiten zu können.

Gerhard Wedekind, geboren 1935 in Günterode/Heiligenstadt, (1953 Abitur, Studium Pädagogisches Institut Mühlhausen, TH Dresden, 1960 Diplom.
Flucht in die Bundesrepublik, Entwurf, Planung und Ausführung von Industrie- und Kraftwerksbauten; 1980 bis 1990 Leiter Geschäftsbereich Stahlbau-Verkauf, Geschäftsführer Technik bei Stahlbau Schäfer GmbH, ab 1991 freier Ingenieur.

Bei jedem Halt des Zuges sprang die Hälfte raus …

Dipl.-Ing. Wolfgang Friese (TH Dresden, Studienjahre 1953–1955; TU Berlin (West), Studienjahre 1955–1963, Diplom 1963)

Verfasst von Günter Knoblauch nach Aufzeichnungen von Wolfgang Friese

Wolfgang Friese hatte uns schon 2015 seine Notizen übergeben. Ein Teil beschreibt seinen Ernteeinsatz im November 1957. Das dürfte etwa auf dem Höhepunkt des Drucks auf die nach freien Bauern, in die LPGen einzutreten, gewesen sein. Aus seinen Aufzeichnungen habe ich dien folgenden Beitrag zusammengestellt, da er zum einen zeigt, wie die Studenten in den 50er-Jahren mit den verordneten Ernteeinsätzen umgingen und andererseits auch erkennen lässt, wie die Situation der Bauern in den sozialistischen Landwirtschaftlichen Produktionsgenossenschaften aussah. Der Beitrag ist eine Ergänzung zum Beitrag von Heinz Clemens „Jede Rübe ein Meilenstein auf dem Weg zum Sozialismus".

Wolfgang Friese hat über diese Fahrt zum Ernteeinsatz Notizen gemacht. Vielleicht war es auch als kleine Zeitung für die Seminargruppe gedacht. Das Material darüber fand ich bei der Überarbeitung der Buchausgabe von 2017 und möchte es dem Leser in leicht gekürzter Fassung nicht vorenthalten. denn es gibt einen tiefen Einblick in die Stimmung unter den Studenten bei der Anreise- und Abreise als auch – andeutungsweise – die Situation auf dem Dorf und bei der von ihnen unterstützten LPG.

Die Stimmung auf der Hinfahrt ist lustig, der Humor dominiert. Auf der Rückreise klingt schon durch, dass man eigentlich ganz froh ist, dass der Einsatz zu Ende ist.

Was die meisten der Studenten nicht erfahren haben: Nach der Rückankunft wurden 10 Studenten ohne großes Verfahren und ohne Aufsehen exmatrikuliert. Man hatte sie wohl als Rädelsführer identifiziert oder einfach dafür benannt. Einspruchsmöglichkeiten dagegen gab es nicht.

Da dies ohne großes Aufsehen und ohne Öffentlichkeit vorgenommen wurde, kann davon ausgegangen werden, dass im Zug – unter den Studenten - einige IM waren. Diese berichteten - entweder schon aus dem Ernteeinsatz oder nach der Rückkehr - über diese Vorkommnisse, die dann zur Exmatrikulation der 10 Studenten führten.

Jahre später – mit der dann vorliegenden „Durchführungsanweisung Nr. 1 zur Dienstanweisung Nr. 4/66 des Ministers für Staatssicherheit" – waren die Art und Umfang der Überwachungsmaßnahmen auch für Ernteeinsätze klar festgelegt – siehe Ausschnitt am Ende des Beitrages.

Wolfgang Friese schreibt in seiner Reisenotiz:

Ernteeinsatz des gesamten neunten Semesters in Mecklenburg.

„3.11.1957 - Sonntag, 06:00 Uhr, Treffpunkt Neustädter Bahnhof Dresden zum Sonderzug nach Güstrow. 600 Studenten. Die meisten spielten Skat, die Flaschen kreisten.

Auf jeder noch so kleinen Stationen warteten wir ewig. Einmal mussten wir - nachdem der Zugführer sich einen schriftlichen Befehl eingeholt hatte - durch eine geschlossene Schranke fahren. Sie war kaputt...

Bei jedem Halt des Zuges sprang die Hälfte raus und nach der unangekündigten Abfahrt hing alles wie die Kletten am Zuge. Manche verpassten ihn auch. In Halle allein 8 von uns Studenten.

Mittlerweile war der gesamte Zug voll mit Kreidezeichnung und Sprüchen:

- *Jede Rübe ein Schlag ins Gesicht der Kriegsbrandstifter*
- *He, he, he, es geht zur LPG*
- *Nur Revanchisten füllen keine Rüben in die Kisten*
- *Mag Adenauer die Zähne blecken, wir werden jede Rübe checken*
- *Jede Rübe ein Meilenstein auf dem Weg zum Sozialismus*
- *Die Stimmung ist trübe, wir fahren in die LPG Rote Rübe*
- *Der Weg zum Dipl.-Ing. führt übers Rübenfeld*
- *Studenten abgekämpft und blass füllen dem Bauer Scheune und Fass*
- *Wir fahren nicht nach drüben (gemeint BRD), wir fahren in die Rüben*
- *Trotz Wasser und Lappen, werden wir die Rüben schnappen (Hinweis darauf, dass die TRAPO die Sprüche versucht hatte zu entfernen)*
- *Weil wir das Stipendium lieben, fahren wir auch in die Rüben*

Die Leute auf den Bahnhöfen lachten, aber das war wohl zu viel. In Stendal begann der große Krach. Die Bahnpolizei forderte uns auf, diese „provokativen Losungen" abzuwischen. Aber alle lachten nur. Der ganze Zug lachte und grölte. Nichts tat sich. Nach längerem Aufenthalt fuhr der Zug weiter.

In Wittenberg großes Hallo. Dort wartete ein Polizeiaufgebot von 15 Mann. „Die Studenten hätten Hetzmaterial an den Zug geschrieben".

15 Polizisten waren mit Wassereimern und Lappen gekommen und wischten den Zug sauber. 600 Kehlen brüllten und die Züge an den übrigen Bahnsteigen brüllten mit. „Die Polizei, unser Freund und Helfer, sie lebe hoch."

„Die Prawda her, die Prawda her, wir haben keine Losung mehr."

In der Anonymität der Masse fielen noch ganz andere Worte. Als der Zug nach einer Ewigkeit weiterfuhr, musste sich die Polizei ein hundertstimmiges „Pfui" gefallen lassen.

Nachts 23:00 Uhr kamen wir in Bützow an und wurden in offene LkW verladen. Unsere Seminargruppe kam nach Katelbogen. Ein Ort ohne Kneipe, Schlamm, vollkommen verwahrlost - Post, Friseur und Bürgermeisterei in einer Küche, Konsum in einer Stube – das wars.
Dafür wurden wir in einem herrlich gelegenem Schloss mit großem Park untergebracht."

Unser Quartier während des Ernteeinsatzes in Katelbogen

Friese notiert:
Angekommen und die ersten Tage auf den Feldern -
„30 Neubauern haben die DDR verlassen. Die Häuser stehen teilweise leer. [...] Die Erträge betragen ein Viertel der normalen Erträge.
[...] Ein Teil der Ackerfläche ist seit 2 Jahren unbestellt. [...] 1957 wurden noch Anfang Januar Kartoffeln gerodet, ab 15.Mai begann die Kartoffelaussaat. Das Saatgut war in den Mieten zum Teil schon verfault...

Allgemeine Zustände:
Wasser aus Bach, dieser aus Teich. Dort baden Gänse und Enten, morgens auch Kühe und Pferde. Abortanlagen gibt es nicht....."

Sprüche auf der Rückfahrt.

- *Betrogen bis zum jüngsten Tag.*
- *Nieder mit den Feinden des Sozialismus*
- *Wir kommen von einer LPG auf dem Lande. Ihr Zustand war eine Schande*
- *Schlamm und Dreck – nischt wie weg*
- *LPG – o weh, Arbeitsmoral – katastrophal*
- *Wir haben die Kartoffel geborgen, jetzt nur noch Studien sorgen*
- *Bei Rüben und bei Suff gehn die besten Nerven druff*
- *Kein Wort mehr über diese Reise. Summa Summarum große ******
- *LPG, oh Schreck und Graus. Gott sei Dank, da sind wir raus*
- *Für 90 Pfennig die Stunde, da ging man wahrlich vor die Hunde*
- *Wir haben freiwillig überstanden „unsägliche Qualen" Jetzt wird man uns wieder Stipendium zahlen.*
- *Als der Student Kartoffeln las, der Bauer in der Kneipe saß*
- *Ausgelaugt, aber froh, kommen wir aus dem Haferstroh*
- *Weltbesoffen war der Bauer, ward die Arbeit uns auch sauer*
- *Jede Kartoffel ein Schlag gegen Adenauer.*
- *Studenten waren wir, schick und feine, heute sind wir Rübenschweine"*

Wolfgang Friese, geb. 1935 in Ellrich, besuchte die Humboldt-Oberschule in Nordhausen und studierte ab 1953 an der TH Dresden, bevor er nach West-Berlin floh. 1955–1963 Studium an der TU Berlin; 1963 Wissenschaftlicher Assistent für Stadtbauwesen, 1969–1972 Tätigkeit beim DIN, ab 1972 Baudirektor und Leiter der Berliner Straßenverkehrsbehörde. Bis 1989 Leiter des Arbeitsausschusses für Straßenverkehrsbehörden in westdeutschen Großstädten, 1989–2000 deutschlandweit.

***

1. __Ernteeinsätze__

1.1. Die politisch-operative Absicherung der Ernteeinsätze erfordert die Analyse des vorhandenen Materials über den zum Einsatz kommenden Personenkreis und Festlegung der operativen Schwerpunkte. Das inoffizielle Netz ist in der Zeit vor den Einsätzen darauf zu orientieren, geplante feindliche Handlungen schon in den Anfängen zu erkennen.

Richtlinie des MfS zur Absicherung der Ernteeinsätze aus dem Jahr 1968, Seite 12

***

Hervorragende fachliche Leistungen allein genügen nicht

Prof. Dr. rer. nat. habil. Klaus Lunkwitz, (TH/TU Dresden, Studienjahrgang 1955, Mathematik und Naturwissenschaften, Chemie, Diplom 1961, Promotion 1966)

Während der Oberschulzeit (die Schüler konnten nach der 10.Klasse abgehen oder bei sehr guten Leistungen und nach politischen Auswahlkriterien mit der 12. Klasse, dem Abitur, abschließen) gingen wir in den Ferien arbeiten, um Geld zu verdienen, je nach Länge der Ferien zwei bis sechs Wochen, im Tagebau Klettwitz, beim Bau der Großkokerei Lachhammer (hier mussten wir im Leistungslohn Ziegel- und Formsteine aus Eisenbahnwagen entladen), beim Wohnungsbau in Lauchhammer (im Leistungslohn Kies schippen oder Ziegel entladen), im chemischen Labor der Kokerei. Wir arbeiteten bis zur körperlichen Erschöpfung, gaben uns große Mühe, bei der ungewohnten Arbeit mit den Arbeitern mitzuhalten, und ernteten viel Lob. Der Monatslohn lag bei 150 Mark. Davon konnte ich mir schließlich den ersehnten Fotoapparat, eine „Praktika", für etwa 560 Mark kaufen. Den Rest der großen Ferien nutzten wir 1953 im Freundeskreis, um mit dem Fahrrad an die Ostsee zu fahren. Im zehnten Schuljahr entstand bei der Mehrheit der Klasse der Wunsch, Englisch zu lernen. Unsere Lateinlehrerin erklärte sich bereit, uns fakultativ zu unterrichten. Dieses wurde jedoch vom Rektor der Oberschule entschieden untersagt. Englisch sei die Sprache des angloamerikanischen Imperialismus. Der Rektor genoss bei uns Schülern an sich ein gutes Ansehen, galt als freundlich und human. Sicher war er zu dieser Entscheidung gezwungen worden. Es war im Jahr 1953, noch in der Stalinzeit. Auch im Studium war Englisch zunächst nicht vorgesehen. Erst gegen Ende hatten wir etwas Englisch auf Anfängerniveau. Die Folge war, dass ich Englisch erst im höheren Alter, überwiegend im Selbststudium, besser lernte, aber der Stand meiner Kenntnisse mich bis heute nicht befriedigt.

Zwei Ereignisse während der Oberschulzeit gefährdeten meinen Entwicklungsgang. Im Sommer, wahrscheinlich 1953, konnten sich DDR-Bürger in Westberlin ein Geschenkpaket – wohl ein Carepaket – abholen. In dieser Zeit, in den Ferien, beschlossen mein Klassenkamerad Heinz Pohlenz und ich, Berlin näher kennenzulernen. So fuhren wir mit dem Fahrrad dorthin.

Wir besuchten die wichtigsten Museen der Stadt, zum Beispiel das Pergamonmuseum. Wir gingen zwar auch nach West-Berlin ins Kino – das war noch erlaubt –, interessierten uns aber nicht für die genannten Pakete. Bei der Heimkehr sah uns ein Mitschüler, der später in Leningrad studierte und Stasioffizier wurde. Es schwärzte uns bei der Schulleitung an mit dem Verdacht, wir hätten uns diese Pakete geholt. Es gab mehrere gerichtsartige Verhandlungen mit der Androhung, wir hätten die Schule zu verlassen. Da wir ein reines Gewissen hatten, fiel es uns nicht schwer, standhaft zu bleiben. Schließlich gelang es unserem Rektor, gegen die Meinung der Polithardliner das Problem ruhen zu lassen.

Kurz vor dem Abitur wurde ich – wie andere auch, jeder einzeln – mehrmals zu äußerst hart geführten Gesprächen vor eine Kommission geladen, die sich aus Vertretern der FDJ-Bezirksleitung Cottbus, der Nationalen Volksarmee (NVA) und der Schulleitung zusammensetzte. Mir wurde immer wieder unterbreitet, wenn ich für „unseren" Staat sei, müsste ich die Offizierslaufbahn einschlagen (man versprach mir viele Vorteile). Wenn ich das aber nicht möchte, sei ich ein Gegner des Staates und müsste die Oberschule, die ich auf Kosten der Arbeiterklasse besuche, verlassen. Die Diskussionen drehten sich im Kreise. Meinen Standpunkt, keine militärische Laufbahn einschlagen zu wollen, stufte man immer wieder als staatsfeindlich ein. Schließlich gelang es unserem Rektor mit Diplomatie und auch Mut, mich zu unterstützen und die Aktion zu beenden.

Ab September 1955 studierte ich Chemie an der Technischen Hochschule Dresden, die um 1960 Technische Universität wurde. Im Studienjahr waren anfänglich etwa 70 Studenten, eingeteilt in drei Seminargruppen. Die Nicht-Dresdener mit den besten Abiturnoten kamen zur Seminargruppe 1, von der jeder Student einen ausländischen Kommilitonen zu betreuen und im Studentenheim mit diesem in einem Zimmer zu wohnen hatte, einem Vierbettzimmer – Letzteres war damals eine Bevorzugung gegenüber den üblichen Sechs- und Mehrbettzimmern.

Befreundete Staaten der DDR durften ihre Studenten zum Studium an Hochschulen der DDR zu günstigen Bedingungen delegieren. Das betraf zuerst sogenannte sozialistische Staaten, aber unter Sonderbedingungen auch solche, die der sogenannten Dritten Welt zuzuordnen waren. Mit letzteren ergaben sich hin und wieder wegen deren Sonderrechten Konflikte mit Einheimischen.

So wohnte ich mit den meisten Kommilitonen meiner Seminargruppe fünf Jahre in einem neu erbauten Studentenheim für männliche Bewohner in der Güntzstraße. Besuche, insbesondere Mädchenbesuche, wurden vom Pförtner streng überwacht und mussten bis 22 Uhr beendet sein. Die Mädchen unserer Seminargruppe wohnten in einem anderen Heim oder waren privat untergebracht. Auch für Privatunterkünfte galten diesbezüglich strenge Regeln. Verpflegung erhielten wir gleich nebenan in der Dürerstraße.

Ich hatte während des gesamten Studiums einen koreanischen Studenten zu betreuen, Kim Yong Bä, der sehr intelligent war.

Die nordkoreanische Regierung zog gegen Ende des Studiums aber alle Studenten ab, so wie die chinesische auch. Kontakte waren seitens dieser Regierungen danach untersagt.

Erst Ende der 80er Jahre tauchte mein Koreaner überraschend an der TU Dresden bei meinem ehemaligen Seminargruppenkommilitonen Professor Heinrich Oppermann auf, der mich dazu mit einlud. Ein wirklich freies Gespräch war nicht möglich. Seitdem aber gibt es keinerlei Kontakte mehr.

Vom dritten Studienjahr an wurde mir die Aufgabe des Seminargruppensekretärs übertragen. So sammelte ich erste Leitungserfahrungen. Ich hatte zum Beispiel die Anträge für die Leistungsstipendien zu formulieren und einzureichen und die Ernte und Arbeitseinsätze der Seminargruppe zu organisieren. Aus politischen Gründen wurde etwa im Jahre 1958 diese Funktion in „wissenschaftlicher Funktionär" umbenannt, und der bisherige FDJ-Sekretär der Seminargruppe hieß nun „Seminargruppensekretär".

Die Anzahl von Analysen und Präparaten im chemischen Praktikum wurde schon für die nachfolgenden Studienjahre reduziert, auch ganze Praktika und Vorlesungen, wie technische Gasanalyse, spezielle anorganische Chemie, chemische Großindustrie, Metallurgie, organische Mikroanalyse, fielen nach und nach weg, ebenso Nebenfächer, wie technisches Zeichnen und Mineralogie, Fächer, die wir noch mit Vorlesungen und Übungen erfolgreich abschließen mussten. Später erfolgte im Rahmen einer Studienreform eine noch stärkere Reduzierung des Studienprogramms.

Die für uns herausragenden Persönlichkeiten unter unseren Professoren waren Arthur Simon (anorganische und anorganisch-technische Chemie), Fritz Asinger[5] (organische Chemie) sowie Kurt Schwabe (physikalische und Elektrochemie), der auch längere Zeit Rektor der TU Dresden war (siehe auch Seite 42 *Information zeithistorisch - Kurt Schwabe*), alle hervorragende Wissenschaftler, die sich auch politisch nicht vereinnahmen ließen und die für uns als Leitfiguren dienten.

Chemievorlesung bei Professor Simon (Foto privat)

In den Sommerferien hatten wir sechswöchige Praktika zu absolvieren. Nach dem ersten Studienjahr war in dieser Zeit unser anorganisches Praktikum fortzusetzen.

Ab dem zweiten Studienjahr folgten Praktika in der Industrie. So war ich in den Fluorwerken Dohna und nach dem dritten Jahr bei Berlin-Chemie Adlershof (vormals Schering) eingesetzt. Darüber hinaus hatten wir gewöhnlich angeordnete zweiwöchige „Einsätze in der Produktion", so bei der

---

[5] Friedrich Asinger (1907–1999) war ein österreichischer Chemiker und Professor für technische Chemie. (Anm. d. Hg.)

Kartoffelernte und beim Wohnungsbau im Herbst oder im Frühjahr. Zur Kartoffel-ernte war die Seminargruppe einmal in Mecklenburg und einmal nahe Dresden, und zum Wohnungsbau in Meißen eingesetzt. In der restlichen Ferienzeit habe ich mir etwas Geld verdient, in der Braunkohlenindustrie.

Mit Kommilitonen beim „freiwilligen Arbeitseinsatz" - Verpflichtung zu freiwillig zu leistenden Aufbaustunden im sogenannten Nationalen Aufbauwerk.

Freitags, um 17 Uhr, besuchte ich meist noch das Große Anorganische Kolloquium. Hier waren damals noch von Professor Simon geladene berühmte Professoren als Vortragende zu Gast, insbesondere aus Westdeutschland. In späteren Jahrzehnten waren solche Veranstaltungen undenkbar, noch dazu Freitagabend. Am Sonnabend hatten wir vormittags noch Veranstaltungen, zum Beispiel chemisches oder physikalisches Praktikum, und danach, um 13 Uhr, noch Vorlesung bei Professor Simon, zuerst anorganische Großindustrie, später spezielle anorganische Chemie. So konnte ich erst am Sonnabendnachmittag nach Hause fahren.

Meine Mutter hatte im Kessel in der Waschküche schon mit Kohleheizung Wasser heiß gemacht, und ich konnte in der Waschküche, in der sich auch die Badewanne befand, ein Vollbad nehmen. Anschließend wusch meine Mutter meine Wäsche, die sie am Sonntagnachmittag vor meiner Rückreise nach Dresden noch bügelte, eine Belastung meiner Mutter, die ich damals noch nicht so richtig würdigte.

Am Sonnabendabend und Sonntagvormittag in Lauchhammer war ich meist noch mit der Anfertigung von Protokollen oder Ähnlichem beschäftigt, so dass nicht viel Freizeit blieb. Ich musste am Sonntagnachmittag schon wieder nach Dresden, da am Montag, um sieben oder acht Uhr Veranstaltungen waren, meist Seminare oder Übungen.

Auch am Sonntagabend in Dresden bereitete ich schon wieder Testate oder Kolloquien vor. In Dresden hatten wir nur wenig Freizeit. Oft saßen wir, wie die ausländischen Kommilitonen auch, bis Mitternacht am Schreibtisch. Man tröstete sich damit, dass das Studium ja mal ein Ende nimmt. Urlaub machte ich während des Studiums nur zweimal, an der Ostsee bzw. in Mecklenburg.

Im Jahr 1956 fand der Ungarnaufstand statt, der die volle Sympathie der meisten Studenten hatte. Ich war in dieser Zeit im Praktikum beschäftigt, als eine Unterschriftenaktion von studentischer Seite im Gange war. Fast alle haben unterschrieben.

Am selben Tag gab es eine ungeplante Kundgebung im Hof der Chemischen Institute. Studenten der höheren Semester sprachen. Nachdem ein Redner geendet hatte, bemerkte ich, dass plötzlich fast doppelt so viele Personen anwesend waren wie noch kurz zuvor. Auch war ein Gedränge entstanden. Die Stasi hatte diese Leute beauftragt, sich vorsichtig unter uns zu mischen und die Versammlung auseinanderzubringen. Die Veranstaltung hatte jedoch ihren Zweck schon erreicht. An die Konsequenzen für die Akteure habe ich leider nur noch vage Erinnerungen.

Nach dem Diplom war ich als wissenschaftlicher Assistent am Institut für anorganische und allgemeine Chemie tätig. Die Zeit nutzte ich auch, wie in solcher Funktion üblich, zur Anfertigung einer Promotionsarbeit. Zur Verteidigung der Dissertation (Anfang 1966) gehörte ein sehr hartes Rigorosum. Sechs Professoren prüften mich nacheinander. Professor Schwabe hatte den Vorsitz und wollte mir unbedingt ein „Summa cum laude" geben, wie er mir anschließend unter vier Augen noch sagte, aber der Philosophieprofessor hatte dies verhindert (Anm. d. Hg.: gemeint ist hier Professor Dr. phil. habil. Striebing).

Allgemein wurde erzählt, es gäbe ein „ungeschriebenes Gesetz", dass ein Nichtparteimitglied in Philosophie (dieses stark marxistisch geprägte Fach hatte man aus politischen Gründen in das Rigorosum mit eingeschoben) bestenfalls eine „Zwei" bekommen darf. So kam es auch, und es wurde insgesamt nur ein „Magna cum laude".

Nach dem Tod des eher DDR-kritischen Professors A. Simon übernahm der sehr parteigebundene Professor A. Lehmann das Institut für Anorganische Chemie. Die Simon-Mitarbeiter verließen recht bald das Institut, da Lehmann kein Interesse an ihnen hatte und beinahe nur Parteigenossen (Mitglieder der führenden Partei SED) einstellte. Ich galt als Simon-Schüler und wurde von Lehmann nicht angesprochen wegen einer Habilitation. Ich hatte mich aus den hier angeführten politischen Gründen auch gar nicht darum bemüht. Erst unmittelbar nach meinem Rigorosum, in dem auch Lehmann eine Prüfung von mir abzunehmen hatte, machte er mir ein ernsthaftes Angebot. Ich wollte aber keinesfalls in dieses so stark politisch orientierte Institut und hatte mich auch schon anders gebunden.

Professor Günther von Hornuff - Institutsleiter des Instituts für Textilchemie an der TH/TU Dresden von 1957 – 1968 - hatte mich nämlich angesprochen, eine postgraduale Ausbildung in den Fächern Makromolekulare Chemie, Kolloidchemie, Textilchemie, Textiltechnologie und Farbenchemie bei ihm und anderen Professoren über zwei Jahre zu absolvieren; er müsse einen Nachwuchskader für den Generaldirektor der VVB (Vereinigung Volkseigener Betriebe, ein wichtiges Element in der Planwirtschaft der DDR) Wolle und Seide ausbilden. Damals war sehr aktuell, eine gewisse Zeit „in die Praxis" zu gehen, bevor man eine akademische Laufbahn, die mein Ziel blieb, einschlug, und so sagte ich zu. Zur Ausbildung gehörten mehrmonatige Einsätze in verschiedenen Industriebetrieben der VVB. Hornuff hatte wohl nicht an meine politische Einstellung gedacht. Als ich im Kunstseidenwerk Pirna tätig wurde, scheiterte ein Versuch des Forschungsdirektors, mich für die SED zu werben. Er machte mir klar, dass meine Karriere als Nachwuchskader damit beendet sei, bevor sie begonnen habe, und schimpfte auf Professor von Hornuff, daran nicht gedacht zu haben.

> Klaus Lunkwitz, geb. 1937; ab 1961 Assistent am Institut für Anorganische Chemie der TU Dresden, 1966 Promotion. Ab 1968 Leiter einer Forschungsabteilung im Kunstseidenwerk Pirna, ab 1971 am Institut für Technologie Dresden (ITF), 1981–1989 Abteilungsleiter, Verdienter Erfinder. 1990 erneute Promotion, ab 1992 Stellvertretender Direktor, 2002 Wissenschaftlicher Direktor des IPF, 1993–2002 Professur an der TU Dresden.

***

Information zeithistorisch – Prof. Simon

Arthur Simon (*25. Februar 1893 in Barmen; †5. Mai 1962 in Dresden) war ein deutscher Chemiker und Hochschullehrer, der von 1932 bis 1960 als Professor für Anorganische Chemie an der Technischen Hochschule (TH) Dresden tätig war.

Im Rahmen eines Forschungsauftrags wurden bei der BStU (Behörde des Bundesbeauftragten für die Stasi-Unterlagen) Dokumente entdeckt, die belegen, wie Professor Simon von Personen aus seinem direkten beruflichen Umfeld sowie von Mitarbeitenden der TH Dresden überwacht und bespitzelt wurde. Diese Unterlagen offenbaren ein umfangreiches Intrigenspiel gegen ihn.

Aus den von mir eingesehenen BStU-Unterlagen geht hervor, dass Professor Simon durch seinen frühen Tod im Jahr 1962 einer geplanten Verhaftung durch das Ministerium für Staatssicherheit (MfS) zuvorgekommen ist.

***

Das Rechnen mit dem Rechenschieber ....

Dr.-Ing. Fritz Rath (TH/TU Dresden, Studienjahrgang 1956, Bauingenieurwesen, Diplom 1962, HAB (Hochschule für Architektur und Bauwesen Weimar), Promotion 1989)

Als wir uns in der 11. Klasse der Oberschule für ein Studium entscheiden sollten, kamen wir zu der Erkenntnis: „Gebaut wird immer." So bewarben wir uns für das Bauingenieurstudium an der Technischen Hochschule Dresden, wurden angenommen und absolvierten erfolgreich die Grundlagenfächer des Vordiploms. Besonders herausfordernd war die „Höhere Mathematik", die uns von Dozent Dr. Opitz vermittelt wurde. Ein Detail, das die damalige technische Entwicklung verdeutlicht: Das Rechnen mit dem Rechenschieber war ein fester Bestandteil dieses Kurses. Der Rechenschieber war Arbeitsmittel dieser Jahre an allen technischen Fachrichtungen.

Mathematikvorlesung im Großen Hörsaal des Mathematischen Instituts am Zellschen Weg (Foto: Fritz Rath)

Obwohl ich als Handwerkersohn nur ein Stipendium von 130 Mark der DDR erhielt – Arbeiter- und Bauernkinder bekamen 180 Mark –, konnte ich dies ab dem dritten Semester durch ein Leistungsstipendium von 80 Mark ausgleichen. Damit war es mir möglich, mir ein Radio „Undine" zu leisten, das dank eines steuerbaren Antennendrehmotors auf dem Dach unseres

Wohnheims in der Schandauer Straße sogar den Empfang von Radio Luxemburg erlaubte. Außerdem konnte ich mir eine Spiegelreflexkamera „Praktica FX2" leisten, die auch auf meinen illegalen Westreisen zum Einsatz kam.

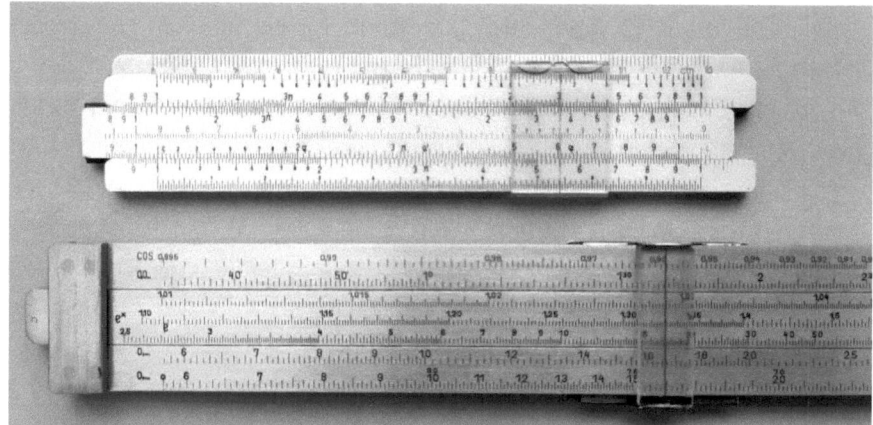

Rechenschieber der Firma Reiss – oben der kleine Reis 3212 (Vorderseite) aus den 50er-Jahren, unten der große (30 cm) Modell Darmstadt (Rückseite) aus den 60er-Jahren mit logarithmischen, Winkel- und Exponentialfunktionen. (Foto: G.Knoblauch)

Zum Vordiplom gehörte allerdings auch das Fach „Marxismus-Leninismus". Da ich dieses Fach als Nebensache empfand, schloss ich es mit einer „4" ab. Das führte dazu, dass ich das Leistungsstipendium wieder verlor und nach alternativen Einkommensquellen suchen musste. So kam ich auf die Idee, mit Mangelware bezirksübergreifend zu handeln – insbesondere mit Fernsehern, die in Dresden leichter verfügbar waren als in meiner Heimatstadt Mücheln/Geiseltal.

Ich nutzte die damals geringeren Wartezeiten in Dresden und organisierte für Kunden in Mücheln den Erwerb von Fernsehgeräten gegen eine Provision. Mit einer gewissen Systematik notierte ich mir die Adressen der Verkaufsstellen aus dem Telefonbuch, plante die Besuche auf einem Stadtplan und trug mich frühmorgens in die Wartelisten ein, bevor ich zu den Vorlesungen ging. Die Nachfrage war groß, und etwa 15 Aufträge konnte ich auf diese Weise abwickeln – nicht ahnend, dass sich unter meinen Kunden auch ein Informeller Mitarbeiter (IM) der Stasi befand.

Doch wie das Sprichwort sagt: „Der Krug geht so lange zum Wasser, bis er bricht." Während eines Semesterferiengeschäfts 1961 kam es zu einer brenzligen Situation: Als ich mit einem Kunden einen Fernseher in der Bautzener Straße abholen wollte, traf ich auf zwei Polizisten, die offenbar nach Schwarzmarkthändlern Ausschau hielten. Glücklicherweise hielten sie mich nicht für verdächtig, und ich konnte das Geschäft abschließen. Dennoch entschied ich, den Handel mit Fernsehern aufzugeben und mich stattdessen voll auf das Studium zu konzentrieren.

Für meinen weiteren Weg entscheidend waren die Vorlesungen bei Prof. Dr. Gustav Bürgermeister, unserem „Eisernen Gustav" (siehe Foto im Beitrag Hubertus Deick: „1958 zog das System zog die Schrauben enger"). Er lehrte uns die Statik der Baukonstruktionen und den Stahlbau im Barkhausen-Bau und vermittelte dieses anspruchsvolle Fachgebiet so eindrucksvoll, dass für viele – auch für mich – der zukünftige Berufsweg klar war: der konstruktive Ingenieurbau.

Von ihm stammte auch der fürsorgliche Rat: „Nutzen Sie Ihre Freizeit in den Semesterferien, später werden Sie nicht mehr so viel Freizeit und Freiheit haben." Ob er dabei allerdings auch unsere Freiheit für die illegalen Westreisen meinte, sei dahingestellt.

Unsere frühe Entscheidung für die Fachrichtung „Konstruktiver Ingenieurbau" erwies sich als notwendig, da Prof. Bürgermeister in Zusammenarbeit mit anderen Hochschulen entschied, dass ausgewählte Studierende ihr praktisches Semester (damals das 7., nach dem Vordiplom) sinnvoll nutzen sollten. Sie wurden zum Zentralinstitut für Schweißtechnik (ZIS) in Halle delegiert, um dort die Schweißer-Grundprüfung abzulegen und eine Ausbildung zum Schweißingenieur zu absolvieren.

Für mich stand das Ziel, Brückenbauer zu werden, also rechtzeitig fest. Meine fachliche Sicherheit konnte ich durch Berlin-Reisen stärken, bei denen ich an der TU in Westberlin Vorlesungen besuchte, beispielsweise bei Prof. Halasz. Dabei stellte ich beruhigt fest: „Die kochen auch nur mit Wasser, unsere TH Dresden muss sich nicht verstecken." Trotz der anspruchsvollen Studieninhalte fand ich in den Semesterferien genügend Zeit, die bereits beschriebenen illegalen Reisen in die BRD und nach Westeuropa zu unternehmen. Zudem war es möglich, ein zusätzliches bezahltes Semester einzulegen, weshalb die Diplomarbeit erst im 12. Semester (Anfang 1962) geschrieben wurde.

Wer es schaffte, sich von Vorgängern eine ähnliche Arbeit als „Rückenwind" auszuleihen, hatte einen kleinen Vorteil bei der Systematik. Dennoch forderten die termingerechte Abgabe und die Qualität der Arbeit so viel Aufmerksamkeit, dass kaum Zeit blieb, sich mit dem politischen Geschehen nach dem Mauerbau auseinanderzusetzen. Mit Unterstützung der Geschäftsstelle von Prof. B. konnten wir allerdings einem Seminargruppenmitglied helfen, das in Darmstadt weiterstudieren wollte, indem wir ihm seine bestätigten Testate und Dokumente zukommen ließen. Ebenso bekundeten wir Solidarität mit einem Kommilitonen, der nach einer Westreise und dem Mauerbau reumütig zurückgekehrt war und dafür „ein Jahr Bewährung in der Produktion" ableisten musste.

Wir, die Unentdeckten und Unbestraften, die als trampende Studenten heimlich ein kleines Stück des kapitalistischen Westeuropas erkundet hatten, mussten lernen, über diese Reisen „zu schweigen, ohne zu platzen", um unsere berufliche Zukunft nicht zu gefährden – und das bis zur Wende 1989.

Der Autor selbst wurde später Prüfingenieur der Staatlichen Bauaufsicht und kontrollierte die Großbauten des Sozialismus.

Fritz Rath, geb. 1938 in Naumburg/Saale, besuchte die Grund- und Oberschule; studierte ab 1956 an der TH/TU Dresden. Ab 1962 arbeitete er als Technologe im BMK Chemie Leuna, führte die Fließfertigung im Industriebau ein und war später Bauleiter in Sangerhausen sowie Projektleiter für Straßenbrücken in Erfurt. Von 1990 bis 2010 führte er das Ingenieurbüro Dr. Rath, spezialisiert auf Bauplanung, Beweissicherung, Holzschutz- und Wertgutachten. 1989 promovierte er an der Hochschule für Architektur und Bauwesen Weimar.

**

Höhere Bildung – ein Privileg der Arbeiter und Bauern-kinder

Dr.-Ing. Hanns-Lutz Dalpke (TH Dresden, Studienjahrgang 1956–1959, Technologie, 1965–1969 TH Darmstadt, Maschinenbau, Diplom 1969, Promotion 1973)

Meine Geschichten betreffen die Anfangszeit der DDR, die 1950er Jahre, deshalb sind einige Vorbemerkungen notwendig. Die schlimmste Notzeit nach dem Krieg war zwar überwunden, 1958 wurden in der DDR sogar die Lebensmittelkarten (nicht ganz endgültig!) abgeschafft, aber man lebte noch sehr spartanisch. Die Indoktrination war massiv, litt aber häufig unter dem Mangel an Befähigung und Überzeugung derer, die das neue System durchsetzen sollten. Und vieles wurde unbewusst oder auch bewusst verschlampt. Die Verfolgung politischer Gegner war seit Beginn der 1950er Jahre nicht mehr ganz so brutal wie gleich nach dem Krieg und noch nicht ganz so perfekt wie im späteren Stasi-Staat. Letztlich bestand doch die Möglichkeit, mit den Füßen abzustimmen und sich in die Bundesrepublik Deutschland abzusetzen. Dorthin, wo die Lebensmittelkarten schon 1950 abgeschafft worden waren und die Menschen für alle sichtbar deutlich besser lebten.

Kommen wir zum Thema. Der „Arbeiter- und Bauernstaat" begann schon sehr früh, die Bildung, zumindest die höhere, nur möglichst ihm treu Ergebenen angedeihen zu lassen, also nominell den Arbeiter- und Bauernkindern

Ausnahmen bestätigen natürlich die Regel, also waren zum Beispiel Funktionärskinder grundsätzlich Kinder von „Arbeitern und Bauern" und für höhere Bildung privilegiert. Auch die Kinder von „Intelligenzlern", sofern die treu zum Staat standen, gehörten dazu. Auf eine weitere Ausnahme komme ich gleich zurück.

Als Kind eines selbstständigen Handelsvertreters war ich „kleinbürgerlich" – für „großbürgerlich" war wohl sein Einkommen zu gering – und trotz guter bis sehr guter schulischer Leistungen war ich offensichtlich für weitere Bildung nicht ausreichend qualifiziert. Deshalb lud mich der Schulleiter der Grundschule am Anfang der 8. Klasse zu einem Gespräch ein. Quintessenz: Entweder „Junge Pioniere" oder keine Oberschule (siehe hierzu Themenbeitrag das Schulsystem der DDR in Band 3).

So wurde ich „Junger Pionier" und in der Oberschule dann automatisch „FDJler". In der meisten Zeit wurde das bei uns in Berlin alles noch sehr lasch gehandhabt, so habe ich nur wenig Beiträge bezahlt und nie die zugehörige „Kluft" besessen. Trotzdem reichte es, dass ich einige Zeit vor dem Abitur den Antrag auf einen Studienplatz ausgehändigt bekam. Das war nämlich schon die erste Hürde vor einem Studienplatz, ohne Antrag ging überhaupt nichts.

Und hier die weitere Ausnahme: In unserer Oberschulklasse wurde der Klassenbesten so ein Antrag gar nicht erst ausgehändigt, weil sie nach Einschätzung der Lehrerschaft und des Direktors „gesellschaftlich nicht aktiv genug" bzw. sogar oppositionell eingestellt war. Allerdings war ihr Vater „Wissenschaftler mit Einzelvertrag", und denen war Anfang der 50er Jahre vertraglich zugesichert worden, dass ihre Kinder studieren durften. Es kostete den Vater somit nur einen Telefonanruf beim Direktor! Und dann war da natürlich auch noch die generelle Ausnahme, dass nämlich gar nicht genug Arbeiter- und Bauernkinder zur Verfügung standen, weshalb letztlich doch vielen anderen Kindern der höhere Bildungsweg offenstand, aber eben nur, wenn es dem Lehrer oder Schulleiter genehm war. Das öffnete der Willkür Tür und Tor, gelegentlich sahen und erkannten wir das auch und zogen mit dem untrüglichen Gerechtigkeitsempfinden von Kindern oder Jugendlichen unsere Schlussfolgerungen: Das ist ungerecht, ergo ein ungerechtes System.

In meiner Bewerbung um einen Studienplatz hatte ich wie üblich und vorgegeben drei Ausbildungswünsche genannt. Dabei hatte mir mein Klassenlehrer oder der Direktor (ich weiß es nicht mehr genau) geraten, angesichts meiner kleinbürgerlichen Herkunft vorzugsweise Fächer zu wählen, für die besonderer Bedarf bestünde. Meine Erst- und Zweitwahl (Schiffsbau und Elektrotechnik, beides überlaufene Fächer!) fielen auch prompt unter den Tisch, nicht aber die Papiertechnik (mein Vater war Vertreter für eine kleine, noch privat existierende Papierfabrik). Dieses Fach hatte offensichtlich einen erheblichen Akademikerbedarf und musste sogar zwangsweise aufgefüllt werden. Nach meinen späteren Erkenntnissen war das nicht nur eine Folge des Krieges, sondern auch eine Folge der Enteignung vieler Papierfabrikanten, die sich dann samt ihrem Führungsstab in die Bundesrepublik abgesetzt hatten, was zum Ausbluten der Führungskräfte in den Fabriken der DDR beitrug. In der entsprechenden Seminargruppe an der TH Dresden, Fakultät Technologie, waren dann auch über die Hälfte der Studienanfänger solche, die sich eigentlich etwas anderes gewünscht hatten und schon in den ersten Semestern die Fachrichtung wechselten oder ganz verschwanden.

Damals gab es, speziell uns Berlinern bekannt, noch die Möglichkeit, nach Westberlin zu gehen und dort ein Studium aufzunehmen, aber erst nach einem ergänzenden 13. Schuljahr und erneuter Prüfung zumindest in einigen Fächern. Das kostete ein Jahr, war mit Aufwand und natürlich einem gewissen Risiko verbunden und schreckte so viele Interessierte, auch mich, ab. Ein weiterer Weg war, das Studium in der DDR zu beginnen und nach bestandenem Vorexamen auf eine Hochschule der Bundesrepublik Deutschland zu wechseln – da verlor man keine Zeit, weil dann das Abitur anerkannt wurde. Diesen Weg hatte ich von Anfang an im Sinn gehabt, vor allem, weil meinem Vater und unserer Familie klar war, dass seine berufliche Tätigkeit in der Planwirtschaft der DDR keinen längerfristigen Bestand haben würde.

Das Studium in Dresden begann in Berlin, denn zu der Zeit mussten Ingenieure sechs Monate Vorpraktikum leisten und dann später während der Semesterferien noch weitere sechs Monate Fachpraktika – auch aus meiner heutigen Sicht eine sehr gute Sache, die allerdings nicht DDR-spezifisch war. Auch viel später, bei der Fortsetzung meines Studiums ab 1965 in Darmstadt, gab es die Praktika noch, das Vorpraktikum war da aber zeitlich schon deutlich geschrumpft. Praktika ersetzen natürlich keine Lehre, man kommt aber als Ingenieur nicht völlig unbedarft in die Praxis und kann einiges an handwerklichem Können vorweisen.
Übrigens: Berlin! Das war meine Heimat, damals Ostberlin, aber mit allen Möglichkeiten, die zu der damaligen Zeit von der Informationsindustrie geboten wurden, also auch „Westrundfunk", Zeitungen, Zeitschriften und Bücher aus dem Westen (wenn auch für Ostmark-Käufer extrem teuer), Kino, Theater usw. Das Fernsehen spielte zu der Zeit noch keine Rolle. Für mich war neben dem Elternhaus und seiner Grundeinstellung gegen jedes totalitäre System bei der Meinungsbildung die Möglichkeit prägend, die meist völlig gegensätzlichen Informationen aus der DDR und der Bundesrepublik abwägen und im eigenen Kopf filtern und bearbeiten zu können. Zusätzlich gab es das persönliche Erleben, zum Beispiel der Ereignisse um den 17. Juni 1953 herum (siehe hierzu bei Berthold Fieseler: "Vor dem Abitur wurde ich zum Schuldirektor beordert oder Warum ich von Ost nach West ging").

Und man sah und erlebte selbstverständlich die Unterschiede zwischen der Propaganda und der Wirklichkeit. Während des Vorpraktikums verfolgte ich sehr interessiert die Berichterstattung über den Volksaufstand 1956 in Ungarn.

Nachdem Chruschtschow in der Sowjetunion 1956 die Entstalinisierung eingeleitet hatte, kam es im in Ungarn zu einer aufständischen Bewegung, die demokratische Reformen und eine unabhängige ungarische Politik forderte. Als Ungarn seinen Austritt aus dem Warschauer Pakt erklärte, intervenierte die Sowjetunion, schlug den Aufstand nieder und ließ die Anführer hinrichten. Allerdings waren echte Diskussionen mit den Arbeitern darüber schon ziemlich unmöglich – sie mieden das Thema!

Ansonsten waren das persönliche Erleben in den beiden Praktikumsbetrieben, Abus-Gießerei und Knorr-Bremse, vor allem aber die Gespräche mit den Arbeitern, für mich recht nützlich, meist wohl weniger im Sinne der ideologischen Ausrichtung, die der Staat sich wünschte. Denn gerade in Berlin mit seinen vor dem Mauerbau noch bestehenden Möglichkeiten nahmen viele Arbeiter kein Blatt vor den Mund, was ihre eigene Situation betraf, wenn sie einmal zu jemandem Vertrauen gefasst hatten. Das war zwar nicht automatisch der Fall, denn die Repressionsmaschine der SED war sehr wohl wirksam, aber die Bespitzelung hatte noch nicht den Grad der späteren Jahre erreicht. Ich erfuhr, dass viele Arbeiter in beiden Praktikumsbetrieben über die gesetzten Normen, die sie mit schrottreifen Maschinen und Anlagen aus der Vorkriegszeit zu erfüllen hatten, meist nicht glücklich waren, dass sie immer wieder mit Material-, Beschaffungs- und Qualitätsproblemen zu kämpfen hatten und oft improvisieren mussten. Das brachte auch Nicht-Normerfüllung und manchmal sogar Lohnverluste mit sich. Der ihnen zur Seite gestellte Praktikant war da eine dankbar angenommene Hilfe, denn er hatte keine Norm zu erfüllen, wohl aber den Ehrgeiz, seine Fähigkeiten zu zeigen. So habe ich manche Produktiontätigkeiten übernommen, die dann der Sollerfüllung des betreuenden Arbeiters oder der Schichtmannschaft zugerechnet wurden.

Ein in Erinnerung gebliebenes Detail: Bei den Druckluftbremsen für die Lkws musste eine sehr feine Bohrung mit weniger als einem Millimeter Durchmesser in ein Eisengussteil mit einer eingepressten Messinghülse gebohrt werden und es gab wie üblich eine Norm-Vorgabe, soundso viel Stück pro

Stunde. Die Bohrung war genau auf der Grenzlinie zwischen dem weicheren Messing und dem härteren Gussteil zu fertigen, also eine schwierige Sache, bei der man selbst bei größter Vorsicht und Einfühlsamkeit viel mehr Zeit brauchte, als veranschlagt, und außerdem einen Bohrer nach dem anderen zerbrach. Da hier die Normerfüllung praktisch unerreichbar war, wurde ich an die Maschine gestellt bzw. gesetzt. Nach einiger Zeit waren die feinen Bohrer verbraucht, dann bekam ich größere, um die Partie fertigzustellen. Ich nehme an, dass da einige Lkw beim Bremsenentlasten sehr viel lauter gezischt haben, als vorgesehen war, aber zu der Zeit spielte das noch eine untergeordnete Rolle, Hauptsache der Lkw funktionierte als solcher.

Eine sehr interessante Geschichte mit besonderer Aktualität heute (Regierungsbildung in Thüringen 2014) erfuhr ich einmal aus einem ganz unscheinbaren Anlass von einem Arbeiter, nachdem der offenbar Vertrauen zu mir gefasst hatte. Er schilderte, als er uns unbeobachtet sah, dass er bei den Nazis in einem Konzentrationslager war, wo er Zwangsarbeit leisten musste, weil er SPD-Mitglied war, und dass er dann, nach 1945, wieder einige Jahre unter sehr primitiven Umständen eingesperrt und zu Zwangsarbeit verurteilt worden war in Lagern, die vorher die Nazis betrieben hatten. Und das, weil er jetzt als SPD-Mitglied sich der Zwangsvereinigung der SPD mit der KPD zur SED 1946 widersetzt hatte.

Während der Praktika gab es nach meiner Erinnerung kaum politische Indoktrination. Wir Praktikanten waren bei Betriebsversammlungen, soweit es solche gab, nicht dabei, ich erinnere mich auch nicht an geforderte Teilnahmen an Demonstrationen oder Ähnliches. Wichtig war die Arbeit, etwas zu lernen und die vorgeschriebene Dokumentation für das Praktikantenamt zu schreiben.

Hanns-Lutz Dalpke, geb. 1937 in Berlin, Abitur 1956, Studium an der TH Dresden Fakultät Technologie/Papiertechnik, politische Haft 1959–1964 in Bützow-Dreibergen und Torgau, Teilkonstrukteur, 1965 Übersiedlung zu den Eltern in die Bundesrepublik Deutschland.
Studium in Darmstadt Maschinenbau, 1969 Diplom, 1973 Dr.-Ing.; bis 1978 freier Mitarbeiter an der TH Darmstadt (Forschung, Lehre und Beratung), 1980 bis zum Ruhestand 2001 Projektingenieur, Werksleiter einer Zellstoff- und Papierfabrik.

***

In Dresden benutzte man die eigenen Füße, die Straßenbahn oder das Fahrrad

Motorisiert waren meines Wissens zu der Zeit nur zwei
Studenten mit Motorroller

*Dr.-Ing. Hanns-Lutz Dalpke (TH Dresden, Studienjahrgang 1956–1959, Technologie,
1965–1969 TH Darmstadt, Maschinenbau, Diplom 1969, Promotion 1973)*

Der Studienanfang in Dresden war verwirrend für mich, aber das geht wohl
selbst heute noch vielen Anfängern so. Die Schule, seinerzeit mit noch weit
weniger Selbstständigkeit als heute, und das selbstständige Leben an der
Uni sind krasse Gegensätze, und das war sogar trotz der starken Regulierung
im totalitären DDR-Staat so.

Das erste Problem war natürlich das Wohnen – in Dresden wegen der Zerstörungen des Innenstadtbereichs eine echte Herausforderung. Die erste Unterbringung durch das Studentenwerk erfolgte in dem heute noch existierenden Studentenheim in der damaligen Reichsstraße, heute Fritz-Löffler-Straße. Da auch dieses Heim voll belegt war, hatte man das Dachgeschoss zu einem Massenquartier ausgebaut, dorthin kamen die Neuen zuerst. Das Arbeiten dort war nicht leicht, zu viel Ablenkung. Deshalb suchte ich zusammen mit einem ehemaligen Klassenkameraden aus der Oberschule erfolgreich eine Privatwohnung. Mit den geteilten Mietkosten war das damals gut möglich. Die Ausstattung war recht einfach, zwei Betten, ein Tisch, Stühle und ein Schrank im Zimmer. Im Bad, das wir mitbenutzen durften, gab es WC und fließend kalt Wasser, und wenn ich mich richtig erinnere, gab es von der Wirtin morgens auch eine Kanne heißen Muckefuck Das war umgangssprachlich die Bezeichnung für einen Kaffee-Ersatz aus gebrannter Gerste.
Ansonsten bestand das Frühstück aus Mischbrot, Margarine und von zu Hause mitgebrachter, meist selbst gekochter Marmelade.
Immer, jeden Tag! Mittags aß ich in der Woche in der Mensa, wo es zwei Essen gab, das eine zu 60 Pfennig und das bessere zu 80 Pfennig. Abends verpflegte man sich zu Hause oder – wie ich dann etwas später oft – in der Abendmensa, fast immer Schnitzel mit Gemüse und Kartoffeln und Limonade

für etwa 2 Mark. Wenn ich sonntags in Dresden war, versuchte ich, mittags in einer Gaststätte zu essen. „In" war damals das „Gambrinus" - Gaststätte am damaligen Postplatz in Dresden –, sie wurde 1968 abgerissen, aber man musste meist anstehen und bekam nicht selten auch überhaupt keinen Zutritt mehr.

Wichtig für mich waren die Fahrten nach Hause am Wochenende, etwa alle 2 Wochen. Nicht nur, um „Hotel Mutter" zu nutzen, einschließlich Wäschedienst usw., sondern auch, um mal nach West-Berlin ins Kino zu gehen oder ins Ost-Berliner Metropoltheater oder in andere Theater, weil man als Student sehr billig Einzel-Restkarten erwerben konnte, oft für hervorragende Plätze. Dort habe ich vor allem Operetten, aber auch viel klassische und einige moderne Theaterstücke und Opern gesehen. Kultur spielte sich für mich vorwiegend in Berlin ab, mit einer Ausnahme: Das war ein Jazzkeller in Dresden, dessen Interpreten aber im Laufe des Jahres 1958 auch den Wechsel in die Bundesrepublik vorzogen und, soweit ich erfahren konnte, nach München gingen.

Die Heimfahrten mit dem D-Zug nach Berlin waren meist sehr langwierig, oft länger als 4 Stunden, dafür aber für Studenten extrem billig (ich meine, 3,60 Mark pro Strecke). Wenn es mal klappte und die Restfinanzmittel des Monats es hergaben, versuchte ich, mit dem von Wien/Prag kommenden Vindobona, einem Triebwagenzug, zu fahren, was zwar fast doppelt so teuer war, aber viel flotter ging, da dieser „internationale" Zug immer Vorfahrt bekam.

In Dresden selbst benutzte man die eigenen Füße, die Straßenbahn oder das Fahrrad. Motorisiert waren meines Wissens zu der Zeit nur zwei Studenten mit Motorroller, Autoparkprobleme waren mangels Autos unbekannt! Mein Fahrrad war Kultgegenstand. Ich hatte es kurz nach der Währungsreform etwa 1950 bekommen, ein Mifa-Tourenrad so solider Bauart, dass es die vielen Tausend Kilometer bis zu meiner Verhaftung 1959 überlebte. Allerdings mit diversen Umbauten, Reparaturen, einschließlich Schweißreparaturen wegen Rahmenbruch und nur noch einigen originalen Grundbestandteilen. Auch zu manchen Praktika oder Jobarbeiten in Sachsen hatte ich es mit, zum Beispiel 1957 in der Nähe von Döbeln, wo ich in einer noch privaten

Papierfabrik als Hilfskonstrukteur ein kleines Detail bastelte, um etwas Geld zu verdienen.

Apropos Geld. Das war und ist auch immer noch für viele Studenten ein Problem. Ich bekam als Sohn eines „Kleinbürgerlichen" kein reguläres Stipendium (130 Mark/Monat), schon gar nicht das Arbeiter- und Bauernstipendium (180Mark/Monat), aber eine Studienbeihilfe von 80 Mark/Monat. Diese und der schmale Zuschuss meiner Eltern reichten trotz niedrigster Preise nie aus, und so versuchte ich, in den Ferien in Papierfabriken als Ferienaushilfskraft etwas hinzuzuverdienen. Später jobbte ich auch während des Studiums. Das waren dann Wochenend- und Nachtschichten als Verladegehilfe auf dem Dresdner Güterbahnhof, wo alles Stückgut noch von Hand verladen und mittels Elektrokarren („Eidechse") auf kleinen Hängern von einem Waggon bzw. Zug zu einem anderen transportiert wurde. Ziemlich schwere Arbeit! Den Stundenlohn weiß ich nicht mehr. Die Eidechse durfte ich leider nur sehr ausnahmsweise mal fahren.

Als Student war man von Anfang an organisatorisch eingebunden. Wir bildeten mit anfangs etwas über 20 Studierenden die Seminargruppe Papiertechnik, wobei nur etwa die Hälfte von uns das als Studienfach gewählt hatte. Und auch das waren ausnahmsweise viele für dieses Fach, weil der Sohn des Professors gleich mehrere seiner Mitschüler von der Oberschule „mitgebracht", also entsprechend motiviert hatte. Im Laufe der Jahre reduzierte sich die Anzahl, weil einige in mehr ihren Wünschen entsprechende Fachrichtungen wechseln konnten. Erstaunlich wenige gaben das Studium wieder auf, was in anderen Seminargruppen anders aussah: Die hohen Anforderungen der renommierten TH Dresden führten auch damals schon zu einer strengen Auslese, und ich erinnere mich an eine Fakultätsversammlung mit dem Prorektor, wo die hohe Ausfallquote von 40 bis 50 Prozent bis zum Vorexamen wichtiger Gegenstand der Diskussion war und hart kritisiert wurde.

Speziell unsere Seminargruppe entwickelte einen recht guten Zusammenhalt, so machten wir gemeinsame Ausflüge, beispielsweise Wanderungen in die wunderschöne Sächsische Schweiz, und feierten auch gemeinsam. Von einer Weihnachtsfeier, auf der ich als DJ fungierte, habe ich sogar eines der ganz wenigen bildlichen Erinnerungen aus dieser Zeit. Fotografieren war damals ja noch ein seltenes und teures Hobby.

Der Studienplan war recht schulisch und musste zügig abgearbeitet werden. Dabei waren die Grundvorlesungen wie Mathe, Experimentalphysik usw. stark belegt, so dass die Hörsäle oft übervoll waren und man gelegentlich auch auf den Treppen sitzen musste. Zu den Vorlesungen gehörige Praktika waren in der Regel Pflicht, während Übungen meist fakultativ waren. An ein nettes Vorkommnis kann ich mich noch erinnern: Im Elektromaschinenpraktikum mussten wir einen Leonardsatz (Der Leonardsatz ist in der elektrischen Energietechnik ein spezieller Umformer zur Stromumwandlung) von nicht ganz unbedeutender Leistung hochfahren und dann mit dem Netz synchronisieren.
Dabei brachte es ein Mitstudent fertig, fast genau phasenverkehrt anzukoppeln, was einen gewaltigen Bums hervorrief, das Hochschulnetz leicht in die Knie zwang, aber sonst keinen Schaden verursachte. Ich glaube, es waren sehr alte, sehr solide Brown Boverie & Cie. (BBC)-Maschinen.

Ein unangenehmes Fach war Gewi, Gesellschaftswissenschaften, weil man da gegen seine eigene Meinung diskutieren sollte. Man musste Pflichtseminarscheine machen, die Anwesenheit wurde kontrolliert und dokumentiert.

Selten kam es zu echten Diskussionen, weil man ja wusste, dass eine abweichende Ideologie, ja selbst simple kritische Fragen, schnell zu ernsten Nachteilen bis hin zum Verlust des Studienplatzes führen konnten. Das „Studium" des Marxismus-Leninismus gehörte wesentlich zu den „freiwilligen Selbstverpflichtungen", welche mir das System suspekt machten und zu meiner späteren Opposition führten.

Studenten der technischen Disziplinen waren und sind häufig auch heute noch weniger am allgemeinen politischen Geschehen interessiert, sie bemühen sich mehr, das schwierige Ausbildungspensum schnell zu bewältigen. Zu meiner Studienzeit waren auch die Informationsmöglichkeiten drastisch geringer als heute – ich glaube, einem Studenten heute ist es gar nicht möglich, sich das wirklich vorzustellen.

Wir hatten nur Zeitungen und Mittelwellenradio, eventuell noch Kurzwelle in der gleichen schlechten Qualität wie heute. Zeitungen in der DDR waren immer systemkonform, Gleiches galt fürs Radio, und der starke Westberliner RIAS wurde durch Störsender unverständlich gemacht.

Man lebte im „Tal der Ahnungslosen", wie das Elbtal bei Dresden auch genannt wurde, weil hier kein West-Fernsehen oder UKW, also keine West-, sondern nur Ost-Nachrichten empfangen werden konnten

Ich war insofern eine Ausnahme, als ich bei meinen Heimatbesuchen ja immer westliche Rundfunksender hören konnte, andere Interessierte waren auf Kurzwelle und den BBC angewiesen. Das war zwar auch gefährlich, aber nicht mehr ganz so gefährlich wie im Dritten Reich, wo BBC-Hören gleich zur Todesstrafe führen konnte. Westliche Presseerzeugnisse waren für uns einerseits sehr teuer, andererseits auch gefährlich, weil ihr Besitz, wenn man bei einer zufälligen Kontrolle erwischt oder durch einen Beobachter verraten wurde, schnell zu Repressionen führen konnte: Besitz von „Hetzmaterial" = 2 Jahre Knast! (Anm. d. Hg.: s. hierzu die Beiträge von F. Anders und G.Knoblauch). Und Kontrollen gab es durchaus manchmal bei der Fahrt nach oder von Berlin und auch innerhalb Berlins von und nach Westberlin.

Als Jugendlicher will man meist auch körperlich aktiv sein, und Sport sollte eigentlich ideologiefrei sein. Eigentlich! Aber auch die körperliche Ertüchtigung wurde im sozialistischen System ideologisiert und vor allem in Richtung vormilitärische Ausbildung genutzt. Ich probierte verschiedene Dinge aus, Leichtathletik (Sportabzeichen), Judo (Hindernis: bin Brillenträger mit ziemlich krummen Augen) und dann Schießsport bei der GST (Gesellschaft für Sport und Technik), wo ich mich sogar ziemlich engagierte, obwohl ich natürlich den Hintergedanken – die Qualifizierung zum Soldatentum – durchaus sah. Einige Sportarten, zum Beispiel Schießsport oder Segelfliegen, waren aber überhaupt nur in der GST möglich.

Anlässlich eines Herbstkurses machte ich in der GST auch meinen Motorradführerschein, privat wäre das für mich gar nicht möglich gewesen.

Eine Sportart mochte ich besonders gern, und das rein privat: Faltbootwandern. In der Oberschulzeit hatte ich ein Zweier-Pax-Faltboot gebraucht von meinen Eltern bekommen und war in den Schulferien und an den Wochenenden meist unterwegs auf den Gewässern im Osten und Südosten von

Berlin bis zum Spreewald, oft mit einem Freund, der ebenfalls ein solches Boot hatte. Wir zelteten recht primitiv waren aber happy – und unbeeinflusst von jeglicher Ideologie und Repression! Während des Studiums wurden solche Unternehmungen aus Zeit- und Geldgründen seltener.

Von meiner Allein-Tour im August 1958 in Mecklenburg (vom Wanzkaer See über die Tollense und die Peene, das Achterwasser und entlang der Ostseeküste bis Stralsund) gibt es einmalige und unvergessliche Erinnerungen. Die Natur war großartig, Störche zu Hunderten, Kraniche, sogar Seeadler. Vom Wanzkaer bis zum Tollensesee ein mühseliger Weg über Land wegen falscher Wassersportkarten-Angabe, abenteuerliches Zelten, stürmische Ostsee, zum Schluss kaputtes Steuer – heute würde mancher sagen, der war ja verrückt. Teile dieser Strecke sind heute Naturschutz- und sogar FFH-Gebiete (Fauna-Flora-Habitat gemäß EU-Richtlinie).

Einige Wochen der Ferien waren auch immer für die Fachpraktika in der Industrie reserviert. Hierzu wurde man eingeteilt, also bestimmten Betrieben zugewiesen. Dennoch waren für mich diese Praktika sehr nützlich, denn man bekam einfach Wissen und erste Erfahrungen für die spätere Industrietätigkeit vermittelt. In den ersten Herbstwochen sollte man auch als Student, wie schon früher als Schüler, eine Woche (oder zwei?) zur Erntehilfe in die Landwirtschaft, ich habe das meiner Erinnerung nach aber nur einmal mitgemacht, das zweite Mal trat der oben genannte GST-Kurs für den Motorradführerschein (im DDR-Jargon gab es nur die „Fahrerlaubnis", „Führerschein" war suspekt!) an die Stelle des Ernteeinsatzes.
Die FDJ-Mitarbeit konnte ich in der Zeit meines Studiums wegen der noch nicht perfekten Organisation in den 50er-Jahren weitgehend vermeiden.

Hanns-Lutz Dalpke, geb. 1937 in Berlin, Abitur 1956, Studium an der TH Dresden Fakultät Technologie/Papiertechnik, politische Haft 1959–1964 in Bützow-Dreibergen und Torgau, Teilkonstrukteur, 1965 Übersiedlung zu den Eltern in die Bundesrepublik Deutschland.
Studium in Darmstadt Maschinenbau, 1969 Diplom, 1973 Dr.-Ing.; bis 1978 freier Mitarbeiter an der TH Darmstadt (Forschung, Lehre und Beratung), 1980 bis zum Ruhestand 2001 Projektingenieur, Werksleiter einer Zellstoff- und Papierfabrik.

***

** Kommentar zeithistorisch ** Gesellschaft für Sport und Technik

Die Gesellschaft für Sport und Technik (GST) war eine Organisation in der DDR, die offiziell der gemeinschaftlichen Freizeitgestaltung technisch und sportlich interessierter Menschen aller Altersgruppen dienen sollte. Hinter dieser Sprachregelung verbarg sich jedoch ein politisches Kalkül: Die Organisation bot dem Staat die Möglichkeit, Jugendliche gleichzeitig zu führen, zu lenken und zu kontrollieren. Während in der Bundesrepublik Alternativen wie weitreichende Reisemöglichkeiten bestanden, waren diese in der DDR nicht gegeben, wie einige Autoren berichten.

Der Staat stattete die GST großzügig mit Ausrüstung aus, darunter Motorräder, Boote, Lkw, Pkw, Segelflugzeuge, Funkgeräte, Gewehre sowie Gebäude und Werkstätten.

Der Herausgeber selbst wurde als Lehrling für eine Mitarbeit in der GST geworben. Die Gruppe verfügte über einen eigenen Raum in einem volkseigenen Betrieb, der mit moderner Funktechnik ausgestattet war. Ziel war eine funktechnische Ausbildung an militärischem Gerät.

Bald rückten wehrsportliche Aktivitäten in den Fokus der GST. Die Organisation fand Zugang zu Schulen und Lehrwerkstätten, betrieb Ausbildungsbasen und Schießstände, führte Wehrausbildungslager und Wettkämpfe durch. Mit der im Wehrdienstgesetz verankerten Teilnahme an der vormilitärischen Ausbildung kamen nahezu alle jungen Männer und Frauen in der DDR mit der GST in Berührung

***

Anmerkung zeithistorisch - Die TH Dresden Ende der 1930er-Jahre

„Der Politische Student: Die Studenten konnten sich nur schwer der Mitarbeit in den verschiedenen nationalsozialistischen Organisation, deren Ziel der „politische Student" war, entziehen. Im Mittelpunkt stand dabei die vom NS-Studentenbund geführte Zwangsorganisation der Deutschen Studentenschaft. [...] Alle wehrtauglichen Studenten mussten zudem Dienst in der SA leisten. Die vielfältigen sportlichen Möglichkeiten an der Hochschule, wie beispielsweise Segel und Motorflugsport, Ski und Wassersport, beschleunigen die Integration eines Großteils der Studenten in das Nazisystem."

Zitiert aus: Geschichte der Technischen Universität Dresden in Dokumenten und Bildern, Band 2; Veröffentlichung der TU Dresden; Matthias Lienert; 1994, Seite 118.

***

„Wir sind der Meinung, dass der Student Jork mit seinen Äußerungen die Rechtsprechung unseres Staates anzweifelt"
Als bekennender Christ und Wehrdienstverweigerer
für ein Medizinstudium untragbar

Prof. Dr. med. Klaus Jork (1956 Humboldt Universität Berlin, Medizini; 1958 Johannes-Gutenberg-Universität Mainz, Humanmedizin, Staatsexamen 1962, Promotion 1965)

Nach dem Abitur 1956 an der Pestalozzi-Oberschule in Dresden wurde ich durch den persönlichen Einsatz meines Vaters, der in der Privatwirtschaft tätig war, am 5. September 1956 an der Humboldt-Universität in Berlin zum Studium der Humanmedizin immatrikuliert. Meine Kommilitonen wählten mich in die Studienjahresleitung, obwohl ich Mitglied der Jungen Gemeinde und FDJ war, jedoch nicht Mitglied der SED. Dass ich mich nicht parteipolitisch engagierte – ich nahm nur an einigen Ernteeinsätzen zum Kartoffelroden teil – konnten die Vertreter der SED im Fachbereich nicht akzeptieren und forderten mich auf, zu einigen Fragen der damaligen politischen Situation Stellung zu nehmen.

Der Text meiner Stellungnahme vom 24. März 1958 lautete:

„Die FDJ-Studienjahresleitung hat von mir diese Stellungnahme am 21. März 1958 nach einem längeren Gespräch gefordert. Da ich mich bemüht habe, in dieser Verhandlung als Christ zu den mir gestellten Fragen Stellung zu nehmen, habe ich mich zur Überprüfung und Klärung meines Standpunktes zu dem allgemein als aufrechten Christen bekannten Propst Dr. Heinrich Grüber begeben, der als der Bevollmächtigte des Rates der Evangelischen Kirche in Deutschland bei der Regierung der Deutschen Demokratischen Republik außerdem über den nötigen Überblick zu den mir gestellten Fragen verfügt (Anm. d. Hg.: Heinrich Karl Ernst Grüber war evangelischer Theologe, Gegner des Nationalsozialismus und Pazifist).
Nach dieser Klärung möchte ich zu den angeführten Punkten Stellung nehmen:
1. Das Urteil über den ehemaligen Leipziger Studentenpfarrer Siegfried Schmutzler (Anmerkung des Herausgebers: Schmutzler, Pfarrer und Widerstandskämpfer gegen die SED-Diktatur, Studentenpfarrer der evangelischen Studentengemeinde Leipzig) erkenne ich als rechtmäßig an. Es ist

für mich als Christen aber unmöglich, mich von Menschen zu trennen, die schuldig geworden sind. Siegfried Schmutzler bleibt trotz seiner Verurteilung Glied der christlichen Gemeinde, für den die ganze Gemeinde nach der Weisung der Heiligen Schrift fürbittend einzutreten hat. Die namentliche Fürbitte für Glieder der Gemeinde, die im Gefängnis sitzen, ist ganz allein an die Adresse Gottes gerichtet und hat keinerlei politische Abzweckung. In diesem Sinne hält auch Propst Grüber in jedem seiner Gottesdienste namentlich für Schmutzler Fürbitte.

2. Als Christ bin ich bereit, alles gegen den Krieg zu tun, kann aber keine Waffe in die Hand nehmen, da ich mich auch für den Fall einer Verteidigung nicht eidlich zum Mord verpflichten kann. Hinzu kommt, dass ich im gegenwärtigen Zeitpunkt im Falle einer Verteidigung nicht nur Mord, sondern Brudermord begehen müsste. Mord ist schlimm, Brudermord noch schlimmer. Nach meiner Erkenntnis haben wir als Christen die Pflicht, im Westen und im Osten Deutschlands Wehrdienst und militärische Ausbildung zu verweigern. Gerade in dieser Haltung sehe ich den entscheidenden Beitrag zur Erhaltung des Friedens, weil der Krieg heute mit den neuen Waffen auf beiden Seiten in jedem Fall Massenmord werden würde. Weil in einem Krieg durch die modernen Waffen immer Massen vernichtet würden, sehe ich mich auch außer Stande, aus vergangener Zeit positive Stellungnahmen von Christen zum Wehrdienst zu übernehmen.

3. Die Stellungnahme des Evangelischen Bischofs von Berlin, Dr. Dibelius, zur Politik muss ich in vielen Punkten ablehnen, weil sie oft mehr von der deutsch-nationalen Vergangenheit als vom christlichen Glauben geprägt ist. Jedoch kann ich mich den Mitteilungen in der Demokratischen Presse nur zum Teil anschließen. So wird dort z. B. stets weggelassen, dass Bischof Dibelius von 1934 bis zum Ende der Naziherrschaft wegen seiner aufrechten Haltung von seiner Stellung als Generalsuperintendent der Kurmark (Kerngebiet der ehemaligen Mark Brandenburg) zwangsweise pensioniert wurde und verschiedentlich von der Gestapo verfolgt und verhaftet worden ist."

(Anm. d. Hg.: Otto Dibelius (1880–1967), evangelischer Theologe, engagiert für die Bekennende Kirche; Bischof; Ratsvorsitzender der Evangelischen Kirche in Deutschland von 1949 bis 1961).

(Anm. d. Hg.: Kurmark, Kerngebiet der ehemaligen Mark Brandenburg; Territorium des Heiligen Römischen Reiches, auf das die Kurwürde des Markgrafen von Brandenburg beruhte.)

Bevor ich diese Stellungnahme der FDJ-Studienjahresleitung übergeben konnte, wurde ein am 22. März 1958 verfasstes Flugblatt am 24.März am Medizinischen Fachbereich der Humboldt-Universität Berlin mit folgendem Wortlaut verteilt:

Berlin, den 22.3.58

SOZIALIST UND CHRIST

In Deutschland ist Krieg! Wann wird er heiß? Das liegt bei uns. Mediziner bist Du taub?
Im Westen liegen die Raketen auf den Rampen Richtung Osten. Mediziner schläfst Du?
Sieh Dich um! Wer ist Dein Feind? Pfarrer Schmutzler predigt Hass und Tod. Du verurteilst ihn.
Genügt das?

Wir müssen kämpfen, tun wir es alle?
Der „Jugendfreund" **Jork** tut es nicht. Er sagt, er sei Christ. Ist er es? Er spricht gegen die Äußerungen und Handlungen Schmutzlers, verurteilt aber nicht den „Menschen" Schmutzler. Er kann daher nicht die „Menschen" Kriegsverbrecher und Kriegstreiber verurteilen. In der Diskussion mit der Studienjahresleitung musste er sich in Widersprüche verwickeln. „Ich bin verpflichtet, gegen jeden Menschen vorzugehen, der in Deutschland die Kriegsgefahr vergrößert. Schmutzler hat sie vergrößert" (vergleiche oben).

Der „Jugendfreund" **Jork** ist für den Sozialismus. Hat er gemeinsam mit uns am sozialistischen Arbeitseinsatz teilgenommen? Nein! Er sagt, er sei krank. Gleichzeitig ist er aktiver Sportler (Ruderer). Merkst Du was?
Der „Jugendfreund" **Jork** ist Christ. Er trägt das Kugelkreuz.
Der „Jugendfreund" **Jork** ist Sozialist. Er trägt k e i n FDJ-Abzeichen.
Der „Jugendfreund" **Jork** spricht mit zwei Zungen. Warum?
    Er ist zu feige, sich zu bekennen.
    Fürchtet er um seinen Studienplatz?

Er ist kein Sozialist. Er redet dafür, aber tritt nicht dafür ein.

Er ist kein Christ, denn er kämpft nicht für den Frieden aller Menschen. Er kann den „Menschen" Kriegshetzer Schmutzler nicht verurteilen. Er verurteilt n u r die Tat abstrakt.

Was ist der „Jugendfreund" **Jork**?

Durch seine indirekte Unterstützung des Kriegshetzers Schmutzler unterstützt er auch die Kriegsvorbereitung im Westen und schwächt unsere Republik. Er gefährdet Deinen und meinen Studienplatz.

Der „Jugendfreund" Jork ist ein Handlanger des Imperialismus!

Deine Stellungnahme!

FDJ-Studienjahresleitung

(Anm. d. Hg: Kugelkreuz: Das Tragen dieses Symbols - kleines silbernes Abzeichen mit Kreuz über der Weltkugel - der Jungen Gemeinde wurde als Provokation gegen den Staat gesehen)

Am nächsten Tag teilte mir ein Kommilitone, der SED-Mitglied war, mit, dass ich exmatrikuliert werden sollte und dass man meinen Personalausweis einziehen wolle. Daraufhin entschloss ich mich im März 1958 kurzfristig, die DDR zu verlassen und beantragte in Berlin-Marienfelde die Erteilung der Aufenthaltserlaubnis.

Zuvor hatten die Kommilitonen meines Studienseminars meine persönlichen Dinge und Studienunterlagen bei der Schwester eines Freundes in Westberlin deponiert. Selbst traute ich mich nicht, diese Gegenstände zu transportieren aus Angst, als Republikflüchtiger festgenommen zu werden.

Aufgrund aktenkundiger Belege erhielt ich am 11.April 1958 vom Leiter des Notaufnahmeverfahrens in Gießen die Aufenthaltserlaubnis für das Bundesgebiet mit Zuweisung nach Rheinland-Pfalz.

Ich setzte mein Studium der Humanmedizin in Mainz fort, wo ich am 10. Dezember 1962 das medizinische Staatsexamen mit „sehr gut" ablegte. Meine experimentelle Dissertation am Institut für Pharmakologie der Johannes-Gutenberg-Universität in Mainz wurde 1965 mit „magna cum laude" bewertet.

***

Ein Nachsatz: Jahrzehnte später, nach der Wiedervereinigung der beiden deutschen Staaten, wurde mir die Kopie eines Schreibens der Studienjahresleitung an das Prorektorat der Medizinischen Fakultät der Humboldt-Universität von Berlin vom 24. März 1958 zugängig, in dem vermerkt wird:

„Nach eingehender Diskussion im Seminar sind wir zu der Ansicht gekommen, dass es unmöglich ist, dass der Student Klaus Jork Seminar II/18 sein Studium an unserer Fakultät fortsetzt. Wir schlagen deshalb seine Exmatrikulation vor.

[...] Wir sind der Meinung, dass der Student Jork mit seinen Äußerungen die Rechtsprechung unseres Staates anzweifelt und dies in der Diskussion verschleiern wollte.

[...] Gleichzeitig ruft er alle Christen auf, sich ebenfalls nicht für eine freiwillige militärische Ausbildung bereit zu erklären. [...] Hierbei sieht er nicht ein, dass wir gezwungen werden, uns militärische Kenntnisse anzueignen, um unsere Republik im Falle eines Überfalls verteidigen zu können. Er vergisst, dass wir gerade von einer Regierung hierzu gezwungen werden, die vorgibt, eine christliche Regierung zu sein und die aus einer Partei hervorgegangen ist, die sich eine christliche Partei nennt. Er vergisst, dass es diese „Christen" sind, die die Bundeswehr mit Atomwaffen ausrüsten wollen, um unsere Republik an ihren Staat anzugliedern."

Das Dokument auf der folgenden Seite zeigt den gesamten Text.

A b s c h r i f t   K⎤   ⎤

An das

Prorektorat der medizinischen Fakultät
der Humboldt – Universität zu Berlin

Klaus Jork

Nach eingehender Diskussion im Seminar sind wir zu der Einsicht
gekommen, daß es unmöglich ist, daß der Student ████ ████
Seminar II/18 sein Studium an unserer Fakultät fortsetzt.
Wir schlagen deshalb seine Exmatrikulation vor.

Begründung:

Im vorigen Semester wurde eine Resolution von der Gruppe angenommen,
die von der Studentin ████████████ und ████ ███████
verfaßt wurde. In dieser Resolution wurden die Machenschaften
Pfarrer ████ *Schmutzler* verurteilt, und das über ihn gefällte Urteil
begrüßt.
In der Diskussion über diese Resolution stellte sich ████ *Klaus Jork*,
der sie selbst verfaßt hatte, dagegen.
Er begründete seine Haltung damit, daß er nicht wisse, ob das Urteil
gerechtfertigt sei, da unsere Regierung schon früher in dieser Hinsicht Fehler gemacht hätte, die dann eingesehen und rückgängig gemacht wurden.
In einer Diskussion mit der Studienjahresleitung der FDJ verwickelte
er sich in Widersprüche. Hier erklärte er, daß er zwar die Handlung
████████ verurteile, aber nicht den Menschen ████████
Danach äußerte er, daß er zwar das Urteil über ████████ anerkenne,
daß man ihm jedoch nicht verwehren könnte, daß er dafür bete, daß
████████ wieder ein Mensch wird, der sich in die Gesellschaft
einfügt.
Wir sind der Meinung, daß der Student ████ *Jork* mit seinen Äusserungen
die Rechtsprechung unseres Staates anzweifelt und dies in der Diskussion verschleiern wollte.
In Verbindung mit dieser Diskussion wurde er gefragt, als er sagte,
daß er Sozialist sei, was er für den Sozialismus getan hätte. Er
mußte zugeben, das er bisher an keinem Arbeitseinsatz teilgenommen
hatte. Er sagte, er sei krank. Gleichzeitig ist er aktiver Sportler
(Ruderer).

- 2 -

Aus den Stasiakten, eine Abschrift des MfS der Stellungnahme der Studienjahresleitung der
Humboldt-Universität Berlin. Aus der letzten Zeile der Abschrift ist zu ersehen, dass 21 Studenten der Seminargruppe unterschrieben haben- wohl unter Druck. Seite 1

Als er gefragt wurde, ob er bereit sei, in den Ferien freiwillig
einen Monat an einer militärischen Grundausbildung teilzunehmen,
entgegnete er, daß sich dies mit seinen Glauben nicht vereinbaren
lasse.

Er sagte, daß es für ihn als Christ unmöglich sei, einen anderen
Menschen zu töten bzw. sich militärisch ausbilden zu lassen, da man
ja in einem Krieg töten müsse. Gleichzeitig ruft er alle Christen
auf, sich ebenfalls nicht für eine freiwillige militärische Ausbildung bereit zu erklären. Außerdem bezeichnet er jeden, der sich
militärische Kenntnisse aneignet, um einen Überfall des Westens
zurückschlagen zu können, als Brudermörder, da ja jeder Westdeutsche
unser Bruder ist.

Hierbei sieht er nicht ein, daß wir gezwungen werden, uns militärische Kenntnisse anzueignen, um unsere Republik im Falle eines Über-
falles verteidigen zu können. Er vergißt, daß wir gerade von einer
Regierung hierzu gezwungen werden, die vorgibt, eine christliche
Regierung zu sein und die aus einer Partei hervorgegangen ist, die
sich eine christliche Partei nennt.

Er vergißt, daß es diese "Christen" sind, die die Bundeswehr mit
Atomwaffen ausrüsten wollen, um unsere Republik an ihren Staat anzugliedern.

Herr von Brentano sagte deutlich:

"Wir brauchen die Atomwaffen, weil wir nicht von einem anderen Land,
der USA, verlangen können, daß es für uns (für die Anhänger der
Adenauerpolitik) in einem anderen Land, der SU, den totalen Krieg
mit Atomwaffen führt."

Die Diskussionen über den Exmatrikulationsantrag waren gerade abgeschlossen, als wir erfuhren, daß der Student ▆▆▆ republikflüchtig
geworden ist und schon einen Studienplatz in Westdeutschland
besitzt. Wir kommen zu dem Schluß, daß ▆▆▆▆▆▆▆▆ sich nicht
zu einer unüberlegten Handlung hat hinreißen lassen, sondern sein
Verhalten beweist, daß er seine Handlung seit langer Zeit geplant
hatte und bei uns durch unaufrichtiges Verhalten das gesellschaftliche Bewußtsein seiner Kommilitonen zu untergraben suchte.

Wir geben unsere Empörung darüber Ausdruck und sind der Meinung,
daß der Antrag berechtigt ist.

Berlin, den 24.4.1958

gez. 21 Unterschriften

F.d.R. d. A.

(Tscheslok)

133

Klaus Jork, geb. 1937, studierte Humanmedizin in Berlin und Mainz, wurde Facharzt für Allgemeinmedizin und arbeitete klinisch und wissenschaftlich. Ab 1991 bis zur Emeritierung war er Universitätsprofessor und leitete das Institut für Allgemeinmedizin an der Goethe-Universität Frankfurt. Er ist Autor mehrerer Fachbücher und Veröffentlichungen und war Vorsitzender des Alumni-Vereins der Frankfurter Medizinischen Fakultät sowie der Deutsch-Indischen Gesellschaft Darmstadt-Frankfurt.

***

** Kommentierung zeithistorisch ** - Rolle der FDJ als Vollstrecker der SED-Doktrin an der HU Berlin

Aus dem an das Prorektorat der Medizinischen Fakultät der Humboldt-Universität gerichteten Schreiben vom 24.4.1958, in dem die Exmatrikulation des Studenten Jork „vorgeschlagen" wird, geht hervor, dass 21 Mitstudenten der Seminargruppe diese „Erklärung" der FDJ-Studienjahresleitung unterschrieben haben.

War dies tatsächlich die Sichtweise der gesamten Studiengruppe?

Nein, mit Sicherheit nicht. Jeder, der sich dagegen ausgesprochen hätte, wäre ebenfalls exmatrikuliert worden. Man findet ein vergleichbares *Prozedere* im Beitrag von Roland Jahn „Roland, wir stehen zu Dir.
"

Bemerkenswert ist, dass das Schreiben als Abschrift des MfS vorliegt. Daraus lässt sich ableiten, dass es sich hierbei nicht direkt um eine MfS-Aktion handelte. Die treibenden Kräfte sind vielmehr in FDJ- und SED-Kreisen zu suchen. Dies schließt jedoch nicht aus – im Gegenteil, es ist durchaus wahrscheinlich –, dass auch inoffizielle Mitarbeiter (IM) des MfS zu den Initiatoren zählten.

Die Aktion war klar geplant und gezielt gegen die Kirche sowie deren Anhänger gerichtet. Ein Protest seitens der Kirche blieb aus. Von wenigen Ausnahmen abgesehen, hatte sich diese bereits den Gegebenheiten angepasst.

***

Aus dem Alltag eines Bauingenieur-Studenten in Dresden

Erlebnisse, Gedanken und Mitteilungen – aufgelesen aus Briefen

Dipl.-Ing. Ulrich Otto (TH/TU Dresden, Studienjahrgang 1956, Fachbereich Bauingenieurwesen, Diplom 1962)

Ulrich Otto zitiert aus Briefen, die er als Student an Eltern und Bruder in Waren (Müritz) schrieb. Briefe und Tagebuchaufzeichnungen helfen, die Vergangenheit so zu bewahren, wie sie erlebt wurde. Ein ungewöhnlicher Beitrag. Zusammengestellt von R.Jork.

Anmerkungen in runde Klammern kursiv gesetzt sind vom Herausgeber. Die Rechtschreibung wurde im Beitrag vorsichtig modernisiert.

24.9.1956 „Frau B. hat entschieden, dass ich hierbleiben kann (als Untermieter). Für Miete und Essen bezahle ich im Monat 100,– DM [...] Wie machen wir das mit der Kartoffelkarte bzw. mit den Kartoffeln? Weil ich fast jeden Tag hier Kartoffeln mitesse, muss ich ja auch zum Kartoffelvorrat beisteuern. Eine andere Frage ist das mit der Kohlenkarte. Hier bekomme ich keine Kohlenkarte (da Wohngemeinschaft), und auch Frau B. bekommt nicht mehr Kohlen, da Haushalte mit 3 und 4 Personen dieselbe Kohlenkarte haben. Frau B. muss nun aber 1 Zimmer mehr heizen [...]."
(Gemeint ist „Deutsche Mark der Deutschen Notenbank", umgangssprachlich „Ost-Mark" im Gegensatz zur „West-Mark". 1964 ließ die DDR das „Deutsche" weg und ab 1968 gab es dann die „Mark der DDR".)

7.10.1956 „Später erfuhr ich, dass wir von der Technischen Hochschule (TH Dresden) 4 Zentner Kohlen zusätzlich bekommen [...]."

18.10.1956 „Ich hab jetzt meinen 1. Beleg in Darstellender Geometrie in Tusche ausgezogen, nachdem ich das Ganze schon mal in Blei gemacht hatte, um eine richtige Vorlage zu haben. So konnte ich noch ein paar Fehler ausmerzen. Jetzt bin ich damit zufrieden."

(Unter Beleg verstand man eine ein bestimmtes Fachgebiet erfassende mehr oder weniger komplexe Hausarbeit, mit deren Vorlage eine Benotung verbunden war. Sie galt als Nachweis für die Fähigkeit, eine konkrete, in der Regel praxisrelevante Aufgabe, auf wissenschaftlicher Grundlage zu lösen. Das Grundstudium wurde mit dem Großen Beleg abgeschlossen.)

3.3.1957 [Über den TH-Fasching]:
„Insgesamt war es gestern sehr schön, vor allem die Dekoration – es ist Usus an der TH und auch an der TU Dresden, Faschingsveranstaltungen in den Räumen der Universität durchzuführen. Das ganze Fest erstreckte sich über 24 Räume in 3 Geschossen. Es war einfach toll! Morgen wird es aber hoffentlich nicht so voll, da es sich um eine noch nicht ausverkaufte Zusatzveranstaltung zu der am Faschingsdienstag handelt. Am Dienstag fallen ein ganzer Teil Vorlesungen aus, da man höheren Orts wohl eingesehen hat, dass es keinen Zweck hat [...]."

25.5.1957 [Nach dem generellen Reiseverbot für Studenten in den Westen: *„Es ist eines sozialistischen Studenten unwürdig ins kapitalistische Westdeutschland zu reisen"* – Äußerung des Versammlungsleiters einer diesbezüglich einberufenen Versammlung[6]]:
„Von der Sache mit Westdeutschland habt Ihr wohl gehört. Seitdem setzt man uns mächtig zu mit Arbeitseinsätzen: Jeder Student soll 14 Tage in sozialistischen Großbetrieben oder in der Landwirtschaft arbeiten (ich hab mich für Landwirtschaft entschieden). Außerdem sollen wir vom 16.–22.6. im Nationalen Aufbauwerk (NAW) ehrenamtlich Enttrümmerungsarbeiten machen [...]."

3.9.1957 [Über die Vermessungsübung an der TH]:
„Bei der Innenarbeit klappte bisher alles ganz gut bis auf den Polygonzug, der sich bis heute sträubte, ehe sich herausstellte, dass die vom Assistenten angegebene Anschlussrichtung *Kirche Leuben* gar nicht Kirche Leuben, sondern *Kirche Leubnitz* war [...]."

---

[6] S. auch den Artikel von Sabina Lietzmann, Angst vor Infiltration, in: „Die Zeit", Jahrgang 1957, Ausgabe 23: http://www.zeit.de/1957/23/angst-vor-infiltration (Zugriff: 11.11.2015).

23.10.1957 „Am nächsten Mittwoch müssen wir 1 Tag auf den Hochschulbauten arbeiten, weil Arbeitskräfte abgezogen wurden und die Investmittel nicht verfallen sollen. Das Geld bekommen aber nicht wir, sondern die FDJ!!"

(Neben dem Wiederaufbau zerstörter Institutsgebäude ging es auch um die Errichtung neuer Institutsgebäude)

16.2.1958 „Am 13. Februar war ich in der Kreuzkirche zum Dresdner Requiem von Mauersberger[7]. Sehr wirkungsvoll! Danach läuteten um 21.45 Uhr alle Glocken." *(Beginn des Luftangriffs 1945)*

5.3.1958 „In der Hochschule wird's immer ‚besser'. Wir sollen 8 Wochen Volksarmee spielen. Die einjährige Verpflichtung für die NVA soll in eine lebenslängliche umgewandelt werden und allerhand noch so was. Wie ich mich da aus der Affäre ziehen soll, weiß ich noch nicht. Erst mal abwarten!"

19.4.1958 „Auf einer FDJ-Versammlung wurde uns das 5-Punkte-Programm vorgelegt und darüber abgestimmt. Es lautet ungefähr so:
1. Studium des Marxismus-Leninismus während der Dauer des Studiums.
2. Sich und andere erziehen in Richtung auf sozialistisches Bewusstsein.
3. Militärische Ausbildung bei der GST.
4. Jährlich ein 14-tägiger Einsatz in sozialistischen Schwerpunkten.
5. Verpflichtung, nach Beendigung des Studiums immer dort zu arbeiten, wo es die Regierung für notwendig erachtet. Während der Diskussion meinte unser Parteivertreter (SED), jemand, der das Programm nicht anerkennt, hat kein Anrecht mehr auf einen Studienplatz (nicht offiziell, aber nach seiner Meinung, also Parteimeinung)."

(Zum 5-Punkte-Programm vgl. auch den Beitrag von Hubertus Deick, „1958 zog das System die Daumenschrauben enger")

[Anschließend Überlegungen, die DDR zu verlassen] „Wäge und entscheide! Aber bald werde ich vielleicht keine Wahl mehr haben, [...] ob wir dann nicht alle schon in der ‚Mausefalle' sitzen, und die ‚Katze' mit uns machen kann, was sie will?"

---

[7] Rudolf Mauersberger (1889–1971), Kantor der Kreuzkirche seit 1930 und Leiter des Kreuzchors, Komponist.

22.10.1958 „Am Montag habe ich mein Zimmer umgeräumt: die Couch raus, so dass ich jetzt das Reißbrett aufstellen kann [...]. Heute ist übrigens die erste vormilitärische Ausbildung. Mal sehen, was die von uns wollen."

Dresden 19.4.58

Ihr Lieben!

Es wird wohl mal wieder Zeit, dass ich etwas von mir hören lasse,.....

......Das, was ich bisher immer befürchtet habe, scheint immer näher zu rücken. Am Donnerstag hatten wir FDJ-Versammlung, auf der uns das 5-Pkte-programm vorgelegt wurde u. darüber abgestimmt wurde. Es lautet ungefähr so:

1. Studium des Marx-Len. während der Dauer des Studiums.
2. sich und andere erziehen, im Hinblick auf sozialistisches Bewußtsein.
3. Militärische Ausbildung.
4. Jährlich ein 14-täg. Einsatz in soz. Schwerpunkten.
5. Verpflichtung, nach Beendigung des Studiums immer dort zu arbeiten, wo es die Regierung für notwendig erachtet.

Während der Diskussion meinte unser Parteivertreter, jemand, der das Programm nicht anerkennt, hat kein Recht mehr auf einen Stu-dienplatz (nicht offiziell, aber nach nach seiner Meinung, also Partei-meinung).....

Ausschnitt aus einem Brief Ullrich Ottos an die Eltern (Archiv von Ulrich Otto)

31.10.1958 [Nach der vormilitärischen Ausbildung in der Vorwoche]: „‚Schön' war inzwischen die GST-Ausbildung. Vor 1 Woche wollte man uns das Marschieren beibringen. Unser Abteilungsleiter redete bzw. schrie uns nur mit ‚Sie' und ‚Kamerad' an, während wir ihn weiterhin duzten und uns einen Jux aus der ganzen Sache machten. Nach 2-stündigem Rumhopsen wollte man uns noch das Kleinkalibergewehr erklären, ich suchte aber das Weite […]."

Dresden 8.11.61

Ihr Lieben!
Sicher wartet Ihr schon lange auf Post....
........Heute ist die-
ser Brief nach dem Feierabend aber
auch meine erste Tat.....
........Am letzten
Freitag sollte Schneiderhahn das Beethoven konzert hier spielen, sagte ab, vorher schon der Dirigent Paumgartner.
Mit den Festvorträgen von Professoren
wird es wohl demnächst ähnlich werden,
denn der Vortrag von Leonhardt hat
noch ein Nachspiel: die Studenten
des 9. Semesters müssen Erklärungen
abgeben, in denen sie ihr eigenes Verhalten ('Klopfen bei „provokatorischen Äußerungen des Vertreters der kapitalistischen
Ideologie Prof. Leonhardt') als eines Studenten der TU unwürdig verdammen
und Prof. Leonhardt verurteilen.........

Ausschnitt aus einem Brief Ullrich Ottos an die Eltern (Archiv von Ulrich Otto)

2.12.1958 „Heute Abend haben wir noch FDJ-Versammlung, mal sehen, was da rausbrät. Was meint Ihr zu Berlin?

Die ‚Mausefalle' fiel mir in den letzten Tagen wieder ein. Wer weiß, was das alles wird!"

21.4.1959 „Jetzt scheint's hier an der TH auch schärfer (politisch) zu werden: Bei einer Gruppenleiterbesprechung – ich als sog. wissenschaftlicher Sekretär der Seminargruppe (SG)– mit unserem Gewi-Dozentenverlangte man von mir eine Rechtfertigung, weil ich am Tag vorher nicht bei der GST-Ausbildung erschienen war (von unserer SG waren 2 Mann anwesend!). Peinliche Situation! Ich entwickelte eine Theorie von wegen Entspannung, (internationale) Konferenzen usw. und dass ich mich in Anbetracht der veränderten Situation nicht mehr völlig hinter eine Verpflichtung stellen könnte, die ich vor über ½ Jahr abgegeben hätte [...] Mir wurde darauf Verdrehung der politischen Tatsachen vorgeworfen, und man verglich mich mit einem Spießbürger, der am Stammtisch hinter der Zeitung versucht, Weltgeschichte zu machen [...] In der folgenden Vorlesung der direkte Bezug auf meine Äußerung: In unserem Semester sei ein Kommilitone, der auf dem Standpunkt stehe, wenn er der GST-Ausbildung fernbliebe, könne er mit zur Entspannung beitragen. – Das wird wohl Auswirkungen auf die Prüfung haben.

Heute fing man nun schon an, uns zu drohen, als ein ganzer Teil unserer SG sich nicht bereit erklärte, zum Einsatz mit zur ‚Schwarzen Pumpe' *(Anmerkung des Herausgebers: Schwarze Pumpe war der größter Braunkohlenveredelungsbetrieb der DDR)* zu fahren. Näheres wurde natürlich nicht geäußert, nur dass es im Falle der Nichtbeteiligung nicht so einfach abginge wie im vorigen Jahr."

(Gewi: Kurzform für „Gesellschaftswissenschaften". Darunter fielen Grundlagen des Marxismus-Leninismus („Dialektischer und historischer Materialismus", „Politische Ökonomie des Kapitalismus und Sozialismus" und „Wissenschaftlicher Kommunismus"). An allen Ingenieurschulen, Hochschulen und Universitäten war Gewi-Unterricht Pflichtfach neben dem Hauptstudium.)

31.5.1959 „Bei der Dresdner Staatskapelle unter Konwitschny gab es ‚Till Eulenspiegel', Reger-Variationen und Dvoraks ‚Neue Welt'. Tolles Programm! Damit gastiert die ‚Kapelle' Anfang Juni in Wien bei den Festwochen und dann in Linz und Salzburg. Da müsste man mitfahren!!"

27.10.1959 „Bei der Rückfahrt von Dresden nach Halle zum Zentralinstitut für Schweißtechnik nahm mich ein Arzt aus Görlitz mit seinem Skoda 445 mit. Im Gespräch erfuhr ich, dass von den Medizinabsolventen sofort ⅓ und nach 2 Jahren ein weiteres Drittel in den Westen abhaut. Also kein Wunder, dass wir keine Ärzte haben […]."

1.5.1960 „Am ‚Kamftag der Werktäätschen *(Anm. d. Hg.: Sächsisch umgangssprachlich für Werktätige)* also an Euch ein Brief: […] Jetzt träume ich (nach Holzbau) für die Prüfung „Eisenbahnwesen" von Weichen und Gleisplänen. So ein Quatsch! Was man alles wissen muss, z. B. gehört, falls Ihr es noch nicht wissen solltet, der Transport von Leichen bei der Bahn zum Gütertransport […]. Etwas anderes Unangenehmes ist das Bemühen vonseiten der FDJ, uns vor Pfingsten für 1 Woche aufs Land zu jagen und aus einer Scheune eine „Intensivhühnerhaltung" zu machen […]."

8.5.1960 [Nach dem Kauf meines 1. Radios]:
„[…] ein günstiges Gebrauchtangebot konnte ich mir nicht entgehen lassen, nahm 150,– Mark Kredit auf und habe jetzt ein Radio mit Mittel-, Langwelle und UKW (allerdings nur 1 Sender, da mir der Dipol fehlt). Sonst bekomme ich bisher gut: SFB, Wien, Süddeutschen Rundfunk und abends Hamburg […]."

(SFB: Sender Freies Berlin – sehr beliebter Westsender in der DDR, wurde zeitweise durch Störsender gestört.)

24.11.1960 „Als neueste Neuigkeit ließe sich erzählen, dass mein Chef, Dr. Viering, vom Grundbauinstitut (meine Hilfsassistenten-Stelle) von einer Reise zu einer Tagung in Stuttgart nicht zurückgekehrt ist. ‚Die Vorlesungen im 5. und 9. Semester fallen aus und werden im Frühjahrssemester nachgeholt', heißt es im Anschlag. Ich frage nur: von wem?? Ebenfalls das Weite suchte meine Franz.-Lektorin Madame Schmidt."

3.9.1961 [Angst vor einem Atomkrieg]:
„So richtig Lust (nach dem Mauerbau) etwas zu tun hat niemand bei uns. Warum die SU vorgestern wieder eine H-Bombe zur Explosion brachte, kann noch nicht mal ein Genosse erklären […] Gespräch zwischen 2 Kommilitonen auf dem Altmarkt. Walter zu unserem Russen Viktor: ‚Vielleicht sind wir Weihnachten ja Asche, und da lernen wir Stahlbeton!' Darauf Viktor: ‚Dann

sind wir Asche mit Stahlbeton!' Wir können nicht anders, reden mit jedem über die Situation, können aber nichts tun [...]."

17.10.1961 „Übermorgen hält ein französischer Professor einen Vortrag über Schalen- und Seilkonstruktionen. Und dann kommt sogar Prof. Leonhardt **(siehe Beitragsende) aus Stuttgart und spricht über Spannbetonbrücken [...]."

8.11.1961 „Am letzten Freitag sollte Schneiderhan** das Beethoven-Konzert hier spielen, sagte ab, vorher schon der Dirigent Paumgartner**. Mit Gastvorträgen von Professoren (aus dem Westen) wird es wohl demnächst ähnlich werden, denn der Vortrag von Prof. Leonhardt hat noch ein Nachspiel: Die Studenten des 9. Semesters müssen Erklärungen abgeben, in denen sie ihr eigenes Verhalten (Klopfen bei „provokatorischen Äußerungen des Vertreters der kapitalistischen Ideologie Prof. Leonhardt") als eines Studenten der TU Dresden unwürdig verdammen und Prof. Leonhardt verurteilen. Den ‚verantwortlichen' Professoren Brendel** und Lewicki** hat man auch ganz schön die Hölle heißgemacht. Brendel soll sich herausgeredet haben: Er hätte auf Leonhardts Äußerung (er komme nur wieder, wenn auch seine Kollegen hier wieder herausdürften) etwas erwidern wollen, hätte aber befürchtet, man würde ihn auspfeifen [...]."

27.11.1961 „Übrigens habe ich auf 50 g Butterschmalz, die auch noch zu haben waren (neben Butter), verzichtet. Streichhölzer sind hier im Augenblick auch Mangelware. Aber davon brauche nicht viel [...]."

10.1.1962 [Kommentar zum Mensaessen]:
„Im Neuen Jahr habe ich noch keine Kartoffel gesehen. Heute sagte jemand: Ich weiß gar nicht mehr, wie Kartoffeln aussehen [...]."

2.2.1962 [Über den Prozess gegen einen nach dem 13.August 1961 verhafteten Uni-Angehörigen]:
„Ich habe leider nur die Urteilsverkündung miterlebt. Am ersten Verhandlungstag hatte man wohlweislich einen Raum für max. 30 Personen gewählt, so dass ungefähr 20 Studenten draußen bleiben mussten. Der ehemalige Gewi-Dozent des Angeklagten hielt dem Angeklagten Sachen vor, die er vor

10 Jahren im Seminar geäußert hatte. Zur Einschätzung der Person trug bei, dass er schon 1953 am 17. Juni einen Sprechchor geleitet habe, der gesamtdeutsche Wahlen forderte. Damit habe er sich in den Dienst des Klassenfeindes gestellt. In der Urteilsbegründung hieß es konkret: Der Angeklagte hat immer negativ diskutiert und dabei aufweichend auf andere gewirkt. Dazu gehörte u. a. die Frage, ob die Maßnahmen des 13.8.1961 nicht im Gegensatz zum Potsdamer Abkommen stünden, und die Tatsache, dass er als Versammlungsleiter einer Gewerkschaftsversammlung den ‚provokatorischen‘ Vorschlag eines Anwesenden (wegen des akuten Papiermangels) mit ins Protokoll hatte aufnehmen lassen, man solle doch die Plakate ‚Hände weg von Kuba‘ nur halb so groß machen […]. Der arme Mann bekam 1 Jahr und 9 Monate Gefängnis.

Als wir draußen waren, sagte jemand zu mir: „Warum sitzen wir eigentlich nicht?"

21.2.1962 „Morgen früh gehe ich zu einer Gerichtsverhandlung gegen einen Assistenten vom Wasserbaulehrstuhl. Nach dem 13. August hatte man ihn eingesperrt. Anklage: Staatshetze […]."

31.3.1962 „Seit 1 Monat ist mein Holz alle. Seitdem bekomme ich entweder Glut (seit Frau O. – die Hauswirtin – im Krankenhaus liegt, ist morgens aber noch nirgends Feuer) oder Kleinholz zum Feuermachen. Könntet Ihr vielleicht zum Ausgleich 1 Sack Holz schicken?"

17.4.1962 „Die Forsythien blühen […], mir geht's ganz gut. Komme (mit der Diplomarbeit) etwas in Zeitnot. Trotzdem geht es Ostern raus nach Großsedlitz, die Parkanlage bei Heidenau in der Nähe von Dresden und abends in den ‚Faust'."

10.5.1962 „Frau O. bat mich eben noch, ob Ihr in Waren mal nach Rohseide (4 m) sehen könntet. Hier gibt es keine […]."

8.7.1962 [Nachricht über die mögliche Einberufung aufgrund des neuen Wehrpflichtgesetzes]:

„Während des Aufstehens hörte ich die Neuigkeit, worauf ich mich am liebsten gleich wieder ins Bett gelegt hätte. Ich war ziemlich fertig und schleppte mich gleichgültig und apathisch durch die Gegend. Inzwischen bin ich wieder etwas ruhiger geworden, obwohl ich mit dem Schlimmsten rechne, d. h. noch vor Weihnachten Soldat zu sein [...]."

15.7.1962 „Das Konzert (Mozartorchester, Dirigent E. Schneider) gestern (in Pillnitz) war ganz gut. Wir spielten draußen vor dem Wasserpalais, Petrus war gnädig. Heute werden wir aber wohl im Kuppelsaal spielen. Im Augenblick regnet es noch [...]."

Ulrich Otto, geb. 1937 in Rostock als Sohn eines Bauunternehmers, (1956 Studium TH/TU Dresden, 1962 Bodenmechanisches Labor VVB Braunkohle Halle, 1964 VEB Projektierung Straßenwesen in Ost-Berlin; 1965 Flucht in die BRD.
1965 Julius Berger Wiesbaden (Second Mainlandbridge Lagos Nigeria), 1968 Ing.-Büro Leonhardt u. Andrä (Olympiadach München, Fernsehturm Köln), 1980 Ing.-Büro Schlaich Bergermann SBP (Schrägkabelbrücke in Kalkutta), 2003 freiberuflicher Ingenieur, u. a. Bauleitung Extradosed Brücke in Kalkutta).

***

Im Text erwähnte Persönlichkeiten
Fritz Leonhardt (1909–1999), Pionier im Spannbetonbau, Brückenbauer, Ordinarius für Massivbau Universität Stuttgart.

Wolfgang Schneiderhan (1915–2002), bedeutender österreichischer Geiger, Konzert-Meister der Wiener Philharmoniker.

Bernhard Paumgartner (1887–1997), österreichischer Dirigent, unter anderem Leiter des Mozarteums Salzburg.

Prof. Gottfried Brendel (1913–1965), Lehrstuhl für Stahlbeton, Spannbeton und Massivbrücken der TU Dresden.

Prof. Ernst Lewicki (1894–1973), Institut für Baubetriebswesen der TU Dresden.

Erich Schneider (1892–1979), letzter Kantor der Frauenkirche vor der Zerstörung, ab 1946 Kantor der Martin-Luther-Kirche Dresden-Neustadt.

***

Wir studieren, um zu leben – wir leben nicht, um zu studieren

Dr.-Ing. Fritz Rath (TH/TU Dresden, Studienjahrgang 1956, Bauingenieurwesen, Diplom 1962, HAB (Hochschule für Architektur und Bauwesen Weimar), Promotion 1989)

Frei nach dem lateinischen Sprichwort: Edimus, ut vivamus – non vivimus, ut edamus. Wir essen, um zu leben – wir leben nicht, um zu essen. Ein bekannter Deutscher hat von der Gnade seiner späten Geburt gesprochen, wodurch er nicht mehr Soldat im Zweiten Weltkrieg wurde. Ich kann von der Gnade der zeitlich optimalen Geburt sprechen, da ich im letzten Vorkriegsjahr geboren wurde, wodurch ich die Zeit der schulischen Ausbildung und des Studiums noch in den Anfängen der sozialistischen Umgestaltung Mitteldeutschlands erlebt habe. Das zeigte sich darin, dass ich mich erfolgreich und ohne negative Konsequenzen in der Adolf-Holst-Grundschule in Mücheln (Geiseltal) weigern konnte, Mitglied der Jungen Pioniere (JP) zu werden, jedoch mit dem Nachteil, nicht in die Fußball-Jugendmannschaft der Betriebssportgemeinschaft aufgenommen zu werden. Im Lebenslauf für die Studienbewerbung stand später natürlich: „Eintritt in die JP 1949", wie auch ein Privatbesuch 1952 in Berlin als „Teilnahme an den III. Weltfestspielen der Jugend und Studenten" erschien.

Und die Arbeit in den Oberschulferien 1955 und 1956 als Gleisbauer im Braunkohlentagebau habe ich gemacht, „denn auch ich wollte bei der Erfüllung des Fünfjahrplanes mithelfen". Wir hatten schon zeitig erkannt, was im Arbeiter-und-Bauern-Staat erwünscht war und positiv gewertet wurde.
Und diese Formulierungen und Fakten erschienen eigenartigerweise dann später immer wieder
in den jährlichen Beurteilungen, die der Vertrauensmann und Sprecher der Seminargruppe an der TH Dresden über mich schreiben musste.
Im ersten Semester kursierte hierzu eine erheiternde Episode unter uns: Einer – etwa Jahrgang 1935– habe bei der Studienbewerbung angegeben, aktiv am antifaschistischen Widerstand teilgenommen zu haben. Das war gut angekommen.
Als Handwerkersohn und mit ausgezeichnetem Grundschulabschluss kam ich 1952 problemlos in die Oberschule, dort war jedoch die Mitgliedschaft in der

FDJ (nahezu) Pflicht, und nach meinem Eintritt in die Freie Deutsche Jugend (FDJ) konnte ich nun in die Betriebssportgemeinschaft (BSG), Sektion Schach aufgenommen werden. Da es noch keine Jugendweihe gab, war auch meine Konfirmation kein Hinderungsgrund für die Oberschule. Allerdings wurde 1954 von uns die Entscheidung verlangt, aus der Jungen Gemeinde auszutreten. Das waren damals wohl die Anfänge des Systems der „Bewährung in der Produktion" für (politische) Verfehlungen.

Die Gründung der Bundeswehr in der BRD und der Nationalen Volksarmee in der DDR 1955 konnten wir in der 12. Klasse noch kritisch diskutieren.

Mit sehr gutem Abitur konnte ich mir das Studium aussuchen, denn damals bestand „Intelligenzler Mangel", unter anderem weil die Mauer in Berlin noch nicht gebaut war und der „Schwund" via Westberlin groß war. Selbst mit Abinote „Drei" kam damals aus unserer Klasse ein Bauernkind noch zum Medizinstudium. Nach dem Grundsatz „gebaut wird immer" entschied ich mich für das Bauingenieurwesen an der TH Dresden.

Laut der Immatrikulationsstatistik von 1956 bestand unser Semester aus 223 Studierenden, aufgeteilt auf 8 Seminargruppen. Darunter waren etwa 10 Studentinnen und 8 ausländische Studierende. Unsere Seminargruppe zählte rund 20 Personen. Den Diplomabschluss – um es vorwegzunehmen – erreichten 1962 insgesamt 168 Studierende, darunter auch alle 8 ausländischen Kommilitonen. Das entspricht etwa 75 Prozent des Jahrgangs. Rund 10 Prozent des Semesters erzielten später höhere wissenschaftliche Qualifikationen, darunter 20 Doktortitel und 5 Professoren.

Unsere Gruppe war stark, und es gab kaum Genossen unter uns – die wenigen hatten keinen dominierenden Einfluss. Eine Gefahr durch die Stasi oder deren Zuträger war uns damals noch nicht umfassend bewusst; der Begriff „IM" existierte noch nicht. Wir glaubten zu wissen, wem wir vertrauen konnten. Als wir 1956 das Studium begannen, hatten wir den Eindruck, die TH Dresden ist relativ „unpolitisch". Da waren noch die alten Professoren, die noch parteilos sein konnten und uns ihre fachlichen Erlebnisse aus dem Dritten Reich erzählten, vom Saale-Elster-Kanal mit schlichter Fachwerkbrücke neben den modernen Brücken der Reichsautobahn, vom Rheingold-Express Amsterdam-Basel usw. Selbst einen kirchlich aktiven Professor hatten wir.

Es gab zwar auch die Fächer Marxismus-Leninismus und Politische Ökonomie, aber die betrachteten wir als notwendige Übel, deren Prüfungen zu bestehen waren. Weil wir ja Techniker werden wollten, meinten wir, die technischen Regeln und Naturgesetze seien unabhängig vom Gesellschaftssystem. Wir wurden an der TH politisch rücksichtsvoll und schonend behandelt, vermutlich weil die Grenze noch offen war und man uns nicht verlieren wollte

Unser Studentenwohnheim in der Schandauer Straße, das „Aquarium", war ein Produktionsgebäude des VEB Zeiß Ikon, von dem wegen der Wohnungsnot einige Etagen für uns freigeräumt worden waren. Das Gebäude hatte wegen seiner Glasfassade eine gewisse Ähnlichkeit mit einem Aquarium – daher der Name.
Unser Heimleiter Max war zwar Genosse, aber ein Kumpel, denn ich konnte mit ihm zusammen auf dem Dach des Wohnheims eine UKW-Antenne mit vom Zimmer aus steuerbarem Antennendrehmotor installieren, um UKW Nord aus dem Westen zu empfangen. Man lebte, wie schon im Beitrag von Hans-Lutz Dalpke beschrieben, im „Tal der Ahnungslosen". So wurde das Elbtal bei Dresden auch genannt, weil hier kein West-Fernsehen oder UKW, also keine West-, sondern nur Ost-Nachrichten empfangen werden konnten.

Als Max Ende der 60er Jahre Rentner wurde, gab er sein Parteibuch ab und zog nach Bad Brückenau in die BRD; wir haben noch bis zu seinem Tode brieflich verkehrt. Vom 28-Mann-Zimmer haben wir uns mit den Jahren bis zum 4-Mann-Zimmer in der oberen Etage hochgedient, in dieser Zeit hatten wir zeitweise einen Genossen unter uns, der nahezu „nachsichtig" behandelt wurde.
Im Sommer 1957 habe ich die Semesterferien zu Urlauben in (Ost-)Berlin-Biesdorf bei meiner „Tante", der Cousine meines Vaters, genutzt, dabei ständig auch seine andere Cousine in (West-)Berlin-Lichterfelde besucht und dabei unter anderem auch die Internationale Bauausstellung „Interbau" im Hansaviertel.

Im Hansa-Viertel in Westberlin fand 1957 die Internationale Bauausstellung statt, die Interbau (der BRD), unter anderem mit futuristischen Wohnneubauten von bekannten Architekten wie Le Corbusier, Egon Eiermann, Walter

Gropius und Oscar Niemeyer, mit dem Neubau der Kaiser-Friedrich-Gedächt-niskirche und der U-Bahn-Linie 9 von der Charité zum Bahnhof Zoo.

Das Aquarium, ein Industriebau, wo einige Etagen für uns freigeräumt worden waren.

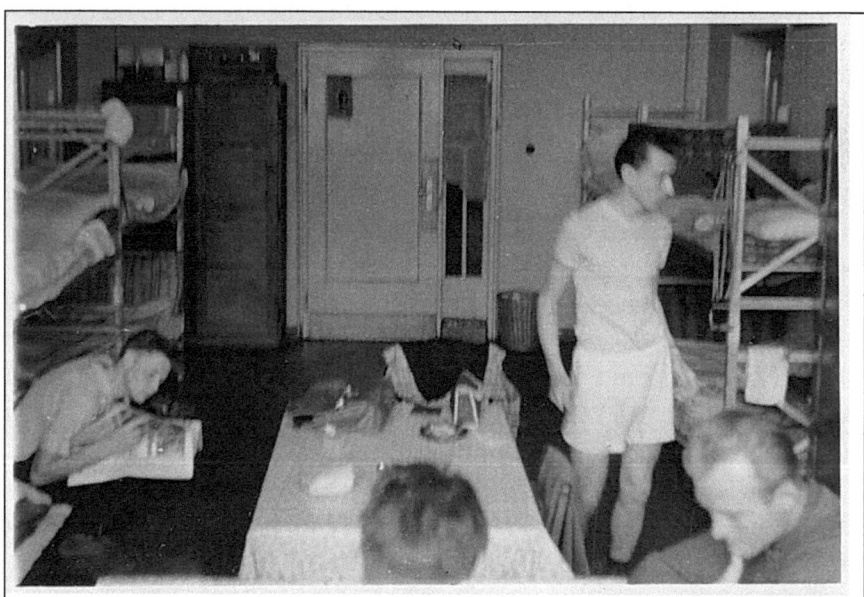

Unser 8-Mann Zimmer im Aquarium

Wir lebten in zwei Welten. Meine rein private Hilfe im Landwirtschaftsbetrieb meiner Tante fand übrigens in meiner jährlichen Beurteilung („Entwicklungsgang des Seminarmitgliedes Rath") vom 31. August 1957 ihren Niederschlag: „Er war im BKW (Braunkohlenwerk) Mücheln und in Berlin als Erntehelfer tätig." Dabei hatte ich lediglich in den Oberschulferien 1955 und 1956 im BKW gearbeitet Diese Story ließ sich – da unkontrollierbar – später immer wieder neu „verkaufen".

Von nun an trampte ich oft an Wochenenden oder Feiertagen nach Berlin, besuchte meine Oberschulkumpel, die in West-Berlin studierten, den Sportpalast, den Zoopalast, die Deutschlandhalle, das Olympiastadion, die Waldbühne usw. Bei diesen vielen sogenannten Grenzübertritten bin ich lediglich zweimal kontrolliert worden: Das erste Mal sagte der Polizist: *„Sie wissen, dass das eigentlich nicht erlaubt ist, aber ..."*
Das bewertete ich als „Freifahrtschein".

Das zweite Mal war kritisch: Mein Schulfreund Gottfried hatte bei seiner Flucht noch eine Zither in Mücheln gelassen. Die sollte ich ihm bringen. Am S-Bahnhof Friedrichstraße wurde ich im Zug Richtung Bahnhof Zoo aufgegriffen und kam ins Verhör. Als ich aber erklärte, nur mal eben ... und dann zur Tante nach Biesdorf zu wollen, und den Angriff startete: *„Soll ich Ihnen was vorspielen?"*, ließ man mich laufen (wie man Zither spielt, weiß ich bis heute nicht).

In meiner Beurteilung vom 31. August 1958 steht: „Er nahm nicht am gemeinsamen ökonomischen Einsatz der Gruppe in Trattendorf teil, sondern arbeitete zu Hause im Braunkohlentagebau. Er leistete dort acht Stunden NAW (Leistungen im sogenannten Nationalem Aufbauwerk).“

Das klingt bisher alles so, als hätten wir nicht intensiv studiert, aber dem war nicht so: Nach dem zweiten Semester bekam ich als Seminargruppenbester zusätzlich zu den 130 Mark ein Leistungsstipendium von 80 Mark, von dem ich beispielsweise ein Radio („Undine", gut für UKW-Empfang), den Antennendrehmotor (auf dem Dach des „Aquariums" montiert) und einen Fotoapparat Praktika FX 2 (für die späteren Westreisen) kaufen konnte.

Es kam der Sommer 1959. Durch „Buschfunk" erfuhr ich in den Semesterferien zu Hause, dass man als DDR-Student von der Technischen Universität in West-Berlin kostenlos mit ihren Urlaubsfliegern von Tempelhof nach Hannover oder Hamburg mitgenommen wird, wenn man eine briefliche Einladung eines nahen Verwandten vorlegt. Die hatte ich zwar nicht, aber einen Patenonkel von der Konfirmation her. Er schickte mir die Einladung, unterschrieben mit „Dein Onkel".

Ich trampte nun oft nach Berlin, besuchte Veranstaltungen in der Waldbühne, in der ...

Damit buchte ich bei der ARTU die Flüge, packte meine Sachen und „tauchte ab", war angeblich in Dresden, aber trampte vier Wochen von Hannover bis Salzburg, Schaffhausen und Rendsburg.

Beim „Auftauchen" wurde ich in der Mitropa des Berliner Ostbahnhofs um Mitternacht von der Trapo aufgegriffen und kam wieder ins Verhör. Eingedenk der letzten Erfahrung stellte ich meine Reisetasche (mit dem BRD Jugendherbergsausweis, ca. zehn Filmen und einigen Souvenirs, zum Beispiel mit dem Krug vom Hofbräuhaus in München) auf den Tresen vor die Polizei und erzählte wieder die Geschichte vom Besuch bei meiner Tante in Biesdorf. Die Tasche wurde nicht kontrolliert, und nach einer endlosen Zeit wurde ich mit Belehrung entlassen. In meiner nächsten Beurteilung vom 19. Mai 1960 steht: „[...] nahm am ökonomischen Arbeitseinsatz im Sommer 1959 nicht teil".

Im Herbstsemester 1959, unserem Praktikumssemester, wurde ich von der TH mit ca. 20 weiteren Studenten zum Zentralinstitut für Schweißtechnik

(ZIS) Halle delegiert, wo wir zusätzlich den Schweißingenieur machten. Die Zeit nutzte ich auch, um alle meine Zeugnisse, Testate etc. fotokopieren zu lassen und vorsichtshalber via Westberlin in der BRD zu deponieren.

Denn in den Semesterferien 1960 verschwand ich wie im Jahr zuvor, arbeitete vier Wochen in Südhessen im Straßenbau und trampte dann sechs Wochen durch Westeuropa. Unterwegs besuchte ich in München Werner S. und in Aachen Jochen W., beides Mitstudenten, die „ihren Studienort in den Westen verlegt" hatten. Kritisch wurde es nur, als ich in Wien am Steffel unerwartet meinen Mitstudenten Roland S. traf, der dort offiziell seine Oma besuchen durfte. Ich habe ihn eingeweiht, und er hat mich dann im Herbstsemester angelächelt und „dichtgehalten".

Venedig, die Rialto-Brücke, 1960 – ein kurzer Stopp auf meinem Europa-Trip

Diese Tramptour führte mich – meistens per Anhalter – quer durch Europa- über Straßburg, Besancon nach Genf und weiter über München nach Wien, weiter nach Venedig und …… dann stand ich auch auf dem Eifelturm in Paris. Tage später nahm mich eine englische Familie mit und abends war ich bereits in einer Jugendherberge in London. Bei meiner Ankunft in London hatten mir Tramper gleich den Hinweis gegeben, wie man mit deutschen 2-

Pfennigstücken die Londoner U-Bahnautomaten überlisten konnte. Reichlich 14 Tage später, völlig abgezehrt, war ich wieder in Dresden, rechtzeitig zum Studienbeginn.

In der Beurteilung vom 5. März 1961 steht dazu: *„Fritz ist aktiver Fußballer bei der BSG Aktivist Geiseltal. An Arbeitseinsätzen und Ernteeinsätzen beteiligte er sich in jedem Jahr. Leider waren seine Einsätze teils individuell, teils in seiner BSG geleistet und nicht immer in seiner Seminargruppe. "*

Mit dem Bau der Mauer im August 1961 endete die Reisefreiheit, aber wie alles im Leben, hatte das auch etwas Gutes: Wir konnten uns voll auf unseren Diplomabschluss konzentrieren. Aber mir sind vier Fälle bekannt, für die der Mauerbau Probleme brachte, weil sie noch einmal in den Semesterferien „untergetaucht" waren: Rainer L. kam reumütig zurück und bekam ein Jahr „Bewährung in der Produktion". Dieter B. blieb dagegen in Darmstadt, studierte dort weiter und bat uns, ihm seine Belege und Testate aus den Fakultäten zu holen und nachzusenden. Dieser Bitte kam zum Beispiel die Fakultät Stahlbau/Statik bereitwillig nach. Horst H. und Gisbert R. aber waren sogar bis Indien getrampt, und als die Mauer kam, flogen sie über Moskau nach Berlin-Schönefeld und kamen unbehelligt als „Bundesbürger" durch die Kontrolle und waren wieder in ihrer DDR.

Alle meine Beurteilungen wurden sinngemäß in die Abschlussbeurteilung der Fakultät Bauwesen vom 6. Juni 1962 übernommen und am gleichen Tag zusammen mit Personalbogen, Lebenslauf und Einweisungsprotokoll an das Bau- und Montagekombinat (BMK) Chemie in Halle gesendet. Denn rein vorsorglich hatte ich mit diesem Betrieb bei seiner Werbeveranstaltung an der TH Dresden im Frühjahrssemester 1961 einen Arbeitsvorvertrag abgeschlossen, obwohl ich in Erwägung gezogen hatte, nach Studienabschluss im Sommer 1962 eventuell in Hessen zu arbeiten. Mit dem Bau der Mauer hatte sich das aber erledigt, und als ich nach achtwöchiger Studienabschluss-Tramptour durch Ungarn im Herbst 1962 dann ergebnislos viele Betriebe in der DDR „abgeklappert" hatte und nirgends eingestellt werden konnte (durch die Mauer war der Intelligenzlerschwund drastisch gesunken und ein Überangebot da), landete ich zum Schluss Hilfe suchend im Ministerium für Bauwesen. Dort wies man mich auf meinen Vorvertrag hin, den ich längst vergessen hatte. Damit begann sofort mein Berufsleben. Die „Vier" für Marxismus-Le-ninismus im Diplomzeugnis hat wohl keinen interessiert.

Fazit: Unser Studium an der TH/TU Dresden war kaum von der Politik ge-prägt, wir lebten nahezu unbehelligt, aber angepasst (Motto: „Wenn ihr be-sch... werden wollt, dann bitte, aber lasst uns in Ruhe!", und das bis zur „Wende"), begünstigt durch einen Studienzeitpunkt, der in den Gründungs-jahren der DDR lag, bevor der Aufbau des Sozialismus ein strenges politi-sches Regime („wer nicht für uns ist, ist gegen uns") zur Folge hatte. Die vielen riskanten Unternehmungen verliefen für mich durch Glück und Ge-schick ohne derart negative Konsequenzen, wie ich sie später von anderen Gleichgesinnten erfahren habe.

> Fritz Rath, geb. 1938 in Naumburg/Saale, besuchte die Grund- und Oberschule; studierte ab 1956 an der TH/TU Dresden. Ab 1962 arbeitete er als Technologe im BMK Chemie Leuna, führte die Fließfertigung im Industriebau ein und war später Bauleiter in Sangerhausen sowie Projektleiter für Straßenbrücken in Erfurt. Von 1990 bis 2010 führte er das Ingenieurbüro Dr. Rath, spezialisiert auf Bauplanung, Beweissicherung, Holzschutz- und Wertgutachten. 1989 promovierte er an der Hochschule für Architektur und Bauwesen Weimar.

***

** Kommentar zeithistorisch ** - Reisen im Ostblock

Offenbar ist das Reisen ein Merkmal der Jugend, insbesondere der Studen-ten, die relativ viel Freizeit haben (Semesterferien): Angesichts der einge-schränkten Reisefreiheit in der DDR gab es dazu verschiedene der Situation angepasste Varianten: Solange Westberlin noch nicht durch die Mauer ab-geriegelt war, und die „BRD sich für die DDR-Bürger verantwortlich fühlte", konnte man mit gesponserten Flügen von Tempelhof die Grenze überwin-den, wurde finanziell etwas unterstützt (Jugendherbergsgutscheine) und be-kam durch Ausstellung eines BRD-Passes grenzüberschreitende Reisefrei-heit.

Nach dem Bau der Mauer gab es nur noch die Ostblockstaaten als individu-elles Reiseziel, anfangs mit/später ohne Visumpflicht, aber immer mit finan-ziellem Engpass wegen des beschränkten Geldumtausches. Für meine Tramptour durch Ungarn 1962 fingen wir, ich und meine Freunde, ungari-sche Touristen im Zentrum-Warenhaus Dresden ab und tauschten „schwarz".) Jedoch private/individuelle Reisen mit freier Routenwahl in die Sowjetunion waren nahezu unmöglich, es sei denn, man wählte folgende illegale Variante (ansonsten: Tourist-Reisen als „gruppa"): Mitte der 80er Jahre besorgte sich ein Student der Hochschule für Architektur und Bauwesen (HAB) Weimar ein Durchreisevisum von Polen nach Rumänien durch die Sowjetunion, gültig für vier Tage. Damit war er erst mal „drin", buchte einen Flug nach Sibirien und trampte bis Kamtschatka. Dass er erst Wochen später die Grenze nach Rumänien passierte, fiel in dem riesigen Land nicht auf. Mehrere solcher Geschichten findet man in Cornelia Klauß und Frank Böttcher: Unerkannt durch Freundesland: Illegale Reisen durch das Sowjetreich, Berlin, Lukas Verlag 2012. Fritz Rath

***

Anmerkung zeithistorisch - Flüge von Westberlin

DDR-Bürger konnten sich vor dem Mauerbau sofort in Westberlin einen bundesdeutschen Pass ausstellen lassen. Diese Möglichkeit nutzten besonders Studenten für Reisen besonders nach Spanien, Afghanistan, Indien.

Der vom Autor beschriebene Wiedereintritt in die DDR nach dem Mauerbau über den Flughafen Berlin Schönefeld – dieser befand sich im Ostteil von Berlin – ging noch kurze Zeit nach dem Mauerbau, da über Schönefeld auch viele Westdeutsche einreisten. Für sie gab es einen vereinfachten Bustransfer nach Westberlin.

Die diese Lücke im System nutzenden und über Schönefeld einreisenden DDR-Bürger mussten nach der Einreise als „Bundesbürger" die bundesdeutschen Pässe vernichten. Der übliche Weg bei der Wiedereinreise über Westberlin war, dass man die bundesdeutschen Pässe in Westberlin wieder abgab.

***

Anmerkung zeithistorisch - die jährlichen Beurteilungen

Auch bei den späteren Studiengängen an der TU Dresden war es „normal", Auch bei späteren Studiengängen an der TU Dresden war es „normal", dass der SemSek (Seminargruppensekretär) regelmäßig Beurteilungen über alle Studierenden anfertigen musste. Im Studienjahrgang 1962 wurde diese Aufgabe häufig weiterdelegiert: Der Seminargruppensekretär ließ die Studierenden sich gegenseitig beurteilen. Die gesammelten Beurteilungen wurden anschließend eingesammelt und beim zuständigen Assistenten abgegeben.

Der Herausgeber entdeckte später eine Kopie einer solchen Beurteilung in seinen Stasi-Unterlagen.

***

Sie haben sich mir als Angehörige der Volkspolizei vorgestellt

Dr.-Ing. Kurt Schwinkowski (TH Dresden, Studienjahrgang 1957, Maschinenbau, Diplom 1963, TH Merseburg Promotion 1983)

Wir haben an der Technischen Hochschule Dresden eine sehr gute Ausbildung erhalten. Die politische Indoktrination und die Auswirkungen des SED-Machtapparates und der Stasi haben uns allerdings dabei leider begleitet.

Am 17. Juli 1962 hatte ich in meiner Studentenbude in Dresden, Radeberger Straße, einen mir angekündigten aufgezwungenen Besuch von zwei Herren der Stasi. Sie haben sich mir als Angehörige der Volkspolizei (VP) vorgestellt und mich zur Evangelischen Studentengemeinde Dresden (ESG), deren Zusammenkünfte ich besuchte, befragt. Mir wurde dargelegt, dass die Kirchenleitung in Dresden und auch unser Studentenpfarrer Dr. Tannert zu allen positiven Kräften in Opposition stünden. Dr. Tannert war ein sehr beliebter, anerkannter und kluger Studentenpfarrer.

In den BStU-Unterlagen findet sich über diesen Besuch ein Stasibericht:
„Der Gen. Roßberg gab sich ebenfalls als VP-Angehöriger aus. Unter der Variante, dass das MdI (Ministerium des Inneren in der DDR, zuständig für Volkspolizei, Feuerwehr, Strafvollzug, Kampfgruppen, Pass- und Meldewesen sowie KFZ-Zulassung) an Gesprächen mit Menschen aller Schichten der Bevölkerung der DDR interessiert ist, wurde die KP (Anm. d. Hg: Kontaktperson Schwinkowski) *für ein weiteres Gespräch gewonnen. Der KP wurde erläutert, daß eine solche Zusammenarbeit ebenfalls eine Form der gesellschaftlichen Arbeit ist. Da bei den Neueinstellungen als Dipl.-Ing. sehr auf diesen Fakt geachtet wird, lägen diese Gespräche im eigenen Interesse der KP. Die KP scheint nur wenige Personen zu kennen und ist sich über viele Zusammenhänge nicht im Klaren. Er hängt sehr am christlichen Glauben. Er teilte u. a. mit, daß er aus Gewissensgründen keine Waffe in die Hand nehmen könne."*

Ein erneuter Treff mit mir erfolgte, wie am Ende des ersten Treffens festgelegt, am 3. September 1962.
Hier einige Passagen aus dem Stasibericht:

„Das Ziel des Treffs war eine weitere Festigung der Verbindung mit der Absicht, daß sich die KP bereit erklärt, mit dem Vertreter eines zentralen dienstlichen Organs (MdI/Ministeriums des Innern) zusammenzuarbeiten. Da sich die KP beim letzten Treff sehr naiv stellte und eine Zusammenarbeit so gut wie abgelehnt hatte, wurde bei diesem Treff an Hand eines konkreten Faktes von „Student" die Beschaffung von Informationen darüber gefordert. Der KP wurde erklärt, daß unlängst in Dresden ein Treff christlicher Studenten aus Indonesien stattgefunden hat und daß es dabei zu bisher noch nicht genau bekannten Mißstimmigkeiten gekommen sein soll, bei denen wahrscheinlich die Kirchenleitung irgendwie beleidigt gewesen ist. Die KP wurde aufgefordert, darüber etwas in Erfahrung zu bringen. Als ‚Student' diesem Auftrag ausweichen wollte, entspann sich ein sehr lebhaftes Gespräch. Dabei wurde der KP klargemacht, daß heute jeder Bürger der DDR seine konkrete Aufgabe bei der Festigung unseres Staates und seiner Wirtschaft hat und daß von ihm ebenfalls ein konkreter Beitrag gefordert wird. Seine ablehnende Haltung wurde ihm als eine Antihaltung gegenüber unserem Staat vorgehalten. Gleichzeitig erklärte „Student", daß er für eine weitere derartige Zusammenarbeit keinen Sinn sieht. Er wurde aufgefordert, seine Naivität sein zu lassen und sich einige ernsthafte Gedanken zu machen. Sodann wurde ihm erklärt, daß sich zwischen den beiden deutschen Staaten ein harter Klassenkampf abspielt und daß dabei die imperialistischen Geheimdienste Westdeutschlands, der USA, Englands und Frankreichs eine wesentliche Rolle spielten. Diese Geheimdienste sitzen auch im Apparat der Kirche. Es ist daher die Mitarbeit verantwortungsbewusster und aufrechter Bürger notwendig, um diesem Treiben Einhalt zu gebieten und die Kirche vor grobem Missbrauch zu schützen."

Da mich dieser Druck sehr belastete, hatte ich mir trotz meiner Ängste und aufgrund meiner Prägung vorgenommen, auf dem für den 28. September 1962 vorgegebenen dritten Treffen einen Schlusspunkt zu setzen.

Meinen Kommilitonen Friedrich und Martin habe ich mich anvertraut. Da Martin einen alten PKW F9 - ein Vorläufer des Wartburg 311, auch ein Zweitakter - besaß, beschlossen wir, dass er den Hauseingang zu meinem Studentenzimmer während der Zeit der Zusammenkunft mit den angeblichen VP-Angehörigen im Auge behält. So hätte er im Falle einer von mir befürchteten Zuführung meine Angehörigen informieren können. Zuführung war die

Umschreibung einer Verhaftung, wobei in der betreffenden Situation nicht von einer Verhaftung die Rede war, sondern man forderte den Betroffenen auf „zwecks Klärung einer Angelegenheit mitzukommen".

Die beiden Stasioffiziere verließen dann jedoch nur zu zweit das Haus. Die trotzdem aufgenommene Beobachtung von Martin ergab, dass sie ihre in der Nähe liegende Zentrale in der Bautzner Straße aufsuchten. Dort befand sich auch die Bezirksverwaltung und Untersuchungshaftanstalt des Ministeriums für Staatssicherheit mit technischen Einrichtungen und Gefängnistrakt. Heute befindet sich dort eine Gedenkstätte.

In dem Vermerk der Stasi steht:
„Bei dem Treff stellte sich heraus, dass die KP nicht gewillt war, mit dem MfS (bin der KP als MdI bekannt) zusammenzuarbeiten. Der Kontakt wurde daraufhin abgebrochen."

Etliche Monate früher war von sechs Studenten meiner Seminargruppe, mich eingeschlossen, die Unterschrift unter eine Verpflichtung, die DDR mit der Waffe in der Hand zu verteidigen, verweigert worden. Diese Weigerung zog massive Bedrohungen durch SED-Parteigruppen, die FDJ-Leitung und andere nach sich. Wir standen kurz vor der Exmatrikulation. In unserer Not wandten wir uns an den bekannten Dresdner Zoodirektor Prof. Dr. Ullrich. Als CDU-Mitglied saß er auch in der Volkskammer. Er war uns in dieser kritischen Situation ein verständnisvoller Begleiter. Offenbar hatte er bei politischen Entscheidungsträgern einen gewissen Einfluss.
Mit Gottes Hilfe haben wir diese belastende Auseinandersetzung überstanden.

Kurt Schwinkowski, geb. 1936; Volksschule, 1951 Lehre, Maschinenschlosser, Technischer Zeichner bei VEB Erfurter Mälzerei, Abendoberschule und Abitur; 1957 TU Dresden, Diplom 1963; Projektingenieur, 1965 Gruppenleiter Projektierung im VEB Chemieanlagen Erfurt-Rudisleben; 1968 Fachgebietsleiter Emissionskontrolle und Fachgebietsleiter Umweltepidemiologie. 1983 Promotion an der TH Merseburg; 1991–2001 Referatsleiter/Referent für anlagenbezogenen Immissionsschutz im Thüringer Ministerium für Umwelt.

***

Anmerkung zeithistorisch - Die Anwerbung von Studenten,

Die Anwerbung von Studenten, wie im Fall Schwinkowski, folgte einem genau festgelegten Procedere. In den Beiträgen von G. Knoblauch „Wie das MfS zu Informationen kam - Anwerbung von ‚Informellen Mitarbeitern' an Schulen und Hochschulen" sowie „Vertrauliche Verschlusssache – MfS 008-Nr. 63/68. Ein Dokument des Ministeriums für Staatssicherheit" (s. Themenseiten) wird die Vorgehensweise des MfS beschrieben.

> Die Werbung unter Oberschülern, Studenten, Hoch- und Fachschülern muß vom Standpunkt der Bearbeitung jetziger und perspektivischer operativer Schwerpunkte unter gleichzeitiger Berücksichtigung eines inoffiziellen Einsatzes mit hohem Nutzeffekt nach dem Studium im eigenen Bereich oder im Bereich anderer Diensteinheiten erfolgen.
> Das erfordert eine zielgerichtete Einflußnahme auf den späteren beruflichen Einsatz unter Beachtung der bestehenden Schwerpunkte im Bereich der Politik, Ökonomie, Wissenschaft und der ideologisch-kulturell-erzieherischen Aufgaben.

Durchführungsanweisung Nr. 1 des MfS vom 10. Januar 1968, Seite 6

***

Anmerkung zeithistorisch - Führungs-IM (FIM)

Führungs-IM (FIM) waren inoffizielle Mitarbeiter des Staatssicherheitsdienstes der DDR, die speziell dafür eingesetzt wurden, anderer inoffizieller Mitarbeiter (IM) sowie gesellschaftliche Mitarbeiter für Sicherheit (GMS) zu führen und zu koordinieren.

Der Themenkomplex „Staatssicherheit an der TU Dresden" wird in mehreren Beiträgen exemplarisch auch für andere Bildungseinrichtungen behandelt. Besonders hervorzuheben sind die Themenbeiträge:
- „Die Objektdienststelle des MfS an der TU Dresden"
- „Wie das MfS zu seinen Informationen kam"
- „Anwerbung von IM an Schulen und Hochschulen"

Diese Beiträge bieten detaillierte Einblicke in die Methoden und Strukturen des MfS sowie dessen weitreichenden Einfluss auf das akademische Leben an der TU Dresden.

***

Als trampender Student unterwegs nach dem noch nicht vermauerten Berlin

Ich wurde belehrt, dass das Trampen auf der Autobahn nach Berlin verboten sei

Dr.-Ing. Rainer Jork (TH/TU Dresden, Studienjahrgang 1959, Fakultät Maschinenwesen, Diplom 1965, Promotion 1974)

Es war wohl gegen Ende 1960 oder Anfang 1961, jedenfalls im Winter vor dem Bau des sogenannten „antifaschistischen Schutzwalls", der Mauer durch und um Berlin, in einer vorlesungsfreien Zeit. Ich war Maschinenbaustudent im zweiten Studienjahr an der TH Dresden. Berlin, vor allem der grundsätzlich noch erreichbare Westteil der Stadt, übte auf uns Studenten eine besondere Faszination aus: Dort gab es wohl ein freies Leben mit einem ungeahnten Warenangebot, tolle Musikereignisse (Bill Haley, Elvis Presley), Kinos mit Filmen aus der weiten Welt, eine neue Architektur (Hansaviertel), Begegnungsmöglichkeiten usw., die man als junger Student einfach gern einmal besuchsweise erleben, sehen, daran wenigsten kurzzeitig teilhaben wollte. Das bedeutete – jedenfalls für mich – durchaus nicht, dort bleiben, die Heimat um Dresden mit der Mutter, die erreichten, als gut empfundenen Studienbedingungen aufgeben zu wollen.

Ich trampte jedenfalls vom Autobahnanschluss Wilder Mann am Rande Dresdens aus in Richtung Berlin. Eine Fahrkarte für die Eisenbahn war mir bei 140 Mark Monatsstipendium, von dem ich meiner verwitweten Mutter die Hälfte abgab, zu teuer. Trampen war für Studenten eine gängige Reisevariante, aber nur mit Geduld umsetzbar. Schließlich dauerte es oft eine ganze Weile, bis wieder einmal ein Auto auf der Autobahn in der gewünschten Richtung kam und einen dann auch tatsächlich mitnahm. Ich kam jedenfalls gut in Berlin an, fuhr mit der U-Bahn Richtung Dahlem im Westen, zum Breitenbachplatz, wo damals eine Jugendherberge war, in der man sich anmelden und übernachten konnte und Gutscheine bekam, die dort auch eine gewisse Beköstigung ermöglichten.

Mein zwei Jahre älterer Bruder, der 1958 nach der Flucht in Mainz Medizin studierte und immer wieder einmal in Berlin war, nahm mich am Abend für wenig Geld mit in die „Eierschale", eine Studentenkneipe mit toller Musik und einem für mich ungewohnten Klima. Ich sah mir die Stadt an und den Film „Mein Leben ist der Rhythmus" mit Elvis Presley, war begeistert von der Musik. Die Eindrücke in West-Berlin wurden aber dann nachhaltig überlagert von den Erlebnissen auf der Rückreise nach Dresden.

Mit der S-Bahn kam ich über den Kontrollring um Berlin gut bis nach Königswusterhausen, lief im Schnee von der Endhaltestelle zur Autobahn und nahm dort meine Winkerstellung ein. Ein Auto hielt an und nahm mich mit. Vor dem Abzweig Cottbus wurde dann das Auto von der Volkspolizei angehalten und einer Kontrolle unterzogen. Das war wohl einfach so üblich, um die Berlinbesucher unter Kontrolle zu halten. Ich wurde als Tramper erkannt und zur Seite genommen. Das Auto durfte wohl weiterfahren, verschwand jedenfalls aus meinem Blickfeld. Ich wurde belehrt, dass das Trampen auf der Autobahn nach Berlin verboten sei und ich mich zu entfernen habe.

Die Zeitschrift „hobby - Das Magazin der Technik"

Mit Blick auf den Ort, die winterliche Landschaft und meine finanziellen Möglichkeiten lief ich nun einen Bogen und stellte mich erneut an einem leicht entfernten Ort zum Trampen an die Autobahn in Richtung Dresden in der Hoffnung, von dort weiterzukommen. Aber die Genossen Volkspolizisten waren wachsam und ich wohl etwas naiv. Bald tauchten sie wieder vor mir auf.

Nun hatte ich meine Sachen im Schnee auszupacken, und alles wurde gewissenhaft notiert. Ich hatte in meiner Tasche unter anderem die westdeutsche Zeitschrift „Hobby" (s. zeithistorische Anmerkung) ein Magazin der Technik, das ich natürlich nicht haben durfte und das sofort eingezogen wurde. Den auch erstandenen Pullover identifizierte man nicht als verbotenes Westprodukt Man muss wissen, dass für einen Kauf in West-Berlin Mark der DDR zu dem sogenannten *Schwindelkurs* in Westmark (1 DM = 4 Mark) umgetauscht werden musste, was natürlich ebenfalls verboten war.

Meine Daten wurden aufgenommen, darunter auch jene meines Dresdner Studentenausweises (mit dem ich in West-Berlin Preisermäßigungen beanspruchen konnte) und mir wurde klargemacht, dass man den Vorgang an die TH weiterleiten und polizeilich bearbeiten würde.
Ich durfte meine Sachen – natürlich außer dem vermeintlich staatsgefährdenden „Hobby" – einpacken und machte mich durch den Schnee zu Fuß auf zur nächsten Siedlung, voller Sorge, was wohl an der TH mit mir passieren könnte. Mich befiel Angst, ich könnte exmatrikuliert werden.

Irgendwie fand ich dann einen Bus nach Cottbus und fuhr per Eisenbahn nach Dresden, innerlich stark belastet und sorgenvoll. Ich hatte mir aber auf der Zugfahrt eine Strategie überlegt, entschloss mich, in die Offensive zu gehen. Ich schickte einen Beschwerdebrief an die Dresdner VP-Dienststelle in der Schießgasse, erklärte, dass ich einem Inder, dem ich zufällig begegnet war, unser Ostberlin gezeigt hätte und er mir dann zum Dank das „Hobby" schenkte, das ich nun zurückerbat. Nach einiger Zeit wurde ich auf die Schießgasse bestellt, am Eingang nach Anmeldung abholt. Dabei wies mich der Genosse in Polizeiuniform beim Durchschreiten einer verschließbaren Gittertür darauf hin, dass er hier eben jemanden geholt hätte, der diese Tür nur in einer Richtung überschritten habe. In der folgenden Begegnung mit den *Verhörern* konnte ich jedoch meine Geschichte unwidersprochen wiederholen.

Dabei ging es dann nicht etwa um die Frage, ob Trampen auf der Autobahn verboten sei oder nicht. Das „Hobby" war das Problem und die Annahme, ich könnte als sozialistischer Student den West-Berliner Hort des Imperialismus aufgesucht haben.

Ich kam schließlich wieder durch die Gittertür ins Freie, und auch an der TH gab es für mich kein merkbares Nachspiel. Ich hörte und sah nie wieder etwas davon.

Rainer Jork, geb. 1940, 1959 Facharbeiterabschluß Feinmechaniker und Abitur an der Abendoberschule; Studium TH Dresden Maschinenbau/Regelungstechnik, Diplom 1965; 1964–1984 Projektierung von Automatisierungsanlagen VEB Reglerwerk Dresden; 1974 Promotion (außerplanmäßige Aspirantur TH Ilmenau; 1984–1990 Dozent Ingenieurschule Meißen. 1990 Mitglied der frei gewählten Volkskammer und bis 2002 Mitglied des Bundestages. 2002 Bundesverdienstkreuz.

***

** Kommentar zeithistorisch ** - das Magazin Hobby

„Hobby. Das Magazin der Technik" war eine Zeitschrift, die von 1953 bis 1991 in der Bundesrepublik erschien. Sie bot Bastel- und Bauanleitungen und berichtete über technische Neuheiten und Entwicklungen. „Hobby" wurde in der DDR zur westlichen Schundliteratur gezählt und war damals, wie alle westliche Literatur, in der DDR verboten. Dabei interessierte der tatsächliche Inhalt nicht. Gegen Ende der DDR wurde sogar die nicht unähnliche sowjetische Zeitschrift „Sputnik" verboten.

Was Jork in seinem Beitrag schildert, erlebte ich Ende der 50er-Jahre. Ich bekam gelegentlich das „Hobby" Magazin aus dem Westen geschickt. Eines Tages erhielt ich nur eine Postkarte vom Zollamt mit der Information, dass das „Hobby" beschlagnahmt worden sei. Ich ging auf das Paketzollamt in Dresden, kämpfte mich bis zum dortigen Leiter durch und der sagte mir, um eine unergiebige Diskussion zu vermeiden: „Man will nicht, dass Sie (es war sicher nicht auf mich persönlich bezogen) wissen, was es so im Westen gibt."

***

„Ich komme von der Hochschulleitung der FDJ ..."

Nur ein Funktionär würde an einem normalen Sommertag im FDJ-Hemd herumlaufen.

Dipl.-Ing. Wolfgang Kupke, geb. 1939, (TH/TU für Schwermaschinenbau Magdeburg, Studienjahrgang 1957, Diplom 1963)

Mit meinem besten Studienfreund Rainer Zuhde aus Rostock habe ich im 3. Studienjahr 1960 im Internat der Hochschule für Schwermaschinenbau Magdeburg an der Walther-Rathenau-Straße gewohnt. Weil mein Freund so dünn war, hatte er den Spitznamen Gandhi. Wir waren ständig zusammen und sind jedes Jahr in den Semesterferien eine Woche wandern gegangen.
Beide sind wir nach dem 3. Studienjahr in der Marxismus-Leninismus Prüfung (ML war obligatorisch) durchgefallen. An welchen Fragen mein Freund Gandhi gescheitert ist, weiß ich nicht, denn wir wurden einzeln geprüft.
Aber an meine vergeigte Prüfung erinnere ich mich gut, wegen der außergewöhnlichen Begründung des Prüfers. Als ich beim Prüfungsgespräch immer mehr herumstotterte, wollte der Prüfer mir offenbar Hilfestellung geben und fragte mich: *„Welche Musik hören Sie gern?"*
Ich konnte ja nun nicht sagen, dass ich im Internat gerne Schlager von Radio Luxemburg höre und sagte in der Hoffnung auf Wohlwollen von Seiten des Prüfers: *„die neunte Sinfonie von Beethoven"*, denn ich wusste, dass das ein berühmtes Werk ist und immer zu Silvester gespielt wird, komplett gehört hatte ich sie noch nicht.
„Und warum ist diese Musik so gut?" fragte der Prüfer. Großes Schweigen meinerseits. Nach einer Weile gab er mir die Antwort: *„Na, weil Beethoven aus dem Wirken der Arbeiterklasse geschöpft hat".*
Ich war durchgefallen und konnte gehen. Jetzt habe ich aus dem Internet erfahren, dass die 9. Sinfonie von Beethoven 1921 in einer Werkhalle der Berliner Siemenswerke gespielt wurde und dort von der Arbeiterklasse in Besitz genommen wurde. Wenn ich das damals doch bloß gewusst hätte!!
Aber wir haben das Studium damals ohne Internet absolviert. Die Wiederholungsprüfung habe ich dann bestanden, mein Freund Gandhi leider nicht und so wurde er, wie es damals nach zwei nicht bestandenen Prüfungen in einem Fach die Regel war: exmatrikuliert.

Das war bitter nach drei Jahren Studium ohne Beruf zu sein, denn wir waren ja fast alle gleich nach dem Abitur zum Studium gekommen.

Daraufhin fuhr Gandhis Vater, der im Rostocker Dieselmotorenwerk eine verantwortliche Stellung hatte, zur Magdeburger Hochschulleitung und erreichte, dass sein Sohn nach einem Jahr Bewährung in der Produktion das Studium fortsetzen konnte. Solche Bewährungen in der Produktion entsprachen der Ideologie der SED und waren nach disziplinarischen und sonstigen Verfehlungen üblich.

Unser Kommilitone Horst hat auch eine solche Bewährungsstrafe bekommen und zwar aus folgendem Grund: Man muss dazu wissen, dass damals die Straßenbahnen in Magdeburg in der Regel sehr voll waren, das kann man sich heute kaum noch vorstellen, oft kam man gar nicht mehr rein und es gab unglaubliches Gerangel an den Türen. Unser Horst war etwas unbeherrscht und jähzornig und geriet einmal kurz vor Semesterschluss mit einem Polizisten in Uniform beim Versuch, in eine volle Straßenbahn zu kommen in körperlichen Konflikt.

Mit den Worten *"Wenn ich nicht mitkomme, kommst du auch nicht mit"* zog er den Polizisten vom Trittbrett. Horst konnte zwar schnell verschwinden, aber er wurde von der Polizei ermittelt, exmatrikuliert und zu einem Jahr Bewährung in der Produktion verurteilt.

Dieses Bewährungsjahr hat er einfach nicht angetreten, sondern ist in die Ferien gefahren. Nach den Semesterferien hat er sich einfach wieder an der Hochschule eingeschrieben und niemand hat etwas gemerkt.

Aber zurück zu meiner Freundschaft mit Gandhi. Aber wie nun zusammen wandern? Ich hatte Semesterferien und er hing im Magdeburger Karl-Liebknecht-Werk fest, wohin er von der Hochschule zur Bewährung vermittelt worden war. Da war guter Rat teuer, aber wir taten folgendes: Es gab im Juli die Rostocker Ostseewoche mit Teilnehmern aus den Ostsee-Anrainerstaaten und mein Freund Gandhi war ja aus Rostock.

Ich zog mein FDJ-Hemd an und ging zum Karl-Liebknecht-Werk. In der Stadt des Schwermaschinenbaus Magdeburg gab es neben dem Karl-Liebknecht-Werk das Erich-Weinert-Werk, das Georgi- Dimitroff-Werk und das Ernst-Thälmann-Werk, wir Studenten kannten uns da gut aus, weil wir in allen diesen Werken Praktika hatten.

An der Pforte zeigte ich nur meinen Personalausweis und sagte, dass ich zur Kaderleitung will. Kaderleitung, das entspricht der heutigen Personalleitung. Ein kleiner Unterschied zu heute: Der Kaderleiter war immer ein SED-Mitglied.

Ich musste nirgends warten und wurde von der Sekretärin direkt zum Kaderleiter gebracht. Ich sagte:

„Ich komme von der Hochschulleitung der FDJ der Hochschule für Schwermaschinenbau und wir müssen Studenten zur Betreuung ausländischer Teilnehmer bei der Rostocker Ostseewoche abstellen. Der Student Rainer Zuhde stammt aus Rostock, und ich bitte um seine Freistellung für die Betreuung der ausländischen Gäste."

Damals war das eine durchaus glaubwürdige Begründung, und der Kaderleiter sah das offenbar genauso. Er stimmte zu, solange der Student im Betrieb gute Leistungen zeigte. Danach ging ich zum Vorgesetzten meines Freundes, den mir Gandhi vorher beschrieben hatte. Ich teilte ihm mit, dass Rainer Zuhde für eine Woche freigestellt wird, sofern seine Leistungen im Betrieb stimmen.

Der Vorgesetzte hatte – wie erwartet – nichts dagegen, und ich konnte Gandhi sofort mitnehmen. Schon am nächsten Tag brachen wir zu unserer geplanten Rennsteigwanderung auf.

Erst später wurde mir bewusst, welches Risiko wir eingegangen waren. Wäre das aufgeflogen, hätte ich wohl sofort exmatrikuliert werden können – oder schlimmer. Auch für Gandhi hätte es das Ende seines Studiums bedeutet. Aber so war die Zeit: Ein FDJ-Hemd reichte als Ausweis, denn nur ein Funktionär würde an einem normalen Sommertag im FDJ-Hemd herumlaufen. Die Begründung mit der Ostseewoche war ebenfalls glaubwürdig, solche Aufgaben gab es öfter. Niemand stellte Fragen – es war für den Kaderleiter undenkbar, dass sich jemand als FDJ-Mitglied der Hochschulleitung ausgibt. Diese SED-Leute wussten genau, welche Konsequenzen politische Verfehlungen hatten.

Man denkt unweigerlich an den „Hauptmann von Köpenick".

Im Laufe des folgenden Studienjahres verloren Gandhi und ich uns jedoch mehr und mehr aus den Augen. Gandhi hatte inzwischen eine feste Freundin und arbeitete im Karl-Liebknecht-Werk, während ich im vierten Studienjahr Wärmetechnik studierte.

Als wir nach den Semesterferien im September 1961 zur Hochschule zurückkehrten, war die Mauer bereits gebaut. Unsere Seminargruppe in der Fachrichtung Wärmetechnik bestand aus 12 Studenten, und wir begannen unser fünftes Studienjahr. Kurz nach unserer Ankunft wurden wir in einem Seminarraum versammelt. Ein Assistent unseres Instituts sagte:
„Aufgrund der internationalen Lage ist es notwendig, die Wehrpflicht in der DDR einzuführen. An einer sozialistischen Hochschule kann nur studieren, wer diese Einführung unterstützt und fordert. Unterschreibt diese Forderung hier auf diesem Blatt. Wer das nicht tut, ist ab sofort kein Mitglied unserer Hochschule mehr."

Keiner von uns hatte sich vor dem Studium freiwillig bei der NVA verpflichtet, und wir hatten alle direkt nach der Oberschule zu studieren begonnen. Also unterschrieben wir alle, in der Hoffnung, dass wir altersmäßig nicht mehr eingezogen würden. Anfang 1962 wurde die Wehrpflicht dann offiziell eingeführt.

Vermutlich wurden solche Forderungen massenhaft gestellt und unterschrieben. Sie hatten für die Einführung der Wehrpflicht keine Bedeutung, aber die SED verlangte oft solche Zustimmungserklärungen. Wie viel diese Unterschriften wert waren, zeigte sich 1989.

Soweit ich weiß, mussten wir nach dem Studium alle noch den Wehrdienst von 18 Monaten ableisten. Meinen Freund Gandhi habe ich nie wiedergesehen, doch bei einem Alumnitreffen in Magdeburg, als wir alle schon lange Rentner waren, erfuhr ich, dass Gandhi noch Leiter des VEB Chemieanlagenbau Magdeburg geworden war.

Wolfgang Kupke, geb. 1939 in Breslau, 1957 Abitur; 1957-63 Ingenieurstudium Hochschule für Schwermaschinenbau Magdeburg; 1964 Wehrdienst; 1966 Ingenieur Chemiekombinat Bitterfeld; 1968-1989 Kraftwerksingenieur Energiekombinat Halle; 1990-96 Ausländerbeauftragter Sachsen-Anhalt; 1997-2004 Referent im Ministerium für Gesundheit und Soziales des Landes Sachsen-Anhalt.

***

Ohne NVA-Dienst zum Studium – dank guter Ratgeber und Fürsprecher

Dr.-Ing. Peter Böhmer (TH/TU Dresden, Studienjahrgang 1959, Fakultät Maschinenwesen, Fachrichtung Wärmetechnik, Diplom 1965, Promotion 1971)

Im Januar 1959 – ich war damals Schüler der Klasse 12 der Friedrich-Schiller-Oberschule in Bautzen – wurde vom Direktor der Schule in einer Veranstaltung in der Aula vor Abgabe von Studienbewerbungen dahingehend informiert, dass alle männlichen Bewerber sich für einen zweijährigen Dienst bei der NVA verpflichten müssten. Das war natürlich nur „Dummenfang", denn die Direktoren standen wohl im „Wettbewerb" um den höchsten Anteil von Verpflichtungserklärungen. Gelockt wurde noch damit, dass es ja nur wenige sein werden, die dann auch einberufen würden. Ich wohnte von 1955 bis 1959 bei meinen mütterlichen Großeltern in Gaußig, wo ich schon während meiner Grundschulzeit alle Schulferientage verbracht hatte. In Gaußig war damals im ehemaligen Schloss ein Ferienheim der TH Dresden – in den ersten Nachkriegsjahren ausschließlich für Professoren und deren Familien.
Mein Großvater war dort oft als Klempner und Elektriker tätig, und ich durfte als „Handlanger" mitgehen. Dabei und auch bei anderen Gelegenheiten kamen ich und auch andere Kinder und Jugendliche aus dem Dorf mit den Kindern der Heimgäste in Kontakt. Manche Professorenfamilien verbrachten – wohl in den „Einzelverträgen" der Männer „verbrieft" – auch längere Zeiten im Gaußiger Schloss.

Als ich meiner mütterlichen Großmutter von der Erwartung des Direktors bezüglich der Bereitschaftserklärung für den Wehrdienst erzählte, hatte diese lebenserfahrene Frau sofort eine Lösung für mein Problem parat: *„Du erklärst dich bereit, und wenn du – als mögliche Variante angekündigt – im Sommer 1959 einberufen werden solltest, wird deine Mutter dir untersagen, dahin zu gehen, weil du noch nicht volljährig bist."*
So habe ich dann im Januar 1959 die Verpflichtungserklärung unterschrieben und hoffte, dass man mich nicht einberufen würde. Genährt wurde diese Hoffnung dadurch, dass ich wegen gesundheitlicher Probleme vom Schulsport befreit war. Doch es kam unerwartet anders und nun trat meine Mutter in Aktion. Sie schrieb an das Wehrkreiskommando in Bautzen: *„Teile Ihnen*

167

hierdurch mit, daß ich meinem Sohn Peter Böhmer nicht die Einwilligung zum Eintritt in die NVA gebe."

Entwurf des Schreibens der Mutter von Peter Böhmer an das Wehrkreiskommando Bautzen (Archiv Peter Böhmer)

Als ich die 11. Klasse besuchte, ergab es sich, dass die ältere Tochter von Professor F. – Oberschülerin der zehnten Klasse – mit ihrer Mutter für mehrere Wochen in Gaußig lebte, weil die Tochter die Folgen einer Krankheit hier auskurieren musste. Insbesondere für das Fach Mathematik wurde ich als „Hilfslehrer" engagiert, und so entstand eine enge Beziehung zur Familie F., die mir später bei der Zulassung zum Studium sehr geholfen hat.

Leider ist auf dem Entwurf, den mir meine Mutter hinterlassen hat, kein Datum vermerkt. Es ist wohl in der zweiten Junihälfte gewesen.

Die „Rückkopplung" vom Wehrkreiskommando zum Direktor der Friedrich-Schiller-Oberschule, Herrn B., funktionierte offenbar postwendend und der Direktor formulierte eine zweite Abschlussbeurteilung und schickte diese zur TH Dresden. Von dieser „Beurteilung" hatte ich erfahren; der Wortlaut wurde mir aber nie bekannt. Meine Mutter begab sich am 31. Juli 1959 „in die Höhle des Löwen" und traf im Direktorat für Studienangelegenheiten auf Frau L. Diese Frau hatte volles Verständnis für die Haltung meiner Mutter. Dem

Direktor B. wurde mitgeteilt, dass er die zweite Beurteilung vom Pädagogischen Rat der Schule innerhalb von 14 Tagen bestätigen lassen solle. Anderenfalls würde die erste Beurteilung für die weitere Bearbeitung meiner Studienbewerbung benutzt.

Schloss Gaußig, Mitte der Sechzigerjahre (Archiv der TU Dresden)

Frau L. wusste sehr wohl, dass es dem Direktor B. in den Sommerferien nicht gelingen konnte, den Pädagogischen Rat zusammenzurufen. Ob sie von Herrn Dr. paed. K., vermutlich ihr Vorgesetzter im Direktorat für Studienangelegenheiten, eine diesbezügliche „Order" erhalten hatte, weiß ich nicht.
Naheliegend ist dieser Gedanke schon: Herr Dr. R. – ein Mitarbeiter von Prof. Dr. L. –, der sich mit meinem Großvater bestens verstand und Herrn Dr. K. 1955 bei dessen Doktorarbeit „geholfen" hatte, schrieb am 6. Juli 1959 an Dr. K. einen Brief und bat um wohlwollende Behandlung meiner Studienbewerbung.
Als sich bis Ende August nichts getan hatte, ergriff Frau F. die Initiative. Sie wusste, dass ein Oberassistent ihres Mannes – Herr Dipl.-Ing. Sch. – in der Zulassungskommission der Fakultät Maschinenwesen tätig war. Sie organisierte, dass ich am 1. September 1959 mit Herrn Sch. sprechen konnte, und er schrieb am gleichen Tag an Frau L..

Dann ging alles sehr schnell: Ich erhielt den am 24. Juli 1959 ausgefertigten Zulassungsbescheid. Der Zulassungsbescheid war demnach schon vor dem Gespräch meiner Mutter mit Frau L. geschrieben worden oder ist das Datum gefälscht? Im Studienbuch steht der 1. September 1959 als Immatrikulationsdatum und ich konnte – leicht verspätet – in den ersten Septembertagen mit dem Vorpraktikum in Dresden mein Studium beginnen.

Zweierlei sollte der Leser beachten und daraus lernen:

1. Wenn Menschen unter Druck gesetzt werden, versuchen sie, den Druck abzubauen, und äußern sich dabei auch nicht immer wahrheitsgetreu. Ich wurde vom Direktor „belogen" und hatte nicht den Mut, mich als Pazifist zu bekennen. Durch den Tod meines Vaters im August 1942 – südlich von Stalingrad – war ich schon als Kind stark pazifistisch geprägt. Auch ich war dem Direktor gegenüber nicht ehrlich, weil ich Nachteile für mich vermeiden wollte.

2. Hilfsbereitschaft hat dem Helfenden wohl nur in Ausnahmefällen geschadet, doch oft genutzt.

Peter Böhmer, geb. 1941 in Zittau; 1959 bis 1965 Studium Fachrichtung Wärmetechnik/ Maschinenwesen TH/TU Dresden; 1971 Promotion, 1978 bis 1980 nebenamtlicher Fachschuldozent für Physik in Dippoldiswalde, 1981 Erteilung der Facultas Docendi Fachgebiet „Technische Thermodynamik"; 1965 bis 2006 Institut für Thermodynamik und Energiewirtschaft der TU Dresden.
Dezember 1990 Mitglied des Landesverband akademischer Mittelbau Sachsen im Senat der TU Dresden; 1990 bis 1992 ständiges Personalkommissionsmitglied.

∗∗∗

Anmerkung zeithistorisch - Einzelverträge

Mit der „Verordnung über die Neuregelung des Abschlusses von Einzelverträgen mit Angehörigen der Intelligenz in der DDR" vom 23. Juli 1953 (Gesetzblatt, S. 897–901) sollten Angehörige der Intelligenz durch Sonderbegünstigungen in der Zeit bis zum Bau des „Antifaschistischen Schutzwalls" 1961, also der Mauer, in der DDR gehalten werden.

∗∗∗

Wie ich einer Anwerbung der Stasi entkam

Dekonspiration als sicheres Schutzmittel

Dr.-Ing. Peter Böhmer (TH/TU Dresden, Studienjahrgang 1959, Fakultät Maschinenwesen, Fachrichtung Wärmetechnik, Diplom 1965, Promotion 1971)

Meinen Schreibtisch in der TU Dresden habe ich jahrelang abends immer so verlassen, dass ich am nächsten Morgen sofort wieder an der Stelle weiterarbeiten konnte, wo ich am Vorabend aufgehört hatte. Aufgeschlagene Bücher, Quellen für Literaturangaben, Versuchsdaten, Vorberichte mit Merkzetteln, angefangene Manuskripte und … lagen in einer mir genehmen „Ordnung" über- und nebeneinander. Das war natürlich gegen die „Vorschriften" und insbesondere „Vertrauliche Dienstsachen" hätte ich nachts in einem abgeschlossenen Schrank deponieren müssen. Diese meine Nachlässigkeit war im Institut hinlänglich bekannt.

Eines Abends – nach meiner Erinnerung im Jahr 1971 – schloss ich aber, getrieben von einer „inneren Stimme", alle „Vertraulichen Dienstsachen" in den Aktenschrank ein, räumte meinen Schreibtisch auf und schloss den Schrankschlüssel in den Schreibtischschubkasten ein, dessen Schlüssel sich an meinem Schlüsselbund befand.

Am nächsten Morgen – gegen sieben Uhr – als ich zur Arbeit kam, stand schon ein Mann vor meiner Zimmertür, den ich nicht kannte. Er zeigte mir seinen Dienstausweis der Staatssicherheit und sagte, er sei beauftragt, zu überprüfen, wie ich mit dienstlichem Schriftgut umgehe.

Mir wurde heiß und kalt und sofort war mir klar, dass hier mein „Schutzengel" am Vorabend seine Hand im Spiel gehabt hatte.

Der Stasimitarbeiter wollte nun die von mir ausgeliehenen Forschungsberichte sehen und ich konnte mit betonter Gelassenheit zunächst den Schreibtischschubkasten öffnen, den Schrankschlüssel herausnehmen und die drei auf seiner Liste stehenden Berichte dem Schrank entnehmen.

Er war sichtlich verblüfft und setzte sich auf einen der beiden Sessel – ich hatte ihn dazu nicht aufgefordert – und begann mir zu erzählen, dass ich doch ein so außerordentlich zuverlässiger Mensch sei. Gerade solche Menschen würde die Staatssicherheit als inoffizielle Mitarbeiter benötigen.

Sicher hätte er andere „Töne" angeschlagen, wenn er meinen Schreibtisch in der sonst üblichen Form vorgefunden hätte. Vermutlich wäre ich dann zu einer inoffiziellen Mitarbeit bei der Stasi erpresst worden. So aber beendete er seinen Monolog recht bald mit der Ankündigung, dass ich demnächst in eine Wohnung über dem Café Borsberg eingeladen würde, weil man dort ungestört reden könne. Ausdrücklich verlangte er von mir, mit niemandem über diese Ankündigung zu sprechen.

Da schrillten bei mir die „Alarmglocken" und ich überlegte, wem ich davon berichten sollte. Ich entschied mich dafür, zwei Kollegen aus meinem Institut sowie den Sekretär des Sektionsdirektors einzuweihen. Diese Strategie zeigte die erhoffte Wirkung: Von der Stasi hörte ich nie wieder etwas. Es schein, dass meine geplante Dekonspiration erfolgreich war.

Wie ich etwa 20 Jahre später erfuhr, war der Sekretär des Sektionsdirektors ein Führungs-IM und verließ nach der Überprüfung durch die Personalkommission die TU Dresden.

Nach diesem Erlebnis habe ich mich dann weitgehend an die „Spielregeln" gehalten, um meinen „Schutzengel" nicht über Gebühr zu beanspruchen. Der „inneren Stimme" zu folgen, ist wohl meistens richtig.

Ironie des Schicksals: Mit hoher Wahrscheinlichkeit hatte der Sekretär des Sektionsdirektors der Stasi den „Tipp" für eine Erfolg versprechende Anwerbung/Erpressung gegeben. Weil ich meine Stasiakten aber noch nicht eingesehen habe, kann ich das nur vermuten. In seinem „Erklärungsbogen", den alle TU-Mitarbeiter 1991 für die Überprüfung durch die Personalkommissionen abgeben mussten, hatte er die Fragen zur Zusammenarbeit mit der Stasi nicht ausgefüllt. Als ständiges Personalkommissionsmitglied wurde ich beauftragt, mit ihm darüber zu sprechen, und er sicherte mir zu, dass er eine schriftliche Stellungnahme dazu an die Personalkommission schicken werde. Diese traf dann auch ein und die Personalkommission konnte bald ein klares Votum abgeben.

***

Vom Fabriksaal ins Kellerzimmer – ein Aufstieg

Dr.-Ing. Hans-Jürgen Brink (TH/TU Dresden, Studienjahrgang 1959, Maschinenwesen/Wärmetechnik, Diplom 1965, Promotion 1972)

Zum Zeitpunkt meines Abiturs 1958 galt noch der „freiwillige Dienst" in der Nationalen Volksarmee (NVA). Eine Verpflichtung dazu eröffnete weitreichende Optionen für ein Studium, auch bei mäßigem Abiturzeugnis. In einem Werbungsgespräch beim Schuldirektor lehnte ich eine derartige Verpflichtung jedoch unmissverständlich ab. Daraufhin durfte ich mich in einem „praktischen Jahr" auf der Großbaustelle „Schwarze Pumpe" (größter Braunkohlenveredelungsbetrieb der DDR) als Hilfsarbeiter „bewähren", denn die Immatrikulation an der Fakultät Maschinenwesen der TH Dresden erfolgte nur unter diesem Vorbehalt. Da ich bei der GST den Lkw-Führerschein gemacht hatte, konnte ich mich als Kraftfahrer und später als Hilfsschlosser in einer Kfz-Werkstatt „bewähren". Die Aufgaben der GST (Gesellschaft für Sport und Technik) sind im Anschlußkommentar des Beitrages von Hanns-Lutz Dalpke, „In Dresden benutzte man die eigenen Füße, die Straßenbahn oder das Fahrrad", schon beschrieben.

Obwohl ich Bester des Abiturjahrgangs war, wurde ich nicht für die gewünschte Fachrichtung Kfz-Technik, sondern für die Fachrichtung Wärmetechnik zugelassen, da diese gerade erweitert worden war. Dabei spielte sicher eine Rolle, dass die hoch begehrte Kfz-Technik den Kindern „bewährter" Kader vorbehalten war, ich aber meiner sozialen Herkunft nach der aussterbenden Klasse der Kapitalisten zugeordnet wurde. Mein Vater hatte nach dem Krieg eine Tuchfabrik mit ca. 30 Mitarbeitern wiederaufgebaut und konnte trotz aller Restriktionen recht und schlecht seine Familie davon ernähren. Er hatte uns drei Söhnen vermittelt, dass uns mit dem Makel dieser Herkunft nur bei Spitzenleistungen eine höhere Bildung in der DDR offenstehen würde. Wir konnten diesen Rat wegen hinreichender Begabungen auch beherzigen.

Nach dem Vorpraktikum in meiner Heimatstadt Forst trat ich im Januar 1960 das Studium an der TH Dresden an. Hier wurde mir eine Unterbringung in einem Fabriksaal des Kombinats Pentacon, dem „Aquarium" (ausgestattet mit 45 Schlafplätzen in Doppelstockbetten), zugewiesen. Das war keine kurzfristige Übergangslösung; sie erstreckte sich über mehrere Semester.

Privatzimmer zur Untermiete waren in dem kriegszerstörten Dresden absolute Mangelware. Da ich im „praktischen Jahr" in einem 1.000-Mann-Lager in einer 100-Mann-Baracke gewohnt und mich als Bauarbeiter „bewährt" hatte, mich also argumentativ der Arbeiterklasse zurechnete, lief ich am nächsten Tag zur Zimmervermittlung der TH und forderte selbstbewusst eine andere Unterbringung ein.

Daraufhin wurde mir ein Platz in dem weit entfernt gelegenen Gasthof Pappritz angeboten. Dort hatten sechs Studenten in einem unbeheizten Nebengebäude Quartier zugewiesen bekommen. Wir durften abends in der warmen Gaststube sitzen, aber nachts gefror das Wasser in der Waschschüssel unseres Zimmers. Da an ein effektives Studieren unter diesen Umständen und bei der langen Fahrzeit nicht zu denken war, besorgte ich mir nach ein paar Wochen ein Attest von einem verständnisvollen Orthopäden. Er bescheinigte mir, dass ich wegen eines auf dem Bau erworbenen Knieleidens den langen, steilen Aufstieg zu Fuß vom Elbtal nach Pappritz nicht mehr bewältigen konnte.

Nach erneuter Vorstellung bei der Zimmervermittlung erhielt ich die Möglichkeit, mit weiteren fünf Kommilitonen aus der Seminargruppe ein Zimmer in einer Villa nahe dem Wasaplatz zu beziehen. Das war mit der Auflage verbunden, weitere fünf Mitglieder meiner Seminargruppe dafür anzuwerben, da die neue Direktive hieß, mehrere Studenten einer Seminargruppe möglichst als Studiengruppe gemeinsam unterzubringen. Aber bereits nach einem Semester mussten wir unser Zimmer mit drei Doppelstockbetten in der Villa räumen, da dort plötzlich nordkoreanische Studenten untergebracht werden sollten.

Uns wies man ein Zimmer mit Doppelstockbetten in einer Baracke am Fritz-Foerster-Platz zu. Mein Studienkollege Winfried Schuricht und ich strebten nun aber an, dem Barackenidyll zu entfliehen. Es gelang uns, ein Kellerzimmer zur Untermiete zu finden, in dem wir ca. eineinhalb Meter unter der Erde unser Studium bis zum Diplom fortsetzen konnten. Unser neues Domizil war zwar klein und etwas feucht, hatte aber mit Schrank, Tisch und zwei Stühlen, Doppelstockbett, Krug und Waschschüssel sowie Kohleofen alles, was damals ein Studentenherz begehrte, zumal Mutter Erfurth, die im Erdgeschoss über uns mit ihrer Familie wohnte, immer mal etwas zu essen vorbeibrachte.

Es war üblich, dass zu Beginn des Studiums jeder Seminargruppe ein Betreuerassistent zugewiesen wurde. Dieser Assistent benannte die

Seminargruppenleitung, wobei ich den Posten des Seminargruppensekretärs abbekam. Das führte zu Misstrauen bei meinen Kommilitonen, da im Zusammenhang mit dieser Funktion eine besondere „Systemnähe" zu vermuten war. Ich gehe aber davon aus, dass sich der Betreuerassistent eher von meiner Herkunft und meinem Abiturzeugnis leiten ließ, um sich bei selbstständiger Führung der Seminargruppe schnellstens aus seinem Job zurückziehen zu können. Wir haben ihn dann auch kaum noch gesehen. Dennoch hatte ich anfangs mit gewissen Vorbehalten zu tun, was ich besonders bemerkte, als ich Kommilitonen für die Sechser-WG in der Villa werben musste (s. oben).

In der Funktion des Seminargruppensekretärs wurde ich hinzugezogen, wenn es Disziplinarverstöße vor der jeweiligen TH-Führungsebene zu verhandeln gab. So hatte ein Seminargruppenmitglied mit Studienfrust nach einigen Bieren auf dem Heimweg ein paar Zaunlatten abgerissen und wurde auf frischer Tat von zwei Kumpeln der Wismut „gestellt". Die Wismut war damals eine sowjetisch-deutsche Aktiengesellschaft, ein Bergbauunternehmen, die Rohstoffbasis für die sowjetische Atomindustrie.

In der Verhandlung forderten diese als Vertreter der Arbeiterklasse, die ja unser Studium bezahle, eine strenge Bestrafung nach der Devise: Ein solches „Element" sollte nicht auf ihre Kosten studieren dürfen! Erschwerend käme in diesen Fall hinzu, dass in derselben Nacht das USA-Spionageflugzeug U2 mit dem Piloten Powers in den Luftraum der UdSSR eingedrungen und abgeschossen worden war. Da ich kein Stipendium bekam, fühlte ich mich relativ unabhängig und machte geltend, dass die Tat des Kommilitonen mit dem Vorfall jener Nacht wohl nichts zu tun haben könne. Der Delinquent erhielt schließlich „nur" die Auflage, die Zaunlatten wieder anzubringen und zur Strafe weitere Aufbaustunden zu leisten.

Später musste ich einen Kommilitonen verteidigen, der wegen angeblich nicht erreichten Ausbildungsziels im ersten studentischen Reservistenlehrgang nach Erlass der allgemeinen Wehrpflicht exmatrikuliert werden sollte. Ich komme darauf in meinem Beitrag „Schwejk in der NVA" noch zurück.

In meiner Zeit (1960 bis 1965) war die „Partei der Arbeiterklasse", die SED, in unserer Seminargruppe an der TH/TU Dresden noch schwach vertreten. Von den 20 bis 25 Kommilitonen waren nur zwei in der Partei und die hatten Schwierigkeiten, mit dem hohen Niveau des Studiums mitzuhalten. Wir waren ihnen gegenüber mit politischen Äußerungen vorsichtig und versuchten, durch entsprechende Besetzung der Schlüsselfunktionen des Seminargruppensekretärs und des FDJ-Sekretärs die Kontrolle im Interesse der Nichtgenossen zu behalten. Erst nach dem Diplom entdeckten einige ihre Liebe zur SED als Katalysator für eine Karriere, die die meisten von uns nicht anstrebten. Unser Ideal war, fachlich zu arbeiten. Leitungsposten, die zumeist an die Parteizugehörigkeit gebunden waren, schienen uns nicht erstrebenswert.

Zu meiner finanziellen Situation im Studium sei noch Folgendes vermerkt: Meinem Vater fiel es schwer, für seine drei Söhne gleichzeitig Unterhalt in Höhe von 140 Mark (dies entsprach dem staatlichen Stipendium für Angestelltenkinder) aufzubringen. Zum Vergleich: Die Lebensmittelpreise in der DDR in der 1. Hälfte der 60er Jahre betrugen für 1 Stück Butter 2,50 Mark (zeitweise nur auf Bezugsschein), 1 Ei 0,45 Mark, 100 g Wurst ab ca. 0,40 Mark, 1,5 kg Roggenbrot ca. 0,50 Mark.
Mein Vater hatte als Selbstständiger ein hohes Bruttoeinkommen, für das aber ca. 90 Prozent Steuern zu zahlen waren, so dass er sich nicht einmal eine Krankenversicherung für seine Familie leisten konnte. Er bildete deshalb selbst eine kleinere Rücklage für Krankheitsfälle, die wir glücklicherweise nicht nennenswert in Anspruch nehmen mussten.
Mit den 140 Mark Stipendium mussten auch diejenigen auskommen, deren Väter im Krieg geblieben waren und deren Mütter als kleine Angestellte, z. B. als Verkäuferinnen oder Büroangestellte mit 400 bis 500 Mark Gehalt, nur wenig verdienten. Berücksichtigt man die damaligen Lebensmittelpreise und die Miete von 25 Mark für die Studentenbude, blieb nicht mehr viel übrig. An Bier war dabei nicht zu denken! Da ich in meinem Jahr auf dem Bau vor allem durch Überstunden mehr verdient hatte als später als Diplom-Ingenieur, konnte ich auf eine kleine finanzielle Reserve zurückgreifen. Ab einem bestimmten Notendurchschnitt konnte man ein Leistungsstipendium in Höhe von 40 oder 80 Mark bekommen, auch ohne ein Grundstipendium zu beziehen. Hinzuverdienen konnte man als Hilfsassistent. Wegen guter Klausurergebnisse in Mathematik und Mechanik durfte ich mehrere Semester lang studentische Übungen betreuen.

Wegen des fest gefügten Studienplanes mit vorgegebenen Prüfungsterminen blieb kaum Gelegenheit, einem Nebenjob nachzugehen, ausgenommen in den Semesterferien. Da waren aber bestimmte Praktikumseinheiten in Ergänzung zum Vorpraktikum des ersten Semesters abzuleisten, zum Beispiel vier Wochen in einem Konstruktionsbüro. Ich konnte in der verbleibenden Zeit als Kraftfahrer auf dem Bau etwas hinzuverdienen.

Einen Propagandaeinsatz, um die Bauern in die LPG zu treiben, konnte ich im Herbst 1960 noch ablehnen mit der Begründung, ich müsse in dieser Zeit Geld verdienen, da ich kein Grundstipendium bekäme. Günter Knoblauch hat in seinem Beitrag „Kollektivierung der Landwirtschaft – wir Studenten waren dabei" die Vorgänge zur Kollektivierung und den Einsatz von Studenten als Drückerkollone beschrieben.

Resümierend muss ich feststellen, dass ich engagiert studiert habe. Mein Studienfreund Winfried Schuricht und ich haben als „Kellerkinder" zusammengewohnt, wenn auch nicht gemeinsam gelernt. Wir waren aber mit den gleichen Grundüberzeugungen in der gleichen Liga unterwegs. Gemeinsam berechneten und konstruierten wir im Großen Beleg - der Große Beleg war Bestandteil des Hauptstudiums und der Diplomarbeit vorgeschaltet - eine Dampfturbine, die für die damalige Zeit (1964) sehr fortschrittlich konzipiert war. Bei der Diplomarbeit gingen wir getrennte Wege, er auf dem Gebiet der Fernwärmetechnik und ich auf dem der Kältetechnik. Später promovierten wir beide in der Industrie.

Nach Abschluss des Studiums erhielt ich für hervorragende Studienleistungen an der Fakultät Maschinenwesen die Richard-Mollier-Medaille (aus Meißner Porzellan), die vier Absolventen von ursprünglich 400 Immatrikulierten der einzelnen Fachrichtungen zuerkannt wurde. Im Zuge der Studienreform 1968 wurde diese Auszeichnung abgeschafft, weil sie wohl zu sehr nach Elite roch.

Hans-Jürgen Brink, geb. 1939 in Forst; 1958 Abitur mit Auszeichnung; „praktisches Jahr" auf einer Großbaustelle; 1959–1965 Studium Maschinenwesen/Wärmetechnik TH/TU Dresden; 1965–1976 Ingenieur in der Industrie; 1972 außerplanmäßige Aspirantur Institut für Aerodynamik der TU Dresden, Promotion; Patente und Veröffentlichungen. 1991–2002 Referent/Referatsleiter Energiewirtschaft/Energiepolitik im Sächsischen Staatsministerium für Wirtschaft und Arbeit Dresden.

***

Schwejk in der NVA – Ungeschick oder Verweigerung?

Dr.-Ing. Hans-Jürgen Brink (TH/TU Dresden, Studienjahrgang 1959, Maschinenwesen/Wärme-technik, Diplom 1965, Promotion 1972)

Als ich 1958 das Abitur ablegte, gab es noch keine Wehrpflicht in der DDR. Freiwillige mussten geworben werden, was nach eingeübter und bewährter realsozialistischer Tradition auch unter Druck geschah.

In meinem Falle fand ein Gespräch mit einem Offizier der Nationalen Volksarmee (NVA) beim Schuldirektor statt. Ich lehnte einen Armeedienst für mich unmissverständlich ab mit dem Hinweis darauf, dass ich meine Fähigkeiten als Ingenieur beim Aufbau der DDR einbringen wolle. Das wurde nach zehn Minuten akzeptiert und hatte zur Folge, dass ich vor Antritt des Studiums an der Technischen Hochschule Dresden ein Jahr lang beim Aufbau des Kombinates „Schwarze Pumpe", einer Großbaustelle des Sozialismus, helfen durfte. Das nannte sich „ein praktisches Jahr ableisten".

Während dort im 1.000-Mann-Lager in Hoyerswerda meine Zimmerkameraden in gleicher Situation ein Jahr lang Ziegel auf Gerüste schleppen oder Sand in Mischer schaufeln mussten, wurde ich – mit dem Lkw-Führerschein der GST (Gesellschaft für Sport und Technik) ausgerüstet – als Kraftfahrer und später auf eigenen Wunsch in der Kfz-Schlosserei eingesetzt und konnte viel fürs Leben lernen, unter anderem auch den Umgang mit der sogenannten Arbeiterklasse an der sogenannten Basis.

Nach so erfolgter „Bewährung" durfte ich schließlich an der Technischen Hochschule Dresden, der späteren Technischen Universität, Maschinenwesen in der Fachrichtung Wärmetechnik studieren.

Nach dem Mauerbau 1961 und dem Erlass des Wehrdienstgesetzes wurden in den Semesterferien ausgewählte Seminargruppen nach der Musterung zum Wehrdienst als Reservisten an die Jagdfliegerschule Bautzen einberufen. Wir hatten gerade das Vordiplom – ein Abschluss von Basisfächern, üblicherweise nach dem 3 Studienjahr - abgelegt und sollten in drei aufeinanderfolgenden Lehrgängen zum Technischen Offizier der Luftstreitkräfte ausgebildet werden.

Einen ersten Zwischenfall gab es, als die gemeinsam mit der Bahn anreisenden Studenten von Vertretern der Fliegerschule am Bahnhof Bautzen abgeholt wurden. Zur Begrüßung intonierten die fast 100 Angereisten im Chor den damaligen Schlachtruf: 1, 2, 3, ... 10 – wahlweise „Klasse" oder „Scheiße" – in diesem Falle in der zweiten Variante.

Eigenartigerweise gab es danach keine „disziplinarischen Maßnahmen". Die Grundausbildung mit Exerzieren, Sturmbahn, Geländemärschen – auch in der Nacht bei Kunstnebel – usw. war hart. Daneben hatten wir aber eine für mich sehr interessante technische Ausbildung an der MIG 15, dem früheren, im Koreakrieg bewährten Starflugzeug der Sowjetarmee, dessen Kanonen nach ihren Konstrukteuren die urrussischen Namen „Nudelmann" und „Richter" trugen. Das Ausbildungsziel war Flugzeugmechaniker, auch „Erster Wart" genannt.

Zu meiner Seminargruppe gehörte ein Kommilitone, der uns immer wieder durch seine besondere Art auffiel. Wir nannten ihn später „Überflieger" – der Mannschaftsdienstgrad bei den Luftstreitkräften der DDR war Flieger. Er schien ein wenig linkisch und sehr auf seine Gesundheit bedacht, was zu Konflikten mit den Ausbildern führte. So ließ er sich beim Einkleiden einen zu kleinen Stahlhelm verpassen, der beim Exerzieren drückte, worauf er ein Taschentuch einlegte, das ihm dann über Stirn und Augen rutschte, weil Nachjustieren beim Exerzieren nicht vorgesehen bzw. nicht möglich war. Uns – wie auch die Ausbilder– amüsierte diese Einlage. Letztere lästerten, wir seien doch nicht bei den Indianern. Fortan befand sich unser „Überflieger" unter besonderer Beobachtung der Ausbilder, die zumeist Offiziersschüler waren.

Unser Kommilitone fiel das nächste Mal auf, als er sich bei einer Übung in schlammigem Gelände auf das Kommando „Deckung" nicht wie alle anderen auf der Stelle in den Dreck warf, sondern erst zu einer trockenen Anhöhe eilte, um sich dort niederzulegen. Die Folge war ein „Anschiss" und eine weiter gesteigerte Aufmerksamkeit der Ausbilder.

Ein weiteres Mal erregte unser Kommilitone Aufmerksamkeit, als er beim Schießen in aufgeweichtem Gelände, auf einer Zeltplane liegend, sein Gewehr neben sich in den Matsch legte. Das veranlasste den Ausbilder dazu, mit ihm das richtige Hinlegen mit mehrmaligem „Auf" und „Nieder" in einer mitteltiefen Wasserpfütze zu üben. Zum Ende der Ausbildung wurden alle

Teilnehmer befördert, vier oder sechs zu Unteroffizieren, der Rest zu Gefreiten, mit Ausnahme unseres „schwejkischen" Kommilitonen.

Da ich unter dem Eindruck der drohenden Strafübungen mein Bestes gegeben hatte, gehörte ich zu den Unteroffizieren. Das war mir dann so peinlich, dass ich mich schämte, meinem Vater unter die Augen zu treten, der es in zwei Weltkriegen ganz bewusst nur zum Gefreiten gebracht hatte. Sein Motto war: „Beim Militär darf man nicht auffallen." Dies äußerte ich auch gegenüber meinem Studienkameraden Rainer Jork, als wir gemeinsam das Tor der Freiheit durchschritten, woran er sich heute, nach immerhin 50 Jahren, noch erinnert.

(Anm. d. Hg.: Hans Jürgen Brink war seit Studiumsbeginn vom Betreuerassistenten zum Seminargruppensekretär bestimmt und seither immer wieder gewählt worden)

Zu Beginn des folgenden Semesters im Herbst 1962 erhielt ich als Seminargruppensekretär die Einladung, mich beim Prorektor für Studienangelegenheiten, Dr. Heinz Kursitza, zu melden. Er sagte mir, dass das Wehrbezirkskommando eine Verhandlung einberufen werde mit dem Ziel, unseren auffällig gewordenen Kommilitonen exmatrikulieren zu lassen und ihn umgehend zum regulären Wehrdienst einzuberufen. Man begründete dies damit, dass er das Ausbildungsziel nicht erreicht habe, was in der NVA noch nicht vorgekommen sei. Er sollte es umgehend nachholen. Als Vertreter der Seminargruppe hatte ich das „Kollektiv" zu vertreten. An der Verhandlung sollten neben dem Wehrbezirkskommando der Chef der Jagdfliegerschule, die TU Dresden in Person von Dr. Kursitza und der Delinquent teilnehmen. Dr. Kursitza hatte mir gegenüber erkennen lassen, dass er sich neutral verhalten wolle.

Zur Seite stand mir mein Studienfreund Winfried Schuricht, der seines Zeichens FDJ-Sekretär war. Wir teilten uns ein kleines Souterrainzimmer und hatten beide bewusst die Führungspositionen der Seminargruppe besetzt, um so der sich ausbreitenden Führungsrolle der SED entgegenzuwirken. So entwickelten wir nun eine Verteidigungsstrategie für unseren bedrohten Kommilitonen. Sie gründete sich auf folgende Argumente:

Die Vorfälle seien für das Kollektiv nicht als gravierend zu erkennen gewesen, sonst hätten die Ausbilder sie mit uns auswerten müssen, damit auch das Kollektiv auf den nun Beschuldigten hätte erzieherisch einwirken können. Für uns waren es – wie auch für die Ausbilder – spaßige Ereignisse gewesen.

Den Vorfall mit dem „Auf und Nieder" in der Wasserpfütze hätten wir eher als einen Fehler der Ausbilder angesehen, da wir diese Methoden in der Schule nur als Tradition in der „faschistischen Wehrmacht" vermittelt bekommen hätten. Die Vorfälle wären für das Kollektiv ohne erkennbare Relevanz gewesen.

Ich ging unter der Last der Verantwortung auch mit persönlicher Angst in die Verhandlung. Dort stellten die Vertreter des Wehrbezirkskommandos, zwei Majore, die Forderung nach sofortiger Exmatrikulation, um den Angeklagten umgehend für zwei Jahre Wehrdienst einberufen zu können.

Wir hatten unseren Kommilitonen zu demütigem Schweigen veranlasst. Er wurde auch gar nicht gefragt oder angehört. Der Prorektor Dr. Kursitza hielt sich auch zurück und überließ es mir, die Argumente der Seminargruppe vorzubringen. Der Chef der Fliegerschule, ein Oberst, mit seinen zwei Begleitern zeigte sich überrascht von den Vorkommnissen, die ihm offensichtlich nicht bekannt waren. Die Vertreter aus Dresden, sozusagen die Ankläger, reagierten nun auch verunsichert, so dass sich eine allgemeine Ratlosigkeit ausbreitete.

Schließlich bot der Chef der Fliegerschule eine Kompromissformel an: Der auffällig gewordene Kommilitone habe ja das Ausbildungsziel mit dem Dienstgrad Flieger erreicht, er sei eben nur wegen seiner schlechten Ausbildungsergebnisse nicht wie alle befördert worden.

Zur Gesichtswahrung der Ankläger wurde zur allgemeinen Erleichterung verfügt, der Delinquent habe in den nächsten Semesterferien eine vierwöchige Ausbildung bei der GST zu machen. Die Forderung nach sofortiger Exmatrikulation war damit vom Tisch und er durfte weiter studieren. Ob er die Strafe verbüßt hat, ist mir nicht bekannt.

Ich erinnere mich noch nach den inzwischen vergangenen mehr als 50 Jahren, dass ich allein in den warmen Septemberabend hinausgegangen bin und die Fahrzeuge abfahren sah mit dem Gefühl, als David einen Sieg gegen Goliath errungen zu haben, und dankte Gott, dass wir alle aus dieser Sache herausgekommen waren.

***

„Wird es überhaupt genügend Autoren geben?"

Professor Kurt Reinschke von der TU Dresden fragte mich im Oktober 2011, ob es überhaupt möglich sei, genügend Autoren für ein solches Projekt zu gewinnen, denn: „Keiner will an die eigene Bevormundung und das eigene knechtige Verhalten erinnert werden."

Die Worte von Prof. Reinschke fassen die psychologische Abwehr von Zeitzeugen zusammen – ein Schutzmechanismus, der sie vor schmerzhaften Erinnerungen bewahrt. Dabei sollte jedoch differenziert werden: Es gab „uns Überzeugte", „uns Angepasste" (wie es Roland Jahn in seiner Biographie „Wir Angepassten"[8] beschreibt) und diejenigen, die schlicht nicht mehr daran erinnert werden wollen.

Prof. Reinschke hat das Problem treffend auf den Punkt gebracht. Einige anfangs interessierte Absolventen von Hochschulen und Universitäten sprangen nach einer ersten spontanen Begeisterung wieder ab, da sie sich vermutlich der Tragweite einer ehrlichen Auseinandersetzung mit den Zwängen der Anpassung und dem dafür gezahlten „Preis" bewusst wurden. Für das Projekt und den Versuch einer geschichtlichen Aufarbeitung der Realität des Studiums in der DDR hinterlässt dies eine Lücke und öffnet Raum für eine möglicherweise verklärte Nostalgie.

---

[8] Roland Jahn, Wir Angepassten – überleben in der DDR; Pieper Verlag, 2014

Das Ende der katholischen Kirchenmusik

Peter E. Rompf, (Hochschule für Musik Franz Liszt Weimar, Studienjahrgang 1959, Exmatrikulation ohne Abschluss)

Was war gut und worauf hätte ich gern verzichtet? So lautet die Fragestellung des Projekts zum Thema *Studieren in der DDR*.

Ich war im Jahr 1959 Student im dritten Semester an der Musikhochschule Weimar, Fachrichtung Katholische Kirchenmusik. Eines Tages im Herbst 1959, als wir die Übungsräume im Palaisgebäude der Musikhochschule betreten wollten, um wie gewohnt an den dort aufgestellten Orgeln zu arbeiten, wurde mir und meinen Mitstudenten vom Hauswart der Zutritt verweigert. Er teilte uns mit, dass ab sofort alle Studenten der Katholischen Kirchenmusik Hausverbot hätten.

Collage: Von Rompf „zerspielte" Sauer-Orgel – siehe Kommentar am Ende des Berichtes.

Wir waren wie vor den Kopf gestoßen. Was hatte das zu bedeuten? Eine Nachfrage nach der Begründung für diese Relegation ergab nur eine weitere Drohung: „Wenn ihr nicht sofort verschwindet, rufe ich die Volkspolizei – die schafft euch hier weg. Verstanden?"
Ein zaghafter Versuch, noch meine Schuhe und persönlichen Sachen aus dem Gebäude holen zu dürfen, wurde brutal abgeblockt:
„Verschwindet, sonst erfolgt die Zuführung durch die Volkspolizei."

Damit endete mein Studium an der Hochschule für Musik *Franz Liszt* Weimar. Es war jedoch nicht die Willkür eines atheistischen Direktors, sondern die offizielle Politik des SED-Staates DDR.

Peter E. Rompf, geb. 1940 in Preßburg (Slowakei), 1946 Vertreibung in die SBZ nach Erfurt, Verweigerung Abiturabschluß, Studium der Kirchenmusik in Erfurt, später Weimar (HfM). Seine Gemeindejugend- und soziale Arbeit bringt ihn in den Focus der Stasi, Exmatrikulation ohne Abschluß; Anfang der 1970er-Jahre Organist und Chorleiter in Frankfurt/oder, 1977 erpresste Ausreise aus der DDR. 1977 Stadtkantor in Schweinfurt, 1983 Gründung des Ensemble ProLaTio, Konzerte im In- und Ausland. 2024 Rehabilitierung durch die Stadt Frankfurt/Oder.

***

Ein Kommentar zum Autor Peter Rompf und zu seinem Beitrag: „Das Ende der katholischen Kirchenmusik"
Günter Knoblauch

Peter Rompf konnte wichtige Examina glücklicherweise noch in kirchlichen Einrichtungen der DDR abschließen. Doch sein weiteres Leben war geprägt von Überwachung, Repression und Verfolgung. Die Stasi setzte eine umfassende Bespitzelung seines Frankfurter Freundeskreises in Gang und schleuste gezielt Informelle Mitarbeiter (IM) ein. Ziel war die Zersetzung dieses Kirchen- und Künstlerkreises mit allen Mitteln.

Aus den Stasi-Akten geht hervor, dass selbst Zuträger aus Kirchenkreisen Rompfs Interesse für avantgardistische Musik herabwürdigten. Der Operative Vorgang „Kreis", der diese Überwachung dokumentiert, wurde inzwischen unter demselben Titel als Buch veröffentlicht. Als die Behörden seine Ausweisung aus Frankfurt (Oder) binnen 12 Stunden erzwangen, verweigerte die Abteilung Inneres der DDR bis zur letzten Minute, dass seine Kinder mit ausreisen durften. Stattdessen sollten sie in einem Kinderheim untergebracht und zu „sozialistischen DDR-Bürgern" erzogen werden.

Ich kürze ab: Rompf konnte sein Studium später in München abschließen. Mit seinem 1983 gegründeten Ensemble ProLaTio – Ensemble für Neue Musik wurde er international für moderne Musik bekannt.
Im Dezember 2024 erfolgte seine vollständige Rehabilitierung im großen Rahmen in Frankfurt (Oder). Presse und Rundfunk berichteten ausführlich.

***

Und hier taucht wieder der Name der Hochschule für Musik *Franz Liszt* Weimar auf. Was sich dort zu DDR-Zeiten abgespielt hat, wird bis heute von einem undurchdringlichen Schleier aus Verschleierung und Schutzmechanismen umgeben – ein klebriger Schleim, den nichts und niemand zu durchdringen scheint. Oder doch?

Die Hochschule für Musik Franz Liszt Weimar (HfM) bleibt bis heute ein Beispiel für die mangelnde Einsicht ihrer Führungskader in Bezug auf die Aufarbeitung ihrer SED-Vergangenheit – sowohl hinsichtlich ihrer ehemaligen Lehrkräfte als auch der Institution selbst. Trotz zahlreicher Publikationen, Podiumsgespräche und Presseveröffentlichungen prallte an der HfM alles ab; jede Auseinandersetzung wurde abgeblockt.

Sie ist eine Institution die kulturellen Leistungen der Vergangenheit für sich in Anspruch nimmt, ihre Verantwortung für die politischen Verformungen zu DDR-Zeiten jedoch von sich weist
Das Thema HfM Weimar stand am 9. Dezember 2022 auf dem Programm des Senders Tonkuhle, Hildesheim. Dr. Muntschick – verantwortlich für die Zugangsoffenen Sendeplätze in einem 55-minütigen Interview mit Peter Rompf:
Thomas Muntschick:
„Die Frage, die wir – Peter Rompf und ich – heute hier stellen wollen: Wird hier absichtlich die jüngste Geschichte geklittert? Werden bewusst Stasi-Täter immer noch geschützt? 30 Jahre nach der Wiedervereinigung? Und wird Stasi-Opfern eine Rehabilitation verwehrt?

Diejenigen, die das hautnah mitbekommen haben, wie der Professor Gottfried Meinhold aus Jena, die sind jetzt weit in die 80er-Jahre in ihrem Leben fortgeschritten. Sie sind die letzten Zeitzeugenquellen, die da den Finger in manche schwärende Wunde legen können. Aber hören wir erst einmal, was Peter Rompf uns zu diesem ganzen Hintergrund zu erzählen weiß."

Peter Rompf:

„Herr Muntschick, Sie haben recht, manchmal sieht es so aus, eigentlich nicht nur manchmal, sondern fast durchgehend, als wenn man die biologische Lösung einfach einmal abwartet, die Gedächtnisträger einfach wegsterben zu lassen. Damit hat sich auch die Aufarbeitung erledigt."

Ich lese Ihnen einen Brief vom 27. April 2017 an den Präsidenten der Musikhochschule FRANZ LISZT Weimar einmal vor – Sie sehen, die Dinge laufen schon länger:

„Sehr geehrter Herr Präsident Stölzl, aus verschiedenen Publikationen konnte ich – sehr erstaunt darüber – entnehmen, dass Ihrer Meinung nach die Aufarbeitung der Geschichte der Musikhochschule Weimar zu DDR-Zeiten bereits erledigt sei und alle in der Zeit dieses Elendsstaates DDR begangenen Ungerechtigkeiten beglichen seien..."

***

(Anm. d. Hg.: Das volle Interview mit dem Sender ist veröffentlich in „Der Schrei – ein Buch gegen das absichtliche Vergessen – die Musikhochschule Franz Liszt Weimar – ein Buch gegen das absichtliche Vergessen" (Hg. Günter Knoblauch, 2023; ISBN 978-3-7578-1708-4).)

Muss man der HfM zugestehen, dass sie sich bei der Aufarbeitung der SED-Vergangenheit an der Auseinandersetzung mit der NS-Zeit nach 1945 orientiert hat? Auch diese verlief nicht reibungslos, und bis heute kommen immer wieder „Neues" und bislang „Unentdecktes" ans Licht.

Vielleicht fragten sich die Führungskader der HfM, warum sollte man sich in ihrem Fall anders verhalten?

Doch wenn selbst Landesbeauftragte für die Aufarbeitung der SED-Diktatur in Thüringen (wie H. Neubert oder Ch. Dietrich), ein ehemaliger Berliner Kunstsenator (Prof. Stölzl) oder sogar ein Ministerpräsident einer Linken-geführten Thüringer Landesregierung (Bodo Ramelow, MP a.D.) mit ihren

Bemühungen scheitern, dann muss die HfM Weimar eine Institution mit ganz besonderem Widerstand gegen Aufarbeitung sein – bis heute.

Am 2. Februar 2010 wurde dem Forschungsverbund der Freien Universität Berlin auf eine Anfrage hin mitgeteilt: „Die Studenten-, Personal- und Sachakten (1945–1998, ca. 401 lfm) müssen (noch) einer systematischen Erforschung unterzogen werden."

Doch Prof. Stölzl schrieb und äußerte mir gegenüber von einer bereits *„[...] minutiösen Auswertung der Akten [...] und einer hochproblematischen SED-Vergangenheit".*

Interessanterweise ist es derselbe Stölzl, der im Brief von Peter Rompf zitiert wird und vor laufender Kamera im großen Sendesaal von Radio LOTTE Weimar sagte:
„[...] es gibt staatlich bezahlte Institute, wie z. B. die Bundesstiftung zur Aufarbeitung der SED-Diktatur, und [...] es gibt viele Forscher, die sich mit der DDR befassen. Mögen sie sich auch mit der HfM befassen. Ich fände es toll."

War dies ein Hilferuf des Präsidenten gegen seine eigene Institution?

Zur 150 Jahre Feier der HfM im Jahr 2020 schrieb ich an Peter Gülke[9]: *„[...] einige Personen befürchten – scheinbar nicht ohne Grund – dass die HfM weiterhin an der Fixierung des Images einer (moralisch) untadeligen Hochschule arbeite – zumindest in der näheren Vergangenheit. Es ist menschlich verständlich, wenn in der Phase großer gesellschaftlicher Veränderungen – der Zusammenbruch der DDR – Funktionsträger bestrebt waren, gleitend in die neuen Verhältnisse hinüberzuwechseln und ihren Status weiterhin zu fixieren. So traf es erneut diejenigen, die schon zu DDR-Zeiten leiden mussten, deren Laufbahnen beschädigt oder zerstört wurden. [...] So ist verständlich, wenn jetzt Personen [...] eine weitere Weißspülung der HfM befürchten."[10]*

---

[9] Peter Ludwig Gülke (* 29. April 1934 in Weimar) ist ein deutscher Dirigent, Musikwissenschaftler und Musikschriftsteller.
[10] G.Knoblauch: Der Schrei, BoD-Verlag 2023, Seite 26

Jochen Staadt von der Freien Universität Berlin, Forschungsverbund SED-Staat, schrieb im Vorwort der Publikation „Der Schrei":

„Im Herübergleiten von einem System in das andere haben deutsche Schöngeister einige Übung. Dazu gehört unvermeidlich auch das Beschweigen und Beschönigen des eigenen Mitläufertums."

∗∗∗

Die Collage eines unbekannten, leeren und verfallenden Kirchenschiffs mit einem vergammelten Spieltisch versah Peter Rompf mit der Beschriftung

„Die Sauer-Orgel nach dem Konzert am 30.11.2024
- von Peter Rompf zerspielt."

Nein, ich glaube nicht, dass Rompf die Orgel oder den Spieltisch tatsächlich „zerspielt" hat - weder früher noch am 30.11.2024. Vermutlich wollte er damit den Zustand der katholischen Kirchenmusik zu DDR-Zeiten reflektieren – oder er nahm Bezug auf kirchliche Stasi-Zuträger.
Denn in seinen Stasi-Akten fand Rompf einen Bericht aus seiner Frankfurter Zeit, verfasst von einem damaligen Kirchenkantor, in dem es hieß:
„Er ist in der Lage, so wild auf der elektronischen Orgel wie auch auf der Kirchenorgel zu fantasieren, dass man glaubt, es breche alles zusammen."

Diese Einschätzung griff Rompf wohl in der Collage auf.

∗∗∗

Aufarbeitung braucht Zeit.

Was es bedeutete, wenn man eine Prüfung nicht bestand

Professor Freitag fragte mich, ob es nicht besser wäre,
das Studium zu beenden

Dipl.-Ing. Otto Härtig (TU Dresden, Studienjahrgang 1959, Fakultät Elektrotechnik/Fernmeldetechnik, Diplom1966)

Ich habe von 1959 bis 1966 mit einem Jahr Unterbrechung an der Fakultät Elektrotechnik studiert. An diese Zeit erinnere ich mich gern zurück. Die Anforderungen waren sehr hoch. Wie die Mitstudenten auch lebte ich in der ständigen Sorge, das Studium nicht zu schaffen.

Erforderlich waren Disziplin, Leistungsbereitschaft und Fleiß. Einigen fehlte dies; ihre Prüfungsnoten waren so schlecht, dass ein Weiterstudieren nicht vertretbar war.

Zum erfolgreichen Abschluss trugen wesentlich die guten Rahmenbedingungen bei. Studiengebühren gab es nicht. Fast jeder Student erhielt ein Stipendium – bis 190 Mark je nach Finanzlage der Eltern; Studenten mit vorangegangener Lehre, Armeedienst oder ABF-Besuch erhielten 190 Mark. Bei bescheidener Lebensführung konnte man mit 190 Mark auskommen. Nebenbei arbeiten brauchte keiner. Die Mieten waren niedrig – in einem Studentenwohnheim betrugen sie 10 Mark, bei einer „Schlummermutter" etwa 20 bis 25 Mark. Auch das Mensaessen war billig, die Monatskarte für die Straßenbahn betrug 7,50 Mark, die Fahrkarten der Reichsbahn mit 2 Pfennig pro Kilometer waren überaus preiswert. Von diesen Bedingungen kann ein Student heute nur träumen. Positiv waren auch die räumlichen Verhältnisse an der Hochschule. Überfüllte Hörsäle gab es nicht, die Seminarräume boten einen Platz für jeden.

Das Studium war straff organisiert. Es gab einen Fächer-, Seminar- und Prüfungsplan für das ganze Studium, der auf die Semester aufgeteilt war. Nur den Semesterplan musste man kennen. Wahlfächer gab es auch, zum Beispiel Einführung in die Fernsehtechnik, Theorie der Antennen, lineare Netzwerke, Elektroakustik, Dioden und Transistoren, Analogrechner, Elektroakustik II, Technologie der schwachstromtechnischen Geräte. Das Pflichtpensum war jedoch umfangreich, so dass man es bei drei oder vier Wahlfächern beließ. Ansonsten waren wir mit dem Pflichtfächerprogramm zufrieden, denn die Spezialisierung der fünf schwachstromtechnischen Fachrichtungen war nicht so hoch, dass man später nicht auch auf einem anderen Fachgebiet arbeiten konnte. Wir Studenten fanden das in Ordnung, hielten das von Professoren entwickelte Programm für sinnvoll. Keiner musste sich sein Fächerprogramm selbst zusammenstellen.

Fürs Studium ein Zimmer in Dresden finden: Anfangs war ich im Heim Marschnerstraße in einem Durchgangszimmer untergebracht, zusammen waren wir zehn Mann. Alle Studienjahrgänge und fast alle Fakultäten waren vertreten. Es ging zu wie in einem Taubenschlag – an Ruhe zum Studieren und Schlafen war nicht zu denken.
Ich habe mir ein Privatzimmer über den Zimmervermittlungsdienst bei einer alten Frau besorgt. Ein schmales, nicht beheizbares, karg eingerichtetes Zimmer im Hechtviertel – das ist ein Wohngebiet in Dresden-Neustadt. Dort hatte ich meine Ruhe.
Vier Semester später fand ich dann ein geräumigeres, gut eingerichtetes Zimmer in der Nähe des Neustädter Bahnhofs. Die Suche war mit vielen Enttäuschungen verbunden, wurde man doch meist zu Quartieren geschickt, die vorher von anderen Studenten abgelehnt wurden.
In einem Fall jedoch wurde ich abgelehnt, weil ich nicht Klavier spielen konnte; in dem schönen Zimmer stand auch ein Klavier. Nach der Unterbrechung wohnte ich im Heim der ehemaligen ABF – alles Zweimannzimmer – und im elften Semester in einem neu erbauten Heim nahe dem Hauptbahnhof – auch alles Zweimannzimmer. Da war ausreichend Ruhe gegeben. Das war besonders im Diplomsemester mit seinem Stress wichtig. Denn nach zwölf Stunden Arbeit im Institut (die letzten zwei Monate) war Entspannung angesagt.

Der Wochenstundenplan des zweiten bis zehnten Semesters sah so aus: 32, 37, 36, 36, 28, 31, 28, 24 und 8 (im zehnten und letzten Semester waren es noch drei Wahlfächer) Stunden Vorlesungen, Seminare und Übungen. An manchen Wochentagen zog sich das über zwölf Stunden hin, meist aufgrund der bis 20 Uhr dauernden praktischen Versuche/Übungen – Messungen mit anschließender Auswertung (Fehleranalyse). Die Prüfungen waren überwiegend schriftlich, einige waren aber mündlich. Bei diesen gab es auch einen persönlichen Kontakt mit den Professoren, der sonst nicht stattfand. Mit den Assistenten hatte man in den Seminaren und Übungen schon eher Kontakt. In den Übungen agierten auch „Hilfsassistenten" – Studenten aus einem höheren Semester.

In den Sommerferien mussten ein vierwöchiges Berufspraktikum und ein Kartoffelernteeinsatz absolviert werden, nach dem zweiten Semester zusätzlich noch ein Einsatz in der Braunkohle. Für die Berufspraktika gab es keine Vorgaben. Die Betriebe konnten sie nach Gutdünken gestalten. Wie andere auch musste ich Messgeräte verkabeln und/oder Messreihen durchführen. Das hatte wenig mit einer ingenieurmäßigen Ausbildung zu tun und war im Grunde nutzlos.

1960 und 1961 war ich in einem Berliner Betrieb. Berlin war sehr gefragt, gab es doch noch die offene Grenze nach Westberlin. Das habe auch ich genutzt, obwohl ich mich schriftlich zum Nichtbesuch verpflichten musste. In Westberlin habe ich dann mehrmals zufällig Studenten aus meinem Semester getroffen. So auch am 12. August 1961. Wir waren in einem Jazzsalon. Vor Mitternacht brachen wir auf, da die S-Bahn-Rückfahrkarte nur bis 24 Uhr galt. Es war alles wie immer.

Kurz nach Mittag des nächsten Tages wollte ich zum Potsdamer Platz fahren, um dort ins Kino zu gehen. Beim Umsteigen am Bahnhof Lichtenberg wurde ich vieler heftig diskutierender Menschen gewahr, die vor Erklärungen der Regierung zur Grenzschließung standen. Meine Stimmung sank in den Keller, hatte doch Ulbricht noch ein paar Wochen vorher verkündet, dass niemand an eine solche Maßnahme denke. So ein Täuscher!

Zurück in Dresden mussten wir uns auf Abruf zum Wehrdienst bereit erklären, die Wehrpflicht wurde erst ein halbes Jahr später eingeführt. Wir Studenten fürchteten nun jede Krise, so besonders die Kubakrise.
Zur Erinnerung: im Oktober 1962 hatte die Sowjetunion damit begonnen, Mittelstreckenraketen auf Kuba zu stationieren. Der damalige Präsident der USA, John F. Kennedy, drohte daraufhin, gegebenenfalls Atomwaffen einzusetzen. Damit war ein überaus kritischer Höhepunkt im Kalten Krieg markiert.

Das Studium war jetzt begleitet von der latenten Angst, eine vierte Wiederholungsprüfung nicht zu bestehen. Das bedeutete die Exmatrikulation, selbst nach dem neunten Semester. Eine wiederholte Prüfung wurde nur mit „ausreichend" bewertet, auch bei einem „Sehr gut" – eine absurde, heute undenkbare Praxis.

Hinzu kam, dass die wiederholten „Vieren" bei der Bildung einer Gesamtnote viel stärker gewichtet wurden als eine normale „Vier". So kam es, dass ein Student mit sehr guten Noten und nur einer wiederholten „Vier" nicht die Gesamtnote „sehr gut" erhalten konnte. Studenten gar mit einem Notendurchschnitt von 2,5, einer befriedigenden Diplomarbeit und drei wiederholten „Vieren" erhielten nur die Gesamtnote „genügend" (bedeutet Note „Vier") auf dem Diplomzeugnis, eine logisch nicht begründbare Bewertungspraxis.

Dabei stand auf der Vorderseite des Zeugnisses *„auf Grund der umstehenden Prüfungsergebnisse erhielt er das Gesamturteil [...]"* – eine Falschbeurkundung, denn mit den umstehenden Noten war die Gesamtnote nicht zu begründen. Ich war wie viele von dieser Beurteilung betroffen. Meine zu wiederholenden Prüfungen wurden – obwohl in der Nachprüfung mit guten Noten wie einer „Eins" und einer „Zwei" – in der rechnerischen Gesamtnote als notendrückender Makel gewertet.

Die meisten Mitstudenten haben mindestens zwei Prüfungen wiederholt. Ich habe mein Diplomzeugnis erst zwei Jahre später bekommen. Nach der Prüfungsordnung hätte es mir zusammen mit der Diplomurkunde ausgehändigt werden müssen. Geschadet hat mir dies aber nicht, meine Betriebe wollten es nicht sehen – völlig ausreichend war die Diplomurkunde; sie war das Qualifikationszertifikat der TU Dresden! Für eine wissenschaftliche Laufbahn mit den weiteren akademischen Graden jedoch wäre eine solche rigide Beurteilung wahrscheinlich schädlich gewesen.

Wie rigide das Leistungsniveau eingeschätzt wurde, bekam ich vor meiner einjährigen Unterbrechung aus gesundheitlichen Gründen zu spüren. Ich musste mir die Zustimmung meines Institutsdirektors, Professor Freitag, einholen. Er fragte mich, ob es nicht besser wäre, das Studium zu beenden. Ich war geschockt, habe die Frage aber verneint. Denn ich war im neunten Semester und hatte einen Notendurchschnitt von 2,6. Da gibt man doch nicht auf!

Dem Herrn Professor Freitag lag offensichtlich nichts an einem erfolgreichen Abschluss meines Studiums – ziemlich demütigend und respektlos! Woher nahm er die Gewissheit, dass ich den Großen Beleg und die Diplomarbeit nicht meistern würde?

(Anmerkung des Herausgebers: Professor Freitag hielt Vorlesungen über die Theorie der Leitungen, Bauelemente der Schwachstromtechnik, Fernsprechvermittlungstechnik und Telegrafie. Unter den Studierenden war er als „Sandmännchen" bekannt, da seine leisen und einschläfernden Vorlesungen müde machten.)

Es war guter studentischer Brauch, am Ende des zehnten Semesters von Hörsaal zu Hörsaal zu ziehen und den Herren Professoren mit Trompeten und einem Sketch über ihre Ruhmestaten aufzuwarten. Diese Vorlesungsstörung war bei den jüngeren Studenten sehr willkommen. So geschehen auch im Juni 1961. Die Altsemester meiner Fakultät zogen mit dem Transparent „Trotz Margarine ET-Fine" herum.
Das war der Partei zu viel. Das Transparent spielte auf die Verknappung der Lebensmittel, speziell der Butter, durch die schlechte Ernte 1960 an, die ihre Ursache auch in der Kollektivierung der Landwirtschaft hatte. Der Urheber wurde auf Aushängen als subversives Element gebrandmarkt und exmatrikuliert. Auf Verständnis ist diese Maßnahme bei den Studenten nicht gestoßen. Ihnen wurde klar, wie eng der Spielraum für eine freie Meinungsäußerung war.

Ansonsten waren die mir bekannten Mitstudenten und ich keinen Repressalien ausgesetzt. Die Stasi war nicht zu spüren. Auch die FDJ und die GST waren nicht aktiv, was wir ganz und gar nicht vermissten. Nur bei den üblichen Demonstrationen war die Teilnahme quasi Pflicht. Der Konzentration auf das Studium standen somit keine Hemmnisse im Wege!

Ein ausgelassenes studentisches Leben früherer Zeiten habe ich nicht erlebt. Es war auch nicht mehr üblich, da die Anforderungen des Studiums sehr gewachsen waren. Meine „Freizeit" verbrachte ich mit Spaziergängen im Stadtzentrum und an der Elbe, bei Tanzveranstaltungen, Kinobesuchen, hin und wieder Theaterbesuchen, in Museen und sonntäglichen Besuchen des Cafés „Haus Altmarkt" mit einem Studienfreund. Zu den sonnabendlichen Tanzveranstaltungen war ich im „Kulturhaus Bühlau", im „Schillergarten", im „Parkhotel" und im „Lindengarten" mit seinen drei Sälen (Slogan: Drei Säle

– drei Möglichkeiten). Die Faschingsveranstaltungen in allen Mensasälen waren auch bei mir sehr beliebt, nur Karten waren schwer zu bekommen.

Das Abschlussfest der Diplomanden (cand.ing.) der ET-Fakultät fand im Oktober 1965 im Kulturhaus Niedersedlitz statt. Erschienen waren auch einige Professoren, unter anderem Prof. Frühauf. Das Programm wurde von Studenten gestaltet und enthielt vor allem Sketche und Bühnenshows.

Zusammenfassend kann ich feststellen, dass meine Studienzeit in Dresden zu den schönen Erinnerungen meines Lebens gehört und ich sie nicht missen möchte. Sie war entscheidend für meinen Lebensweg. Ohne sie hätte ich wahrscheinlich ein beruflich unbefriedigendes Leben geführt.

Otto Härtig, geb. 1940 in Huy-Neinstedt Sachsen-Anhalt; 1946 Grundschule, 1954 Oberschule/Abitur; 1958/59 Ökonomisches Jahr; 1959 TU Dresden, 1966 VEB Gerätewerk Leipzig: Entwicklung und Erprobung von Schiffsradargeräten; 1966–1968 Dienst bei den NVA-Grenztruppen der DDR. 1969 VEB WTZ (Wissenschaftlich-Technisches-Zentrum) Medizin- und Labortechnik Leipzig; 1970 VEB Kombinat Medizin- und Labortechnik Leipzig; 1992–2005 Patentanwalt.

***

Information zeithistorisch - Das „Ökonomische Jahr"
Das Ökonomische Jahr wurde vielen Studienbewerbern zur Bedingung gemacht. Sonst war man nur „vorimmatrikuliert". Der Einsatz erfolgte meist auf Großbaustellen.

***

Erläuterung zeithistorisch - Prüfungswiederholungen
Aus der Prüfungsordnung des Staatssekretariats für Hochschulwesen, § 10:
„Studierenden, die in den Wiederholungsprüfungen abermals ein Fach nicht bestanden oder die innerhalb der Grundausbildung der ersten 3 Studienjahre in mehr als 4 Fachprüfungen die Note ‚ungenügend' erhalten haben, wird die Studienerlaubnis entzogen. Eine zweite Wiederholung ist nur mit Genehmigung des Staatssekretariats für Hochschulwesen auf Befürwortung des Prorektors für Studentenangelegenheiten und der Fakultät möglich. Die Bewertung erfolgt in der Wiederholung nur mit ‚genügend' oder ‚ungenügend'. "

***

Über Umwege zum Studium, um der „Sippenhaftung" zu entgehen

Auch nach eigenem Berufsabschluss als Facharbeiter galt man nicht als Arbeiter, wenn der verstorbene Vater es nicht war.

Dr.-Ing. Rainer Jork (TH/TU Dresden, Studienjahrgang 1959, Fakultät Maschinenwesen, Diplom 1965, Promotion 1974)

Wir Studenten wurden in Abständen zu bestimmten politischen Aktionen eingespannt. Ich konnte mich allerdings während meiner Studienzeit vor zwei mir unerträglichen Aufträgen drücken:

- Um das „Abhören" von Westsendern, vor allem Radio Luxemburg, zu verhindern, wurden wir FDJ-Studenten (Freie Deutsche Jugend - die Mitgliedschaft in der FDJ war praktisch für alle selbstverständlich und eine Voraussetzung für die Immatrikulation) ausgeschickt, die sichtbaren Antennen auf den Dächern oder an den Häusern zu entfernen. Das geschah auch hier und dort, jedoch nicht mit dem erwarteten stabilen Erfolg.
- Für mein Empfinden unerträglich waren die „Werbe- und Überzeugungseinsätze" im Rahmen der Zwangskollektivierung der Landwirtschaft. Studenten wurden während des Studiums zu den Bauern aufs Land verfrachtet, um diese zum Eintritt in eine LPG (Landwirtschaftliche Produktionsgenossenschaft) zu animieren.

Seit dem 24. Januar 1962 war mit dem Wehrpflichtgesetz der DDR die allgemeine Wehrpflicht eingeführt worden. Wir Maschinenbaustudenten wurden dann auch gleich in den Sommerferien dieses Jahres mit einem Einberufungsbefehl zum Wehrdienst zitiert. Ein Student meiner Seminargruppe war nicht sofort dazu bereit. Er bekam daraufhin die „Gelegenheit, sich in der Produktion zu bewähren", wurde also exmatrikuliert.

Wir anderen nahmen für vier Wochen an einem Zeltlager der Jagdfliegerschule Bautzen zur Ausbildung an sowjetischen MiG-15-, später auch MiG-17-Jagdflugzeugen teil.

Nur in kleinem Rahmen, praktisch unter vier Augen, führten wir relativ offene und ehrliche politische Gespräche, diskutierten über die eigene

Lebensplanung. Mit meinem Studienfreund Wolfgang Zill war mir das möglich. Wir dachten auch darüber nach, wie es wäre, wenn wir im Westen weiter studieren und arbeiten könnten, nahmen uns dies jedoch nicht ernsthaft vor.

Die durchgängige Bevormundung, der Bekenntniszwang, die Militarisierung des Studiums, das Gefühl des Eingesperrtseins belastete uns sehr. Wir waren uns aber einig, in Dresden jedenfalls erst einmal das Vordiplom ablegen zu wollen – auch, weil dann das Studium in der Bundesrepublik weitergeführt werden konnte, ohne das Abitur nachholen zu müssen.

Relativ spät – erst gegen Ende des Studiums – fand ich den Weg zur evangelischen Studentengemeinde in Dresden und damit zu Partnern, denen ich glaubte vertrauen zu können, wo ich auch Literatur in die Hand bekam (zum Beispiel Werke von Camus, Sartre und Kierkegaard), die sonst schwer oder nicht erhältlich war. Dabei ging es keineswegs um die Beförderung eines aufmüpfigen Verhaltens. Man wollte und konnte einfach etwas mehr über den Gartenzaun oder aktueller – über die Mauer – blicken. Angesichts der Tatsache, dass meine beiden Brüder 1958 bzw. 1961 die DDR in Richtung Westen verlassen hatten, wurde ich von Kreisen bestimmter Funktionäre merklich mit Misstrauen betrachtet. Später musste ich in der mit meinem Namen versehenen Stasiakte unter anderem folgende Vorgänge finden, die das politische Klima in damaliger Zeit belegen:

Ich hatte die Studienjahresleitung gebeten, mich von der verpflichtenden Teilnahme an einem Kartoffelernteeinsatz in Mecklenburg zu befreien, da ich mich einer Leistenbruchoperation unterziehen wollte. Man unterstellte mir, dass ich in dieser Zeit eine Westflucht versuchen wollte, und stellte fest, dass der den Leistenbruch attestierende Arzt ein Freund unserer Familie war. Die Staatssicherheit der DDR eröffnete nun einen weiteren operativen Vorgang, nach dem die Mitglieder der Arztfamilie (mit drei Söhnen in unserem Alter) beobachtet wurden. Diese Maßnahmen wurden abgebrochen, als ich mir tatsächlich meinen Leistenbruch operieren ließ.

In „meiner" Stasiakte landete auch ein Vorgang im Zusammenhang mit dem „Republikverrat" meines älteren Bruders. Er hatte sich 1958 (also drei Jahre „vor der Mauer"!) unter anderem in einer Seminardiskussion an der medizinischen Fakultät der Humboldt-Universität nicht der Verurteilung von Pfarrer Schmutzler (damals Jugendpfarrer in Leipzig) wegen dessen

„Machenschaften" angeschlossen sowie die Teilnahme an einer „freiwilligen" militärischen Grundausbildung mit dem Hinweis auf seinen christlichen Glauben abgelehnt. Seine Seminargruppe schlug (mit 21 Unterschriften) nach einer „eingehenden Diskussion" darum protokollarisch vor, meinen Bruder zu exmatrikulieren.

Er kam dem durch seine „Republikflucht" zuvor. Was hatte ein Vorgang um das Verhalten meines Bruders (er wohnte in Berlin, ich in Dresden) wohl in der für mich angelegten Stasiakte zu suchen?

Dass die sogenannte soziale Herkunft vor allem eine Umschreibung für Sippenhaftung war, lernte ich – wie andere auch – zunehmend in der Schulzeit zu begreifen. Mit Erreichen der sogenannten Mittleren Reife verließ ich 1956 auf eigenen Wunsch die Pestalozzi-Oberschule in Dresden. Ich hatte immer den Wunsch, einen praktischen Beruf zu erlernen, wollte mich Vorverurteilungen mit Blick auf meine nächsten Verwandten in der Oberschule entziehen und sah in dem Beginn einer Lehre für mich die besten Chancen.

Bereits in der Grundschule gehörte ich als Sohn eines Angestellten, politisch bewertet, zu den Schülern zweiter Klasse. Die Selektierung nach der Herkunft, Arbeiter oder Angestellter, stand ja für alle lesbar im Klassenbuch. Unter der Rubrik „soz. Herkunft des Kindes (Stichjahr 1942)" stand neben dem Namen des Erziehungsberechtigten der „z. Zt. ausgeübte Beruf" und in einer anderen Spalte. „JP; FDJ seit …". Dort war bei meinem Namen eine Leerstelle.

Dass ich damit überhaupt auf die Oberschule – das bedeutete Abschluss nach dem 10 Schuljahr; zum Abitur waren zwei weitere Jahre notwendig - gehen durfte, war wohl einfach dem Umstand geschuldet, dass ich im Jahrgang 1954 einer der zwei Absolventen aus drei Klassen war, die die Grundschule nach 8 Schuljahren mit Auszeichnung abgeschlossen hatten (trotz der Note 2 in Geschichte und Gegenwartskunde).

Als mein zwei Jahre älterer Bruder in der Pestalozzi-Oberschule durch Aktivitäten in der Jungen Gemeinde auffiel, war ich dort für die vor allem ideologietreuen Lehrer nachhaltig gebrandmarkt. Man wurde sortiert nach Herkunft, Bekenntnis und Ergebenheit, vor allem sichtbar in der Bereitschaft, an vormilitärischer Ausbildung teilzunehmen und sich zum Soldaten auf Zeit zu verpflichten.

Mithilfe meines Vaters begann ich meine Lehre zum Feinmechaniker in einem mittelgroßen Privatbetrieb, der Firma Georg Rosenmüller im Zentrum Dresdens (Privatbetriebe gab es damals noch). Der theoretische Teil dazu wurde in der Allgemeinbildenden Berufsschule – zwei Tage in der Woche – vermittelt.

Damals war der Samstag noch bis Mittag ein normaler Arbeitstag, auch für Lehrlinge, und die Wochenarbeitszeit betrug 48 Stunden. Trotz des Wunsches, praktisch tätig sein zu wollen, empfand ich bald den Drang, nicht mein ganzes Leben in einer Werkstatt, also in der Fertigung, arbeiten zu müssen. Ich wollte dafür noch das Abitur erreichen und erhielt, wenn ich mich recht erinnere, damals als Erster und Einziger in Dresden auf Antrag meines Vaters die Genehmigung, gleichzeitig neben der Lehre die Abendoberschule an der Dresdner Volkshochschule zu besuchen. So konnte ich im Frühjahr 1959 nach einer halbjährigen Verkürzung der ursprünglich für drei Jahre vereinbarten Lehrzeit den Facharbeiterbrief erwerben und im Frühsommer des gleichen Jahres mit dem Abitur die Hochschulreife nachweisen. Die praktische Facharbeiterprüfung legte ich mit der handwerklichen Fertigung eines Parallelreißers einen Tag nach dem Tode meines Vaters in den Räumen des VEB Zeiß Ikon in Dresden ab.

Während der Lehrzeit unterlag ich keinerlei politischen Zwängen – nicht einmal zur Maidemonstration ging man (solange es noch ein Privatbetrieb war).

Rainer Jork, geb. 1940, 1959 Facharbeiterabschluß Feinmechaniker und Abitur an der Abendoberschule; Studium TH Dresden Maschinenbau/Regelungstechnik, Diplom 1965; 1964–1984 Projektierung von Automatisierungsanlagen VEB Reglerwerk Dresden; 1974 Promotion (außerplanmäßige Aspirantur TH Ilmenau; 1984–1990 Dozent Ingenieurschule Meißen. 1990 Mitglied der frei gewählten Volkskammer und bis 2002 Mitglied des Bundestages. 2002 Bundesverdienstkreuz.

***

Maschinenbaustudium an der TH/TU Dresden

Frei nach Karl Marx: Das Sein formt das Bewusstsein

Dr.-Ing. Rainer Jork (TH/TU Dresden, Studienjahrgang 1959, Fakultät Maschinenwesen, Diplom 1965, Promotion 1974)

Mein Maschinenbaustudium begann mit einem halben Jahr Vorpraktikum mit Blick auf für den Maschinenbau sinnvolle Fertigungsverfahren in unterschiedlichen Betrieben, vermittelt durch die Studienorganisation an der Technischen Hochschule Dresden. Als gelernter Feinmechaniker mit Berufsabschluss musste ich dabei nur noch ein Praktikum im Modellbau und in einer Gießerei absolvieren, konnte also noch einige Monate in meinem ehemaligen Lehrbetrieb Geld verdienen (monatlich 500 Mark).

Mit dem eigentlichen Beginn des Studienbetriebes, also im Frühjahr 1960, merkte ich bald, dass meine theoretischen Vorkenntnisse (beispielsweise in Mathematik und Physik) oft nicht jenen entsprachen, die auf dem üblichen Wege zum Abitur erreicht wurden. Das galt auch für den vergleichsweise guten Wissensstand jener Kommilitonen, die ihre Hochschulreife über eine Ingenieurschule oder gar die ABF (Arbeiter-und-Bauern-Fakultät an der TH Dresden) erworben hatten. Ich hatte ordentlich aufzuholen.

Freizeitgestaltung während des Studiums war also erst einmal kein Thema für mich. Durch die den gewählten Fachrichtungen entsprechende Aufteilung der Studenten auf Seminargruppen mit festgelegten Seminargruppenberatern (meist Assistenten aus den gewählten Fachbereichen) waren Vergleiche, gegenseitiges Helfen und Lernpartnerschaften erleichtert und üblich. Oft fertigten wir bis zum Vordiplom bei mir zu Hause, also in der Wohnung meiner Mutter, in einer kleinen Gruppe gemeinsam Belege an. Unter Beleg verstand man eine ein bestimmtes Fachgebiet erfassende mehr oder weniger komplexe Hausarbeit, mit deren Vorlage eine Benotung verbunden war. Sie galt als Nachweis für die Fähigkeit, eine konkrete, in der Regel praxisrelevante Aufgabe, auf wissenschaftlicher Grundlage zu lösen. Das Grundstudium wurde mit dem Großen Beleg abgeschlossen.

In der Vorabsprache vereinbarten wir dann mitunter, eine „Nationalhymne" abzuarbeiten, das heißt, dann saßen wir bis über Mitternacht – wenn im Deutschlandfunk die Nationalhymne kam – zusammen. Wir fanden es im Übrigen durchaus normal und nicht besonders bemerkenswert, dass auch Mädchen mit uns studierten, und Kommilitoninnen wurden im Studium nicht anders behandelt als die Kommilitonen.

Die persönlichen Mitschriften von Lehrveranstaltungen waren die wesentliche Grundlage für das Studium, denn die für uns heute selbstverständliche Kopiertechnik gab es nicht und gedruckte Unterlagen - etwa die Lehrbriefe des Fernstudiums in den entsprechenden Fachrichtungen - waren nicht oder nur schwer zu bekommen. Wenn man einmal nicht an einer Fachvorlesung teilnehmen konnte, fand man aus dem Kreis der Kommilitoninnen oder Kommilitonen immer jemanden, der für einen „mitschrieb", also Blaupapier unter die eigene Mitschrift legte und ein Duplikat anfertigte. Für die Lehrveranstaltung „Wärmelehre" erhielt ich freundlicherweise vom Oberassistenten die in den Vorlesungen gezeigten Filmabschnitte (Diagramme usw.) und war damit in der Lage, Fotokopien für die Vorlesungsmitschriften anzufertigen, die ich in großer Anzahl dann auch kopierte und verteilen konnte.

Angesichts der oft unzureichenden Wohnbedingungen für nicht in Dresden beheimatete Kommilitonen waren bei mir zu Hause am großen Stubentisch vergleichsweise komfortable und störungsfreie Arbeitsmöglichkeiten gegeben.
Mit uns gemeinsam besuchten Offiziere der Dresdner Offiziershochschule der Nationalen Volksarmee (NVA) in Uniform die Vorlesungen der ersten Semester, vor allem also in den Grundlagenfächern, wie Mathematik, Physik, Wärmelehre und Technische Mechanik. Sie waren älter als die „Normalstudenten" und kamen oft gemeinsam mit Armeefahrzeugen zu den Lehrveranstaltungen angefahren. In den Übungen, Seminaren und Praktika waren sie für uns jedoch nicht sichtbar.

Ich entsinne mich an lediglich einen Fachrichtungswechsel in meiner Seminargruppe. Bei Scheitern des Studiums wegen unzureichender Leistungen gab es auf direktem Wege keinen Neustart des Universitätsstudiums. Der

Übergang zu einer Ingenieurschule war aber grundsätzlich möglich. Vereinzelt kamen leistungsbegründete Exmatrikulationen vor.

Wer sich bereits mit Sonderverpflichtungen bei der Nationalen Volksarmee „bewährt" oder für ein längeres Dienen verpflichtet hatte, erhielt beachtliche Sonderstipendien. Ich meinte anfangs, mit meinem Facharbeiterabschluss zur Arbeiterklasse zu zählen und ein entsprechendes Stipendium (190 Mark) erhalten zu können, wurde jedoch als Sohn eines Angestellten mit 140 Mark monatlich der „Klasse" der Angestellten zugeordnet. Dabei spielte keine Rolle, dass mein Vater nicht mehr lebte. Später bekam ich dann aber noch ein Leistungsstipendium von monatlich 40 Mark und konnte meine finanzielle Lage durch Arbeit als Hilfsassistent aufbessern. Als Hilfsassistent unterstützte man die Assistenten und Professoren in den Übungen der niedrigeren Semester oder deren Vorbereitung, hatte also neben der Möglichkeit, sich etwas Geld zu verdienen auch jene, sich im selbst gewählten Fachgebiet weitergehend zu informieren und zu qualifizieren.

Das funktionierte alles für mich vor allem auch deshalb, weil ich in Dresden, meinem Geburtsort, mietfrei bei meiner Mutter wohnen konnte und von ihr auch sonst erheblich unterstützt wurde (sie erhielt von mir 70 Mark monatlich für den Lebensunterhalt). In den Semesterferien arbeitete ich üblicherweise einige Wochen als Feinmechaniker bzw. Konstrukteur – meist in meinem ehemaligen Lehrbetrieb.

Das Studium, sein zeitlicher Ablauf und Inhalt sowie der Termin einer jeden Prüfung waren eindeutig vorgegeben. In einem persönlichen Studienbuch wurde dies semesterweise eingetragen und war damit für jeden einsehbar. Das setzte die Studenten einerseits unter erheblichen Druck und schränkte ihre Möglichkeiten ein, etwa nicht vorgegebene Lehrveranstaltungen nach eigenem Wunsch zu besuchen. Andererseits war damit eine strenge Selbst- und Fremdkontrolle möglich, die in der Regel auch die Überschreitung der vorgegebenen Studienzeit verhinderte.

Auslandssemester waren für den Normalstudenten nicht denkbar. Im Gegensatz zu der heute als selbstverständlich empfundenen und mit Leichtigkeit in Anspruch genommenen Freiheit bei der Gestaltung des Studiums war damals die Einhaltung der Regelstudienzeit die Norm. Der Diplomabschluss nach 11 Semestern und die entsprechende Berufsbefähigung wurden also in der Regel mit 25 Jahren erreicht. Den Absolventen bot dieses im Vergleich mit heute niedrige Berufseintrittsalter günstige Voraussetzungen für den Schritt in die Arbeitswelt – für Ingenieure in der Regel in der volkseigenen Industrie.

Mit durchschnittlich drei Wochenstunden Vorlesung und Seminar belastete das sogenannte gesellschaftswissenschaftliche Studium (Dialektischer Materialismus, Politische Ökonomie, Wissenschaftlicher Sozialismus usw.) das persönliche Zeitbudget erheblich, zumal dabei Anwesenheitskontrollen üblich waren. Man erhielt in diesem Fach persönliche Aufträge zum Studium bestimmter vorgegebener Literatur, deren Auswertung einschließlich eines persönlichen Standpunkts man dem Studentenkollektiv vortragen musste.

Studierende der TU Dresden auf Studentenaustausch in Polen 1962 (Foto privat). Dritter von rechts hinten: R. Jork, zweite von links auf der Bank G. Krause – siehe ihren Beitrag „Als junge Frau einen technischen Beruf ergreifen ...“

Als ein besonderes Privileg erlebte ich 1962 die Möglichkeit zur Organisation und Durchführung eines Studentenaustauschs mit einer Studentengruppe aus Kattowitz in Polen. Von dort hatte man – natürlich über die FDJ (Freie Deutsche Jugend) – nach einer Partnergruppe in Dresden gesucht. Ich hörte davon und nahm den Kontakt auf. Dabei kam uns ein günstiger Umstand zu Hilfe. Ein Mitglied unserer Seminargruppe, SED-Mitglied, bekleidete eine höhere Funktion in der Hierarchie der FDJ an der TH und verfügte damit über geeignete Kanäle zum Zentralrat der FDJ in Berlin. So bekamen wir tatsächlich die Genehmigung zur Durchführung des Studentenaustauschs und auch eine gewisse Unterstützung (beispielsweise Verpflegungsgutscheine) für den Gegenbesuch von Studenten aus Kattowitz. Als Gruppe von etwa 18 Personen reisten wir nach Kattowitz und Krakau, sahen dort unter anderem ein Bergwerk und natürlich die Hochschule, besuchten das KZ Auschwitz und wanderten – das war für uns alle die Hauptsache – mit Rucksack durch die Hohe Tatra von einer Hütte zur nächsten. Hier konnten wir relativ offen mit den polnischen Studenten diskutieren. Wir beneideten sie um die dort möglichen Freiräume – zum Beispiel für Reisen ins kapitalistische Ausland. Im Zusammenhang mit der offiziellen Reisegenehmigung im Rahmen des internationalen Studentenaustauschs erhielt ich auf Antrag den in Prag organisierten internationalen Studentenausweis, der mir ein gewisses Gefühl von Weltoffenheit vermittelte. Für mich und viele von uns lösten diese ersten Begegnungen mit einem Hochgebirge, eine nachhaltige Sehnsucht nach den Bergen aus. Wenn man erst einmal die Alpen erleben dürfte!

Beim Gegenbesuch übernachteten wir mit unseren Gästen in Jugendherbergen und zeigten den polnischen Partnern die Kunstschätze und schöne Umgebung Dresdens, die Sächsische Schweiz und Weimar.

Im Frühjahr 1965 konnte ich das Studium mit dem Diplom auf dem Gebiet Feinmechanik/Regelungstechnik abschließen. Der deutliche Praxisbezug, das Gefühl, an etwas Nutzbarem mitwirken zu können, hat mir dabei sehr entsprochen. Ich spürte, das für mich richtige Studium gewählt zu haben. Die Erfahrungen mit dem Großen Beleg, der vor der eigentlichen Diplomarbeit anzufertigen war und in dessen Rahmen ich die Stabilität konkreter industriell hergestellter Ventile zu untersuchen und Konstruktionsvorschläge zu unterbreiten hatte, waren mir bei der späteren Diplomarbeit sehr hilfreich. Das betraf durchaus auch rein formale Regeln zur Abfassung einer wissenschaftlichen Arbeit. Unvergessen ist für mich in diesem Zusammenhang der Hinweis von Prof. Heinrich Kindler dass bei Namensangaben sowjetischer Autoren im Literaturverzeichnis natürlich außer dem Familiennamen sowohl Vorname als auch Vatersname anzugeben sind. Kindler war Physiker und Pionier der Regelungs- und Steuerungstechnik, gründete 1955 das erste Institut für

Regelungstechnik an der TH Dresden (später TU Dresden). Während des Zweiten Weltkriegs war er an der Entwicklung der Steuerungssysteme der V2-Rakete beteiligt, die für deren präzise Lenkung entscheidend waren.

Wunschgemäß wurde ich nach dem Studium an den VEB Reglerwerk Dresden vermittelt und fand dort eine Arbeitsstelle als Projektant von Automatisierungsanlagen.

Was fand ich an meinem Studium an der TUD gut oder sinnvoll?

- Die fachliche Qualität der technisch-wissenschaftlichen Lehrveranstaltungen mit spürbarem Praxiskontakt und fundiertem wissenschaftlichen Hintergrund,
- den sinnvollen Leistungsdruck mit dem Ziel, die Regelstudienzeit einzuhalten,
- die fachliche Beratung und die Möglichkeit gemeinsamen Studierens mit Gleichinteressierten.

Worauf hätte ich während des Studiums gern verzichtet?

- Die ideologischen Zwänge mit den relativ zeitraubenden „gesellschaftswissenschaftlichen" Lehrveranstaltungen inklusive integriertem Bekenntniszwang, Bevormundung und Verunsicherung (damit lernte man eher zu schweigen, als sich in gutem Gespräch, in der Diskussion zu üben),
- die jegliche studentische Freiräume begrenzenden Vorgaben zu Studienablauf und Freizeit (Pflichteinsätze und vormilitärische Ausbildung; extreme Einschränkung von Reisemöglichkeiten, sogar in sogenannte befreundete Staaten in Osteuropa),
- die spürbare Sippenhaftung und Kontrolle,
- der begrenzte Zugang zu Literatur außerhalb des Ostblocks.

Demokratie ist ebenso wie die Freiheit beim Studium gleichermaßen Chance wie auch Verpflichtung. Mögen Studierende heute in diesem Bewusstsein ihre Zeit und ihr Studium mit Blick auf ihr späteres Leben und die globale Welt verantwortungsbewusst und engagiert nutzen.

***

In Memoriam Wolfgang Zill
Ein Beitrag von Rainer Jork

Mein bester Studienfreund aus meiner Dresdner Seminargruppe, Wolfgang Zill, begann nach dem Studium per Zuweisung seine Arbeit im VEB KIB Chemie Leipzig. Als er nach einiger Zeit zum VEB GRW Teltow, dem Leitbetrieb für Automatisierungstechnik in der DDR, wechseln wollte und dafür bereits von dort eine Einstellungszusage erhalten hatte, wurde ihm dies von der Kaderabteilung von KIB wegen „Unabkömmlichkeit" wirksam verweigert. Den Unterlagen der „Zentralen Beweismittel- und Dokumentationsstelle der Landesjustizverwaltungen" in Salzgitter (vom 12.10.1992) ist zu entnehmen: Wolfgang Zill versuchte am 15. Januar 1969, die DDR über die Elbe zu verlassen. Bei Eisgang ließ er sich mit einem speziell von ihm angefertigten Überlebensanzug auf der Elbe im Raum Dannenberg treiben, um auf bundesdeutsches Gebiet zu gelangen. Er kam unbemerkt elbabwärts unterhalb der gewünschten Stelle auf bundesdeutschem Gebiet an, zog den Gummianzug aus und wollte menschlichen Kontakt finden.

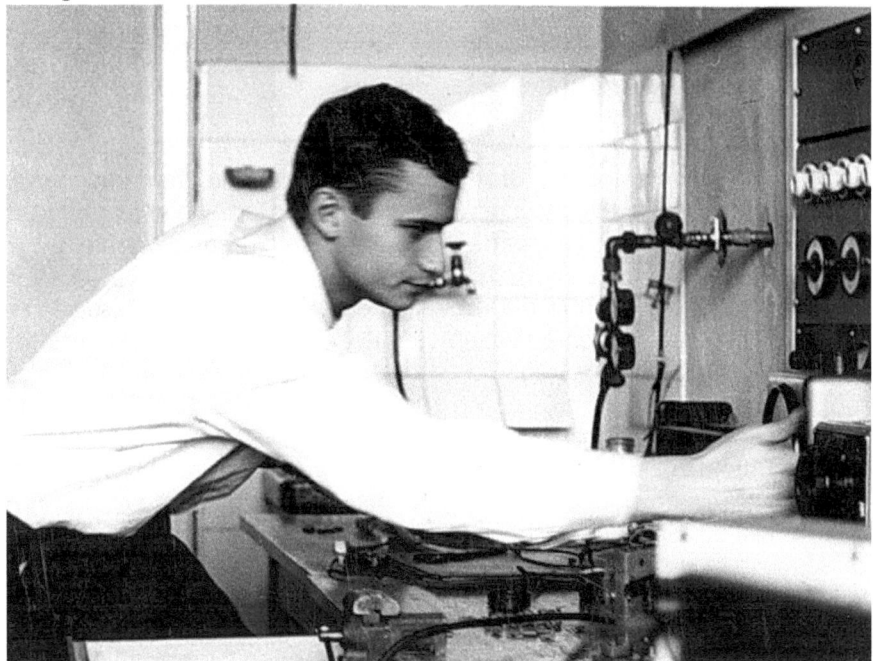

Wolfgang Zill bei Laborversuchen an der TU Dresden

Ein Beamter des bundesdeutschen Grenzschutzes sah noch, wie der unterkühlte Flüchtling zusammenbrach und rief nach ärztlicher Hilfe. Die eingetretene Unterkühlung war jedoch so stark, dass Wolfgang trotz Reanimationsversuchen nicht wiederbelebt werden konnte. Er starb bei seinem Fluchtversuch.

Am 12. Juli 2000 beschloss die Ratsversammlung in Leipzig, dort eine Straße nach Zill zu benennen.

***

** Kommentierung zeithistorisch **– Arbeitsplatz Verpflichtung

Auch dieses Thema war ein prägender Bestandteil des Studiums in der DDR. In den 1950er- und 1960er-Jahren war es üblich, dass sich Studierende bereits mit Beginn oder im Verlauf ihres Studiums verpflichten mussten, nach Abschluss ihrer Ausbildung an einem vom Staat vorgegebenen Arbeitsplatz tätig zu werden. Dieses System wurde als **„staatliche Arbeitslenkung"** bezeichnet. Wolfgang Zill wurde letztlich Opfer dieses rigorosen Systems. Die Zuweisung an seinen „Erstbetrieb" führte dazu, dass er versuchte, sich der staatlichen Bevormundung durch Flucht zu entziehen – ein Schritt, der tragischerweise mit seinem Tod endete.

Hintergrund

- **Arbeitsverträge vor Studienbeginn:** Häufig mussten Studierende bereits vor Aufnahme ihres Studiums Arbeitsverträge unterzeichnen, die sie nach Abschluss an einen bestimmten Einsatzort banden.
- **Ziel:** Diese Regelung sollte die Bedürfnisse der zentral gesteuerten Planwirtschaft erfüllen. Der Staat stellte so sicher, dass Absolventen in unterversorgten Branchen oder Regionen eingesetzt wurden.
- **Einsatzorte:** Die zugewiesenen Arbeitsplätze konnten sowohl in städtischen Zentren als auch in abgelegenen ländlichen Gebieten liegen, je nach Bedarf.
- **Pflicht zur Erfüllung:** Die Nichteinhaltung der Verpflichtung galt als Vertragsbruch und konnte Sanktionen nach sich ziehen, wie den Verlust der Studienberechtigung oder finanzielle Rückforderungen.

Dieses System wurde erst ab den 1970er-Jahren schrittweise gelockert, blieb jedoch bis zum Ende der DDR ein Instrument des staatlichen Einflusses auf die Berufswahl.

***

Kollektivierung der Landwirtschaft – wir Studenten waren dabei

Dipl.-Ing. Günter Knoblauch (Studienjahrgang 1959 ABF der TH Dresden, 1962 TU Dresden, Elektrotechnik, 1966 Exmatrikulation, 1968 Fernstudium, Diplom 1970)

Das Thema Kollektivierung der Landwirtschaft war für mich als 19-jähriger Student im ersten Jahr an der Arbeiter-und-Bauern-Fakultät (ABF) der TH Dresden zunächst etwas Abstraktes - man hörte oft davon, aber fühlte sich nicht persönlich betroffen. Das änderte sich schlagartig.

Eines Tages wurden wir darüber informiert, dass wir eingesetzt würden, um Bauern zu überzeugen, dass ihre Zukunft nur in den neuen Landwirtschaftlichen Produktionsgenossenschaften (LPG) liege.

Bisher hatte ich meist eine plausible Erklärung parat, warum ich erst spät bei den Jungen Pionieren und ebenso spät in die FDJ eingetreten war – eine Erklärung, die ich bereithalten musste, wenn ich von einem Genossen oder Funktionär mit Misstrauen auf meine politische Haltung angesprochen wurde. Ein weiterer „Makel" meiner Biografie war, dass ich die Konfirmation der Jugendweihe vorgezogen hatte.

Nun aber stand ich plötzlich im Zentrum einer politischen Aktion. Die Optionen waren klar: entweder Mitmachen - im Sinne von *„die Partei hat immer recht"*, also sich anpassen und ausführen, was erwartet wurde - oder hinterfragen und diskutieren. Letztere hätte unweigerlich das Ende meines Studiums bedeutet.

Unsere gesamte Studiengruppe wurde morgens mit dem Bus in ein Dorf bei Dresden gebracht. In der Einsatzzentrale erwartete uns bereits ein ganzer Stab von Funktionären. Zunächst erhielten wir eine Einführung zum Ziel der Aktion. Es folgten Erläuterungen zu den Beschlüssen von Partei und Staat zur Kollektivierung. Man habe bereits viel erreicht, hieß es, doch es gebe weiterhin Widerstände - einige Bauern seien sogar feindlich gesinnt.

Anschließend wurden wir instruiert, mit welchen Argumenten wir arbeiten sollten. Danach teilte man uns in kleine Gruppen von vier bis fünf Studenten ein. Jede Gruppe erhielt eine gesonderte Einweisung in die von uns erwartete Vorgehensweise. Am Ende bekamen wir eine Liste mit Namen der Bauern, die wir aufsuchen sollten.

Ich erinnere mich an drei Gehöfte, die wir besuchten. Für jedem einzelnen Bauern lagen Informationen vor: über seine politische Einstellung, seine bisherigen Argumente mit denen er sich geweigert hatte, seinen Bauernhof in die LPG einzubringen, und wie wir ihn am besten „bearbeiten" sollten. Auch die vorbereiteten Unterschriftsformulare für den Eintritt in die LPG wurden uns gleich mitgegeben. Zum Abschluss der Einweisung sagte der Genosse: „Ihr geht erst wieder vom Hof, wenn der Bauer unterschrieben hat!"

Mit einem Gefühlsgemisch aus Unsicherheit und Unbehagen machten wir uns auf den Weg. Wir hatten eine Aufgabe - aber ob wir ihr gewachsen waren, wussten wir nicht. Besonders ich und ein weiterer Kommilitone zweifelten, ob das, was man von uns verlangte, überhaupt richtig war.
Im Dorf hatte sich längst herumgesprochen, was die Bauern erwartete. Als wir den ersten Bauernhof erreichten, kam uns der Bauer mit einer Mistgabel entgegen. Er hob beide Arme und rief: „Sind wir jetzt schon wieder so weit?"

Ein Satz, der unmissverständlich auf die Methoden der NS-Zeit anspielte. Wir waren von dieser drastischen Willensbekundung schockiert und verunsichert. Mich überkam ein Gefühl tiefer Scham: *Was mache ich hier eigentlich?*
Was danach geschah, weiß ich nicht mehr. Ein Gespräch mit diesem Bauern ist mir nicht mehr in Erinnerung geblieben.
Beim zweiten Gehöft öffnete niemand, obwohl wir sahen, dass Bewohner im Haus waren. Nach einiger Zeit des verlegenen Wartens gaben wir auf und gingen.

Beim dritten Gehöft hatten wir mehr Glück. Eine ältere Bäuerin öffnete uns, wir durften in die Küche - der erste Schritt war getan.
Eine meiner Kommilitoninnen, Heidi Ruppel, eine sympathische junge Frau mit kommunistischer Überzeugung, kam selbst aus einem Dorf in Mecklenburg. Sie kannte das Leben und die harte Arbeit auf dem Land und übernahm die Gesprächsführung. Ihre Argumente waren klar: Das Leben würde nun für alle leichter, jeder Genossenschaftsbauer müsse künftig nur noch 45 Stunden pro Woche arbeiten. Die schwere Arbeit würde durch neue Maschinen erleichtert, und durch Zusammenarbeit entstehe Solidarität. Mit Blick auf die alte Bäuerin sagte sie: „Sie müssen dann auch nicht mehr die schweren Arbeiten machen ..."
Inzwischen war der Bauer – ein Mann um die fünfzig, vermutlich ihr Sohn – gekommen. Schon in seinen ersten Worten war die Spannung, ja Aggression deutlich spürbar. Er nannte mehrere Namen anderer Bauern im Dorf, die bereits in der LPG waren, und sagte mit beißender Ironie. „Das waren schon

immer die faulsten Hunde im Dorf - und mit denen solle ich meinen sauberen Hof teilen? Niemals!"

Jedes Argument, das wir im Sinne der Genossenschaften vorbrachten - aus unserer Sicht durchdacht und überzeugend – prallte an dieser Haltung ab. Was als sachliche Überzeugungsarbeit gedacht war, wirkte plötzlich wie ein hilfloser Versuch, gegen etwas anzureden, das für ihn entschieden war. Mit einem einzigen, klaren Satz hatte er das System und seine Verheißungen für sich ad absurdum geführt.

Ich weiß heute nicht mehr, ob wir noch weitere Gehöfte aufsuchten. Was mir jedoch in Erinnerung blieb, ist das Ergebnis: Es war vernichtend. Wir hatten vergeblich versucht, den Bauern zu erklären, wie sie zu leben hätten – und keine einzige Unterschrift erhalten.

Ein Jahr später: Wir standen mit dem damaligen Direktor der ABF in Dresden, Herrn Richter, zusammen und sprachen über einen Ernteeinsatz, der am kommenden Wochenende stattfinden sollte. Es war gekommen, wie es kommen musste: Die zwangskollektivierte Landwirtschaft funktionierte nicht mehr so wie zuvor in privater Hand. Viele Bauern waren in den Westen geflüchtet, da sie in den sozialistischen Produktionsgenossenschaften nicht ihre persönliche Zukunft sahen. Nach 1945 hatten sie im Rahmen der Bodenreform Land erhalten - jetzt nahm man es ihnen wieder weg.

Zur Erntezeit fehlten nun die Arbeitskräfte in den Dörfern. Und die, die geblieben waren, fragten sich: *Wozu? Man hat uns doch versprochen: kürzere Arbeitszeiten, freie Wochenenden, moderne Maschinen.* Die Realität sah anders aus – und so mussten Studenten und Arbeitskollektive zur Unterstützung aufs Land geschickt werden.

Direktor Richter berichtete von einem Vorfall in der Vorwoche: Ein Student hatte ihm vor einem geplanten Ernteeinsatz erklärt, dass er am Sonntag nicht teilnehmen könne – er müsse im Kirchenorchester Trompete spielen. Die Reaktion des Direktors: „Am Montag hatte ich diesen Studenten bereits exmatrikuliert."

Unsere Reaktion? Zustimmendes Schweigen. Kein Widerspruch. Wir jungen Studenten an der ABF hatten längst verstanden, wie das System funktionierte. Anpassung war der Schlüssel. Opportunismus war für uns keine Option, sondern eine Überlebensstrategie – die einzige Möglichkeit, das Studium fortsetzen.

Was ich damals noch nicht wissen konnte und erst aus den Studentenakten erfuhr: Bereits bei meinem Aufnahmegespräch an der ABF hatte Richter für mich vorgegeben: *„Auf seine politische Entwicklung achten. Es muss ständig auf ihn Einfluss genommen werden."*

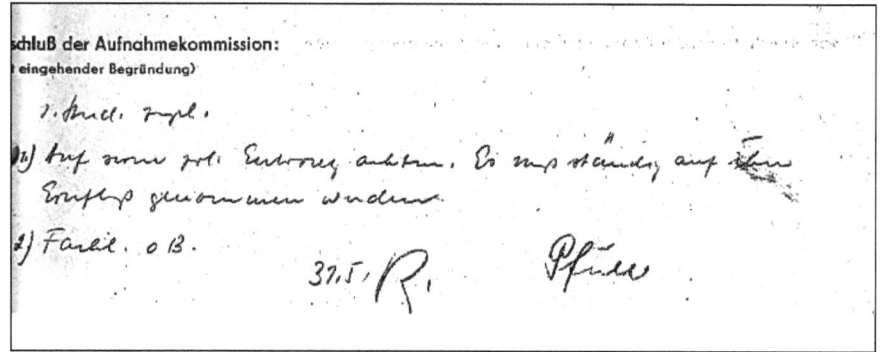

Zum Studium zugelassen - 1) Auf seine politische Entwicklung achten. Es muß ständig auf ihn Einfluss genommen werden. 2) Fachlich o.B. – R (Richter, Dir. der ABF Dresden)

Richter galt als politischer Hardliner und SED-Kader. Nach seiner Zeit an der ABF übernahm er von 1962–1983 die Leitung der EOS Kreuzschule Dresden. Seine Aufgabe war es, die Schule, die unter anderem durch den Widerstand des Kreuzkantors Rudolf Mauersberger und des Kollegiums als „reaktionär", freigeistig und oppositionell galt, im Sinne von Staat und Partei zu „ordnen" (Quelle: Sonya Winterberg, „Wie keine andere – Die Dresdner Kreuzschule in der DDR", Berlin 2016).

An der TU Dresden – wie auch anderen Hochschulen in der DDR galten uneingeschränkte Loyalität nicht nur als wünschenswert, sondern wurden strikt eingefordert – Diskussion oder kritische Rückfragen zum politischen Kurs waren unerwünscht. Wer sich weigerte, sich für die ideologischen Ziele des Staates vereinnahmen zu lassen, riskierte viel: den Verlust des Studienplatzes, staatliche Repressionen oder langfristige Einschränkungen der beruflichen und persönlichen Entwicklung. Kein Wunder also, dass sich die große Mehrheit der Studierenden anpasste – etwa 95 Prozent, mich eingeschlossen. Nicht aus Überzeugung, sondern aus Einsicht in die Realität. Anpassung war keine bewusste Entscheidung, sondern ein notwendiger Selbstschutz – und in vielen Fällen der einzige Weg, das Studium fortsetzen zu können.

Wie umfassend die Überwachung in der DDR bereits in den 60er-Jahren funktionierte, zeigte sich auch bei meiner Frau. Sie studierte von 1964 bis 1968 an der Humboldt-Universität in Berlin. Während einem Pflicht-

Ernteeinsatz ging sie an einem arbeitsfreien Sonntag – wohl aus Langeweile und in Gemeinschaft mit einigen Kommilitoninnen in die Dorfkirche.

Später stellte sie fest, dass dieser Kirchbesuch in den lebenslang berufsbegleitenden Personalakten der Studentinnen dokumentiert worden war - mit dem Vermerk: „Kirchgänger".

Ein solcher Eintrag galt in der damaligen DDR als belastend und konnte die späteren beruflichen Karrierechancen erheblich einschränken. Es war ein weiteres Beispiel dafür, wie selbst beiläufige Handlungen im privaten Raum registriert - und bei Bedarf gegen die Betroffenen verwendet - wurden.

Während der Ernteeinsätze gab es auch Momente von Leichtigkeit, Situationskomik – und manchmal schon Absurdität. Ein solcher Ernteeinsatz ist mir besonders in Erinnerung geblieben: Im September 1965 – ich war inzwischen im 6. Semester an der TU Dresden – wurde unsere Seminargruppe zum Kartoffellesen in eine Region nördlich von Berlin geschickt.

Die angekündigten Erntemaschinen, von denen zuvor die Rede war, waren bei den Genossenschaftsbauern offenbar nie angekommen. Offiziell sprach man von „Agrargenossen", aber diese Bezeichnung habe ich vor Ort kein einziges Mal gehört.

Studenten der TU Dresden 1965 beim Kartoffellesen. Die mit der Kollektivierung versprochene Erntetechnik blieb aus (Foto: Matthias Markert)

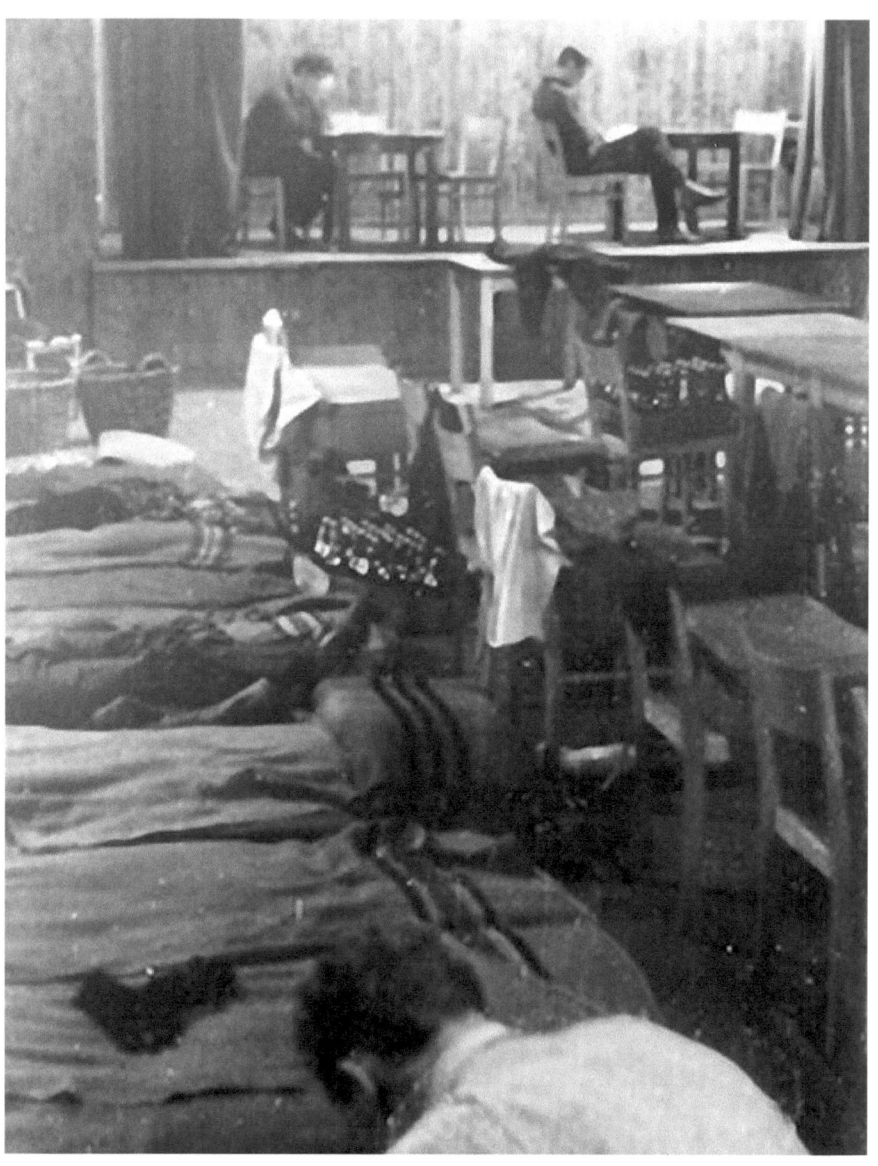

Ernteeinsatz in Mecklenburg – zum Schlafsaal umfunktioniertes Kulturhaus (Foto: Matthias Markert)

Die Kollektivierung hatte nicht nur das selbstständige Bauerntum beseitigt, sondern oft auch die benötigten Arbeitskräfte. Früher half bei der Ernte jede Hand im Haushalt – Kinder, Eltern Großeltern. Nach der Kollektivierung fehlten viele dieser Menschen plötzlich. Besonders bei der arbeitsintensiven Kartoffelernte machte sich das deutlich bemerkbar.

Unser Quartier war der kleine Theatersaal eines ehemaligen Gasthofs. Die Genossenschaft hatte entlang der Wände Strohsäcke ausgelegt, Decken dienten als Ersatz für Bettwäsche. Auf der Bühne war ausreichend Licht, sodass wir zwei Tische und ein paar Stühle aufstellen konnten – dort lasen wir abends noch in unserem Studienmaterial. Eine weitere Studentengruppe der TU Dresden war in einem anderen Gebäude untergebracht.

Freizeitmöglichkeiten gab es im Ort kaum. So blieb uns abends als Treffpunkt nur die Dorfkneipe. Dort kamen wir schnell mit den Männern aus dem Dorf ins Gespräch. Sobald wir eintraten, gab es zuerst immer einen 40-prozentigen Klaren mit einer eingelegten Pflaume. Das gehörte offenbar zur lokalen Begrüßungskultur. Da der Schnaps billig war, genehmigten wir uns im Laufe des Abends locker einen Klaren nach dem anderen - natürlich mit Pflaume. Das löste die Zungen.

In der Kneipe drehten sich unsere Gespräche regelmäßig um die Kollektivierung und ihre Folgen. Laut staatlicher Propaganda sollte der Arbeitskräftemangel längst Geschichte sein – schließlich war mit der Kollektivierung auch die moderne Technik aufs Land gekommen. Man hatte den Bauern sogar Kartoffelernte-Kombinen versprochen, die schnell und effizient arbeiten und die mühsame Handarbeit überflüssig machen sollten. Doch wo waren sie? Die Realität war: Die Kombine war nicht gekommen – wir waren es. Die Studenten.

Die Männer in der Kneipe sprachen offen. Viele erfüllten nur noch ihre vorgeschriebenen Arbeitsstunden – nicht mehr, nicht weniger. „Das reicht", ließen sie durchblicken. Schließlich hatten die meisten zu Hause noch ihren kleinen Nebenerwerb: ein paar Hühner, ein Stück Garten, der versorgt werden wollte.
Ich fragte mich, was eigentlich aus all den großspurigen Versprechungen geworden war. Wenige Jahre zuvor hatte ich selbst – wenn auch halbherzig - als Teil eines Agitationstrupps mitgewirkt, Bauern von der LPG zu überzeugen. Ich hatte das Mantra der besseren Zukunft mitgetragen.

Aber hier, in der Dorfkneipe, mit einem klaren Blick in die Augen derer, die den Alltag trugen – da schwieg ich.

Propagandafoto „Das Vollgenossenschaftliche Dorf" (BArch. 183-68288-0001 (H.Schaar)

Ich kannte viele dieser Dörfer bereits aus meiner Zeit an der ABF. Auch die standardisierten, sinnentleerten Sprüche waren mir vertraut – Parolen, die auf Plakaten, Häuserwänden und Schildern prangten, ähnlich wie etwa der Spruch am Hoftor des noch sinnbildlich verfallenen Hauses: „Höhere Milchproduktion – das ist ein Schlag gegen die Kriegstreiber".

Solche Parolen schrieb man nicht, weil sie irgendjemand glaubte., sondern weil die SED sie hören wollte. Sie waren Teil der Inszenierung – Hüllen ohne Inhalt.

Und hier in der Kneipe, nach ein paar Klaren mit Pflaume, öffneten sich die Männer. Sie erzählten, dass viele Bauern aus den umliegenden Dörfern längst „in den Westen abgehauen" seien – so sagten sie es. In ihren Stimmen lag Frust. Resignation klang durch.

Ich fragte mich: Als was sehen sich diese Männer eigentlich? Als Bauern? Diese Rolle existierte offiziell in der DDR nicht mehr. Als Landarbeiter? Als Genossenschaftsmitglieder?

Auf meine – vielleicht etwas naiv formulierte - Frage: „Es muß doch aber vorangehen, es heißt doch immer, dass überall auf dem Lande gebaut wird"? antwortete einer der Männer trocken: „Ja, gebaut wird schon. Aber voran geht es erst, wenn alle ihren Eigenbedarf gedeckt haben."

Im Klartext hieß das: Auf den Baustellen wird geklaut – offen, systematisch und mit stillschweigender Billigung. Ein Sack Zement war ein begehrtes Gut, das jeder gut für Reparaturen am Haus, dem Hühnerstall, … für den Eigenbedarf gut gebrauchen konnte. In der DDR war eben alles Mangelware.

„Vollgenossenschaftliches Dorf – höhere Marktproduktion – das ist ein Schlag gegen die Kriegstreiber". Das Foto wurde vor 1961 in der DDR aufgenommen. (Foto: Harald von Koenigswald

Wie zu erwarten, litten wir nach den ersten zwei Tagen der Kartoffelernte unter erheblichen Rückenproblemen. Doch wie entkam man dieser Tortur – ohne direkt zu rebellieren?
Wir sprachen scherzhaft vom „Heimatschuss" – ein Begriff aus den Weltkriegen. Damals bezeichnete er eine Verletzung, die zur Behandlung in die Heimat führte und damit oft das Überleben sicherte. Hier, im Jahr 1964, meinten wir damit eine medizinische Krankschreibung, die uns von der feldarbeitbedingten Plackerei befreite.

Einer meiner Freunde, Falk Anders, hatte für alle Fälle einen Brief dabei - soweit ich mich erinnere, geschrieben von seinem Onkel für einen befreundeten Arzt in der Kreisstadt. Der Inhalt war subtil: freundliche Grüße, verbunden mit dem Hinweis, dass der Überbringer aufgrund der schweren Feldarbeit sicher bald gesundheitliche Probleme haben werde - was der Arzt sicher verstehen würde. Ein stiller Wink - ein *Heimatschuss* auf Empfehlung. Doch es gab ein Problem: Wir waren zu dritt - aber nur ein Brief.

Unsere Absprache war, dass Falk als Verwandter zuerst zum Arzt gehen und es ohne den Brief versuchen sollte. Wenn das funktionierte, würde er mir den Brief übergeben. Falls ich es ebenfalls ohne schaffen würde, sollte unser dritter Freund ihn bekommen.

Der Plan ging tatsächlich auf. Falk wurde mit dem Hinweis auf Rücken- und Hüftprobleme ohne Weiteres krankgeschrieben – ganz ohne Brief. Auch ich hatte Glück: Ich erwähnte meine *Skoliose* – eine Diagnose, die mir irgendwann einmal von einem Arzt beiläufig mitgeteilt worden war. So genau wusste ich allerdings gar nicht, was das eigentlich war.

Nur unser dritter Freund hatte weniger Glück: Der Arzt sah ihn an, schüttelte leicht den Kopf und sagte: „Heute habe ich schon zwei krankgeschrieben. Kommen Sie morgen wieder." Damit war klar: Heute kein Heimatschuß. Kein Brief. Kein Entkommen - vorerst. Er reiste einen Tag später zurück nach Dresden – der kostbare Brief blieb ungenutzt.

Heute muss darüber schmunzeln. Aber wären wir damals aufgeflogen, hätte uns drei wohl das gleiche Schicksal ereilt wie den Trompeter aus dem Kirchenchorchester: Exmatrikulation.

Günter Knoblauch, geb. 1940 in Aue/Sa.; Lehre; 1959 ABF, 1962 TU Dresden, 1966 Verhaftung, Haft in Dresden/Bautzen; 1968 Fernstudium TU Dresden, 1970 Diplom; arbeitslos; 1971 Aberkennung des Diploms; Flucht in die BRD.[11]
1971 Siemens AG München (Rechnerentwicklung; Vertriebsleitung, Entwicklungsleitung, Technologieprojekte, intern. Kooperationen, Strategische Planung, ...); 1986 OFK[12] der Siemens AG, Lehrtätigkeit TAE-Esslingen, Fachbücher, intern. Vortragstätigkeit; 1999-2006 Chairman Mountain Dreams Pvt. Ltd. (Dt.-Sw.-Nep.).

***

---

[11] Günter Knoblauch, Chronik einer angekündigten Flucht, Verlag BoD, 3. Auflage.
[12] Oberer Führungskreis

Als junge Frau einen technischen Beruf zu ergreifen, war für mich nichts Absonderliches

Dipl.-Ing. Gisela Krause (TU Dresden, Studienjahrgang 1959, Fakultät Maschinenwesen/Regelungstechnik, Diplom 1965)

Für unsere Fachrichtung waren etwa 30 Studenten, darunter vier Mädchen immatrikuliert. Im Unterschied zu heute sprach man damals in Bezug auf die Studentinnen nicht von „Frauen", sondern von „Mädchen". Wir wurden in einer Seminargruppe zusammengefasst. Die Studienvoraussetzungen waren jeweils sehr unterschiedlich. Einige Kommilitonen kamen von der Arbeiter-und-Bauern-Fakultät (ABF) und hatten eine recht gute Vorbildung, einige hatten einen Beruf gelernt und das Abitur in der Abendoberschule abgelegt und andere kamen wie ich direkt von der Oberschule. Mir wurde klar, dass meine Vorbildung (sprachliche Richtung in der Oberschule) nicht die beste war und ich mich sehr bemühen musste, nicht auf der Strecke zu bleiben.

Meine Studienzeit liegt inzwischen 55 Jahre zurück. Es war in meiner Erinnerung ein guter und erfolgreicher Lebensabschnitt. 1959 bestand ich an der Pestalozzi-Oberschule in Dresden mein Abitur mit „gut", war naturwissenschaftlich und technisch interessiert und bewarb mich in der Tradition meiner Familie an der TH Dresden, Fakultät Maschinenwesen, Fachrichtung Feinmechanik/Regelungstechnik. Ich hatte mir vorher verschiedene Facharbeiterberufe, z. B. Ausbildung zur Physiklaborantin, angesehen, doch erkannt, dass es mich auf die Dauer nicht befriedigen würde, nur das zu tun, was andere sich ausdachten. Die Regelungstechnik war damals eine neue und somit interessante Entwicklungsrichtung und reizte mich. Als junge Frau einen technischen Beruf zu ergreifen, war für mich nichts Absonderliches, da nach dem Krieg die Frauen in der DDR in den verschiedensten Berufen arbeiteten. Ich wurde ohne Komplikationen immatrikuliert.

Ich konnte während des Studiums zu Hause wohnen und bekam als Kind von Angestellten 140 Mark Stipendium. Für meine Eltern bedeutete es ein großes finanzielles Opfer, nun auch noch ihr drittes Kind studieren zu lassen. Deshalb nahm ich mir fest vor, sie nicht zu enttäuschen und mein Studium erfolgreich abzuschließen.

Da ich keinen technischen Berufsabschluss hatte, musste ich im Rahmen des Studiums Praktika von insgesamt einem Jahr Dauer durchführen, um die Grundfertigungstechniken der Fertigung in Industriebetrieben kennenzulernen. Im 1. Semester fand das Vorpraktikum statt, die übrigen Praktika musste ich jeweils zu Blöcken von ca. sechs Wochen in den Semesterferien im Sommer durchführen. Die Betriebe konnte ich mir frei wählen, die Fertigungsarten waren klar vorgegeben. Eine zusätzliche Entlohnung für das Praktikum gab es nicht. Die praktischen Kenntnisse, die ich mir damit angeeignet hatte, waren für meine spätere Berufstätigkeit sehr nützlich. Die Aufteilung in überschaubare Seminargruppen – wir waren in der Gruppe 30 Studenten – hat sich aus meiner Sicht gut bewährt, da man schnell einen Bekanntenkreis hatte und sich unter den ca. 400 Studienanfängern im Fach Maschinenbau nicht mehr so verloren vorkam.

Der Seminargruppenbetreuer, ein parteiloser Student aus einem höheren Semester, gab uns anfangs einige praktische Hinweise („Kauft nicht alle Bücher, die die Professoren empfehlen"), sonst spielte er keine Rolle, die sich mir eingeprägt hat. In der Seminargruppe bildeten sich schnell „Lerngemeinschaften". Wir drei Dresdner fanden uns zusammen, und die Bewohner der Studentenwohnheime fanden schnell Ansprechpartner.

Als erste Hürde des Studiums erwiesen sich für mich und die meisten Studenten die Fächer Mathematik und technische Mechanik/Festigkeitslehre. In den Mathevorlesungen verstand ich so gut wie nichts. Zum Glück gab es seminargruppenweise „Rechenübungen", von Mathestudenten geleitet. Ich habe mich nie wieder mit einem Fach bis zum Vordiplom so intensiv beschäftigen müssen wie mit Mathe und Mechanik. Wir Dresdner haben halbe Nächte zusammengesessen, um die Aufgaben gemeinsam zu lösen. In beiden Fächern wurden nach jedem Semester Zwischenklausuren geschrieben. Die Liste der Klausurergebnisse hing am Schwarzen Brett, und jeder konnte seine Note und die der Mitstudenten lesen. Die erste Klausur fiel katastrophal aus, und ich fühlte mich mit meiner „3" wie im siebenten Himmel. Manche Mitstudenten, die auf mich einen sehr selbstbewussten Eindruck gemacht hatten, waren durchgefallen. Mein Selbstwertgefühl und meine Zuversicht hatten stark gewonnen. Selbstverständlich kostete jede Klausur in allen Fächern wieder Kampf, aber ich hatte mich leistungsmäßig im Mittelfeld eingeordnet und sah gelassen in die Zukunft. Ich fühlte mich während des Studiums als Mädchen niemals als Außenseiterin, denn ich hatte mit meinen Kommilitonen ein gutes kameradschaftliches Verhältnis. Bei schriftlichen Prüfungen wurden alle Studenten gleich bewertet, bei mündlichen Prüfungen hatte ich den Eindruck, musste ich als Mädchen besser sein als die Jungs, weil der Prüfer nicht den Eindruck erwecken wollte, die Weiblichkeit vorzuziehen.

Eine Anwesenheitsplicht bei Vorlesungen gab es nicht. Trotzdem habe ich fast alle Vorlesungen besucht, weil ich es so am ökonomischsten fand, mir das nötige Wissen anzueignen. Fast alle Studienfächer wurden mit Prüfungen abgeschlossen. Das Studium war in jeder Fachrichtung klar strukturiert. Ich hatte keine Wahlfreiheit, welche Fächer ich belegen wollte. Das Grundstudium bis zum Vordiplom war für alle Maschinenbaustudenten fast gleich, danach spezialisierten sich die Fachrichtungen. Man mag diese Zwänge als Verschulung des Studiums kritisieren. Ich fand es richtig so, denn wie konnte ich wissen, was für Kenntnisse für die Fächer der Oberstufe benötigt wurden?

Bei den Vorlesungen und Seminaren in Gewi (Gesellschaftswissenschaften, Marxismus-Leninismus) wurden Anwesenheitslisten geführt, weil sonst niemand teilgenommen hätte. Diese Veranstaltungen verfolgten uns bis zum Diplom, darauf hätten wir selbstverständlich gern verzichtet. Politischem Druck fühlte ich mich eigentlich nicht ausgesetzt. Ich wurde nie für einen Eintritt in die SED geworben oder zur Mitarbeit in der Staatssicherheit aufgefordert. Ich denke, man hatte damals und auch später während meiner Berufstätigkeit erkannt, dass ich dafür nicht geeignet bin. Ich hatte lange genug in der DDR gelebt und kannte die Spielregeln, wie man sich zu verhalten hatte. Ich war kein Weltverbesserer, aber hielt auch mit meiner Meinung bis zu einer bestimmten Grenze nicht zurück.

Zu diesem Thema ist mir meine mündliche Abschlussprüfung in Gewi kurz vor dem Diplomabschluss in bleibender Erinnerung. Ich wurde aufgefordert, die Bedeutung der Berliner Mauer als „antifaschistischer Schutzwall" darzulegen. Ich wusste, was die Prüfer hören wollten, und machte mir keine Gewissensbisse, die Phrasen aus der Zeitung darzulegen.

Eine Besonderheit im Studium waren die Kartoffeleinsätze. In der DDR gab es keine polnischen Saisonarbeitskräfte. Da aber die Kartoffeln in

Mecklenburg geerntet werden mussten, schickte man die Studenten im September 14 Tage zum Ernteeinsatz, kostenlos, versteht sich. In Sonderzügen fuhren bzw. standen wir endlos lange, bis wir am Ort des Einsatzes waren. Die Jungs schliefen in Massenquartieren. Ich bekam aber immer ein Einzelzimmer im Bauernhof. Wer sich nicht bücken wollte, ließ sich krankschreiben. Ich konnte mich damals noch bücken und fuhr immer mit. Wir haben zwar geschuftet, aber Spaß gab es natürlich auch.

Zum Thema „politischer Zwang" hat sich mir folgendes Ereignis fest eingeprägt. Es gab noch keine Wehrpflicht, aber es lag in der Luft, dass sie eingeführt werden sollte. Unsere Seminargruppe wurde zusammengerufen und die männlichen Studenten wurden aufgefordert, sich „freiwillig" zu verpflichten, bei Bedarf einen Ersatzwehrdienst zu leisten. Ein Student war dazu nicht bereit. Wir sahen ihn danach bei Vorlesungen nicht mehr. Er wurde für ein Jahr vom Studium „beurlaubt", um seine „Einstellung zur DDR in der Produktion zu überdenken". Ob er sein Studium später fortsetzen konnte, ist mir nicht bekannt. Des Weiteren ist mir in Erinnerung, dass unser vietnamesischer Mitstudent Hai kurz vor dem Diplomabschluss von seiner Partei nach Vietnam zurückbeordert wurde, denn der Vietnamkrieg hatte begonnen. Wir haben nie wieder von ihm gehört.

In Juni 1962 habe ich die Vordiplomprüfungen (16 Fächer) mit „befriedigend" bestanden. Ab nun wurden Vorlesungen und Praktika fachbezogener auf die Spezialisierungsrichtung Feinmechanik/Regelungstechnik und damit für mich spannender. Die Vorlesungen fanden nur noch im kleineren Kreis und nicht mehr in riesigen Hörsälen statt. Da die Regelungstechnik umfangreichere Kenntnisse in E-Technik und Mathe voraussetzte, als wir in der Grundstufe erhalten hatten, war unser Programm in einigen Semestern sehr straff. Trotzdem konnte ich mein Studienergebnis auf „gut" verbessern und erhielt dafür zusätzlich zum Grundstipendium ein Leistungsstipendium von 40 Mark. Außerdem habe ich in schwächer belasteten Semestern als „Hilfsassistent" gearbeitet, was weitere Einnahmen brachte. Mein Vater war zwischenzeitlich gestorben und meine Mutter Rentnerin geworden. Eine Aufbesserung unserer Familienfinanzen war sehr hilfreich.

Das Studium bestand aber auch damals nicht nur aus Vorlesungen und Prüfungen. An die Faschingsfeiern in allen Sälen der Mensa z. B. erinnere ich mich noch lebhaft. Außerdem sind mir noch zwei Ferienreisen, die wir in unserer Seminargruppe organisiert hatten, in guter Erinnerung. Die erste ging nach Polen (Krakau, Kattowitz und Hohe Tatra) und die zweite nach Bulgarien ins Rilagebirge. Natürlich wurde auch manche erfolgreiche Prüfung in der „Meineidschenke" am Münchner Platz begossen.

Privat fuhr ich mit meinem Freund in den Winterferien im Erzgebirge Ski, und in den Sommerferien waren wir mit Boot und Zelt in Brandenburg und Mecklenburg unterwegs.

Ich hatte im Sommer 1960 meinen späteren Mann kennengelernt. Es war nicht einer meiner Studienfreunde, sondern ein Lehrer aus Potsdam. 1964 heirateten wir in Dresden, und meine Kommilitonen bereiteten uns vor dem Standesamt in Zylinder und schwarzen Anzügen eine große Überraschung. Ihr Hochzeitsgeschenk, ein sehr schönes Holztablett, wird noch heute verwendet. Da mein Mann in Potsdam an seiner Promotion arbeitete, sahen wir uns zwar nur selten, aber behinderten uns nicht beim Studium. An Kinder dachten wir zu dieser Zeit noch nicht. Kinder und Studium waren damals auch in der DDR an der TU Dresden nicht miteinander zu vereinbaren. Erst später, als man mehr Frauen für technische Studienrichtungen gewinnen wollte, suchte man nach Lösungen für studierende Familien.

Im Februar 1965 beendete ich meine Diplomarbeit und legte die Diplomprüfung ab. Ab März begann ich meine Berufstätigkeit im VEB Reglerwerk Dresden in der Abteilung Forschung und Entwicklung als Entwicklungsingenieur.

Gisela Krause, geb. 1940 in Dresden als drittes Kind nach zwei Brüdern. Ihr Vater war Ingenieur, leitete seine eigene Firma, ihre Mutter war Hausfrau. 1959 Studium TH/TU Dresden, Fachrichtung Feinmechanik/Regelungstechnik; 1965 Entwicklungsingenieur VEB Reglerwerke Dresden; 1993 zwei Jahre ABM, Arbeitslosigkeit und Altersrente. Aktiv bei der Neugründung einer Wohnungsgenossenschaft mit 1700 Wohnungen, ehrenamtlich fünf Jahre Aufsichtsratsvorsitzende.

***

** Kommentar zeithistorisch ** - Kollektivierung der Landwirtschaft

In der DDR begann die Kollektivierung in der Landwirtschaft 1952 mit der Gründung erster Landwirtschaftlicher Produktionsgenossenschaften (LPG) nach dem Vorbild sowjetischer Kolchosen. War der Eintritt in die LPGs anfangs freiwillig, so nahm zum Ende der 50er-Jahre der Druck auf Einzelbauern zu, sich den Kollektiven anzuschließen. Dies geschah durch wirtschaftliche Sanktionen, sozialen Druck und teilweise Repressionen.

Nachdem in den drei Monaten des ‚Sozialistischen Frühlings' 1960 die letzten 400.000 Landwirte, von vereinzelten Ausnahmen abgesehen (freie Bauern), in LPGen gezwungen worden waren (als Genossenschaftsbauern bezeichnet), galt die Kollektivierung nach dem sowjetischen Vorbild der Planwirtschaft mit dem 31. Mai 1960 als vollendet. In diesem Zeitraum begingen 200 Bauern Selbstmord, 15.500 flüchteten nach Westdeutschland. Es fanden etwa 8.000 Schauprozesse statt.

Das Ergebnis für die Volkswirtschaft: Es fehlten Arbeitskräfte für die Ernte. Bauern waren mit der Zusage „weniger und geregelter" Arbeitszeiten und besser Erntetechnik geworben worden. Die moderne Erntetechnik gab es in den Maschinen-Traktoren-Stationen (MTS). Die MTS wurden in den frühen 1950er-Jahren ebenfalls nach dem Vorbild der sowjetischen Maschinen-Traktoren-Stationen eingeführt. Sie spielten eine wichtige Rolle im Prozess der Kollektivierung da sie den neu gegründeten LPGs die notwendigen Maschinen bereitstellen sollten. So zumindest die Absicht des Beschlusses der Sozialistischen Einheitspartei (SED) In den 60er-Jahren wurde die Technik der MTS an die LPGs verkauft. Es gab keine private Landwirtschaft mehr.

Die teilweise brutale Eingliederung der Bauern in die LPG führte zum Einbruch der landwirtschaftlichen Produktion. Und hier kommen die Studenten ins Spiel: Nur mittels massiver Einsätze von Studenten, an Wochenenden oder im Herbst über Wochen, konnten die Ernten eingebracht werden.

Insgesamt wurden 19.345 Landwirtschaftliche Genossenschaften (LPG) in der DDR gegründet, die auf 83,6 Prozent der landwirtschaftlich nutzbaren Fläche produzierten. In den sozialistischen Staaten gab es den Begriff Kollektivierung nicht, dort wurde in teilweise marxistischen Begriffen von Genossenschaftsbildung, Überführung in genossenschaftliches Eigentum und Vergesellschaftung der Produktionsmittel gesprochen

***

Studienerlaubnis ohne Begründung entzogen

Vormilitärische Ertüchtigung – verpflichtender Bestandteil des Studiums

Dipl.-Ing. Bernd Kuhlmann (Studienjahrgang 1959, Hochschule für Verkehrswesen Dresden, Fachrichtung Eisenbahnbetrieb, 1962 Exmatrikulation, 1965 Diplom)

Die erst im September 1952 gegründete Hochschule für Verkehrswesen (HfV, seit 1962 mit dem Zusatz „Friedrich List") in Dresden war eine relativ neue Hochschule mit vorwiegend jungen Kadern, die sich vornehmlich politisch profilieren sollten. Unter Kader verstand man damals Mitarbeiter oder Mitarbeiterinnen in Betrieben, gesellschaftlichen Einrichtungen, Organisationen, Bildungseinrichtungen, und Parteien. Entsprechend hießen die Leiter der Personalbüros Kaderleiter, die sich dann auch um die *sogenannten Kaderentwicklungspläne* kümmerten. Ziel der Kaderentwicklung war, politisch besonders vertrauenswürdige Führungskräfte heranzuziehen.

Es gab nur wenige ältere Lehrkräfte, Dozenten und Professoren, die aus der damaligen Technischen Hochschule Dresden überwechselten oder aus der Praxis kamen. Man hatte den Eindruck, dass diese fachlich sehr versierten Kräfte mehr oder weniger von der politischen Prominenz der HfV nur geduldet und mit Argwohn beobachtet wurden.
Zugelassen zum Studium wurden vorwiegend jene, die ihren sogenannten „Ehrendienst" in der Nationalen Volksarmee (NVA) abgeleistet hatten, das heißt, sich auf drei Jahre verpflichtet und nicht nur ihrer eineinhalbjährigen Wehrpflicht Genüge getan hatten. Mitglied in der Freien Deutschen Jugend (FDJ), in der Gesellschaft für deutsch-sowjetische Freundschaft (DSF), in der Gesellschaft für Sport und Technik (GST) zu sein, war ungeschriebene Pflicht. Sonst war an der HfV kein Studium möglich.

Zum Studienplan gehörten praktisch die vormilitärische Ausbildung in der GST bzw. beim Roten Kreuz der DDR (DRK) für Frauen, die jährlichen Ernteeinsätze (meistens Kartoffelernte im Herbst) und die jährlichen Reservistenlehrgänge bei der NVA.

Noch vor Studienbeginn hatte sich jeder Student, auch jene, die bereits drei Jahre Armee hinter sich hatten, schriftlich zu verpflichten, an solchen Reservistenlehrgängen teilzunehmen. Ohne Verpflichtung war kein Studium möglich!

Nach Ende des Studiums war es formal prinzipiell nicht möglich, sich den künftigen Arbeitsplatz selbst auszusuchen, denn die vor Studienbeginn zu unterschreibende Verpflichtung schrieb vor:

„Ich verpflichte mich, nach dem Studium entsprechend den gesetzlichen Bestimmungen über den Einsatz der Hochschulabsolventen drei Jahre an der Stelle tätig zu sein, wohin mich die Organe unseres Arbeiter- und Bauernstaates gemäß den Erfordernissen des sozialistischen Aufbaus stellen."

Diese Regelung stand jedoch letztlich überwiegend nur auf dem Papier.

Für die HfV war zusätzlich zur fünfjährigen Studienzeit ein einjähriges Vorpraktikum vorgeschrieben, weil die wenigsten Studenten direkt aus dem Verkehrswesen zum Studium kamen. Für ältere Studenten gab es das sogenannte Industrie-Institut (I.-I.), an dem bewährte Funktionäre eine „Schnellausbildung" zum „Diplom-Ingenieur- Ökonom des I. I." erhielten.

(Anm. d. Hg.)Industrie-Institute waren in der DDR an verschiedene Hochschulen, Universitäten und im Zusammenhang mit der Akademie der Wissenschaften der DDR angesiedelt. Mit ihnen wurde einerseits eine wirksame Verbindung zwischen Theorie und Praxis und andererseits die Qualifizierung von in der Industrie tätigen Werktätigen gefördert.)

Für die Fachrichtung Eisenbahnbetrieb entsprach das Vorpraktikum einer verkürzten Berufsausbildung, die im Gegensatz zur dreijährigen Ausbildung der Lehrlinge für den Betriebs- und Verkehrsdienst der Deutschen Reichsbahn (DR) mit der Fahrdienstleiterprüfung abschloss. Das weckte den Neid der Lehrlinge. Aber dieses Vorpraktikum war sehr gut, lehrreich und nützlich. Es förderte das Verständnis für das Zusammenwirken im Eisenbahnwesen besonders dann, wenn neben dem Studium bei der DR eine selbstständige praktische Tätigkeit an Wochenenden und in den Ferien ausgeübt werden konnte, um das Stipendium aufzubessern, und das machten die meisten. Denn GST, FDJ, Rotes Kreuz und die von der FDJ und vom Freien Deutschen Gewerkschaftsbund (FDGB) geförderte sogenannte Solidaritätsbewegung forderten Mitgliedsbeiträge und Versicherungsgelder (GST). Selbst die HfV

verlangte Spenden, beispielsweise für den Sportplatzbau. Das damals gewährte Stipendium von 110 bzw. 190 Mark war somit sehr schnell weg, zumal ja auch Fachbücher zu kaufen waren (es gab zwar eine Bibliothek, aber wenn rund 80 Studenten einer Fachrichtung gleichzeitig das gleiche Buch haben wollen, obwohl nur drei Exemplare vorhanden sind ...)
. Arbeitseinkommen aus selbstständiger praktischer Arbeit während des Studiums wurden jedoch auf das Stipendium angerechnet, das heißt, man durfte sich bei solchen Tätigkeiten nicht erwischen lassen.

Den breitesten Raum im Studium nahm die politische Schulung mit den Lehrfächern „Dialektischer und historischer Materialismus", „Wissenschaftlicher Sozialismus" und „Politische Ökonomie" ein und nach dem Vordiplom ab dem dritten Studienjahr das Fach „Marxismus-Leninismus". Dies waren Hauptfächer. Wurde nur ein Fach davon nicht bestanden, war die Exmatrikulation sicher, sofern nicht eine Wiederholung der Prüfung (mit Empfehlungen des Fachrichtungsleiters und der FDJ-Gruppe) gestattet wurde.

Aber an der HfV inszenierte man auch Exmatrikulationen, wie ich sie erleben musste. Am 22. Februar 1962 wurde ich nach einem sogenannten Disziplinarverfahren für zwei Jahre vom Studium an allen Hoch- und Fachschulen sowie Universitäten der DDR ausgeschlossen.
Warum? Fachliche Gründe waren es nach dem zweieinhalbjährigen Studium mit bestandenem Vordiplom bestimmt nicht. Meine Leistungen lagen über dem Durchschnitt meines Studienjahres. Es waren ausschließlich politische Gründe, aus denen diese Exmatrikulation durchgesetzt werden sollte.

Nach meinem sechswöchigen Reservistenlehrgang bei der NVA in Torgelow-Drögeheide mit Vereidigung und Treueschwur auf die DDR im Juni/Juli 1960 wurde im August 1961 die Mauer gebaut und die Grenze zur Bundesrepublik Deutschland und nach West-Berlin geschlossen.
Diesen für das Studium scheinbar nebensächlichen Umstand nutzte die FDJ, um von allen Mitgliedern – nicht nur der Studenten an Hochschulen und Universitäten – ein sogenanntes persönliches schriftliches Bekenntnis zur DDR zu verlangen. Man hatte bereit zu sein, die DDR zu jeder Zeit mit der Waffe zu verteidigen. Aber warum sollten wir, von der NVA bereits vereidigte

Studenten noch ein weiteres Bekenntnis abgeben, wenn uns die NVA ohnehin jederzeit einberufen konnte?

Das war nicht nur meine Meinung, sondern auch die nahezu aller Studenten. Aber um des „lieben Friedens willen" kamen viele dieser Forderung nach, und auch ich schloss mich an. Allerdings stand in meinem Schreiben: *„Verpflichte ich mich, entsprechend der jetzigen politischen Lage [...] unsere Republik auf Befehl der Arbeiter- und Bauernregierung gegen jeden Feind zu schützen. "*

So stand es im Eid der NVA geschrieben. Dieses Bekenntnis und im Laufe der Zeit weitere von mir verfasste wurden von der Studienjahresleitung der FDJ nicht anerkannt, weil man sich an der Formulierung *politische Lage* und am *Befehl* stieß.

Unser zuständiger, von der HfV bestimmter Seminargruppensekretär Karl-Heinz Köhler versicherte noch am 23. Januar 1962 – einen Monat vor dem Disziplinarverfahren – mein Bekenntnis könne von jedem anderen Studenten anerkannt werden, nur von mir nicht!

Der aus Chemnitz (früher in der DDR Karl-Marx-Stadt) stammenden Karl-Heinz Köhler hintertrieb stets die Bemühungen unserer Gruppe als auch meine, um sich vermutlich selbst Vorteile zu verschaffen. Noch Mitte November 1961 wusste das FDJ-Sekretariat der Hochschulgruppenleitung nichts von meinen abgegebenen Bekenntnissen, weil Köhler sie einfach nicht weitergegeben hatte, um den negativen Eindruck über mich nur noch zu verstärken! Köhler war es auch, der bereits am 12. September 1961 ein Schreiben der Seminargruppe an das Prorektorat für Studienangelegenheiten richtete, um meine Exmatrikulation zu erreichen. Dieses war jedoch so unsachlich abgefasst, dass es vom Prorektorat zurückgewiesen werden musste.

Erst unter Anleitung der Studienjahres- und Fachrichtungsleitung gelang es Köhler, innerhalb von zwei Monaten bis zum 17. November 1961 eine neue ausführliche Begründung der Seminargruppe (!) zu „erschaffen", ohne dass beide Leitungen genauere Kenntnis von den Vorgängen in der Seminargruppe hatten. Köhler war eine schmierige, undurchsichtige und unbestimmte Person mit übertriebener Freundlichkeit, die sich gern das Vertrauen und Informationen über persönliche Lebensumstände anderer erschlich, um diese dann zum eigenen Vorteil zu nutzen. In dieser Zeit (Ende 1961) trat Köhler in die Liberaldemokratische Partei Deutschlands (LDPD) ein, was alle Studenten erstaunte, weil sie seinen Beitritt zur SED erwartet hatten. Es ist nicht erwiesen, wird aber vermutet, dass Köhler mit Zustimmung der SED und eventuell des MfS Spitzeltätigkeiten sowohl in der HfV wie auch in der LDPD ausführte. Köhler arbeitete zuletzt im Verkehrsverbund Oberelbe (VVO) in Dresden.

Außerdem wurde für die Begründung der Exmatrikulation mein Fehlen zu verschiedenen Delegiertenkonferenzen und angebliches Nichterfüllen von Verbandsaufträgen der FDJ herangezogen, was mit Studiendisziplin nun wirklich nichts zu tun hatte.

Gab es nicht auch fachliche Gründe, die einen Ausschluss rechtfertigen würden? Man suchte und wurde im Januar 1961 (!) im Fach „Dialektischer und historischer Materialismus" fündig, in dem man mir einen Betrugsversuch andichtete. Aber die Prüfung bestand ich bereits am 19. Mai 1961, so dass ich am Ende des zweiten Studienjahres im Juni 1961 das Vordiplom erhielt. Dieser Punkt war folglich für ein Disziplinarverfahren völlig gegenstandslos!

Der Disziplinarausschuss am 22. Februar 1962 setzte sich wie folgt zusammen:
- Dr.-Ing. Bobe vom Lehrstuhl Verkehrswasserbau,
- Dipl.-Ing. Wolff vom Lehrstuhl für Betriebstechnik als Vertreter des (parteilosen) Fachrichtungsleiters Prof. Dr.-Ing. Gerhart Potthoff,
- Prof. Dr. rer. oec. habil. Göttner, Prorektor für Studienangelegenheiten,
- Dipl.-Wirtschaftler Schönberner als Vertreter der Hochschulgewerkschaftsleitung,
- Ing.-Ök. Naumann als Vertreter der Hochschulgruppenleitung der FDJ
- alle SED-Mitglieder und
- Karl-Heinz Köhler als Seminargruppensekretär.

Die Entscheidung über den Entzug der Studienerlaubnis erhielt ich schriftlich in kurzer Form ohne Begründung. Selbst der Antrag der Seminargruppe vom 17. November 1961 auf meine Exmatrikulation wurde mir nicht übergeben, sondern von befreundeten Kommilitonen heimlich zugestellt.

Nach reiflicher Überlegung erhob ich am 14. Mai 1962 beim Staatssekretariat für das Hoch- und Fachschulwesen Einspruch gegen die Entscheidung des Disziplinarausschusses. Für den 30. Mai 1962 war deshalb vom Staatssekretariat in der HfV eine Aussprache vorgesehen.

Noch vorher erschien ohne Vorankündigung in unserer Wohnung ein Herr Becker vom genannten Staatssekretariat, mit dem wir (meine Mutter und ich) uns lange und ausführlich über meine und weitere Exmatrikulationen in der HfV sowie über persönliche Belange unterhielten. Allein in unserer Seminargruppe wurden bezeichnenderweise im fünften Semester (1961/62) eine zeitweilige Exmatrikulation, sieben Verwarnungen von der HfV und eine Missbilligung von der FDJ ausgesprochen (ob diese gerechtfertigt waren, weiß ich nicht). Herr Becker bestätigte im Gespräch, dass es die HfV mit den Exmatrikulationen in allen Studienjahren und Fachrichtungen übertrieben habe, mein Fall aber der letzte gewesen sei.

Das folgende Gespräch in der HfV war kurz und knapp: Zum geeigneten Zeitpunkt könne ich das Studium wieder aufnehmen. Das Eingestehen einer Fehlentscheidung und eine Entschuldigung gab es nicht.
Am 5. April 1963, nach nur einjähriger Unterbrechung statt der geforderten zwei Jahre, setzte ich das Studium fort und schloss es 1965 erfolgreich als Dipl.-Ing. ab.

Bernd Kuhlmann, geb. 1940; Abitur 1958 , Studium TH/TU Dresden, 1962 Exmatrikulation und „Bewährung in der Produktion"; Fahrdienstleiter, Stellwerksmeister und ... ; 1965 Diplom; Brigadevorsteher in Berlin Lichtenberg, 1968–1973 Redakteur der Zeitung „Fahrt frei", Fernstudium Karl-Marx-Universität Leipzig, nebenbei Triebwagenführer Berliner S-Bahn, 1973 Reichsbahndirektion Berlin bzw. der DB AG für die Infrastruktur um Berlin. Veröffentlichungen zur Bahngeschichte, ausgezeichnet mit dem „Deutschen Schienenverkehrspreis 2006 – Kulturpreis".

***

Studienbeginn in den 60er-Jahren

TU Dresden – Praktikum im Görgesbau, Maschinenhalle um 1958 (Foto TU-Archiv)

Erläuterung zeithistorisch - Vereidigung und Treueschwur

Von 1959 bis 1961 lautete der Schwur: „Ich schwöre, meinem Vaterland, der Deutschen Demokratischen Republik, allzeit treu zu dienen, sie auf Befehl der Arbeiter- und Bauernregierung unter Einsatz meines Lebens gegen jeden Feind zu schützen, den militärischen Vorgesetzten unbedingten Gehorsam zu leisten, immer und überall die Ehre unserer Republik und ihrer Nationalen Volksarmee zu wahren."
Von 1962 bis 1989 galt ein Fahneneid.

Information zeithistorisch – Exmatrikulationen

In einigen Beiträgen der Autorinnen und Autoren wird das Thema Exmatrikulation aufgegriffen. Statistische Daten zum Umfang von Exmatrikulationen an Hochschulen und Universitäten, die entweder aus fachlichen oder politischen Gründen erfolgten, konnten bisher nicht ermittelt werden.
Die „Vertrauliche Verschlusssache – MfS 008-Nr.63/68" lässt jedoch erahnen, welch erheblicher Druck an Bildungseinrichtungen ausgeübt wurde, um Personen, die als „feindlich" oder „nicht systemkonform" galten, auszugrenzen. Dabei darf der Anteil an Anschuldigungen aus niedrigen Beweggründen, wie Neid oder persönliche Konflikte, nicht unterschätzt werden.
Dieses Thema bedarf weiterhin einer umfassenden Aufarbeitung, um das volle Ausmaß der staatlichen Kontrolle und ihre Auswirkungen auf die akademische Freiheit sichtbar zu machen.

Für zwei Stunden im Hörsaal eingesperrt

„Wie lange noch lehrt ein NATO-Professor an unserer Friedrich-Schiller-Universität?"

Dipl.-Phys. Roland Mey (Friedrich-Schiller-Universität Jena, Studienjahrgang 1960, Mathematisch-naturwissenschaftliche Fakultät, Fachrichtung Physik, Diplom 1965)

Im großen Hörsaal des Mathematischen Instituts, Abbeanum, - benannt nach Ernst Abbe (1840–1905), einem der Schöpfer der theoretischen Grundlagen der optischen Instrumentalkunde - der Friedrich-Schiller-Universität in Jena erwarteten am 12. Dezember 1961 über 100 Physik und Mathematikstudenten ihren Professor Walter Brödel zur Vorlesung Potenzialtheorie. Brödel war 1947 als Mathematikprofessor nach Jena berufen worden und zu dieser Zeit einer der Direktoren des Mathematischen Institutes. Er galt als beliebte Lehrkraft.

Der 12. Dezember 1961 hatte damit begonnen, dass in den Morgenstunden ein Flugblatt verteilt wurde, das die Frage stellte: *„Wie lange noch lehrt ein NATO-Professor an unserer Friedrich-Schiller-Universität?"*

Doch anstelle des geachteten Professors marschierten um 11:15 Uhr hoch dotierte, universitätsweit bekannte SED-Genossen und – wie wir heute wissen – Stasimitarbeiter mit Parteiabzeichen in den Hörsaal ein, worauf die gesamte Studentenschar fluchtartig dem Ausgang entgegenstrebte.

In diesem Hörsaal hatten wir bei den Dozenten und Professoren bis zu diesem Zeitpunkt noch nie ein Parteiabzeichen gesehen. Wir begriffen in der ersten Sekunde, dass wir jetzt im Sinne der SED „politisch belehrt" werden sollten. Die im Hörsaal oben sitzenden Studenten, die die Ausgangstür zuerst erreicht hatten, wurden von im Institut vorab unsichtbar bereitstehenden sogenannten Parteiaktivisten im Flur und im Treppenhaus abgefangen und in den Hörsaal zurückgedrängt.

Als ich im dichten Gedränge die Ausgangstür erreichte, war diese bereits verschlossen und ich bekam sofort Angst. Wenige Minuten vorher auf dem Weg in das Mathematische Institut waren wir noch angstfrei, eher schaulustig und wohl auch jugendlich gesellschaftspolitisch naiv gewesen.

Wir hatten damals noch nicht vollständig begriffen, wie schnell und umfassend sich die „harte Zugriffsmöglichkeit" auf uns nach dem Bau der Berliner Mauer änderte. (Die Wehrplicht wurde erst zu Beginn des Jahres 1962 eingeführt.) Während meines ersten Studienjahres 1960/61 war eine solche Situation undenkbar. Wir waren zwar FDJ-Mitglieder, besaßen aber in der Regel kein FDJ-Hemd und gängelten den FDJ-Beitragskassierer manchmal sogar am Biertisch nach Bezahlung einer Rechnung von drei bis vier Mark mit der Verweigerung bzw. Stundung des monatlichen FDJ-Beitrags von 30 Pfennigen. In jeder Seminargruppe gab es mindestens einen SED-Genossen, der sich als Kassierer dieses Ritual allmonatlich gefallen lassen musste. Dieser Genosse-Student war auch alljährlich meistens erfolglos, wenn er uns zur Teilnahme an der Maidemonstration verpflichten wollte.

Prof. Walter Brödel 1961 vor Physikstudenten der FSU im Abbeanum in Jena (Foto R. Mey)

Was war damals geschehen? Der christlich geprägte und auch als Organist tätige Direktor des Mathematischen Instituts, Professor Dr. Walter Brödel hatte sich in seinen Vorlesungen unter anderem gegen die Zwangskollektivierung der Bauern und schließlich auch gegen den Bau der Mauer geäußert.

In den Morgenstunden des 12. Dezember 1961 wurde in allen Instituten der FSU das Flugblatt verteilt:

„Wie lange noch lehrt ein NATO-Professor an unserer Friedrich-Schiller-Universität?"

Die Türen des Hörsaals waren verschlossen und von Parteiaktivisten bewacht. Widerwillig kamen wir schließlich der Aufforderung nach, wieder Platz zu nehmen und die als FDJ-Versammlung deklarierte Zwangsagitation zu erdulden.

Die einmarschierten Genossen Professoren und Dozenten – alle Nicht-Mathematiker – erklärten uns, warum Walter Brödel der Lehrauftrag vom Rektor entzogen wurde, was wir bereits vorab auf dem an alle verteilten Flugblatt gelesen hatten.

Mit überwältigenden Argumentationen wollte man uns gefährliche Diskussionen aufzwingen. Zunächst herrschte totales Schweigen. Ich hatte, wie vermutlich alle meine Kommilitonen, permanente Angst, zu einem Wortbeitrag aufgefordert zu werden. Schließlich wagten einzelne Studenten des vierten und fünften Studienjahres vorsichtig eine Stellungnahme für Brödel.

Grundsätzlich wurden wir Studenten vor die Alternative gestellt, „für den Arbeiter-und-Bauern-Staat oder für den NATO-Professor" zu sein. Zur repressiven SED-Logik duldeten die Parteiaktivisten in der erzwungenen Aussprache kein Ausweichen. Viele Studenten reagierten mit einem deutlichen Zischen immer dann, wenn die Genossen-Professoren mit besonderer Härte gegen Walter Brödel argumentierten. Schließlich gab es vereinzelte Diskussionsbeiträge gegen Brödel, die sich nach historischer Aufarbeitung der Situation als von der SED vorbereitete Maßnahmen herausstellten.

Ich war damals im zweiten Studienjahr (Physik) und erinnere mich, dass im Abbeanum kein Einziger meiner Kommilitonen gemäß den Wünschen der SED für Brödels Vertreibung argumentiert hat. Wir waren total eingeschüchtert und hatten nur noch Angst um unseren Studienplatz. Nach zwei Stunden wurde der Hörsaal wieder geöffnet und wir konnten den Raum etwas erleichtert und glücklicherweise ohne irgendeine erzwungene schriftliche Stellungnahme verlassen. Nachträgliche Diskussionen unter uns Studenten zum Thema Brödel gab es kaum, denn wir hatten natürlich keine personelle Kenntnis (nur Vermutungen) über die Verteilung von Inoffiziellen Mitarbeitern der Stasi in den Reihen der Studenten und waren nach diesem Erlebnis besonders vorsichtig mit politischen Äußerungen.

Wie lange noch . . .

Mit dem 13. August 1961 errichtete die Deutsche Demokratische Republik einen zuverlässigen antifaschistischen Schutzwall gegen die verbrecherischen Bürgerkriegspläne der Bonner Imperialisten und Militaristen. Vor aller Welt wurde das reale Kräfteverhältnis in Deutschland, die Macht und Stärke des ersten deutschen Arbeiter-und-Bauern-Staates sichtbar. Dieser Staat unternimmt alles und läßt nicht mit sich spaßen, wenn es um unser höchstes Gut geht: die Sicherung des Friedens, den Abschluß eines deutschen Friedensvertrages, den Sieg der sozialistischen Gesellschaftsordnung. Die Maßnahmen des 13. August sind unsere eindeutige Antwort gegen die forcierte Atomkriegsrüstung und psychologische Kriegsvorbereitung, gegen die sture Ablehnung des deutschen Friedensvertrages und jegliche Verständigung, gegen verstärkte Faschisierung und übelste Pogromhetze gegen allen friedliebenden Kräften in Westdeutschland und den Werktätigen der Deutschen Demokratischen Republik durch die westdeutschen Machthaber und ihre Handlanger.

Für die Friedrich-Schiller-Universität erklärte der Akademische Senat am 12. September 1961:

„Unsere Entscheidung ist getroffen mit unserem Bekenntnis zur Deutschen Demokratischen Republik ... Wir wissen aber auch, daß der Friede zu seinem Schutz nicht nur des Bekenntnisses, sondern auch der Tat bedarf. Unsere Tat sei Stärkung und Festigung der Deutschen Demokratischen Republik."

In dieser Situation höchster Anstrengung für die Sicherung des Friedens in Deutschland fällt uns

Professor Dr. Walter Brödel, Direktor des Mathematischen Instituts, Leiter der Fachrichtung Mathematik

in den Rücken.

Die Universitätsparteileitung wurde besonders in den letzten Tagen von zahlreichen Angehörigen des Lehrkörpers, von Assistenten und vielen Studenten auf Tatsachen aufmerksam gemacht, an denen niemand mehr vorübergehen kann. Deshalb wendet sich die SED-Parteileitung in dieser für die gesamte Universität wichtigen Angelegenheit an die Öffentlichkeit.

Hier die Beweise:

- Die Maßnahmen des 13. August bezeichnete Herr Professor Brödel als unmenschlich und ungerecht.

- Während unsere Partei und Regierung alle Kraft anspannen, den Imperialismus als Ursache der internationalen Spannungen und der Kriegsgefahr in der Welt zu entlarven und zu bekämpfen, dient Herr Brödel der Bonner Kriegspolitik mit der Behauptung, Kriege seien das Ergebnis des Unvermögens der Staatsmänner.

- Als sich die Bauern der Deutschen Demokratischen Republik mit Unterstützung der Arbeiterklasse von der jahrhundertelangen Ausbeutung und Unterdrückung befreiten, stellte sich Professor Brödel auf die Position des reaktionären Junkertums, indem er verleumderisch erklärte, durch den genossenschaftlichen Zusammenschluß würden die Bauern in den Tod getrieben.

- Als Bundesbürger wagt er es, zu Beginn dieses Studienjahres diejenigen Studenten zum Verlassen des Hörsaals aufzufordern, die seine gegen die Friedenspolitik unseres Staates gerichtete Haltung nicht billi-

lehrt ein NATO-Professor an unserer Friedrich-Schiller-Universität?

Flugblatt Seite 1, DIN A4 doppelseitig bedruckt (Archiv Roland Mey)

gen. Mit den Worten „Es gibt noch einen anderen Patriotismus als den ihres Abzeichens" kennzeichnete er sich selbst als Gegner der Politik der Nationalen Front des demokratischen Deutschland.

Wessen Position vertritt dieser Professor? Es sind dies die Positionen jener verderblichen Politik des deutschen Imperialismus und Militarismus, die in Adenauer, Strauß und Schröder und im ganzen Bonner System ihre Wiederbelebung gefunden haben. Das ist der „Patriotismus" des Herrn Professor Brödel.

Es nimmt bei dieser politischen Haltung nicht wunder, daß Professor Brödel auch in der wissenschaftlichen Ausbildung der Studenten den staatlichen Verpflichtungen nicht nur nicht gerecht wurde, sondern sie mißachtete und gröblich verletzte.

 Den Bemühungen des Senats und des Rates der Fakultät, die Lehrerausbildung zum weiteren Ausbau unserer sozialistischen Schule zu sichern, stellt sich Professor Brödel in den Weg. Er lehnt prinzipiell die enge Verbindung von Bildung und sozialistischer Erziehung ab. Von sich selbst sagt er, daß er auf Grund seiner politischen Haltung als Lehrer längst „aus der Schule hinausgeflogen wäre". Durch seinen ungesetzlichen, selbstherrlich angetretenen Urlaub im westdeutschen NATO-Staat verzögerte er die Examina und damit den termingerechten Einsatz der Absolventen.

● In den letzten fünf Jahren stehen 37 ausgebildeten Lehrern 34 Studenten gegenüber, die das Studienziel im Fach Mathematik nicht erreichten. Von den 7 im Jahre 1956 immatrikulierten Lehrerstudenten erreichte nur einer das Studienziel. Eine traurige Bilanz!

● In den letzten 22 Jahren seiner wissenschaftlichen Tätigkeit brachte Professor Brödel nach seinen eigenen Angaben lediglich zwei wissenschaftliche Arbeiten heraus. Hier erhebt sich die Frage: Wie werden die Mittel genutzt, die unser Staat seinem Institut in so großzügiger Weise zur Verfügung stellte?

● Die Ausbildungsergebnisse der Diplomanden und des wissenschaftlichen Nachwuchses sind völlig unzureichend. Seit 1946 haben bei Professor Brödel drei Nachwuchswissenschaftler seines Instituts promoviert. Zwei davon haben nach seinem Vorbild den westdeutschen NATO-Staat zu ihrem „Vaterland" auserwählt.

Es erhebt sich die Frage:

 Wie lange soll Professor Dr. Brödel noch Gelegenheit haben, gegen die Politik unseres Staates und die Bemühungen aller ehrlich arbeitenden, von der humanistischen Verantwortung der Wissenschaft ergriffenen Angehörigen des Lehrkörpers zu arbeiten?

Er hat die für den deutschen Wissenschaftler erstmals in der Deutschen Demokratischen Republik gebotene Möglichkeit erhalten, als Hochschullehrer seine gesamte Tätigkeit in den Dienst des Volkes zu stellen. Partei und Regierung bringen viel Geduld und Verständnis auf, den Prozeß des Umdenkens und der Umorientierung unter den älteren Wissenschaftlern zu unterstützen. Daran wird sich auch künftig nichts ändern. Professor Brödel fehlt jedoch jedes ehrliche Bemühen, sich mit der Politik unseres Staates und dem Aufbau des Sozialismus zu verbinden. Wir fragen daher Rektor und Akademischen Senat der Friedrich-Schiller-Universität:

Wie lange soll noch verantwortet werden, daß ein Professor wie Dr. Walter Brödel die NATO-Politik an unserer Universität vertritt, die Studenten provoziert, eine bewußte Schädlingsarbeit betreibt und die elementarsten staatlichen Anforderungen an einen Hochschullehrer nicht zu erfüllen gewillt ist?

Jena, den 12. Dezember 1961.

SED-Parteileitung
Friedrich-Schiller-Universität

Flugblatt Seite 2, DIN A4 doppelseitig bedruckt (Archiv Roland Mey)

Glücklicherweise hatte Professor Brödel nach dem Krieg wegen der großen Wohnungsnot in Jena seinen Hauptwohnsitz in Bad Reichenhall (Bayern) behalten und war so Bundesbürger geblieben. Wie wir später erfuhren, hatte Professor Brödel, vom Rektor über das bevorstehende, im Ergebnis vorab festgelegte Disziplinarverfahren vorinformiert, noch am gleichen Tag bzw. in der folgenden Nacht die Stadt Jena im D-Zug flüchtend in Richtung München verlassen.

Mit dem Bau der Mauer, offiziell „antifaschistischer Schutzwall" genannt, wurde das Leben in der DDR gefährlicher und der Zugriff von SED und Stasi konsequenter und härter.

38 Jahre später: In der im Jahr 1999 herausgegebenen Dokumentation „Der ‚NATO-Professor' Walter Brödel"[13] schreibt der Jenaer Physikprofessor Gerhard Kluge: *„Die Professoren Eckardt und Schütz, die sich im Dezember 1957 noch für Professor Brödel eingesetzt hatten, wagten es nicht mehr, gegen den Vorschlag des Rektors zu stimmen."*

Am 6. Oktober 1963 überreichte Walter Ulbricht den Nationalpreis II. Klasse an Prof. Dr. Alfred Eckhardt, Dekan der Naturwissenschaftlichen Fakultät und Direktor des Technisch-Physikalischen Instituts der FSU. (Dieses Institut befand sich zur damaligen Zeit in Jena unmittelbar neben dem Abbeanum; Eckardt und Brödel arbeiteten als „Nachbarn" nebeneinander.)

Im Stasibericht des IM „G. Storm", abgedruckt in der oben genannten Broschüre von Gerhard Kluge, sind die Details aufgeschrieben. Der Prorektor erklärte anfangs den eingekesselten Studenten, dass der Rektor aufgrund vieler Resolutionen und Meinungen der Studenten – von denen damals keiner von uns etwas gehört oder gelesen hatte – sowie aufgrund der Meinung der Parteiorganisation der Universität und der FDJ-Hochschulgruppenleitung dem Professor Brödel die Lehrbefähigung entzogen habe. Im IM-Bericht heißt es weiter: *„Die Genossen versperrten den Ausgang und forderten die betreffenden Studenten nachdrücklich zur offenen Aussprache in der FDJ-Versammlung auf."* Uns wurde, so der IM, *„die objektiv feindliche Haltung Brödels nachgewiesen"*.

Die Studenten des vierten und fünften Studienjahres, die vorsichtig eine Stellungnahme für Brödel gewagt hatten, wurden im IM-Bericht selbstverständlich namentlich und teilweise wörtlich wiedergegeben: Der Student *„Grundmann verstieg sich zu der provokatorischen Frage: „Ist denn die Partei unfehlbar?"* Und im IM-Bericht ist weiter zu lesen: Die Studenten *„wichen ständig einer klaren Entscheidung aus."* Es gab auch von der SED vorbereitete Stellungnahmen gegen Professor Brödel, zu denen der IM schreibt: *„Diese spontane Reaktion einiger Studenten war notwendig geworden"*, denn schließlich wurden *„teilweise die Ausführungen der Genossen gegen Brödel mit Zischen beantwortet"*.

---

[13] Der „NATO-Professor" Walter Brödel; Gerhard Kluge. HG. v. LBA des Freistaates Thüringen für die Unterlagen des Staatssicherheitsdienstes der ehemaligen DDR, Erfurt 1999.

Der IM lobte die Parteiaktivisten auch namentlich. Aus meiner Erinnerung heraus kann ich keine Lügen im IM-Bericht erkennen. Der IM hatte bezüglich dieser Veranstaltung die klare Aufgabe, die Situation realistisch, exakt und mit Namen im Sinne der Partei darzustellen.

***

Als ich im September 2010 zum 45-jährigen Diplomjubiläum in Jena in einem Hotel am Abend in geselliger Runde mittels der Broschüre von Gerhard Kluge unter ca. 30 Physikern – 1960 wurden ca. 80 Studenten immatrikuliert, wovon ca. 45 das Studium 1965 mit dem Diplom beendeten – an unsere gemeinsame Studentenzeit erinnern wollte, kommentierten einige die Brödel-Dokumentation scharf abwertend. Keiner in der Gesprächsrunde interessierte sich für diese Fakten; nur drei Teilnehmer bekundeten schließlich unter vier Augen ihr Interesse.

Der Grund dafür: Mehrheitlich wurden meine Kommilitonen die Nachfolger ihrer damaligen akademischen „Gefängniswärter". Ohne den Bau der Mauer hätten viele von uns nach dem Studium die DDR verlassen; hinter der Mauer wurden sie in großer Mehrheit SED-Mitglieder mit universitären Doktoren- und Professorenkarrieren und wollen heute nicht mehr an die eigene politische Vergangenheit erinnert werden.

In der Thüringer Landeszeitung (TLZ) schrieb am 24.August 2011 ein ehemaliger Diplomand der Chemie: *„Wir blieben zwar standhaft, aber viele andere Universitätsangehörige gaben dem Druck nach und lieferten das Geschreibsel für ein zweites Flugblatt, das noch am gleichen Tag verteilt wurde, und das ich aufgehoben habe. Darin sind auch Stellungnahmen von Jenaer Betriebsangehörigen abgedruckt, denen der Professor sicher noch weniger bekannt war als uns Studenten. Zum Beispiel fordert darin ein Josef Pelz, Meister im Zylinderbau des VEB Schott: ‚Solch ein Mann? Keine Stunde mehr! Wer die Position von Strauß und Schröder bezieht, mit dem gibt es keinen Kompromiss!'"*

Am 19. August 2011 war in der TLZ von einem anderen ehemaligen Chemiestudenten zu lesen: *„Mich hat damals besonders abgestoßen, wie die Genossen, die einem Mathematikprofessor nicht das Wasser reichen konnten, versuchten, ihn von der fachlichen Seite zu diffamieren, was in solchen*

Äußerungen gipfelte wie: ‚die elementaren Anforderungen an einen Hochschullehrer nicht zu erfüllen' und ‚eine bewusste Schädlingsarbeit zu betreiben'. Das Flugblatt ist für mich ein frühes Beispiel dafür gewesen, wodurch meine ablehnende Haltung gegenüber dem Staat geprägt wurde, in dem wir leben mussten."

Bereits am 13. August 2011 hatte in der TLZ ein weiterer Zeitzeuge, ehemals Student der Zahnheilkunde in Jena, geschrieben: *„Am gleichen Abend fassten mein Freund Dr. Jürgen Nottrott und ich den Entschluss zu einem demonstrativen privaten Besuch. [...] Die zusammengewürfelte Schar bat Professor Brödel ausdrücklich um Rat. Um seine Person hätte er überhaupt keine Sorge, noch je irgendwelche Angst. Er befürchte jedoch sehr, dass viele waghalsig für ihn eintreten würden und dann die Härte der Machthaber zu spüren bekämen."*
"

Epilog

In meiner Generation bin ich in Ostdeutschland ein „Außenseiter", denn wer während der SED-Diktatur zur sehr kleinen Gruppe der vorsichtig Andershandelnden gehört hat, ist auch heute wieder in einer Minderheit. Das ist so, weil die übergroße Mehrheit der ehemals nur Anders*denkenden* – wie sie gedacht haben, war auf den Dächern an den Antennen erkennbar – auf der Suche nach ihrem „reinen Gewissen" die DDR noch immer bis ins Groteske verklärt.

Roland Mey, geb. 1942 in Leutenberg (Thüringen); Abitur 1960, Physikstudium in Jena. 1965–1988 Fachhochschullehrer für Physik und Mathematik, 1986–1989 Busfahrer in Leipzig, 1989 Pförtner und Nachtwächter.
1989/90 Mitgründer der Leipziger SDP (später SPD), 1990–1994 Stadtverordneter, Mitglied im Leipziger Bürgerkomitee. 1990–1992 Direktor der VHS Leipzig, 1992–1998 Gymnasiallehrer. Seit 1999 gesellschaftspolitisch aktiv (Friedensrichter, Zeitzeuge, Vertrauensperson Volksbegehren Mitteldeutschland); Publikationen. [14]

***

---

[14] Roland Mey „Physikalische Grundlagen des bautechnischen Wärmeschutzes; Knoblauch/Mey „Defekte einer Hochschulchronik", mdv 2018; u.a...

„Gebt diesem ‚Ingenieur' ein Telefon und kein Papier!"

Als Ingenieurschullehrer die „einzige wissenschaftliche Weltanschauung" mit Humor erleidbar gestalten

Dipl.-Phys. Roland Mey (Friedrich-Schiller-Universität Jena, Studienjahrgang 1960, Mathematisch-naturwissenschaftliche Fakultät, Fachrichtung Physik, Diplom 1965)

Das „geistige Elend" der DDR, die gesellschaftlichen Repressionen, habe ich mit der nicht ungefährlichen „Methode Humor" einigermaßen schadensfrei überlebt (von häufigen Herzschmerzen, bekämpft mit Corinfar-Tabletten[15], und natürlich finanziellen Nachteilen abgesehen). Dieses Elend war immer für mich dann präsent, wenn ich Aufgaben außerhalb meiner Fachwissenschaften, Physik und Mathematik, erfüllen musste.

Während an der Produktionsbasis, in den Betrieben, vorsichtig dosierter oppositioneller Humor einigermaßen straffrei blieb, konnte in den Hochburgen der strengen Ideologie, in den Schulen, Ingenieurschulen und Hochschulen nach dem Bau der Berliner Mauer 1961 nur derjenige berufliche Erfolge erreichen und eine Karriere wie zum Beispiel Oberlehrer, Dozent oder Professor realisieren, der auf jeden erkennbaren Widerspruch inklusive kritischen Humor verzichtete. dazu gehörte, dass er die Parteilinie uneingeschränkt als seine „eigene Meinung" vertrat, ganz im Sinne des bekannten Refrains „Die Partei, die Partei, die hat immer recht" aus dem „Lied der Partei". Diese von Louis Fürnberg im Jahr 1949 verfasste Hymne war das Loblied der SED und prägte das Selbstverständnis der DDR-Staatspartei.

Von 1965 bis in die 80er Jahre habe ich an verschiedenen Leipziger Ingenieurschulen Mathematik und Physik gelehrt. Diese beiden Lehrfächer sind natürlich an sich ideologisch indifferent. An den Hoch- und Fachschulen wurde aber auch von den Nicht-SED-Mitgliedern immer wieder eine öffentliche persönliche Parteinahme im Sinne der SED gefordert. Direktor der Leipziger Ingenieurschule für Bauwesen (ISB) war von 1965 bis 1982 ein Diplom-Philosoph, sein Erster Stellvertreter ein stark von der Armee geprägter Diplom-

---

[15] Corinfar enthält den Wirkstoff Nifedipin, angewandt bei der Behandlung des Bluthochdrucks, der keine organischen Ursachen hat.

Politologe. Hinter vorgehaltener Hand hieß es unter den Lehrern der naturwissenschaftlichen und technischen Fächer, dass wir auf dem Weg seien, anstelle von bautechnisch gebildeten Ingenieuren „Bauphilosophen mit militärischer Kampfbahnerfahrung" auszubilden.

Als die Studenten in der Bundesrepublik im Rahmen der „1968er-Bewegung" auf den Straßen aggressiv demonstrierten - dabei bejubelten die protestierenden Studenten die Realkommunisten Ho Chi Minh, Mao Zedong und Che Guevara - und zeitgleich der „Prager Frühling" *(Anm. d. Hg.: siehe Seite 260)* durch sowjetische Panzer platt gewalzt wurde, prophezeite der SED-Direktor in den für alle Fachschullehrer obligaten monatlichen marxistisch-leninistischen Weiterbildungsseminaren eine baldige Angliederung der BRD an die DDR und äußerte mehrfach die persönliche Überzeugung, dass große Teile der bundesdeutschen Bevölkerung in absehbarer Zeit die entsprechende Zielstellung artikulieren würden. Der revolutionäre Reifegrad der westdeutschen Arbeiterklasse habe inzwischen auch ohne eine große „Partei neuen Typs" (Lenin) eine beachtliche Entwicklung erfahren. Das Ziel sei, die kapitalistische Ordnung zu zerschlagen und eine sozialistische Gesellschaft aufzubauen.

Kein Seminarteilnehmer wagte etwa die naheliegende Gegenfrage: „Warum ist denn dann kein Bundesbürger in unsere schöne DDR gekommen?" Die innerdeutsche Grenze war schließlich eine semipermeable Wand – undurchlässig für DDR-Bürger und durchlässig für Bundesbürger! In der DDR wurde zwar von Dialektik geredet; praktiziertes dialektisch-gesellschaftspolitisches Denken war aber höchst gefährlich.

1982 durfte ich einen Lehrbrief (Lehrbriefe wurden hauptsächlich als Arbeitsmittel für das Fernstudium erstellt) mit dem Titel „Physikalische Grundlagen des bautechnischen Wärmeschutzes" schreiben. Als das Heft erstmals ausgeliefert wurde, hatte ich allerdings bereits einen Arbeitsstellenwechsel vollzogen, der mich „vom Regen (ISB) in die Traufe (ISP) brachte„- gemeint sind damit die Ingenieurschule für Bauwesen und die Ingenieurschule für Pharmazie. Von den alljährlichen Neuauflagen im Bereich der Bauingenieurausbildung der DDR erfuhr ich vor wenigen Jahren eher zufällig aus dem Katalog der Deutschen Nationalbibliothek.

Die Ingenieurschule für Pharmazie wurde von den Leipziger Studenten „Rotes Kloster" genannt: extrem rot und mit vielen Mädchen! *„Wer nicht für uns* *ist, der ist gegen uns"*, drohte im „Roten Kloster" ein SED-Scharfmacher den Parteilosen. Der SED-Parteisekretär der ISP hat sich später im vereinten demokratischen Deutschland als Apotheker selbstständig gemacht und sehr bald in Leipzig ein komfortables Einfamilienhaus gebaut. Als Arbeiter der ISP den ehemaligen Parteisekretär auf seinen neuen Status als DM-Millionär und Arbeitgeber ansprachen, soll er kurz geantwortet haben: *„Ja, aber gegen meinen Willen!"*

(Anmerkung des Herausgebers; In den Betrieben als auch an Bildungsein-richtungen gab es Parteiorganisationen der SED mit einem eigenen Parteise-kretär. Die sogenannten Blockparteien durften dort nicht aktiv sein.)

Auch in vielen Betrieben der volkseigenen Industrie wurde in der Zeit des damaligen sogenannten „entwickelten Sozialismus" mit veralteten Technologien gearbeitet. Die Ära Breschnew gilt als weitgehend identisch mit dem, was sich selbst „entwickelter Sozialismus" nannte und aus der Sicht der eigenen Kritiker als „realer Sozialismus" (Rudolf Bahro 1935–1997) bezeichnet wurde.

Mitte der 1980er Jahre musste der politisch nicht unproblematische Produktionsausfall im großen Leipziger Arzneimittelwerk durch einen Einsatz von Pharmazie-Ingenieur-Studenten abgemindert werden. In primitiver Handarbeit wurden Tabletten abgezählt und eingetütet.

Ich war als Seminargruppenbetreuer der Studenten in einer „Salben-Küche" tätig. Das margarineähnliche Ausgangsmaterial, die Salbengrundlage, wurde in großen Fässern angeliefert und mit bloßen Händen in einen mit Dampf beheizten Kessel eingebracht, darin zur Sterilisierung auf 100 °C erhitzt und schließlich über ein nur im Liegen vom Fußboden aus bedienbares Ventil in Pappeimer abgefüllt. Nicht nur die Technologie war uralt, auch die Produktionsräume waren abgewirtschaftet und es fehlten die an sich unverzichtbaren hygienischen Voraussetzungen. Mit Sicherheit wurde die Schuhcreme bei Erdal (Markenname für Schuhpflegeartikel) schon vor vielen Jahrzehnten effektiver und hygienischer produziert. Ich konnte von der in allen Zeitungen hochgelobten modernen Technik und den menschenfreundlichen sozialistischen Arbeitsbedingungen beim besten Willen nichts erkennen. *„Der Sozialismus siecht!"* (bei Aussprache im sächsischen Dialekt: Bedeutung für krank, hinfällig sein) – so las nicht nur der Sachse die offizielle Losung der Partei *„Der Sozialismus siegt"*. Die relativ geringen Lohnkosten für die Handarbeit lagen offenbar über Jahrzehnte summiert wesentlich günstiger als die Investitionskosten für eine moderne Sterilisations- und Abfüllanlage.

In den 1970er Jahren begann nach meiner Erfahrung in der DDR das Leistungsniveau an Fachschulen und Hochschulen zu fallen. Es wurde insbesondere von politischen Sonderauflagen zersetzt. Ich erlebte, wie an der Hochschule für Bauwesen in Leipzig das Promotionsverfahren eines Genossen in der Endphase abgebrochen werden musste, weil der SED-Doktorand „der deutschen Schriftsprache nicht mächtig" war.

Ich erlaubte mir an der Leipziger Ingenieurschule für Bauwesen, die Physik-Belegarbeit eines Studenten aus einer Armee-Sonderklasse, der das Fach Deutsch bei einer SED-Dozentin offenbar erfolgreich abgeschlossen hatte, nur auf Rechtschreibfehler zu korrigieren und das entstandene „Desaster in Rot" dem vorgesetzten Fachrichtungsleiter vorzulegen. Der mir übergeordnete SED-Genosse kritisierte zunächst meine Aktivität und verwies auf meine alleinige Aufgabe, den physikalischen Inhalt zu beurteilen.

Auf die Frage, wie solch ein Ingenieur später erfolgreich arbeiten solle, bekam ich den kurzen Hinweis, man würde einen *„Vermerk in die Kaderakte (Personalakte) schreiben, er sei mehr für operative Fragen geeignet",* und ich wurde aus dem Zimmer des leitenden Herrn hinauskomplimentiert.
Seine parteipolitische Lösung war: „Gebt diesem ‚Ingenieur' ein Telefon und kein Papier!"

Der damalige Russischlehrer, ein Kollege an der ISB, war ein Muttersprachler, der in seiner Not die Zensurenskala im persönlichen Notizbuch linear bis zur Note „Zehn" verlängert hatte.
Er fand manchmal beim Korrigieren nur Fehlerzahlen oberhalb der ehemals schlechtesten Note „Fünf" (nicht bestanden). Offiziell konnte er natürlich von „Fünf" bis „Zehn" immer nur die Note „Fünf" in die Klassenbücher eintragen. Aber auf die Frage eines leistungsschwachen Fernstudenten nach seinen Erfolgsaussichten schaute der Dozent in sein privates Büchlein und sagte mit russischem Akzent: *„Sie haben sich von ‚Neun' auf ‚Sieben' entwickelt; wenn Sie so weiterarbeiten, können Sie am Ende noch ‚Vier' erreichen!"*
(Den Studenten lag das Fach Russisch total „im Magen"!)

Als Busfahrer der Leipziger Verkehrsbetriebe im zweiten Arbeitsverhältnis hatte ich zwischen 1986 und 1988 ein Schlaraffenland der Arbeitnehmer erlebt. Da es zu wenige Busfahrer gab, war die Genehmigung für die Nebenarbeit unschwer zu erlangen, zumal der Autor eine Ausbildung zum Berufskraftfahrer absolviert hatte. Getreu dem Motto „Keine Leute, keine Leute" konnte ich am Abend (etwa nach einem familiären Streit über die Auswahl des Fernsehprogrammes I oder II - in der DDR gab es nur diese beiden Programme, Westsender durften offiziell nicht empfangen werden) spontan den Einsatzleiter im Busbahnhof anrufen und meinen unmittelbar bevorstehenden (ungeplanten) Arbeitseinsatz ankündigen. Im Regelfall war dann die Reaktion: *„Es fällt gerade der Kurs X aus; du kannst die Arbeit in einer knappen Stunde auf der Linie Y an der Haltestelle Z beginnen."* Sogar das Arbeitsende konnte beim Besetzen der ausfallenden Busse nach dem Wunsch des Fahrers vereinbart werden. *„Wann soll deine Arbeit beginnen und wann soll sie enden?"* – diese Frage des Arbeitgebers an den Arbeitnehmer wird in der menschlichen Zivilisationsgeschichte wohl einmalig bleiben!

Heute ist dies auch ein Grund für das verklärte DDR-Geschichtsbild. Die Menschen denken nicht mehr daran, dass die DDR politisch und auch wirtschaftlich am Ende war, dafür aber umso mehr an die ehemals „ruhende Arbeit" und die „angebliche Vollbeschäftigung"!

Allerorten schmunzelte man in der DDR über die sieben ökonomischen Widersprüche des Sozialismus:

- Obwohl wir Vollbeschäftigung haben, arbeitet nur die Hälfte aller Werktätigen.
- Obwohl nur die Hälfte arbeitet, fehlen überall Arbeitskräfte.
- Obwohl überall Arbeitskräfte fehlen, werden alle Pläne übererfüllt.
- Obwohl alle Pläne übererfüllt werden, gibt es nichts zu kaufen.
- Obwohl es nichts zu kaufen gibt, haben alle fast alles, was sie brauchen.
- Obwohl alle fast alles haben, was sie brauchen, meckern alle.
- Obwohl alle meckern, wählen 99,9 Prozent die Kandidaten der Nationalen Front.

Die Nachkriegszeit „von Magermilch und langen Strümpfen" war in der Bundesrepublik längst vorbei, als in der DDR die humoristische Anfrage an den Sender Jerewan: *„Wird es im Kommunismus noch Geld geben?"*, beantwortet wurde mit: *„Nur noch!"*

(Anm. d. Hg.: Sender Jerewan: siehe Seite 260)

In dieser Zeit wurde die „differenzierte Lebensqualität" von der „Leipziger Pfeffermühle" (Leipziger Kabarett) charakterisiert durch den mangelwirtschaftswissenschaftlichen Lehrsatz: *Entweder du hast Beziehungen und lebst im Sozialismus, dann hast du was davon; oder du hast keine Beziehungen und lebst im Sozialismus, aber dann hast du nichts davon!*

Als ich mit meiner Frau im Oktober 1986 in der Nähe meines Thüringer Geburtsortes Leutenberg auf einer Wanderung noch weit ab von der scharf bewachten Grenze nach einer Aussicht in die bayerische Waldlandschaft gefragt hatte und daraufhin am Abend von der Stasi stundenlang verhört wurde, schließlich in Leipzig dann endlich sofort das lang ersehnte (und immer wieder abgelehnte) Telefon bekam, war meine Stasiakte längst geschrieben. Ich war darin dokumentarisch erfasst unter anderem mit meiner Verweigerung einer Solidarspende zur Finanzierung des Vietnamkrieges, mit der Plakatierung der ungeliebten und sofort wieder aus dem Physik-Schaukasten entfernten Marx-Worte, „An allem zweifeln!", und mit einer kritischen Formulierung im Rahmen der Diskussion zu der Hoch- und Fachschulreform unter Anwesenheit von ministerialen Betonköpfen.

Die plötzliche Genehmigung des Telefons war sicherlich auf die vorangegangene Vernehmung durch die Stasi zurückzuführen. So hoffte die Stasi durch Abhören des Telefons an „Informationen" zu gelangen.

Ich hatte an der Ingenieurschule für Pharmazie in Leipzig den wahren Funktionsmechanismus der DDR treffend, aber für mich sehr gefährlich auf den Punkt gebracht mit den Worten: „Jeder ist dagegen, aber alle werden es realisieren!" Dies war mein letzter „Streich der Methode Humor" vor meinem Einsatz als Nachtwächter und Pförtner.

Meine abschließende Empfehlung ist: Wenn die heutige Jugend das alles nicht erleben will, dann sollte sie ihr gesellschaftspolitisches Bewusstsein für Demokratie im Spiegel der Diktatur schärfen, damit daraus die Bereitschaft genährt wird, sich gegen jegliche Diktatur zur Wehr zu setzen.

***

„Die Kirche hat kein Monopol auf Türme"

Dr.-Ing. Wilhelm Petzholtz (TH/TU Dresden, Studienjahrgang 1960, Fakultät Maschinenbau, Fachbereich Technologie/Triebwerkfertigung, Diplom 1966

Der Werbeoffizier fasste das einstündige Gespräch zusammen: *„Das war für Sie ein Prüfstein zu Ihrem Bekenntnis zu unserem sozialistischen Staat. Diese Prüfung haben Sie nicht bestanden."*

Trotzdem bewarb ich mich an der damaligen TH Dresden für die Fakultät Maschinenwesen, Kraftfahrwesen. Für den Ersatzwunsch erfolgte auch ein Schreiben an die Hochschule für Verkehrswesen – Eisenbahningenieurwesen. Aber mein Jugendtraum war natürlich der Kraftfahrzeugingenieur wie der vieler anderer Jungen auch.
Ich ahnte nichts Gutes für meine Studienpläne. Meine Ablehnung eines zweijährigen Dienstes bei der NVA blieb jedoch für meine Entwicklung erfreulicherweise folgenlos.

Die Antwort der TH war zunächst ablehnend, weil die Fachrichtung hoffnungslos überlaufen war. So konnte die Hochschule für die wenigen offenen Stellen höchste Anforderungen an politisches Engagement und an den Zensurendurchschnitt stellen. Glücklicherweise wurde mir eine Ersatzlösung mit der neu gegründeten Fakultät Technologie angeboten. Die Produktion steht in jedem Wirtschaftssystem im Mittelpunkt, und nicht jeder Konstrukteur findet immer sein Wunschbüro. Außerdem befähigt ein erfolgreiches technisches Studium einen engagierten Ingenieur dazu, auch etwas abseits vom ursprünglichen Fachgebiet erfolgreich tätig zu sein.

Zur Immatrikulation im Juli 1960 in Dresden verpasste ich gleich in Werder einen Frühzug und kam so einige Stunden zu spät in Dresden an. Das sollte meine zweite glückliche Fügung nach der Militärdienstablehnung werden. Im Eilverfahren wurde ich in den wichtigsten Büros individuell behandelt. Besondere Werbestationen blieben mir erspart. So drängte mich auch niemand zum Eintritt in die vormilitärische Organisation GST.

Das erste Semester erfolgte als Vorpraktikum. So suchte ich mir in Potsdam-Bornim das Institut für Landtechnik mit seiner Nähe zu meiner geliebten Kfz-Technik. Es war für mich wie eine Facharbeiterausbildung im Schnellverfahren. Ich konnte mir vieles Handwerkliche aneignen und lernte zwischen Schmiede, dreidimensionalem Bohrwerk und Zeichenbüro sehr viel für das spätere Berufsleben.

Unsere Seminargruppe (insgesamt gab es drei mit gleicher Fachrichtung Fertigungstechnik) wurde wahrscheinlich ohne System zusammengewürfelt. Von Thüringen bis Berlin waren wir vertreten. Aber es wurde eine „dufte Truppe", wie man damals sagte. Wir kamen menschlich gut miteinander klar. Politisch tat sich niemand besonders hervor, obwohl einige von der Arbeiter-und-Bauern-Fakultät (ABF), aus der Industrie und von der NVA kamen.

Das dreijährige Grundlagenstudium bis zum Vordiplom verlief gemeinsam mit der Fakultät Maschinenwesen, die dann folgende Vertiefungsrichtung Triebwerkfertigung erschien mir meinen Träumen am nächsten. Die Anforderungen waren hoch. So fielen auch einige Kommilitonen durch wichtige Prüfungen der höheren Mathematik, der technischen Mechanik oder der Thermodynamik. Im Wiederholungsfall wurden sie sogar exmatrikuliert. Zum Vordiplom fehlten also schon einige unserer Gruppe. Es kamen aber auch aus älteren Jahrgängen einige Studenten zu uns, die wegen Krankheit ein Jahr aussetzen mussten.

Wir standen also alle ständig unter einem Erfolgszwang und waren darauf bedacht, die vielen Vorlesungen, Seminare, Übungen und Praktika aufmerksam zu besuchen bzw. das Gelernte schöpferisch umzusetzen.

Musterknaben waren wir alle nicht, doch einen „Hänger" wollte man sich nicht leisten. Man fühlte sich auch gegenüber seiner Familie verpflichtet, die Ausbildung ohne Verzögerung und halbwegs erfolgreich zu absolvieren. Auch in meinem Fall als Ältester von drei Geschwistern war das Studium eine Last für die Eltern. Unser Vater war nicht ein gut verdienender Arbeiter, sondern ein fleißiger Buchhalter in der Landwirtschaft. Deshalb gab es auch keine besondere Förderung vom Arbeiter- und Bauernstaat.

Das Stipendium betrug nur 140 Mark. Als Hilfsassistent verdiente ich mir etwas dazu.

Politisch hatten wir eine vergleichsweise ruhige Zeit. Die Vorlesung Gesellschaftswissenschaften schwänzten wir. In den Seminaren hatten wir also Wissenslücken und bekamen so schlechtere Noten.

Viele der Professoren waren noch etwas älter als unsere Väter. Sie waren bereits Experten. Einige von ihnen mussten ihr Fachwissen nach dem Krieg bei den Siegermächten unter Beweis stellen. Zusammengefasst stand bei der Bewertung der studentischen Leistung durch unsere Hochschullehrer nicht gesellschaftliche Tätigkeit, sondern allein das Fach im Mittelpunkt.

Es gab natürlich außerhalb des Studiums einige Erwartungen an gesellschaftliche Arbeit, um die man nicht herumkam. So waren die jährlichen – zwei Wochen dauernden – Kartoffeleinsätze in den Nordbezirken im Oktober angesagt. Hier bestand für uns gar nicht das Problem der verpflichtenden Teilnahme. Die gering bezahlte Arbeit an frischer Luft mit Bekanntschaft neuer Menschen und schönen Landschaften brachte uns Abwechslung, denn größere Urlaubsreisen machte man damals aus Zeit und Kostengründen nicht. An den Kartoffeleinsätzen mussten Leistungssportler und Studenten mit ärztlichem Attest nicht teilnehmen. Aber es fehlte kaum jemand in unserer Gruppe.

Auch die jährlichen Industriepraktika waren nicht immer ein Zuckerlecken. Zuweilen musste man in der Produktion einen Arbeiter ersetzen. So erging es mir in der Gießerei mit völlig ungewohnter Schwerarbeit, und das bei meinem Leichtgewicht. Aber man war ehrgeizig, biss die Zähne zusammen und hielt irgendwie durch. So lernte man die schwere Arbeit in der Industrie kennen und war motiviert, später ingenieurmäßige Lösungen zur körperlichen Erleichterung zu entwickeln.

Auch die Initiative des Vaters eines Kommilitonen – der Vater arbeitete beim Gleisbau der Deutschen Reichsbahn – ging in diese Richtung. Die ganze Seminargruppe wollte sich in den Ferien etwas Geld verdienen. Sie machte auf einem Bauzug bei Berlin zehn Tage mit zehn Stunden je Schicht (ausschließlich Pausen) freiwillig mit. So lohnten sich für die Arbeiter die Heimfahrten, denn die Arbeitsstunden für zwei 6-Tage-Wochen wurden konzentrierter geleistet und ermöglichten so mehr Freizeit. Das manuelle Schotterschippen im Gleisbett an der stark befahrenen Strecke Berlin-Moskau war eine Hundearbeit, und das bei Wind und Wetter. Vor den russischen D-Zug-Waggons, deren Toilettenrohre die Fäkalien nicht zwischen die Räder, sondern an den Bahndamm platzierten, wurden wir schon gewarnt. Der Sicherheitsposten kündigte wieder einmal einen solchen Zug an. Einer von uns hatte sein Kochgeschirr leichtsinnig in Gleisnähe offen stehen. Nach Vorbeifahrt war es entsprechend gefüllt. Ein Witzbold von uns schrie in die Gruppe: *„Russische Bahnfunktionäre bescheißen deutsche Arbeiter!"* Alles lachte.

Die damalige Erziehung zur Achtung vor der schweren körperlichen Arbeit während des Studiums kannte man bereits vom Elternhaus. So war das für uns eher eine Tugend als eine Not. In der heutigen Zeit vermisse ich so etwas. Oft gilt das Prinzip, mit wenig Arbeit viel (finanziell) zu erreichen.

Nun zu einem politischen Ereignis, das mich damals 1962 in Dresden schockierte: Der Abriss der einzigen gotischen im Krieg ausgebrannten Kirche, der ehemaligen Franziskaner-Klosterkirche, spätere Kirche St. Sophien. Ulbricht – der Spitzbart, wie wir ihn abwertend nannten – legte persönlich am Dresdner Stadtmodell 1958 fest, dass dieser Bau zugunsten sozialistischer Bauten abgerissen wird: *„Die Kirche hat kein Monopol auf Türme!"*

Es herrschte lange Zeit bei Kunsthistorikern, dem Institut für Denkmalpflege und bei Bürgern wie mir Unverständnis für diesen Frevel: Abriss einer über 700-jährigen bedeutungsvollen Bausubstanz. Natürlich herrschte Wohnungsnot und waren noch wichtige Lebensmittel rationiert (Zuteilung von Fleischwaren und Butter in der Stammverkaufsstelle). So musste man andere Prioritäten setzen als eine derartige Restaurierung. Auch die Sicherung der Kirchenruine für eine Kultureinrichtung wäre denkbar. Aber es entstand kein größerer Widerstand, weil alle isoliert waren. Meine Kirchgemeinde lag in der Heimat. In Dresden war ich nicht eingebunden. Die Machthaber verbreiteten darüber hinaus die Lüge, es sei ja nur wertlose Neugotik, die außerdem noch zerstört sei. Viele meiner Kommilitonen, die ich auf den Abriss hin ansprach, konterten mit diesem Scheinargument.

So musste ich den Abriss vom Juli 1962 bis April 1963 mit ansehen. Es geschah zum Teil pietätlos durch Wegbaggern von Grüften. Leichenteile wurden auf der Baggerschaufel sichtbar, da man darüber hinaus auch noch auf einen Bauzaun verzichtete. Für mich brach im wahrsten Sinne des Wortes eine Welt zusammen. 1968 wurde entgegen anderen Behauptungen der eigentliche Kirchengrundriss nicht überbaut.

Aber 1998 genehmigte die Stadt die Errichtung eines Bürobetonriegels auf gotischem Grund, ohne vom Bodenerlös etwas für eine Gedenkstätte abzuzweigen. Diese Fehlplanung finde ich auch frevelhaft, zumal der 175 Meter lange Bau seit Jahren (Stand 2017) ohne Perspektive leer steht.

(Anmerkung des Autors:
Heute wirke ich in der „Gesellschaft zur Förderung einer Gedenkstätte für die Sophienkirche" mit. Es geht darum, für die Nachwelt einen Ort zu schaffen, der an die Folgen von Diktaturen und Krieg sowie an den Widerstand erinnert. Auch das persönliche Totengedenken im Zusammenhang mit der Bombardierung Dresdens soll möglich werden. Die räumliche Nachbildung der spätgotischen Busmannkapelle erinnert bereits heute an das historische Bauwerk. In einer Fülle von Vorträgen und Führungen wollen wir weiterhin Spenden einwerben, damit das Gesamtvorhaben abgeschlossen werden kann.)

Zurück zum Studium. Damals dachte ich im Fachstudium des siebenten Semesters wieder an die Worte meines Onkels, dass Neigungen und spätere Tätigkeit selten übereinstimmen. Dieser promovierte Ingenieur aus Westberlin ermunterte mich 1960 zu meiner Studienrichtung. So schrieb ich mich zusätzlich für ein Semester bei Professor Öhmichen (Maschinenlabor III) und später bei Professor Jante (Institut für Verbrennungsmotoren und Kraftfahrwesen) ein. Die Kommilitonen erklärten mich für verrückt, zumal die zusätzliche Belastung keine besonders guten Noten in diesen beiden Fächern einbrachte. Aber es tat mir gut, und bei solchen individuellen Entscheidungen musste man keine Anträge an die Fakultätsleitung stellen.

Kurz vor Ende des Studiums traten doch noch drei Kommilitonen in die SED ein. Sie erhofften sich damit bessere Startbedingungen als Assistent an der TU bzw. als Jungingenieur in der Wirtschaft. Ich selbst wollte nicht am Lehrstuhl bleiben, sondern ging für zwei Jahre in die Autoindustrie. Später wurde ich für einige Jahre wieder von der TU abgeworben.

Wie gestaltet sich der Rückblick auf das Studium heute? Die damalige Studienzeit verlief für mich trotz politischer Unbilden aus heutiger Sicht weitgehend störungsfrei. Ich hatte das Glück, vielen mir wohlgesonnenen Menschen zu begegnen. Dafür bin ich dem Herrgott sehr dankbar, auch auf die Gefahr hin, dass man die Vergangenheit mit Nachsicht bewertet.

Die Geschichte zeigt, dass heute vieles im Zusammenhang mit Bildung anders aufgefasst wird. Der Weg ist zuweilen das Ziel. Die Berufswahl erfolgt nach Idealen und nicht nach späteren Einsatzchancen. Studienrichtungen werden bei leichtestem Gegenwind gewechselt. Die Freiheit verführt so manchen zu Auszeiten in der Ferne, und in relativ hohem Berufsanfängeralter findet sich dann später keine angemessene Arbeitsstelle.

Wilhelm Petzholtz, geb. 1942, Oberschule Potsdam; 1960–66 Studium an der TH/TU Dresden Technologie/Triebwerkfertigung; 1966/67 VEB Autowerk Ludwigsfelde; 18 Monate Wehrdienst, 1968–72 Assistent TU Dresden; 1972–76 VEB Fortschritt Landmaschinen; 1975 Promotion; 1976 Gruppenleiter Kraftfahrzeugtechnisches Amt Dresden. 1990 Gesellschafter „Kraftfahrzeugüberwachungsverein", Leiter Fahrerlaubniswesen für sechs ostdeutsche Bundesländer; 2002–2008 CIECA-Vizepräsident (Weltverband) für DEKRA.

***

Erläuterung zeithistorisch - „Partei neuen Typus" (Lenin)

Eigenbezeichnung kommunistischer Kaderparteien im leninschen Sinne mit der Verpflichtung auf die Ideologie des Marxismus nach dem Prinzip des Demokratischen Zentralismus. Ziel war die Errichtung einer „Diktatur des Proletariats". – Die verbindliche Festlegung von Begriffen war ein wesentlicher Bestandteil der Ideologiearbeit in Leitinstituten der kommunistischen bzw. sozialistischen Parteien in den sozialistischen Ländern. Es führt heute oft zu Missverständnissen, wenn dies nicht beachtet wird. So gab es auch ein spezielles Wörterbuch der Staatssicherheit in der DDR.

***

„Sie stehen nicht zu uns"

Werbung für den „freiwilligen" Wehrdienst

Dipl.-Ing. Michael Ventzke (1960 ABF-Berlin, 1962 TU Dresden, Elektrotechnik/Regelungstechnik, 1965 TU Dresden Fernstudium Informationstechnik, Diplom 1970)

Ein sich mir tief in mein Bewusstsein eingeprägtes Erlebnis hatte ich als junger Mensch mit nicht einmal achtzehn Jahren im Sommer 1961. Am 13. August war in Berlin die Mauer gebaut worden, die Deutschland und mit extrem einschneidenden Folgen meine Heimatstadt Berlin teilte.

Mein Freund seit den Kindertagen lebte mit seinen Eltern in West-Berlin und ich in Ost-Berlin. Es wurde uns klar, dass eine persönliche Begegnung nicht mehr möglich sein würde, die Mauer trennte auch uns.

Anfang September begann ich das zweite Studienjahr an der ABF in Berlin zur Erlangung der Hochschulreife. Es war eine gespannte Atmosphäre in der Seminargruppe, wir redeten aufgeregt über die Ereignisse im August und warteten auf den Unterrichtsbeginn. Der aber begann mit einem Appell im Fakultätshof, an dem alle Studenten teilnehmen mussten.

Uns wurden vom Dekanat in pathetischen und phrasenhaften Worten die Ereignisse um den 13. August aus DDR-Sicht dargelegt und eine kriegsbedrohliche Situation heraufbeschworen. Der Appell gipfelte in der Aussage, dass es notwendig sei, FDJ-Freiwilligenbataillone aufzustellen, und jeder Student hätte seine grundsätzliche Bereitschaft für den Militärdienst in der NVA für mindestens zwei Jahre zu erklären. Damit wurden wir in die Seminarräume entlassen und die Seminarleiter hatten uns noch psychologisch zu bearbeiten. Unterricht fand praktisch nicht statt, es wurde erregt diskutiert und am nächsten Tag sollten dann die Listen bereitliegen, in die jeder freiwillig seine Bereitschaftserklärung mittels Unterschrift eintragen sollte.

Es war mir schon zu Beginn des ersten Semesters im September 1960 unangenehm aufgefallen, dass ständig von größtem Vertrauen in uns seitens des Staates gesprochen wurde und wir uns entsprechend würdig und dankbar zu zeigen hätten. Dabei waren im letzten Lehrjahr – im Frühjahr 1960 – Studenten der Humboldt-Universität als Werber für ein Hochschulstudium in die Firma gekommen. Nach mehreren Werbegesprächen mit mir, ich hatte gute bis sehr gute Ergebnisse in der Berufsausbildung, ließ ich mich auf diesen Ausbildungsweg ein und schrieb mich für die ABF in Berlin zur Erlangung der Hochschulreife ein.

Anfang September – also nach dem 13. August – verging für mich eine aufregende Nacht, in der ich mit meinen Eltern über die möglichen Entscheidungen redete.

Da ich innerlich sowieso gegen den Militärdienst war und bei einer möglichen Einberufung eine lange Auszeit in meiner Ausbildung befürchten musste, stand am nächsten Morgen für mich fest, dass ich keine Bereitschaftserklärung abgeben würde. Am Morgen begann der Unterricht noch einmal mit einer Aufforderung zur Bereitschaftserklärung. Es lagen in den Unterrichtsräumen die Namenslisten dafür aus. Bis zur Mittagspause hatten sich in meiner Seminargruppe von 22 Studenten drei oder vier Kommilitonen eingetragen. So muss es wohl auch etwa in allen anderen Seminargruppen gewesen sein.

Nach der Pause, in der wir heftig diskutierten, begann der Unterricht mit einem Paukenschlag. Die Seminarleiter erklärten uns, dass nach Auswertung der Listen von der Dekanatsleitung der Beschluss gefasst wurde, dass diejenigen Studenten, die nicht unterschreiben würden, eine schriftliche Stellungnahme mit Unterschrift zu den Verweigerungsgründen abzugeben hätten.

Das war jetzt eine Hürde, die einer Nötigung gleichkam. Jetzt fielen doch viele Studenten um, da sie die schriftliche Stellungnahme nicht abgeben wollten. Da ich bei meinem Beschluss blieb, schrieb ich nun eine Stellungnahme: Ich begründete meine Ablehnung der Bereitschaftserklärung wegen privater Probleme und dem schon hohen Alter meiner Eltern, für die ein so langer Ausbildungsweg meinerseits eine große Belastung gewesen wäre.

Am Ende dieses Tages waren in jeder Seminargruppe nur noch eine Handvoll „Uneinsichtiger" übrig.

Der nächste Tag sollte mit einer Hexenjagd beginnen. Im Eingangsbereich der ABF hing eine große schwarze Tafel für Informationen. Als ich morgens den Bereich betrat, prangte dort in großen weißen Lettern eine Kopfüber-schrift mit den Worten: „SIE STEHEN NICHT ZU UNS".

Darunter standen die Seminargruppenbezeichnungen und in jeder Spalte die Namen derer, die nicht unterschrieben hatten. Mein Name befand sich nun auch darunter. Das war ein Schock, denn nun wusste ich, dass alles ins Hochpolitische und Grundsätzliche geführt war.

Der Tag verging mit Bauchschmerzen und unerträglichen Gedanken für mich. Es gab aber noch keine erkennbaren Auswirkungen. Am folgenden Tag hatte sich das Bild nicht geändert. Die Namen der unverbesserlichen Verwei-gerer standen noch immer an der Tafel, nun aber mit Beiträgen einzelner Studenten über deren Unwürdigkeit, im Arbeiter- und Bauernstaat zu studie-ren. Am Nachmittag wurden alle FDJ-Leitungsmitglieder der Seminargruppen zu einer Dekanatsberatung beordert. Mein Banknachbar, zu dem ich ein gu-tes, freundschaftliches Verhältnis hatte, gehörte auch dazu. Nach ca. zwei Stunden kamen alle wieder in die Seminarräume zurück. Mein Banknachbar sagte mir vertraulich, dass beschlossen wurde, alle Nichtunterschreiber we-gen des fehlenden politischen Standpunkts zu exmatrikulieren. Ich sollte mir doch überlegen, ob ich meine ganze berufliche Ausbildung aufs Spiel setzen wollte.

Nach einer weiteren schlaflosen Nacht wurde uns Uneinsichtigen am nächs-ten Morgen dieser Beschluss offiziell mitgeteilt. Allerdings sollten wir noch eine Chance erhalten, wenn wir die Unterschrift leisten würden. Ich hatte mich zuvor wieder mit meinen Eltern beraten und war nach langem inneren Ringen bereit, meine Unterschrift zu leisten, noch dazu aus der Erkenntnis heraus, dass im Ergebnis des Mauerbaus sowieso eine Wehrpflicht kommen würde.

Die noch mögliche Unterschriftleistung war nun von einer psychischen Drangsalierung begleitet. Man musste nun eine weitere schriftliche Erklärung abgeben, wie denn dieser Sinneswandel zustande gekommen war. Man wollte den Kniefall. Schweren Herzens, aber mit dem Rüstzeug der sozialis-tischen Schulausbildung wurde von mir mit tönenden Worten beschrieben, was man oben hören wollte, nämlich die Rückkehr in die sozialistische Ge-meinschaft durch erfolgreich verlaufene Überzeugungsarbeit. Das Motto war, dass gesellschaftliche Erfordernisse weit über die eigenen Befindlichkeiten zu stehen haben. So hatte ich mich gebeugt.

Aus meiner Seminargruppe wurden zwei Kommilitonen exmatrikuliert. Direkt einberufen wurde aus meiner Seminargruppe in diesem Jahr keiner.

Wie viele meiner Kommilitonen in der Partei waren, weiß ich nicht mehr. Das Verhältnis untereinander war natürlich im ersten Jahr vor dem Mauerbau lockerer als danach. Das Klima würde ich aber trotzdem nicht als schlecht bezeichnen, aber ich war vorsichtiger, verschlossener und mehr zielorientiert geworden.
Ich habe die ABF 1962 mit Erfolg abgeschlossen und dann mein Studium an der TU Dresden, an der Fakultät für Elektrotechnik/Regelungstechnik begonnen. Aufgrund eines tödlichen Unfalles meines Vaters wechselte ich 1965 ins Fernstudium, das ich 1970 in Berlin mit dem Diplom abschloss

Die NVA griff mich nach dem Studium im Rahmen der Wehrpflicht in der Reserve 2 einmal für ein halbes Jahr und einige Jahre später noch einmal für ein Vierteljahr zum Wehrdienst.

Noch ein Wort zur ABF: Der Zugang zur ABF war bei mir außer externer Werbung und eigener Leistung wahrscheinlich der sozialen Stellung meiner Eltern geschuldet, das heißt, Arbeiterfamilien waren die bevorzugte Gruppe. Schon Elternteile im Angestelltenverhältnis lagen außerhalb der Zielgruppe, wobei meines Wissens Eltern im Partei- und Staatsapparat grundsätzlich als Arbeiterklasse galten. Sicher waren auch SED-Mitglieder eine Zielgruppe. Ich selbst und meine Eltern waren nie Mitglied einer Partei, aber meine Eltern waren Arbeiter. Dementsprechend gemischt war auch die Zusammensetzung meiner ABF-Klasse.

Michael Ventzke, geb. 1943 in Berlin, 1949 Grundschule in Berlin, 1957 Lehre als Elektromechaniker, 1960 ABF der Humboldt–Universität zu Berlin, 1962 Studium Regelungstechnik an der TU Dresden; 1965–1970 Fernstudium mit Abschluss Diplom; 1970–1990 Forschung und Entwicklung im Kombinat EAW Berlin und anschließend 1990–2002 Entwicklungsingenieur, 2002 Ausscheiden aus dem Unternehmen (58er-Regelung).

***

Themenbeitrag – Die Arbeiter-und-Bauern-Fakultäten (ABF) in der DDR

Einige der Autoren gelangten über die damaligen Arbeiter-und-Bauern-Fakultäten (ABF) zum Studium, weshalb der Begriff „ABF" in den Beiträgen häufiger auftaucht.

In der Literatur finden sich sowohl unterschiedlich ausführliche als auch gelegentlich tendenziöse Darstellungen zur Funktion und zum Zuganges der ABF. Diese variieren je nach Perspektive und Schwerpunkt.

Ein Beispiel:

„Um Kindern von Arbeitern und Bauern, die nach dem Krieg nicht über den sonst üblichen Schulweg zum Abitur und damit zu einer Studienberechtigung gelangen konnten, den Zugang zum Studium zu ermöglichen, wurden in der DDR die Arbeiter-und-Bauern-Fakultäten (ABF) eingerichtet."

Im Projekt haben wir uns dann entschieden, folgende Definition in den Erläuterungen zu verwenden:

„Die Arbeiter-und-Bauern-Fakultäten (ABF) hatten die Aufgabe, systemtreue Arbeiter- und Bauernkinder in zwei- und dreijährigen Studiengängen zum Abitur zu bringen. Studienplätze an den Hochschulen und Universitäten waren dann für die Absolventen der ABF gesichert."

Warum die erste Definition nicht befriedigen konnte, soll an den Beispielen aus der Dokumentation erläutert werden.

Die Gründung der ABF geht auf das Jahr 1949 zurück. Bis zum Jahr 1960 gab es in der DDR etwa 15 ABF. Ziel war, das alte Bildungsprivileg der sogenannten Bourgeoisie zu brechen und eine neue „staatstragende Führungsschicht" aus der Arbeiter- und Bauernschaft heranzuziehen. Infolgedessen waren auch die Auswahl- und Zulassungsbedingungen sehr strickt. Beschrieben wird das „Aufnahme- und Kontrollverfahren" im Beitrag von Günter Knoblauch, „Der Klassenfeind sitzt auch in Ihren Reihen."

Eine einfache Bewerbung oder Einschreibung an einer ABF war nicht möglich. Der Kandidat musste nachweisen, dass beide Elternteile aus der Arbeiter- oder Bauernschicht stammten.

War dies nicht der Fall – etwa wenn die Eltern Angestellte, selbstständige Handwerker oder Angehörige der Intelligenz waren (wie z.B. Ärzte, Ingenieure oder Wissenschaftler) - waren die Chancen, über die ABF das Abitur und damit den Zugang zu Hochschulen zu erhalten, gering bis aussichtslos. Nach meinem Wissen konnte die Delegierung an eine ABF formal nur durch einen VEB oder durch DDR-Massenorganisationen wie FDJ, GST, oder den FDGB erfolgen, wobei letztlich SED-Funktionsträger letztendlich auch hier als „Entscheidungspersonen" fungierten. Delegierungen aus privaten Handwerksbetrieben sind mir nicht bekannt. Falls es sie gab, dürfte ihr Anteil gering gewesen sein, da die „sozialistische Sozialisierung" eines Antragstellers aus diesem Milieu nicht ohne Weiteres ersichtlich war.

In den Anfangsjahren war es für junge Menschen aus der Bauernschaft vermutlich einfach, an die ABF zu gelangen (Zeitzeugen fehlen), da nach 1945 durch die Bodenreform eine neue Bauernschaft entstand, die im Fokus der neu gegründeten ABF lag.

Mit Beginn der Kollektivierung Anfang der 1950er-Jahre hing der Zugang jedoch davon ab, ob die Eltern der Bauernkinder „willig und freudig" in die neu entstehenden Landwirtschaftlichen Produktionsgenossenschaften (LPG) eintraten.

Zögerten sie oder verweigerten den Beitritt, wurde die soziale Herkunft der Kinder oft inoffiziell als „Kulaken-Kindern" eingestuft (natürlich nicht öffentlich so bezeichnet).

Der Begriff „Kulak" wurde bereits im 19. Jahrhundert in Russland für wohlhabende verwendet. Nach der Oktoberrevolution 1917 und der ab Ende der 1920er-Jahre einsetzenden Kollektivierung wurde die Bezeichnung „Kulak" und „Kulakentum" zunehmend negativ besetzt. Kulaken wurden im mildesten Fall enteignet oder deportiert.

Mit dem Abschluss der Kollektivierung (Zwangskollektivierung) in den 1970er-Jahren waren in der DDR alle Bauern Genossenschaftsbauern, und deren Kinder erfüllten formal die Voraussetzungen für die ABF.

Zugang zur ABF Dresden:

Am 19. Mai 1959 nahm ich an der Aufnahmeprüfung der Arbeiter-und-Bauern-Fakultät (ABF) der TU Dresden teil. Neben mir saß Jürgen Dähnhardt, ein Lehrling, den ich aus der Berufsschule kannte und der im VEB Carl Zeiss in Dresden arbeitete. Mitten in der Prüfung wurde er herausgebeten. Man teilte ihm mit, dass seine Zulassung zur Aufnahmeprüfung der ein Versehen gewesen sei, da er nicht die Bedingung erfülle, ein Arbeiterkind zu sein. Man bot ihm jedoch an, dass er sich nach einen Jahr Bewährung in der Produktion erneut bewerben könne – was er auch tat. Ein Jahr späterer wurde angenommen.

Jürgen Dähnhardt hatte vier Jahre Lehrzeit absolviert und mit dem zusätzlichen Bewährungsjahr in der Industrie, summierten sich fünf „Arbeiterjahre". Damit hatte er den „Makel" seiner sozialen Herkunft „korrigiert".

Die Arbeiter-und-Bauern-Fakultät der TH Dresden im Juni 1953

Bestimmte, ausgewählte Personen - meist in der Forschung tätig und oft als „Intelligenzler" bezeichnet – hatten sogenannte Einzelverträge und damit in der DDR gewisse Privilegien. Dies diente dazu, Fachkräfte an das System zu binden. Jürgens Vater war Biologe am Pflanzenforschungszentrum in Dresden-Pillnitz und hatte einen Einzelvertrag. Aus diesem Grund galt Jürgen Dähnhardt nicht als Arbeiter- und Bauernkind, was ihm zunächst den Zugang zur ABF erschwerte.

Zugang zur ABF Berlin:
Einer der Autoren dieser Dokumentation, Michael Ventzke, hatte Eltern, die definitionsgemäß zur Arbeiterklasse gehörten. Nach seiner Lehrzeit hegte er ursprünglich keine Ambitionen, ein Studium aufzunehmen. Umso überraschender war es für ihn, als eines Tages mehrere Studenten der ABF aus Berlin direkt zu seinem Ausbildungsplatz kamen, um ihn zu anzuwerben. Sie stellten ihm das Abitur an der ABF in Aussicht und betonten, dass er sich dafür besonders eigne – eine Erfahrung, die er heute als eine Art „Gnade" in Erinnerung hat.

Michael Ventzke erinnert sich: *„Mit einem formalen Antrag, ohne weitere Gespräche und ohne zusätzliche Aufnahmeprüfung wurde ich 1960 an der ABF in Berlin immatrikuliert. Ich wurde geworben."*

Interessant an diesem Beispiel ist, dass Michael Ventzke weder Mitglied der Jungen Pioniere (JP) noch der Freien Deutschen Jugend (FDJ) war. Offensichtlich wurden hier gezielt potentielle zukünftige Kader für die ABF ausgewählt – sicher auch nach Vorarbeit durch Organisationen wie die FDJ oder den FDGB im Ausbildungsbetrieb.

Vergleicht man dies mit den Aufnahmebedingungen des Autors in Dresden: Dort hätte die Nichtmitgliedschaft bei den JP und der FDJ ein absolutes Ausschlusskriterium für ein Studium an der ABF dargestellt.

Es gibt auch andere Beispiele von jungen Facharbeitern, die bei entsprechenden beruflichen und schulischen Leistungen sowie passender sozialer Herkunft über diesen „zweiten Bildungsweg" recht unkompliziert zum Studium gelangen konnten. Eine Rolle spielte hierbei sicher auch die Auslastung der ABF in den jeweiligen Bezirken der DDR.

Die ABF in Halle:
der Auslauf dieser Bildungseinrichtungen

Ab 1962 war die Funktion der ABF als Türöffner zum Studium für als zuverlässig eingestufte SED-Nachwuchskader nicht mehr im selben Umfang erforderlich. Die Vorauswahl und Steuerung im Sinne der SED erfolgte nun bereits durch die Zulassung zur EOS (Erweiterte Oberschule).

Ehemalige Studenten der ABF Halle – der letzten ABF, die 1989 noch auf das Studium, insbesondere auf ein Auslandsstudium im sozialistischen Lager, vorbereitete – haben im Internet eine Absolventenseite erstellt. In einem Beitrag aus dem Jahr 2007 reagierte ein Absolvent auf die nostalgischen Kommentare anderer und schrieb nach Einsicht in seine Stasi-Unterlagen:

„Was für eine Verklärung einer ach so lustigen Supi-Dupi-Schulzeit, kein Wort zu Lehrmethoden, die heute wahrscheinlich sogar in Nordkorea als überholt gelten würden, kein Wort darüber, dass jeder zu jedem Zeitpunkt an der ABF unter totaler Überwachung stand [...] dass die Genossen des MfS Dresden für meine Person im Alter von 9 (!) Jahren einen Sicherungsvorgang angelegt haben, wo unter 'Delikt' Auslandsstudent vermerkt wurde. Der Vorgang wurde später noch um den Zusatz 'Bruder bestimmt für ein Studium Außenpolitik' erweitert. Ich kann gar nicht so viel essen, wie ich kotzen könnte, wenn mir klar wird, in was für einer perfiden Überwachungssituation wir uns zwei Jahre an der ABF in Halle bewegt haben, und dass bis heute keiner meiner Klassenkameraden den Mut hatte, sich zu outen [...]. Diese Informationen haben mir so nachhaltig jegliche Erinnerungen an die DDR verdorben, dass Nostalgie oder gar Ostalgie bei mir nicht aufkommen wollen."[16]

Diesen Eintrag verfasste der damalige Absolvent der ABF, Wolfgang Schönekerl, im Tagebuch der ehemaligen ABF Halle. Er ist bemerkenswert ehrlich – genau so würde auch ich heute meine eigene Erfahrung mit der ideologischen Formung an der ABF Dresden einschätzen.
(Nicht jedoch die Ausbildung – die war gut!)

(Anmerkung des Verfassers: Der Vater dieses Studenten war ein SED-Funktionär in gehobener Position. Nur so lässt sich die Laufbahnplanung des MfS für beide Kinder erklären.

---

[16] Eintrag vom 15. 2. 2007/72751; www.abf-iva.de (Zugriff: 30.4.2015).

„Ich kann nicht so viel fressen, wie ich kotzen möchte!" – dieser Ausspruch ist kein vulgärer Befreiungsschlag, sondern ein klassisches Zitat. Es wird Max Liebermann, dem Maler, zugeschrieben, der es äußerte, als er am 30. Januar 1933 den Fackelzug anlässlich der Machtübernahme Hitlers beobachtete.)

Anhand dieser und anderer Beispiele zeigt sich: Die Gründung der ABF verfolgte das Ziel, jungen Menschen aus sozial schwächeren Schichten, insbesondere Arbeiter- und Bauernkinder, den Zugang zum Studium zu ermöglichen, und das Bildungsmonopol des Bürgertums zu brechen.

Gleichzeitig diente die ABF dazu, politisch verlässliche Kader für das SED-Staatssystem heranzubilden, weshalb sie oft als „Kaderschmiede der DDR" bezeichnet wurde.

***

Erklärung zeithistorisch - Sender Jerewan

In der DDR – und wohl nicht nur dort – wurde der fiktive Sender „Jerewan" in der Bevölkerung im Zusammenhang mit meist politischen Witzen als virtueller Anfragepartner verstanden. Seine Antworten spiegelten Widersprüche und Absurditäten des „real existierenden Sozialismus" oder seiner Ideologie wider. Die Witze begannen mit: „Frage an Radio Eriwan ...". Die Antworten lauteten: „Im Prinzip ja, aber ...".

***

Information zeithistorisch - Prager Frühling

„Prager Frühling" nennt man den Versuch in der Tschechoslowakei, einen „Sozialismus mit menschlichem Antlitz" aufzubauen. Von der tschechischen kommunistischen Partei unter Alexander Dubcek wurde Anfang 1968 eine Politik der Liberalisierung und Demokratisierung eingeleitet. Durch die militärische Intervention von fünf Staaten des Warschauer Pakts im August 1968 wurde diese Politik beendet. Die Bevölkerung der DDR war dazu aufgefordert, zur Beteiligung der DDR-Truppen an dieser Intervention ihre Solidarität zu bekunden.

Siehe auch ** Kommentar zeithistorisch** - Prager Frühling auf Seite 300

***

Man habe meine Papiere vor der Immatrikulation nicht richtig durchgesehen

Prof. Dr. phil. habil. Gerald Wiemers (Studienjahrgang 1960, Geschichte und neuere Sprachen, Diplom-Historiker, Promotion 1984)

Nach dem Abitur an der Max-Klinger-Oberschule in Leipzig habe ich mich vergeblich an den Universitäten der DDR um ein Chemie- bzw. ein Lehrerstudium bemüht. Mitte August 1960 bekam ich von meinen Eltern ein hektografiertes Angebotsschreiben der Martin-Luther-Universität Halle mit freien Studienplätzen ins Ferienlager nachgeschickt, wo ich als Helfer arbeitete. Hektografiert bedeutet vervielfältigt, das war zu DDR-Zeiten ein übliches Verfahren, um Rundschreiben herzustellen. Darauf habe ich „Geschichte-Diplom" eher resignierend als freudig erwartend angekreuzt. Nach wenigen Tagen erhielt ich die Zusage.

Nachdem ich vier Semester absolviert hatte, stellte ich beim Studiendekan S. den Antrag, künftig Chemie studieren zu dürfen. Mir wurde bei der persönlichen Abgabe meines Schreibens gesagt, dass ich frühestens in acht bis zehn Tagen mit einer Antwort rechnen könne.

Bereits am übernächsten Tag wurde ich aber zum Studiendekan einbestellt. Offenbar waren meine Papiere, die mich lebenslang begleiten sollten, inzwischen dort „angekommen". Der Studiendekan teilte mir mit, dass ich sofort exmatrikuliert werden sollte. Ein Wechsel komme nicht infrage.
Schließlich machte er mir ein Angebot, das ich annahm: Ich ziehe meinen Antrag zurück und studiere weiter Geschichte. Voraussetzung jedoch sei, dass ich nicht wieder in einer solchen Angelegenheit bei ihm vorspreche – er wolle mich während der restlichen Studienzeit nicht noch einmal sehen. Er brachte noch leise zum Ausdruck, man habe meine Papiere vor der Immatrikulation nicht richtig durchgesehen.
Die Vorgeschichte hierzu: 1958, in der elften Klasse der Helmholtzschule in Leipzig, wurde ich wegen Kritik an der SED und ihrer Alleinherrschaft von einem Mitschüler denunziert und schließlich von der Schule relegiert. Am

10.April 1958 wurde ich vom Schulbesuch „beurlaubt" und durfte die Schule nicht mehr betreten.

Mein Vorgesetzter in der Produktion im volkseigenen Blechverformungswerk Leipzig, der „sozialistische" VEB-Meister Büsch, bei dem ich mich „bewähren" sollte, hatte sich in der Helmholtzschule bei dem damaligen Direktor Fritze noch einmal über mich erkundigt und mir etwas später bedrückt davon erzählt, dass er in der Helmholtzschule auf Ablehnung gestoßen war.

Im September 1958 flüchtete Herr Büsch mit Familie in die Bundesrepublik.

Da mein bei uns im Haushalt wohnender hochbetagter Großvater nicht in die Bundesrepublik auswandern wollte, teilte ich seine Meinung. Meine Mutter und mein aus Westfalen stammender Vater – seit 1929 in Leipzig – überließen mir die Entscheidung. Auswandern bedeutete Flucht unter Mitnahme nur des Nötigsten. So blieben wir in Leipzig.

Ein Bekannter meiner Eltern, Rudolf Reime, im CDU-Stadtrat in Leipzig, nahm sich meines Falles an und stellte fest, dass ein grober Formfehler vorläge. Der Schuldirektor Walter Fritze hatte den zuständigen Schulrat nicht über den Vorgang informiert, was seine Pflicht gewesen wäre. Wahrscheinlich sind sowohl ich als auch mein Freund Thomas Kunath nur deshalb nach einem Jahr wieder in der Oberschule aufgenommen worden.

Vom Sächsischen Landesamt für Familie und Soziales – Rehabilitierungsbehörde – erhielt ich am 30. Oktober 1997 die Rehabilitierungsbescheinigung nach dem entsprechenden Gesetz vom 1. Juli 1997.

Nach dem Studium der Archivwissenschaft 1965–1967 an der Humboldt-Universität Berlin, das mir alles abverlangte, war ich bei meiner akademischen Lehrerin Renate Drucker im Universitätsarchiv Leipzig angestellt. Meine Perspektive dort war aber gleich Null, weil ich nicht in die SED eintreten wollte. Im Februar 1968 wechselte ich daher an die Sächsische Akademie.

Ein Stasispitzel beim Paul-List-Verlag, dem ich offenbar vertraut hatte, hat mich dann 1972 böse reingeritten. In meiner Stasi und Kaderakte (lebenslang begleitende Personalakte – s.a. den Beitrag von Uta Knoblauch, „Eigentlich lief mein Studium ganz normal ab") war vermerkt:

„Wiemers ist gegen die Ziele der Nationalen Front und kommt für eine lei-
tende Funktion nicht in Frage."

Dieses Diktum galt offenbar bis 1984. Entscheidend für den Sinneswandel
der Stasi war höchstwahrscheinlich: Wiemers ist verheiratet, hat ein Haus
gebaut und zwei Töchter gezeugt.

Gerald Wiemers, geb. 1941; Studium Geschichte und neuere Sprachen (Martin-
Luther-Universität Wittenberg, 1960), Archivwissenschaften (Humboldt-Universität Berlin, 1965–67). 1967 Universitätsarchiv Leipzig, 1968 Archiv Sächsische Akademie der Wissenschaften. 1992–2006 Archivdirektor Universität Leipzig; Habilitation und Professur. Publikationen zu Werner Heisenberg, politischem Widerstand
in Mitteldeutschland und Mitherausgabe der Leipziger Universitätsmatrikel. 2003
Bundesverdienstkreuz am Bande, 2014 Bundesverdienstkreuz 1. Klasse.

✳✳✳

✳✳✳

Erläuterung zeithistorisch - Bewährung

„Bewähren": Dies war eine üblich Formulierung in der DDR, wenn missliebige
oder durch negative Äußerungen – im Sinne der staatlichen Doktrin – auffällig gewordene Schüler, Studenten oder auch ganz normale Bürger durch
Ausgrenzung, Versetzung auf andere Stellen, Degradierung und anderes –
also sowohl durch psychologischen Druck als auch durch ganz reale Bedrohungen in ihrer wirtschaftlichen Existenz – dazu gebracht werden sollten,
sich (möglichst öffentlich) wieder dem politischem System zu „unterwerfen".

✳✳✳

Rezension zur Buchausgabe von 2017
Deutschlandfunk - Andruck
Von Henry Bernhard | 16.10.2017

Politischer Druck auf Studenten

Jeglicher Widerspruch in ideologischen Fragen konnte zur Exmatrikulation führen, ebenso die Weigerung der Männer, den anfangs noch freiwilligen Wehrdienst zu leisten oder später, sich als Reserveoffizier zu verpflichten. Michael Proksch, ab 1979 Student der Gerätetechnik in Karl-Marx-Stadt, erinnert sich:

„Bei der Einweisung in das Studentenwohnheim sagte mir die nette Leiterin, dass es gut wäre, wenn wir pro Zimmer die „Junge Welt" und das „Neue Deutschland" abonnierten, um dann hinter vorgehaltener Hand zu ergänzen: Sie müsse eine Liste mit diesen Angaben weiterreichen."

Der politische Druck und die Schamlosigkeit, mit der die SED ihn ausübte, nahm nach dem Mauerbau noch einmal erheblich zu. Der Physikstudent Roland Mey erlebte 1961 an der Universität Jena, wie ein beliebter Mathematik-Professor als „NATO-Professor" diffamiert und ihm der Lehrauftrag entzogen wurde:

„Wir hatten damals noch nicht vollständig begriffen, wie schnell und umfassend sich die ,harte Zugriffsmöglichkeit' auf uns nach dem Bau der Berliner Mauer änderte. Als ich 2010 zum 45-jährigen Diplomjubiläum in Jena in geselliger Runde an unsere gemeinsame Studentenzeit erinnern wollte, interessierte sich keiner in der Gesprächsrunde für diese Fakten. Der Grund dafür: Mehrheitlich wurden meine Kommilitonen die Nachfolger ihrer damaligen akademischen ,Gefängniswärter'. Ohne den Bau der Mauer hätten viele von uns nach dem Studium die DDR verlassen; hinter der Mauer wurden sie in großer Mehrheit SED-Mitglieder mit universitären Doktoren- und Professorenkarrieren und wollen heute nicht mehr an die eigene politische Vergangenheit erinnert werden."

Dieses Beispiel illustriert, dass es der SED gelungen war, eine neue akademische Elite heranzuziehen, die zum Ende der DDR hin immer unkritischer wurde und den Bezug zum freien universitären Denken endgültig verloren hatte.

***

Mit Mainelke im Knopfloch in die erste Reihe des Audimax

Dr.-Ing. Christian Beinhoff, (1961 Bergakademie Freiberg, Fachrichtung Metallhüttenkunde, 1967 TU Clausthal, Metallhüttenwesen, Diplom 1968, Promotion 1976)

Eigentlich wollte ich meine Entscheidung, ob ich nach dem Abitur in der DDR bleibe oder im Westen studiere, von dem endgültigen Bescheid über die Bewilligung eines Studienplatzes abhängig machen. In einem Zeltlager an der Ostsee überraschte mich dann am 13. August 1961 die Nachricht von der Errichtung der Berliner Mauer. Stigmatisiert durch meine soziale Herkunft, die im offiziellen Sprachgebrauch als „sonstig" bezeichnet wurde – mein Vater war selbstständiger Kaufmann – sah ich meine Chancen für eine akademische Ausbildung in der DDR als sehr gering an. Chancen mindernd war darüber hinaus die Anzahl meiner republikflüchtigen Verwandten ersten und zweiten Grades, die ich, wie jeder andere Abiturient, bei der Bewerbung zum Studium angeben musste.

Aus sicherer Quelle hatte ich erfahren, dass sich einige ältere Professoren an der Bergakademie Freiberg noch das Recht gegenüber den Parteifunktionären des Prorektorats herausnahmen, ihre Studenten selbst, und zwar ausschließlich nach fachlichen Gesichtspunkten, auszuwählen. Einzige Voraussetzung zum Studium waren die Noten „Eins" oder „Zwei" in Mathematik, Physik und Chemie. Ich bewarb ich mich bei Professor Alfred Lange, Direktor des Instituts für Metallhüttenkunde, und konnte nach 12 Monaten Vorpraktikum mit dem Studium der Metallhüttenkunde beginnen.

In meiner Seminargruppe war ich nicht der einzige Sprössling von in der DDR übrig gebliebenen selbstständigen Unternehmern, also von „Ausbeutern", wie sie nach marxistischer Doktrin bezeichnet wurden. Dank Professor Langes Auswahlprinzip befand sich unter „seinen" Studenten auch der intelligente Nachwuchs von Vätern, die in der Vorkriegszeit wichtige Positionen in der deutschen Industrie eingenommen hatten und ebenfalls junge Leute mit illustren aristokratischen Namen, die anderswo unter dem Generalverdacht, Klassenfeind zu sein, nicht zum Studium zugelassen worden wären. Als ich nach dem Mauerbau mit dem Vorpraktikum begann, zeigte sich das DDR-Regime von einer mir noch unbekannten brutalen Seite: Im September 1961 sah ich Horden von Jugendlichen in FDJ-Hemden, wie sie mit Leitern und Sägen ausgerüstet johlend durch Freiberg zogen und die Ochsenkopfantennen von den Häusern der Bürger entfernten, die zum Empfang des Westfernsehens verhalfen.

Ein paar Tage darauf wurden sämtliche junge Männer nach beendeter Schicht in Lkws zum Wehrkreiskommando gefahren und zwangsweise der Musterung zugeführt, obwohl es zu diesem Zeitpunkt offiziell noch keine Wehrpflicht gab. Bei dieser Zwangsrekrutierung sollte sich die lange Liste meiner aus der DDR geflüchteten Verwandten als Vorteil erweisen: Bei der Musterung, in der ich scheinbar harmlos den Wunsch äußerte, bei den Grenztruppen der NVA dienen zu wollen, fiel ich durch.

Das Vorpraktikum, mit dem ich zunächst in einer alten Bleihütte mit sehr niedrigem Mechanisierungsgrad begann, war für mich ein Kulturschock. Zum ersten Mal wurde mir die technische Rückständigkeit von Hüttenanlagen in der DDR bewusst, in denen ohne Rücksicht auf Umwelt- und Arbeitsschutz produziert wurde. Die meisten älteren Arbeiter zeigten Symptome von Bleisaum, das heißt schwarze Ablagerungen am Zahnfleschrand, die für eine hochgradige Bleiintoxikation typisch sind. Als prophylaktische Maßnahme erhielten wir Sonderrationen an Milch. Diese stellten in der damaligen Zeit ein Privileg dar, da nach dem Mauerbau die Geschäfte wie leergefegt und selbst Kartoffeln, Gemüse, Fleisch oder Milchprodukte knapp waren. In anderen Hüttenbetrieben, wie dem Mansfeldkombinat und dem Leichtmetallwerk Rackwitz, in denen ich während meines Vorpraktikums arbeitete, verrichteten Häftlinge die schwersten und meist auch gesundheitsschädigenden Arbeiten.
Während des Vorpraktikums erkannte ich aber auch, dass Hightech in der DDR existierte. In der Pilotanlage des Metallhütteninstituts der Bergakademie Freiberg wurden hochmoderne hüttenmännische Verfahren entwickelt, die auch das Interesse westlicher Firmen erregten. Die zahlreichen Besucher aus dem „kapitalistischen Ausland" konnten wir Studenten unschwer an den großen Limousinen erkennen, die häufig vor diesem Institut parkten. Erst später wurde mir bewusst, dass der Institutsdirektor Professor A. Lange ein international hoch geschätzter Fachmann war, der damals die Entwicklung

moderner metallurgischer Verfahren in den Industrieländern maßgebend beeinflusste.

Der erste Ernteeinsatz in Mecklenburg gestaltete sich schon mit der Fahrt im Sonderzug zu einem Lehrstück über einschüchternde Maßnahmen des DDR-Regimes gegenüber Opponenten. Bei einem langen Aufenthalt auf dem Bahnhof von Karl-Marx-Stadt kam es unter den Hunderten von Studenten zu einem Tumult. Während auf der gegenüberliegenden Seite des Bahnsteigs ein Interzonenzug auf seine Abfahrt wartete, skandierte eine Gruppe von Studenten die Parole: *„Ätsch, wir fahren nicht nach drüben – wir fahren in die Rüben"*. Kaum jemand unter den Studienanfängern, der nicht in das Gaudi eingestimmt und kräftig mitgebrüllt hätte! Nach der Rückreise wurden zehn Studenten willkürlich als „Rädelsführer" herausgegriffen und exmatrikuliert, bevor sie überhaupt mit dem Studium begonnen hatten.

Heinz Clemens hat eine Fahrt in den Ernteeinsatz in seinem Beitrag „Jede Rübe ein Meilenstein auf dem Weg zum Sozialismus" beschrieben.

Während des Ernteeinsatzes bestand erste Gelegenheit, die zukünftigen Kommilitonen kennenzulernen. Die kurze Zeit musste ausreichen, um die Entscheidung zu fällen, mit welchem der Kommilitonen man sich eine Wohngemeinschaft in den Zweiraumwohnungen der Studentenwohnheime vorstellen konnte. Die Gründe für die Entscheidung blieben natürlich unausgesprochen. Ich persönlich wollte unter keinen Umständen mit FDJ-Bonzen zusammenleben. Genauso war die Einstellung meiner drei anderen Zimmerkollegen, mit denen mich seit unserem Kennenlernen vor über 50 Jahren noch eine wunderbare Freundschaft verbindet. So können wir heute noch über die gemeinsam verbrachten Tage im Ernteeinsatz lachen, wo wir uns anlässlich der völlig sinnentleerten Volkskammerwahlen im September 1961 zum Spruchbandmalen einteilen ließen, um dem langweiligen Schleppen von Rübenkörben zu entgehen.
Den von der SED-Kreisleitung verordneten Sprüchen wie zum Beispiel *„Wir wählen die Kandidaten des Friedens"* oder poetischer *„Wir brauchen den Frieden wie die Blume das Licht – den Kapitalisten die Faust ins Gesicht"*

setzten wir dann unsere eigene Parole *„Wir fordern freie Wahlen in West-deutschland"* hinzu.

Schon beim Beschriften mussten wir Tränen lachen. Der größte Spaß war aber, dieses absurde Transparent mit Unschuldsmiene durch das Dorf zu tragen.

Schon nach den ersten Vorlesungen in Mathematik, Technischer Mechanik, Thermodynamik und Chemie wurde uns der Ernst des Lebens bewusst. Die Anforderungen an der Bergakademie waren so hoch, dass 30 bis 40 Prozent der Studenten diesen nicht gewachsen waren und nach der ersten Wieder-holungsprüfung das Studium aufgeben mussten.

Studentenwohnheim herumgesprochen, so dass abends oft Hilfe suchende Studenten in unser Arbeitszimmer kamen. Diesen mussten wir dann beibrin-gen, dass man anzuklopfen hat, bevor man eine fremde Wohnung betritt.

In Wirklichkeit brauchten wir ein paar Sekunden Zeit, um den Deutschland-funk, der bei uns jeden Abend ab 19 Uhr lief, abzustellen.

Vorsicht war geboten! So wurde gleich nach Einzug in unserem Viererdomizil von einem meiner Zimmerkollegen die Lautsprecheranlage im Zimmer außer Betrieb genommen, um deren Verwendung als Mikrofon auszuschließen.

Wie ich mich erinnere, geschah dies mit den Worten *„Alle mal herhören, Ihr Armleuchter ..."*. Wir vier Studienfreunde lebten in schwejkscher Manier, lachten viel, vor allem über die Typen, die uns damals regierten, kamen zur Gewi-Vorlesung um den 1. Mai bewusst viel zu spät und setzten uns dann mit Mainelke im Knopfloch in die erste Reihe des Audimax, während hundert Studenten hinter uns feixten.

Ich hatte das große Glück, einen intellektuellen Überflieger als Zimmerkolle-gen zu haben, der bereitwillig mit Erklärungen weiterhalf, wenn meine zwei anderen Kollegen und ich etwas nicht verstanden hatten. Seine außeror-dentlichen Fähigkeiten als Repetitor hatten sich sehr schnell im

Während der Feiertage und in den Semesterferien traf ich mich regelmäßig mit meiner Freundin, die in Heidelberg Medizin studierte. Unsere Treffen fan-den entweder in Ost-Berlin, in der Tschechoslowakei oder in Ungarn statt. Manchmal reiste sie auch als angebliche Nichte meiner Mutter in die DDR ein. Spätestens nach der Geburt unserer Tochter, worüber ich per Tele-gramm aus Heidelberg informiert wurde, stand ich im Visier der Stasi.

Die Studenten Wolf-Dieter Hußke und Christian Beinhoff in ihrem Arbeitszimmer im Wohnheim in Freiberg. Auf dem Schrank das Radio für den Empfang des DLF. (Foto: D. Hußke)

Einen Tag nach der Geburt des Kindes wurde ich telefonisch zum Prorektorat bestellt. Dort wusste aber niemand von dem Anruf. Beim Verlassen des Gebäudes wurde ich von mehreren martialisch auftretenden Männern in ein Auto gestoßen und zum Verhör in die Stasivilla in der Leipziger Straße in Freiberg gefahren. Dort wurde alles unternommen, um mir Angst einzuflößen.

Nachdem das Zimmer verdunkelt worden war, begann ein pausenloses Verhör. Dabei interessierte man sich vor allem für Privates und Intimes sowie für die Leute, die uns in der DDR und im Ausland Unterkunft gewährt hatten. Natürlich wollte man auch viel über das Umfeld meiner Verlobten, die selbst aus der DDR stammte, und ihre Beziehungen zu möglichen Fluchthelfern in West-Berlin erfahren.

Zu diesem Zeitpunkt wusste ich aber bereits, dass sich offizielle Stellen in der Bundesrepublik für unsere Familienzusammenführung eingesetzt hatten und mein Name auf einer Wunschliste der Regierung in Bonn stand.

Das verdutzte Gesicht des Stasioffiziers werde ich niemals vergessen, als ich ihm von meiner bevorstehenden legalen Ausreise berichtete. Nach dieser Mitteilung und vermutlich einem langen Telefongespräch zwischen ihm und seinen Vorgesetzten in Ost-Berlin wurde ich am Abend vor die Tür gesetzt und nicht, wie angekündigt, in das Zuchthaus von Karl-Marx-Stadt überführt.

Himmelfahrtsausflug 1965 mit Kommilitonen vor einer der allerorts zu findenden Lobpreisungen auf die DDR: „Wir lehren und forschen für unseren souveränen sozialistischen Staat"; im Bild Erster von links: Wolf-Dieter Hußke; Erster von rechts: Wolfgang Jankowsky (Foto: Christian Beinhoff)

Meinem Ausreisewunsch verlieh ich nach diesem Vorfall Nachdruck, indem ich beim Rat des Kreises einen Antrag auf Alimenten Zahlung für meine Tochter und auf Ausreise in die Bundesrepublik Deutschland stellte. Außerdem informierte ich den Institutsdirektor Professor Lange, dass ich mein Studium beenden und in die Bundesrepublik ausreisen wollte. Daraufhin fuhr ich zu meinen Eltern nach Bernburg, die mir in der ungewissen Zeit des Wartens große moralische Unterstützung erwiesen, auch wenn sie nicht so recht an meine Ausreise glauben wollten.

Am 2. September 1967 konnte ich die DDR endlich verlassen. In meinem Gepäck befanden sich das sorgfältig geführte Studienbuch aus Freiberg und alle Nachweise über abgeleistete Praktika und die wichtigsten Studienarbeiten. Im gleichen Monat schrieb ich mich an der TU Clausthal als Student im Fach Metallhüttenwesen ein.

Nach Vorlage der Unterlagen und Anerkennung der Prüfungen für das Vordiplom wurde ich zu verschiedenen Kolloquien von Professoren eingeladen, die sich einen Überblick über meine Kenntnisse in den Hauptfächern und die Inhalte und Qualität meiner schriftlichen Studienarbeiten verschaffen wollten. Im Sommer 1968 bestand ich mit guten und sehr guten Noten in den Hauptprüfungen das Diplomexamen an der TU Clausthal.

Ein Resümee: Mein Schnellstart in der Bundesrepublik war natürlich nur möglich, weil ich eine hervorragende Ausbildung in Freiberg erhalten hatte und die Ausbildungsinhalte in der damaligen Zeit in Ost und West fast identisch waren. Während meiner Zeit als Wissenschaftlicher Assistent an der TU Clausthal, in der ich in Seminaren und Übungen viel mit Studenten arbeitete und Studien- sowie Diplomarbeiten betreute, fiel mir öfter auf, dass westliche Studenten wegen der Abwesenheit von Drill in ihren ersten Semestern in bestimmten Bereichen unbeholfener waren als ihre Kollegen im Osten.

Das Verhalten des Lehrpersonals in Freiberg gegenüber „unwissenden" Studenten hatte ich oft als ungerecht und sehr überheblich empfunden. Den in Freiberg verbreiteten Typus des Wissenschaftlichen Assistenten, der Studenten wie Rekruten gnadenlos vorführte und exerzieren ließ, habe ich in Clausthal nicht kennengelernt. Die Fachprofessoren dort sorgten dafür, dass alle Studenten für ihre Ausbildung die maximale Unterstützung von den Wissenschaftlichen Assistenten erhielten und selbstverständlich gerecht behandelt wurden. Dies war für mich nach Jahren der Bevormundung und Angst eine wunderbare Erfahrung.

Christian Beinhoff, geb. 1943 in Bernburg/Saale; 1961 Abitur, Vorpraktikum in Hüttenbetrieben; 1962 Studium an der Bergakademie Freiberg, 1966 Abbruch und 1967 Ausreise in die BRD.
1968 TU Clausthal (Diplom); Betriebsingenieur und Oberingenieur bei Preussag AG, 1976 Promotion; Technischer Direktor bei Métaux Ballast in Montreal; internationaler Beratender Ingenieur für Bunt- und Edelmetallgewinnung; 1990–2005 Chief Technical Adviser bei UNIDO.

***

***

Der Autor Christian Beinhoff nach Erscheinen des Buches
(21. August 2017)

„... mit dem Erscheinen des Buches hat sich bei mir eine große Spannung gelegt. Immer, wenn ich an die siebzig Berichte dachte, die auf ihre Veröffentlichung warteten, stellte sich bei mir die leise Befürchtung ein, dass nicht wenige von „Ostalgie" geprägt sein könnten. Wie ich jetzt sehe, ist das ganze Gegenteil der Fall. Nach der Lektüre erkenne ich im Jahr 2017, dass die Repression an den Hochschulen der DDR noch viel schlimmer gewesen ist, als ich sie selbst - trotz sehr wachen Blicks - wahrgenommen hatte. Nach über 50 Jahren dreht sich bei mir noch der Magen um, wenn ich lese, mit welchen perfiden Maßnahmen die Vertreter des geistigen Mittelmaßes ihren Herrschaftsanspruch gegenüber verantwortungsbewussten, intelligenten, jungen Leuten durchsetzen, sie zu manipulieren versuchten, ausgrenzten, nach Belieben einsperrten oder verkauften. Die Diktatur des Proletariats hätte nicht besser beschrieben werden können als unter dem Aspekt des studentischen Alltags."

***

In Moskau ein Studium beginnen

Mir war's Verlockung, aus der DDR mal rauszukommen

Dipl.-Ing. Klaus Heyde (1961 ABF Dresden, 1966–1971 TU Dresden, Fachbereich Maschinen-wesen, Diplom 1971)

Wie in den Vorjahren war von Dresdens ABF (s.a. Themenbeitrag ABF von G. Knoblauch) auch 1963 gefordert, einige Abgänger fürs Studium im sozialistischen Ausland zu gewinnen. Mir war's Verlockung, aus der DDR mal rauszukommen ... von der großen weiten Welt was zu sehen. Interesse für Mineralogie war gegeben, zumal Chemiekenntnisse auch da erforderlich. Probleme, mir Vokabeln zu merken und richtig auszusprechen, sah ich bisher keine.

Dass mein „Ausflug" fünf Jahre, das war die normale Studiendauer, doch nicht währte, sei vorweggenommen. Bedenken, mir zu viel zugemutet zu haben, sollten sich einstellen. Unterm Strich wurden es 18 Wochen, eine vorbereitende Schulung hinzugerechnet. Im Juli hielten sich die künftigen Auslandsstudenten an der ABF Halle auf. Von Fotografien her war das Gebäude, in dem wir studieren sollten, jedem der bald darauf nach Moskau Reisenden bekannt. Die Rede ist von der Lomonossow-Universität – Flaggschiff der Sowjetwissenschaften. Mitte August betraten wir sie. Um 1950 auf dem Areal der Leninberge neu entstanden, war diese Alma Mater nicht zuletzt des Baustils wegen im Ausland bekannt. Mit Übergabe von drei Klappausweisen waren sieben Ostdeutsche in die geologische Fakultät aufgenommen.

Um das Unigebäude vorzustellen, schloss sich ein Vortrag an. Eine Zahl blieb da hängen: 28.000 Räume hatten Architekten darin untergebracht. Ein Kommentar dazu lautete: Sich in jedem fünf Minuten aufzuhalten, würde die Arbeitszeit eines Jahres in Anspruch nehmen. Bevor wir uns einige anschauen durften, ging's per Expresslift in die 32. Etage. Vor unsren Augen lag des riesigen Landes Hauptstadt. Positive Eindrücke hinterließen auch die Mensa und der Wohntrakt ausländischer Studenten. Umso größer waren Verwunderung, wenn nicht gar Erschrecken darüber, wie wir DDR-Deutschen untergebracht waren. Einen Kilometer abseits der Uni gelegen, wies unser Heim keinen behaglichen Winkel auf. Jeder hatte sich drauf einzustellen, mit drei Einheimischen karg eingerichtete 20 Quadratmeter zu teilen. Mit ihnen warm werden, einigermaßen nach der eigenen Fasson leben zu können: Fehlanzeige. Mal eine Stunde in angenehmer Atmosphäre verbringen, nur im Nachbargebäude möglich. Die Mitstudentinnen empfingen uns gern, daher relativ häufig in Wohnräumen, denen sie eine individuelle Note gegeben hatten. Zu Tee vom Samowar gabs meist einen Imbiss.

Die Lomonossow-Universität in Moskau 1963 (Foto K. Heyde)

Besonders erfreulich: Unser Kommunizieren trug heitere Züge. Nicht so in meiner Behausung, wo Gespräche selten munter ... fröhlich verliefen. In dem Zusammenhang sollte mir auffallen, wie es um die Mentalität der Zimmergenossen bestellt war. Unter Kriegsauswirkungen hatten viele bestimmt gelitten. Uns stellte sich daher die Frage, ob bzw. in welchem Maße man uns noch mit nazideutscher Vergangenheit verstrickt sieht. Ein krimineller Übergriff besaß vielleicht Spuren solch eines Motivs. Nach fünf Wochen vermisste jeder „Nemzy" (Russisch: Deutscher, Deutsche) etwas von seinen Textilien.

Verglichen mit uns waren russische Freunde meist mit sehr kleinem Gepäck angereist.

Allmählich bahnten sich Romanzen an. Ich selber kam Larissa näher; die im laborpraktischen Unterricht neben mir hantierte. Von ihr wusste ich an sich nicht viel mehr, als dass sie in einer Großstadt an der Wolga aufgewachsen war und den Namen eines bekannten Schauspielers trug. Dass Lora mich ab und an „mein kleiner Faschist" titulierte, stachelte zu Protesten nicht an. Wenngleich kein Kosename, war der innige Unterton rauszuhören. An ihrer Seite sollte ich eine Vorstellung erhalten, worin das romantische Flair „podmoskowskije wetschera" - übersetzt: Abende an der Moskwa - genannter Abende besteht: Am Moskwa-Ufer entlang zu zweit einen abendlichen Bummel unternehmen.

Im Gegensatz zu aktuellem seelischen Überschwang sollte sich bei mir Unbehagen einstellen. Anstoß gab auch, das Internat der KPdSU-Parteihochschule gesehen zu haben. Ein Gaststudent machte es möglich – er war vom SED-Zentralkomitee für ein Jahr an Moskaus Kaderschmiede delegiert. Bisher kannte ihn nur mein Bruder, da dessen Eltern im Haus neben ihm wohnten. Was er hier lernen sollte, verriet er mir natürlich nicht.

Eines stand ohnehin fest, das allen DDR-Bürgern verklickert wurde: Vom Lande Lenins gilt es, Siegen zu lernen! Die Lehrkräfte der Parteihochschule hatten theoretische Grundlagen und praktisches Vorgehen im Blick, die hier etablierte Gesellschaftsordnung weltweit durchzusetzen.

Den neuen Tag missmutig anzugehen, sah dieser Gaststudent bestimmt keine Gründe. Sein Quartier, stattlich eingerichtet, hob sich von meiner Behausung deutlich ab. In unmittelbarer Nähe meines Zimmers ein extrem grässlicher Ort des Hauses: die Toiletten. Dass Nachtruhe oft gestört, ein weiteres Ärgernis. Die Pressspantür ließ laute Töne durch, was sich mir auf den Magen schlagen sollte. Im dritten Monat sah ich mich gezwungen, einen Arzt aufzusuchen. Dabei an eine Frau Dr. Kaufmann geraten, ging ich des Namens wegen davon aus, mit ihr deutsch reden zu können. Das war nicht der Fall, was sie ein wenig verlegen machte. Da mein Wortschatz in Sachen physischer Zustände wenig hergab, vermochte ich nur radebrechend vorzubringen, was zu sagen gewesen wäre.

Immerhin brachten ihre Therapieerwägungen mit sich, dass Erinnerung an den Staatsfeiertag 7. November blieb: Da lag ich in einem Krankenhaus am Rande Moskaus. Das Zimmer, das einen Sowjetbürger und mich aufgenommen, hell und freundlich, mit Ausblick auf ein vorwinterlich kahles Birkenwäldchen. Vom medizinischen Drumherum sollte kein Restwissen bleiben. Mit Pillen war meinen Problemen eh nicht beizukommen. Unvergessen hingegen des Bettnachbars Bemühen, sich zu erinnern, was von Begegnungen mit gefangen genommenen Landsern noch in seinem Kopf – von russischer Seite „die Fritzen" genannt. Als sich zum 46. Mal jährte, dass die Oktoberrevolution Russland erschütterte, spürte ich bald: Ein normaler Krankenhaustag wird das nicht. Seine Frau erschien nach dem Frühstück. Eine Flasche Wodka blieb zurück, als sie ging. Besagten Ereignisses zu gedenken, bedurfte des klaren „Wässerchens" ... ein sinniger Spruch vor jedem Schluck gehörte dazu. Wodka bedeutet wörtlich übersetzt „Wässerchen".

Weil mit Ergriffenheit vorgetragen, merkte ich mir dies: *„Auf Parteigrößen wie Chruschtschow werde ich mit dir heute nicht anstoßen. Tun wirs vielmehr darauf, dass es so einen Krieg nie mehr gibt."* Dem folgte ich gern; solch einen gewichtigen Toast sollte ich nie mehr zu hören kriegen. Unterm Strich wurdens mehr als „sto gramm" (hundert Gramm), hierzulande bekanntlich Grundquantum männlichen Stehvermögens. So viel Schnaps im Magen folgten einige Stunden im Nirwana. Aus dem Krankenhaus zurück, bot man mir an, ins Ausländerheim der Uni wechseln zu können. Weichen dafür hatte die DDR-Botschaft, Abteilung Studentische Angelegenheiten, gestellt. Meine Gefühlslage änderte die Aussicht solcher Besserstellung jedoch nicht.

Meinen letzten Besuch bei der genannten Ärztin zu erwähnen, geht nicht auf medizinische Belange zurück. Der 23. November blieb im Gedächtnis, weil im Wartezimmer eine Schreckensnachricht kursierte. Der Ortszeit nach war's am Vorabend passiert: Der 35. Präsident der USA im texanischen Dallas ermordet! Hiervon ausgehende Betroffenheit kam doch überraschend: Leute neben mir mit Tränen in den Augen, im Nachhinein erst begreiflich. Mit John F. Kennedys Person verband sich Hoffnung auf einen Wandel des politischen Klimas, damals als „Kalter Krieg" bezeichnet. Monate zuvor waren Spannungen zwischen den Supermächten gefährlich eskaliert. Insgeheim hatten „die Sowjets" Atomraketen auf der Karibikinsel Kuba stationiert.

Mir zum Ende hin einige Extras leistend, hatte ich auch an die „Junge Welt" geschrieben. Die „Junge Welt" war von 1947 bis 1990 die Zeitung der FDJ in der DDR. Vom Spektakel um ein Fußballmatch in Moskaus größtem Stadion war da die Rede ... Begriffe wie Platzangst, Hexenkessel, Wahnsinnskulisse kamen vor. Hinein geriet ich durch einen irren Zufall. An sich war das Derby, Spartak gegen Dynamo, ausverkauft. Vorm „Luschniki"-Stadion tummelten sich trotzdem zahllose Fans – hofften, noch reinkommen zu können. Flankiert von Miliz, teils auch zu Pferde. Besonders ungestüm Auftretende wurden ergriffen, auf Fahrzeuge geschmissen und abtransportiert. Dass ein Moskowiter (Bezeichnung für die Bewohner Moskaus) kurz vor der Einlasspforte ausgerechnet mir ein Ticket überließ, kam so überraschend, dass mich nicht erreichte, was er dabei verbal von sich gab. Vom Spielfeld war mein Stehplatz sehr weit entfernt. Die von der FDJ-Zeitung erhaltene Antwort gab an, dass weitere Berichte folgen könnten.

Im Anhang standen jedoch thematische Vorgaben, die mirs vergällten, den Titel „Jugendkorrespondent" anstreben zu wollen. Das aktuell Geforderte verlangte eine neue Qualität linientreuen Fabulierens. Dem nachzukommen, hätte ich eine Brille aufsetzen müssen, die rotstichige Bilder entstehen lässt.

Nach Moskau im Erdölverarbeitungswerk Schwedt

Ende November stand fest, wann wir nach Berlin fahren würden. Mit mir noch ein Aussteiger, den der VEB Erdöl und Erdgas Grimmen an diesen Studienplatz gebracht hatte. Er besaß wohl die gleichen Motive, nicht bleiben zu wollen. Verständigt haben wir uns darüber nicht. Einen Dritten dazu Willigen hatte die DDR-Botschaft, Abteilung Studentische Angelegenheiten, in intensiven Gesprächen noch umpolen können.
Auf dem Belorussischen Bahnhof verabschiedete uns ein Mann der Botschaft mit den Worten: *„Den nächsten Studienplatz werdet ihr euch erarbeiten müssen."*

Zu Hause erreichte mich Anregung, es könnte in der Uckermark geschehen – in einem Ort, von dem ich nur wusste, dass dort Tabak angebaut wird. Aktuell war Schwedt auserwählt, Standort neuer Betriebe zu werden. Es war die Schwester einer Freundin, die von großen Baustellen berichtete. Sie gab auch Auskunft in Sachen Entlohnung und Wohnen.

Um das Erdölverarbeitungswerk (EVW) bei Schwedt zu errichten, hatte man eine riesige Waldfläche roden müssen. Ursels Mitteilungen hörten sich passabel an. Wichtig war mir der Hinweis: *„Man sucht noch Anlagenfahrer, die russisch sprechen."*

Das EVW sollte eine der größten und modernsten Raffinerien der DDR werden und spielte später eine Schlüsselrolle in der Energie- und Wirtschaftspolitik.

Da mir der neue Studienplatz so gut wie sicher, war das Schwedter Intermezzo im August 1966 vorüber. Vom mich delegierenden Betrieb erging zuvor noch der Hinweis, dass ich Verfahrenstechnik studieren solle. Chemiker gäbe es im EVW genug.

Als Student der Verfahrenstechnik in Neu-Moskau

Ein nebenher zum Studium absolvierter Kursus hatte mich inzwischen zum Fachübersetzer gemacht. Dem zugrunde lag ein studentisches Austauschprogramm meiner Fachrichtung. Nach Leningrad sollten wir da auch gelangen.

Zuvor hatten wir nach Dresden gekommene Kommilitonen zu betreuen. Pflastermüde und ziemlich hungrig hockten wir bereits eine Stunde im Kellerrestaurant vom Roten Rathaus (*Anm. d. Hg.: Das Rote Rathaus liegt nahe dem Alexanderplatz. Dort waren der Ost-Berliner Magistrat und der Ost-Berliner Oberbürgermeister untergebracht. Auch die Stadtverordnetenversammlung tagte dort.*). Ich versuchte einen flotten Spruch anzubringen: *Postaw twoi suby na polku – leg dein Gebiss auf dem Küchenregal ab, wenn es mal nichts zu beißen gibt.*

Heiterkeit kam da nicht auf ...

Dem die Abordnung führenden Hochschullehrer war's mehr als ein Lapsus. Erregt gab er mir zu verstehen: *„Millionen Menschen unsres Landes erinnern diese Worte an Hungerjahre im Großen Vaterländischen Krieg."*

Der Zweite Weltkrieg mit dem deutschen Überfall auf die Sowjetunion 1941 wurde von dieser offiziell als „Großer Vaterländischer Krieg" bezeichnet.

Auf Errungenschaften des Sozialismus stolz zu sein, gaben einige der 15 russischen Kommilitonen klar zu erkennen – äußerten dabei die Ansicht, den Klassenfeind im Westen bald auch auf Gebieten der Wirtschaft überholen zu können. Eine abwegige Einschätzung, zustande gekommen durch stete Berieselung – auch mit dem Ziel, dem Volk weismachen zu wollen: Dereinst wird Belohnung finden, welche Opfer ihr auch brachtet.

Am zweiten Abend brachen wir mit großem Gepäck zum Ostbahnhof auf und mit dem Zug ging es nach Moskau. Von dort ging es weiter Tula, Novomoskowsk (dt. Neu-Moskau; 1930 wurde dort das größte sowjetische Chemiekombinat errichtet) und am Ende wieder Moskau. Das war gleich das obligatorische Besichtigungsprogramm, das dann auf dem Leningrader Bahnhof zu Ende ging.

Die Rückreise: Es folgten drei vom Schlafwagenschaffner betreute Stunden, wobei mir auffiel, von den jetzt anwesenden Kommilitonen keine Sprechblasen staatlicher Propaganda mehr gehört zu haben, weil wir uns mittlerweile gut kannten und kein „Aufpasser" anwesend war.

Klaus Heyde, geb. 1942; Lehrzeit im Sächsischen Kunstseidenwerk Pirna, 1961 Besuch der ABF der TU Dresden; 1964 Studium TU Dresden;1963–1966 Anlagenfahrer im Erdölverarbeitungswerk Schwedt, 1971–1975 Problemanalytiker für Prozessautomatisierung; 1978 Schichtleiter Zellstoffwerk Pirna, 1978–1990 Mitarbeiter Forschung im Kombinat Zellstoff und Papier Heidenau. Nach 1990 u.a. Gerichtsreporter, gesellschaftliche Aktivitäten, schriftstellerischer Tätigkeit.

***

Rezension zur Buchausgabe von 2017
Deutschlandfunk - Andruck
Von Henry Bernhard | 16.10.2017

Studieren in einer Diktatur

Die Hochschulen der DDR waren nicht nur Institutionen von Wissenschaft und Lehre. Noch mehr waren sie Orte, an denen stromlinienförmige Sozialisten ausgebildet wurden. Schon die Zulassung zu einem Studium war ein Mittel, um junge Leute zu disziplinieren. Nachzulesen ist das im Sammelband „Zwischen Humor und Repression".

Die Studienzeit eignet sich hervorragend zur nachträglichen Verklärung. Die lustigen Abende, die Partys, die gemeinsamen Fahrten. All das kommt auch vor in dem umfangreichen Band „Zwischen Humor und Repression – Studieren in der DDR". Aber dem Leser vergeht das Lachen nur allzu schnell.

Studieren in der DDR war ein Privileg, das die Machthaber der SED von Anfang an gezielt vergaben: Soziale Herkunft, gesellschaftliches Engagement, Religionszugehörigkeit, Bekenntnis zum Sozialismus waren oft wichtiger als die intellektuelle Eignung zum Studium. Mit der Auswahl der Studenten wollte die SED einerseits jeden „bürgerlichen" Einfluss ausschalten und ihre eigene akademische Elite schaffen. Andererseits war die Zulassung zum Studium ein wirkmächtiges Mittel, um ganze Generationen von Abiturienten zu disziplinieren.

***

Ich sollte für sechs Jahre nach Moskau gehen

Dies solle keine Strafe, sondern eine Auszeichnung sein

Dr. med. Ingrid Straßberger, (1961 Semmelweis-Universität Budapest, Medizin; 1963 Medizinische Akademie Dresden, Medizin-Diplom 1966, Promotion 1970)

1961 war das Jahr meines Abiturs. Mein Studienwunsch – Medizin – stand schon lange fest. Aber würde mir das auch gelingen? Einige Zeit nach Abgabe der Studienbewerbung wurde ich zum Schuldirektor bestellt und erfuhr, dass ich zum Medizinstudium zugelassen sei. Meine Freude war natürlich groß, hielt jedoch nur kurze Zeit an, denn ich sollte für sechs Jahre nach Moskau gehen. Das kam für mich absolut nicht infrage, und ich lehnte spontan ab. Er war darüber etwas erstaunt und meinte, das hätte noch nie jemand abgelehnt, es solle keine Strafe, sondern eine Auszeichnung sein!

Eine Auszeichnung wofür? Als einzige gesellschaftliche Funktion hatte ich immer nur die Mitgliedschaft im Schulchor vorzuweisen. Aber nach einer verordneten Bedenkzeit lehnte ich trotzdem ab. Ich dachte, das war's dann wohl. Aber nach einiger Zeit wurde ich erneut zum Schuldirektor bestellt und gefragt, was ich denn von Prag oder Budapest bis zum Physikum hielte. Das konnte ich mir schon recht gut vorstellen.
Am Ende wurde es dann Budapest. Diese Entscheidung habe ich wirklich niemals bereut. Obwohl für etwa 120 Studenten sogar deutsche Vorlesungen gehalten wurden, sollte vor Semesterbeginn ein etwa achtwöchiger Sprachkurs stattfinden. So ging es nach einer kurzen Vorbesprechung mit zwei Koffern bewaffnet mit dem Baltorientexpress schon Anfang Juli 1961 nach Budapest.
Der Name Baltorientexpress nimmt Bezug auf die historische Zugverbindung bekannt unter dem Namen „Orientexpress". Dieser Zug fuhr von Berlin, Prag, Budapest, Bukarest nach Sofia.

Als „Studentenheim" standen Holzbaracken zur Verfügung – streng getrennt für Jungen und Mädchen. Die Jungen wohnten auf dem Sonnenberg, die Mädchen auf dem Gottesberg. Unsere Baracken standen in einem großen

Garten auf dem Gelände der Schwesternschule. Von dort erhielten wir auch die morgendliche und abendliche Verpflegung. Acht Mädchen bewohnten gemeinsam ein Zimmer, insgesamt 40 in einer Baracke. Neben den fünf „Wohnzimmern" mit vier Doppelstockbetten gab es eine Küche, einen Waschraum und zwei Seminarräume. Das Grundstück war umzäunt, das Tor wurde um 22 Uhr verschlossen. Man musste bei verspätetem Eintreffen am Pförtnerhäuschen um Einlass bitten und wurde namentlich registriert. Bei gehäuftem Auftreten evtl. in Kombination mit schlechten Studienleistungen konnte es sein, dass man in die Botschaft zitiert wurde und sich rechtfertigen musste.

Unser Studentenwohnheim" in Budapest 1962 (Foto privat)

Wir begannen zunächst mit einem Intensivkurs der ungarischen Sprache. Es machte Spaß, diese an sich nicht ganz einfache Sprache zu erlernen, denn schon nach relativ kurzer Zeit konnte man sich einigermaßen verständigen.

Den 13.August 1961 – den Tag des Mauerbaus – haben wir mit Sorge und Angst erlebt. Die Informationen waren spärlich und sicher geschönt. Wir hatten in unserem Studentenheim keine Möglichkeit, westliche Radiosender zu empfangen. Die Botschaft versuchte uns zu vermitteln, dass dieser

„antikapitalistische Schutzwall" ein „völlig normaler Schritt" der DDR sei. Die DDR-Botschaft war für uns Studenten das übergeordnete Kontrollorgan, was auch ich bald erfahren durfte. Es gab diverse Anordnungen und Verbote, zum Beispiel war Briefwechsel mit dem westlichen Ausland streng untersagt. Noch bevor das Semester begann, konnte ich eines Tages vor einem geplanten Ausflug meinen DDR-Personalausweis partout nicht finden. Einige Tage hatte ich noch Hoffnung, aber vergebens. Also musste ich das in der Botschaft melden. Ich wurde mehrfach einem regelrechten Verhör unterzogen mit der Unterstellung, dass ich den Ausweis an Bundesbürger zu Spionagezwecken verkauft hätte. Etwas mulmig wurde mir da schon mit meinen gerade mal 18 Jahren.

Bei meiner nächsten Einladung in die Botschaft gab es kein erneutes Verhör, sondern mir wurde mein Personalausweis überreicht. Ich hatte ihn offenbar auf der Margareteninsel verloren, der ehrliche Finder brachte ihn zur Polizei. In der Annahme, dass ich Tourist wäre, wurde er nach Dresden zur Polizei geschickt. Mein Vater fand im Briefkasten eine Nachricht an mich, dass ich auf der Polizei vorsprechen sollte. Da ich nicht anwesend war, nahm er den Termin wahr – sicher mit dem Gedanken, was ich nun schon wieder angestellt haben könnte. Nach Aufklärung, dass ich mich noch immer in Budapest aufhalte und dort studieren möchte, wurde der Ausweis direkt an die Botschaft geschickt.

An weiteren intensiven Kontakten mit der Botschaft war ich nicht interessiert, erledigte meine Korrespondenz mit Freunden und Verwandten in der Bundesrepublik nicht mehr direkt, sondern über Umwege. Offensichtlich war man damals noch nicht so geübt in der Überwachung des Postweges wie 20 Jahre später, denn herausgefunden wurde es nicht. Man hatte mir ja schon mit Exmatrikulation gedroht, das wäre dann sicher ein willkommener Anlass gewesen.

Das Studium an der Budapester Semmelweis-Universität begann im September, die Vorlesungen wurden in Deutsch gehalten. Die Professoren und Dozenten sprachen alle ein ausgezeichnetes Deutsch und hatten hohe fachliche Kompetenz. Die Lehrveranstaltungen wurden von uns nahezu hundertprozentig wahrgenommen, da sie qualitativ sehr gut waren. Allerdings wurde auch nichts dem Selbstlauf überlassen. Die Praktika und Vorlesungen waren straff organisiert, es gab häufig Testate und Prüfungen. Aber ich denke, dass das uns allen nicht geschadet hat. Bei dieser Organisation ins Hängen zu kommen, wäre ein kleines Kunststück gewesen. Mit den ungarischen Studenten hatten wir relativ wenig Kontakt, weil es offensichtlich nicht gewünscht wurde.

Die Vorlesungen in Marxismus-Leninismus wurden von Botschaftsangestellten gehalten, da sie im Lehrplan der Medizinischen Universität Budapest für uns nicht vorgesehen waren.

Das Studentenleben verlief in vergleichsweise ruhigen Bahnen. Wir bekamen Stipendium, womit wir einigermaßen zurechtkamen. Die besserverdienenden Eltern mussten einen Teil oder alles übernehmen, bei den meisten war das nicht erforderlich. Unsere selbst organisierten Feste fanden meist in den Seminarräumen unserer Baracke statt. Dafür mussten die Herren von ihrem Sonnenberg zu uns auf den Gottesberg aufsteigen. Ausflüge in die Umgebung wurden von den einzelnen Seminargruppen organisiert, manchmal auch mit unseren Dozenten, zu denen wir oft ein sehr angenehmes und persönliches Verhältnis hatten. Der erste Heimaturlaub war Weihnachten, und dann erst wieder im Sommer. Einige wurden zwischendurch schon mal von ihren Eltern besucht.

Im zweiten Studienjahr erlebten wir einen sehr harten Winter, als die Donau zugefroren war und man über das Eis spazieren konnte. Das war natürlich in unseren Baracken mit den dünnen Holzwänden, ohne Doppelfenster und mit einem kleinen Kachelofen im Zimmer ein echter Härtetest. Zum Glück hatte ich eine Prüfung schon in den Dezember vorgezogen, so dass ich im Januar nur noch für eine Prüfung lernen musste. Dazu war es eigentlich nur im Bett mit Wärmflasche aushaltbar. Außerdem bewohnte ich die obere Etage des Doppelstockbettes, da war es wenigstens noch etwas wärmer. Nach der Prüfung hatte ich dann frei und konnte von Café zu Café spazieren, mich für Stunden an einem Espresso festhalten und Wärme tanken.

Das Physikum bestand ich nach zwei Jahren intensiven und trotzdem sehr angenehmen Studiums in einer wunderschönen Stadt, die ich in dieser Zeit kennen und lieben gelernt habe.

Das klinische Studium setzte ich an der Medizinischen Akademie „Carl Gustav Carus" in Dresden fort. Da wir das Physikum bereits nach vier Semestern abgelegt hatten, die Studenten in der DDR jedoch erst nach fünf Semestern, mussten wir ins siebente Semester einsteigen. Die Medizinische Akademie hatte für unser „Ausländerseminar", welches aus Studenten der ČSSR, Ungarns, Bulgariens und Rumäniens bestand, einen Crash-Kurs anstelle des sechsten Semesters organisiert. So konnten wir das Staatsexamen in Medizin bereits nach fünf Studienjahren ablegen, und durch den Crash-Kurs blieb uns der sonst obligatorische Kartoffeleinsatz erspart.

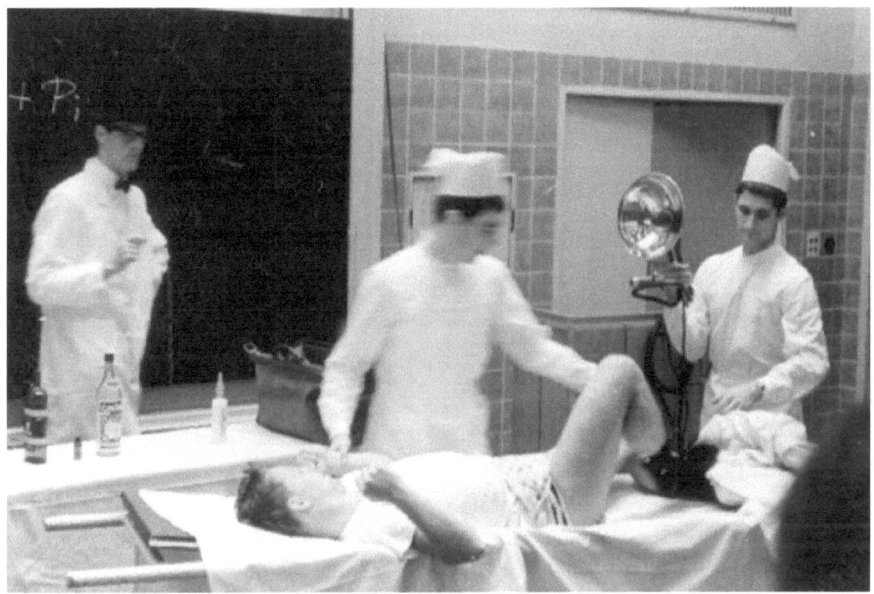

Abschlussvorlesung Chirurgie – Demonstration einer „Patientenuntersuchung". Meine männlichen Kommilitonen waren mit den damals üblichen Schwesternhauben in die Rollen der assistierenden Schwestern geschlüpft. Der Student rechts hält eine Heizsonne in der Hand (Foto privat)

Ich gehörte zu den seltenen Exemplaren von DDR-Studenten, die im gesamten Studium keinen einzigen Kartoffeleinsatz erleben „durften". Das betraf auch den Russischunterricht, da ich das ungarische Staatsexamen vorweisen konnte. Dadurch konnte ich dann freiwillig am Englisch- und Französischunterricht teilnehmen. Heutzutage wären vertiefte Russischkenntnisse manchmal hilfreich, aber damals war ich froh, mit dieser Sprache nicht weiter konfrontiert zu werden.

Aus meiner Sicht war das klinische Studium qualitativ sehr gut und praxisbezogen. Ich hatte seit dem fünften Studienjahr die Möglichkeit, außerhalb der Lehrveranstaltungen in der chirurgischen Klinik Stationsarbeit zu erledigen und im OP-Saal zu assistieren. Nach einer Famulatur in einer anderen Dresdner Klinik durfte ich am Bereitschaftsdienst teilnehmen. Dadurch konnte ich mir bis zum Staatsexamen schon viel Praxiswissen aneignen.

Meine größte Sorge galt dem Staatsexamen in Marxismus-Leninismus. Dinge, von deren Notwendigkeit ich nicht überzeugt war, pflegte ich sehr gern vor mir herzuschieben. Außerdem fielen mir das Lesen und vor allem das Verstehen dieser Literatur enorm schwer. Vor keiner Prüfung graute mir mehr als vor dieser. Es wurde zunächst die Frage an mich gerichtet, ob ich Christ sei. Ich bejahte das. Vielleicht hatte man nicht damit gerechnet, dass ich dazu stehen würde. Die eigentliche Frage war dann, ob ein Christ den Sozialismus unterstützen könne. Nun, dazu konnte ich schon etwas sagen und habe damit diese Hürde, besser als befürchtet, genommen.

Ende Juni 1966 hatte ich mein medizinisches Staatsexamen in der Tasche, noch bevor ich mein 23. Lebensjahr vollendet hatte, und konnte dadurch sehr frühzeitig ins Berufsleben einsteigen, das mir bis heute unglaublich viel Freude bereitet.

Ingrid Straßberger geb. Friedrich, geb. 1943; 1961 Abitur; Medizinstudium in Budapest und Dresden, 1961–1966; Assistenzärztin, Facharztausbildung; Fachärztin für Anästhesie; 1970 Promotion; 1979 Oberärztin;
1990 Gründung des Akademischen Beirats und Leitung der Personalkommission an der Medizinischen Akademie Dresden. 1991 Mitglied der Gründungskommission des Fakultätsrats und Senats; 1996–2004 Chefärztin im Krankenhaus Freital; 2000 Verdienstorden des Freistaates Sachsen.

***

Themenbeitrag - Auslandsstudium

Heutige Möglichkeiten für Schüler und Studierende

Heutige Schüler und Studierende betrachten es als selbstverständlich, ein oder mehrere Semester im Ausland zu verbringen, um zu studieren und die Sprachen zu lernen. Ihnen stehen zahlreiche Programme und finanzielle Unterstützungsmöglichkeiten offen. Zu den gängigen Optionen gehören:

- Schüleraustauschprogramme: Organisationen wie Youth for Understanding (YFU) oder Rotary International ermöglichen Schülern zwischen 14 und 18 Jahren den kulturellen Austausch.
- Freiwilligendienste: Ein freiwilliges soziales oder ökologisches Jahr bietet die Möglichkeit, Auslandserfahrungen zu sammeln und gleichzeitig aktiv mitzuwirken.
- Hochschulpartnerschaften: Bilaterale Abkommen zwischen Universitäten bieten von Semesterstudien bis hin zum Vollstudium eine breite Palette an Möglichkeiten – oft ohne Studiengebühren im Gastland.
- Förderprogramme: Institutionen wie der Deutsche Akademische Austauschdienst (DAAD) oder Stiftungen unterstützen begabte Studierende mit Stipendien.
- Eigeninitiative: Direkte Bewerbungen an internationalen Universitäten oder für Praktika ermöglichen individuellen Zugang zu globalen Bildungschancen.

In den 1980er-Jahren lag die Zahl der international Studierenden weltweit bei etwa 1 Million – ein deutliches Wachstum im Vergleich zu früheren Jahrzehnten.

Reglementierte Auslandsstudien in der DDR

Im Gegensatz zu den heutigen Möglichkeiten war das Auslandsstudium in der DDR streng reglementiert. Schüler und Studierende konnten nicht frei entscheiden, ob oder wo sie im Ausland studieren wollten. Es bedurfte grundsätzlich einer sogenannten **Delegierung**, die stark von der Erfüllung politisch-ideologischer Anforderungen durch die *Auslandsaspiranten* als auch von den wirtschaftlichen Möglichkeiten und Prioritäten der DDR abhing. Ein Auslandsstudium stand nur einem ausgewählten Personenkreis unter ganz spezifischen Bedingungen offen.

Zugang und Einschränkungen
1. Beschränkung auf Ostblockländer:
- Die meisten Auslandsstudienplätze waren in sozialistischen „Bruderstaaten" wie der Sowjetunion, Polen, Ungarn oder der Tschechoslowakei verfügbar.
- Studienplätze im Westen waren extrem selten und nur in strategischen Ausnahmefällen möglich (z. B. für Diplomatenkader oder spezialisierte Fachrichtungen).
-
2. Zulassungskriterien:
- Politische Linientreue und soziale Herkunft (z. B. aus der Arbeiterklasse) spielten eine entscheidende Rolle.
- Studienplätze wurden im Rahmen bilateraler Abkommen vergeben und dienten der Ausbildung von Fachkräften für den sozialistischen Aufbau.
-
3. Statistische Daten:
- 1970er-Jahre: Ca. 1.500 DDR-Studierende jährlich in der Sowjetunion. Weniger als 500 in anderen Ostblockländern.
- Im Vergleich dazu war die Zahl der DDR-Studierenden im Westen marginal.

Ablauf eines Auslandsstudiums
- Vorbereitung: Absolventen der ABF (Arbeiter- und Bauernfakultät) oder ausgewählte Universitäten bereiteten Studierende auf das Auslandsstudium vor, z. B. durch landesspezifische Sprach- und Kulturkurse.
- Begleitung vor Ort: DDR-Studenten unterlagen der ideologischen Kontrolle durch Botschaften, einschließlich regelmäßiger Schulungen in Marxismus-Leninismus und Berichtspflichten gegenüber DDR-Behörden.
- Rückkehrpflicht: Nach Abschluss des Studiums mussten Absolventen in die DDR zurückkehren, wo sie gezielt in den Staatsapparat oder die sozialistische Wirtschaft integriert wurden.

Herausforderungen und Überwachung

Ein Auslandsstudium galt als Auszeichnung, war jedoch mit strengen Auflagen verbunden:

- Überwachung durch Botschaften: DDR-Studenten wurden engmaschig kontrolliert, um Fluchtversuche zu verhindern.
- Ideologische Kontrolle: Regelmäßige Gespräche in Botschaften sowie die Pflicht zur Teilnahme an politischen Schulungen waren fester Bestandteil des Alltags.

Fazit

Die Möglichkeiten für DDR-Bürger, im Ausland zu studieren, waren durch das politische System stark eingeschränkt. Anders als heute, wo Mobilität und Eigeninitiative gefördert werden, war das Studium im Ausland damals eng mit den ideologischen und wirtschaftlichen Zielen des Staates verknüpft. Nur eine kleine, politisch überprüfte Elite erhielt Zugang zu den begrenzten Studienplätzen, die fast ausschließlich in sozialistischen Ländern verfügbar waren.

***

Weitere Beiträge von Autoren zum Auslandsstudium:

Appenroth, K.: Die hochnotpeinliche Befragung, Band 2, S. 85

Knoblauch, G.: Der Klassenfeind sitzt auch in Ihren Reihen, Band 1, S. 315

Heide, K.: In Moskau ein Studium beginnen, Band 1, S. 273

Knoblauch, G.: Themenbeitrag – ABF, Band 3

Straßberger, I.: Ich sollte für sechs Jahre nach Moskau, Band 1, S. 289

***

Themenbeitrag - Der „politische Student"
Die Technische Hochschule Dresden
in der Zeit des Nationalsozialismus

Die Studenten konnten sich nur schwer der Mitarbeit in den verschiedenen nationalsozialistischen Organisation, deren Ziel der „politische Student" war, entziehen. Im Mittelpunkt stand dabei die vom NS-Studentenbund geführte Zwangsorganisation der Deutschen Studentenschaft. In deren sechs Ämtern widmeten sich neben einigen Verwaltungsbeamten über 100 Studenten ehrenamtlich unter anderem der studentischen Selbstverwaltung im Rahmen des Reichsstudentenwerkes der politischen Erziehung und der Studentinnenarbeit. Alle wehrtauglichen Studenten mussten zudem Dienst in der SA leisten. Die vielfältigen sportlichen Möglichkeiten an der Hochschule, wie beispielsweise Segel und Motorflugsport, Ski und Wassersport, beschleunigen die Integration eines Großteils der Studenten in das Nazisystem. Gleichzeitig wurden damit wesentlich die Vorbereitung der Nazis unterstützt. ...

Zitiert aus: Geschichte der Technischen Universität Dresden in Dokumenten und Bildern, Band 2; Veröffentlichung der TU Dresden; Matthias Lienert; 1994, Seite 118.

***

Matthias Lienert – aus seinem Beitrag: Anders als in Diktaturen oder totalitären Regimes ist uns heute die Freiheit gegeben, uns einzumischen und, wenn nötig, mit politischen Mitteln aufzubegehren, ohne persönliche Nachteile in Kauf zu nehmen oder gar die Freiheit zu verlieren. Vielleicht schöpfen nachfolgende Generationen auch aus der kritischen und differenzierten Aneignung des immer noch zu sehr verdrängten Erfahrungswissens aus dem verrückten 20. Jahrhundert die Kraft für Zweifel und Zivilcourage.

***

Roland Mey: Wenn die heutige Jugend das alles nicht erleben will, dann sollte sie ihr gesellschaftspolitisches Bewusstsein für Demokratie im Spiegel der Diktatur schärfen, damit daraus die Bereitschaft genährt wird, sich gegen jegliche Diktatur zur Wehr zu setzen.

***

Ein Großteil der Studenten benutzte die Wahlkabine

Dipl.-Ing. Peter Ziesecke, (1961 TU Dresden, Fachrichtung Physik, 1964 Maschinenbau, 1968 Exmatrikulation, 1971 nach politischer Haft Fernstudium, Diplom 1973)

Am 31. Januar 1968 wurde die neue Verfassung der DDR der Öffentlichkeit zur Diskussion vorgelegt. Trotz zahlreicher Vorschläge aus der Bevölkerung werden kaum Änderungen berücksichtigt. Im Volksentscheid am 6. April 1968 stimmen 94,5 Prozent der Wähler bei 98 Prozent Wahlbeteiligung für die neue DDR-Verfassung. Ich kann mich noch sehr gut daran erinnern, zumal wir als Seminargruppe 13 der Sektion Verarbeitungs-/ Verfahrenstechnik gemeinsam an der Wahl teilnahmen. Im Vorfeld hatten wir uns abgesprochen, dass wir alle durch die Wahlkabine gehen.

Ein Großteil der Studenten benutzte diese Wahlkabine, die diagonal zur Urne platziert war, unscheinbar, ein mit Pappe abgegrenzter Tisch. Es war eine Herausforderung, wie man gut an den entsetzten Augen der Wahlhelfer, ihrem Getuschel ablesen konnte. Zumindest konnte man an den Gesichtern der Kommilitonen ansehen, dass sie diese Frechheit gegenüber der Staatsmacht sichtbar genossen haben.

Vorgeworfen hatte man mir diese Aktion bei den späteren Verhören bei der Stasi allerdings nicht. Doch dazu komme ich noch.

Als ich nach dem Wehrdienst bei der NVA als Unteroffizier (1959–1961 Panzertruppen in Brandenburg) entlassen wurde und das Maschinenbaustudium an der TU Dresden aufnahm, wurde ich sofort auserwählt, in Schirgiswalde 1964/65 Verantwortung für meine Kommilitonen als Ausbilder zu übernehmen. Ich konnte mich dem nicht entziehen, fand es trotzdem auch nicht so schlecht, da mal rein sportlich gesehen einigen die Bewegung ganz guttat. Politisch geschult wurden wir zwangsläufig auch. Jedoch konnte man das irgendwie verkraften. Es war eine Infanterieausbildung über einen Zeitraum von 4 Wochen.

Im Herbst 1965/66 waren wir Studenten auch gefordert; mussten wir doch auf Weisung der Hochschulleitung in den Kartoffeleinsatz nach Mecklenburg. Man muss sich das so vorstellen, dass wir auf den Knien kriechend oder

gebückt 20 Kilomollen aus Holz oder aber Kiepen mit einem Fassungsvermö-
gen von 30 Kilo hinter uns herzogen.

Peter Ziesecke (links) als Ausbilder mit Kommilitonen in Schirgiswalde (Foto privat)

Es gab schon Kartoffelvollerntemaschinen, ob allerdings diese Landwirtschaftliche Produktionsgenossenschaften (LPG) schon eine besaß, kann ich
nicht sagen. Es war eine ziemlich schwere Arbeit, vor allem für die Ausschüt-
ter, die irgendwie die Kartoffeln auf den Hänger brachten. Abends waren wir
meistens völlig durchnässt, und morgens um 7.30 Uhr ging es schon wieder
per Traktor mit Hänger, auf dem wir saßen, aufs Feld. Bezahlt wurden wir
natürlich auch. Ich glaube, für die Molle gab es 20 Pfennig und für die Kiepe
50 Pfennig, kann mich aber nicht dafür verbürgen. Es gab Marken, die
abends abgerechnet wurden, für uns natürlich bei einem Stipendium von 190
Mark im Monat ein kleiner Zuverdienst.
Nur zur Information: In der Christianstraße in Dresden (heißt heute anders)
Richtung Hauptbahnhof mit den damals drei neuen Studentenwohnheimen,
kostete uns die Miete 10 Mark/Monat. Damit konnte man schon ganz gut
leben, zumal ein Bier im „Altmarktkeller" höchstens 60 bis 80 Pfennig kostete.

Das Ende einer Flugblattaktion

Eine Flugblattaktion im August 1968 brachte mir drei Jahre und sechs Monate Gefängnis ein.

Dipl.-Ing. Peter Ziesecke

Mein Studium an der TU Dresden fiel in die Zeit des Prager Frühlings. Erstmalig gelang es den Menschen in einem kommunistischen Land, der ČSSR, mit dem gemäßigten Regierungschef Dubček an der Spitze mehr Demokratie zu wagen. Meinungsfreiheit, Versammlungsfreiheit und Reisefreiheit wurden Bestandteil einer durchaus demokratischen Ordnung in der ČSSR.
Für uns Studenten an der TU Dresden entsprach das natürlich genau den Vorstellungen von einem deutschen Staat. Hitzig wurde diskutiert, ohne Rücksicht darauf, dass vielleicht von der Stasi mitgehört wurde. Von der Idee beseelt, aus der DDR einen ähnlichen Staat zu schaffen, liefen unsere Diskussionen darauf hinaus, Partei für unsere tschechoslowakischen Freunde zu ergreifen. Der Einmarsch der Warschauer-Pakt-Staaten mit den russischen Truppen an der Spitze am 21. August 1968 zerstörte alle Träume von einem besseren, demokratischen Sozialismus.

Mit dem Einmarsch der Warschauer-Pakt-Staaten in die ČSSR beginnt der Teil meiner Geschichte, die zutiefst mein Leben verändern sollte. In uns waren Wut und Verzweiflung. Träume von einem menschlichen Sozialismus waren ausgeträumt. Ich selbst hatte schon im April 1968 zur Abstimmung für eine neue Verfassung der DDR mit einem Flugblatt auf die unmenschlichen Verhältnisse hingewiesen und mehr Freiheit gefordert. Mir war klar, dass unsere Mittel nie ausreichen würden, um im tiefsten Winter dieser Diktatur Veränderungen herbeizuführen. Und trotzdem wollte ich mit zwei Kommilitonen zumindest versuchen, durch Flugblätter auf die Verbrechen der russischen Armee aufmerksam zu machen.
Nach heißer Diskussion über den Inhalt des Flugblattes einigten wir uns auf einen sehr schlichten Text, da wir keine Vervielfältigungsmöglichkeiten hatten. Das war unser Glück! Der Text wäre ein anderer geworden ... Unser Leben ebenso ...!
Der von uns dringend benötigte Kinderdruckkasten wurde gekauft, Stempel angefertigt und A5-Blätter vorbereitet. Mit den einzelnen Stempeln stellten wir innerhalb weniger Stunden 1.200 Flugblätter her.

An dem regnerischen kühlen Abend des 23. August 1968 verteilte ich, bald völlig durchnässt, im Zentrum von Dresden meine Flugblätter an Straßenbahnhaltestellen, in Telefonzellen, Briefkästen und klebte sie an Schaufenster auf dem Postplatz. Am Hauptbahnhof wollten wir uns wieder treffen. Meine Kommilitonen fuhren mit einem Motorrad von Radebeul nach Dresden und verteilten fast alle Flugblätter in den äußeren Bezirken. Leider wurde einer von uns beim Verteilen von der Volkspolizei erwischt.

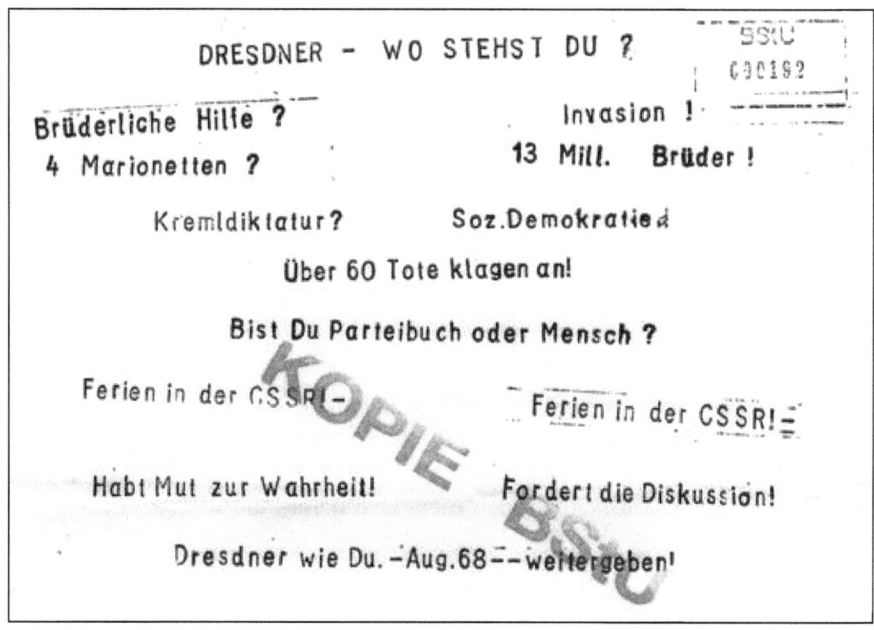

Flugblatt gegen den Einmarsch des Warschauer Paktes in die ČSSR im August 1968

Wir wurden alle drei von der Stasi festgenommen und Tag und Nacht verhört. Die U-Haft war furchtbar. Nach einem halben Jahr im Februar wurden wir vor dem Ersten Strafsenat des Bezirksgerichts Dresden natürlich unter Ausschluss der Öffentlichkeit verurteilt.
Ich selbst bekam drei Jahre und sechs Monate strengen Strafvollzug, kam nach Cottbus und landete nach einem Jahr im berühmt berüchtigten Lager X der Staatssicherheit in Berlin/Hohenschönhausen.

In diesem Lager X auf dem Gelände des Untersuchungsgefängnisses Berlin-Hohenschönhausen in der Genslerstraße, das von der Staatssicherheit direkt betrieben wurde, verbrachte ich etwa ein Jahr. Die Zellen waren mit ca. 12 bis 15 Mann belegt, in Dreierstockbetten. Schwerstkriminelle und politische Gefangene wurden zusammengesperrt, um durch Spitzel einerseits Informationen zu bekommen, andererseits und vor allem aber, um den Widerstand der politischen zu brechen.

Professor Tränkner im Kreise seiner Studenten. Es fehlen die drei vom MfS verhafteten Studenten (Foto Archiv Ziesecke).

Meine Freunde und Mitstudenten, Peter Hellmund und Klaus Elle, wurden zu zweieinhalb und zwei Jahren verurteilt. Sie wurden von der Bundesrepublik freigekauft. Ich selbst verzichtete aus persönlichen, familiären Gründen darauf, nahm die Strafe an und blieb auch danach in der DDR, vielleicht weil ich glaubte, dass irgendwann sich alles zum Guten wenden würde.

Professor G. Tränkner wurde im Dezember 1970 vom Prorektor für Erziehung und Ausbildung ausdrücklich angewiesen, die Vordiplomzeugnisse den inzwischen in Westdeutschland lebenden ehemaligen Studenten Hellmund und Elle nicht zuzusenden. Siehe hierzu den *„Kommentar zeithistorisch – der Prager Frühling und die TU Dresden"* am Ende des Beitrages.

Herrn Professor Dr.-Ing. Tränkner habe ich es zu verdanken, dass ich mein Studium an der TU Dresden doch noch abschließen konnte. Jahre vergingen, ohne dass ich berufliche Chancen gehabt hätte. Würde man mich heute fragen, ob ich alles wieder so machen würde: Ich glaube, ja – aber so sicher bin mir doch nicht! Mein Traum von demokratischen Verhältnissen in einem vereinten Deutschland wurde schließlich Wirklichkeit. Jetzt gilt es, den Kindern und Enkeln, unseren Nachkommen, nahezubringen, wie wertvoll diese demokratischen Verhältnisse trotz aller Schwächen sind und dass es sich lohnt, dafür zu kämpfen.

Peter Ziesecke, geb. 1940 in Kyritz, 1947 Grundschule, EOS, Abitur; zwei Jahre Militärdienst (NVA), Berufsausbildung Dreher; 1961 TU Dresden; Physikstudium, Maschinenbau 1968 Verhaftung, drei Jahre und sechs Monaten Gefängnis; 1973 Diplom im Fernstudium; 1982 Fachingenieur für Schweißtechnik.
1989 Technischer Direktor VVB-Zucker- und Stärkeindustrie, 1993 Liquidation; 13 Jahre selbstständig als Schuhhändler. Stasiakte: www.stasiopfer.com/ziesecke.

✳✳✳

Die nachfolgenden Dokumente zeigen einen kleinen Ausschnitt, wie die Staatsmacht – repräsentiert durch die Universitätsleitung mit den dahinterstehenden Strukturen der SED – und ein damals nicht offen sichtbarer Teil der Professorenschaft gegeneinanderstanden. Was werden die sich beim MfS in Cottbus bei diesem Brief gedacht haben?

DER REKTOR

**TECHNISCHE
UNIVERSITÄT
DRESDEN**

Über den
Staatsanwalt des
Bezirkes Dresden

Abt. I A

8016   Dresden
Lothringer Str.

An den
Strafgefangenen
Peter Ziesecke

Der Staatsanwalt
des Bezirkes Dresden

Eg.   1 4 APR. 1969

NtD-Nr.

Geb.-AR

2.4.1969

Betr.: Ihre Exmatrikulation von der Technischen Universität
Dresden

Nach Abschluß des gegen Sie durchgeführten Gerichtsverfahrens
teile ich Ihnen mit, daß Sie gemäß § 12 Abs. 3 der
"Disziplinarordnung für Studierende der Universitäten und
Hochschulen" vom 26.4.1957 vom Studium ausgeschlossen werden.
Ihre Exmatrikulation erfolgt rückwirkend per 28.1.1969.

Ich hoffe, daß Ihnen durch das stattgefundene Gerichtsver-
fahren Ihre verwerfliche Handlungsweise gegenüber unserem
Arbeiter- und Bauern-Staat klar geworden ist. Durch Ihr
Verhalten haben Sie das Ansehen unserer Universität sehr
geschädigt und das hohe Vertrauen, das die Technische
Universität Dresden mit einer Zulassung zum Studium in Sie
gesetzt hat, mißbraucht.

Ich erwarte, daß Sie nach Ihrer Haftentlassung durch Ihre
Arbeit beweisen, daß Sie aus diesem Vergehen gegen die Gesetze
unseres Staates die richtigen Schlußfolgerungen gezogen haben.

Prof. Dipl.-Wirtsch. Liebscher

Exmatrikulationschreiben des Rektors der TU Dresden, Professor Liebscher

~~INSTITUT FÜR MASCHINENLEHRE UND VERARBEITUNGSMASCHINEN~~
~~DIREKTOR: PROF. DR.-ING. G. TRÄNKNER~~

Herrn

Peter Ziesecke

<u>25 Cottbus</u>

PSP 222 I/1

TECHNISCHE

UNIVERSITÄT

DRESDEN

Sektion Verarbeitungs- u. Verfahrenstechnik
Bereich Verarbeitungsmaschinen
Prof. Dr.-Ing. Tränkner
8027 Dresden, George-Bähr-Str. 3c

Ihre Zeichen	Ihre Nachricht vom	Unsere Zeichen	Tel	
	20.9.69	10 Prof. Tr/142	4834786	24.9.1969

Betreff

Sehr geehrter Herr Ziesecke!

Über Ihren Brief vom 20.9., der während meines Urlaubs hier einging,
habe ich mich gefreut; ich danke Ihnen für das Vertrauen, das Sie
mir entgegenbringen.

Ich nehme an, daß Ihr Schreiben und mein an Ihren Bruder gerichteter
Brief vom 5.9. sich gekreuzt haben. In diesem Brief hatte ich bereits
das Ergebnis meiner Bemühungen um Ihre künftige Weiterentwicklung
zusammengefaßt. Ich darf wohl annehmen, daß Ihnen das Schreiben inzwischen zugegangen ist.

Wie bereits darin zum Ausdruck kam, sind Ihnen durchaus die Möglich-
keiten gegeben, nach Ihrer Entlassung Ihre Bemühungen um weitere
Qualifikation fortzusetzen, indem Sie von Ihrer künftigen Arbeits-
stelle zum Abschluß Ihrer Studien zum Fernstudium delegiert werden.
Ich hatte Ihnen empfohlen, unmittelbar nach Ihrer Entlassung zwecks
Besprechung alles Weiteren zu mir zu kommen.

Ihren Brief habe ich zum Lesen Ihren Kommilitonen gegeben. Sie werden unmittelbar die Verbindung mit Ihnen aufnehmen und Ihnen die
gewünschten Aufgabenstellungen und Übungsaufgaben zuleiten. Zusam-
menhängende Literatur für Verarbeitungsmaschinen hoffe ich Ihnen in
Kürze zustellen zu können, sobald der Band 3/II des Taschenbuchs

<u>b.w.</u>

Seite 1 - Der Brief von Professor Tränkner an den Häftling Ziesecke in der Strafvollzugsanstalt in Cottbus.

298

Maschinenbau erschienen ist, der ausschließlich die Verarbeitungsmaschinen behandelt.

Die Kommilitonen Ihres Jahrgangs schließen in diesen Tagen ihre
Diplomarbeit ab (vorfristig zum 31.10.69). Ich hoffe, daß auch Sie
und Ihre beiden Kommilitonen, wenn auch mit einiger Verspätung,
doch noch zu einem erfolgreichen Abschluß gelangen werden. Von ihnen
habe ich bisher keine Nachricht erhalten. Das Vordiplomzeugnis
dürfte Ihnen allen inzwischen zugegangen sein.

Ich würde mich freuen, von Ihnen gelegentlich über die Fortschritte
Ihrer Weiterbildungsbemühungen zu hören und wünsche Ihnen Kraft und
Ausdauer dazu.

Mit freundlichen Grüßen

Ihr

(Prof. Dr.-Ing. Tränkner)

Seite 2 - Der Brief von Professor Tränkner an den Häftling Ziesecke in der Strafvollzugsanstalt
in Cottbus. (Alle Dokumente aus dem Archiv von P. Ziesecke)

***

** Kommentar zeithistorisch **– Prager Frühling und die TU Dresden

Der Fall des Studenten Ziesecke zeigt deutlich anhand der Dokumente, wie die Universitätsleitung reagierte (Exmatrikulationschreiben vom 2.4.1969) und wie sowohl seine Kommilitonen als auch der Professor der Sektion Verarbeitungstechnik, Tränkner, sich verhielten.

Auch an der TU Dresden gab es Persönlichkeiten, die trotz des erheblichen Drucks und Risikos standhaft blieben. Eine derartige Positionierung gegenüber dem Rektor, der SED-Leitung an der TU und der Staatsanwaltschaft brachte erhebliche Gefahren mit sich. Dies blieb der Stasi nicht verborgen.

Professor G. Tränkner wurde im Dezember 1970 vom Prorektor für Erziehung und Ausbildung ausdrücklich angewiesen, die Vordiplomzeugnisse den inzwischen in Westdeutschland lebenden ehemaligen Studenten Hellmund und Elle nicht zuzusenden. Herr Dr. Lienert, Leiter des Archivs der TU Dresden hat 2010 in seiner Dokumentation „Zwischen Widerstand und Repression" (Studentenakten Nr. 9859 und Nr.18.668) die Vorgänge ausführlich aufgearbeitet. Lienert schreibt unter anderem:

„Nicht alle Studenten unterstützten die Verurteilung und die Exmatrikulation. So vermerkte der Chef der Abteilung IX der Bezirksverwaltung des MfS, Major Simon, dass seine Abteilung ‚operativ'(Anm. d. Hg.: Gemeint ist durch IM, also „Spitzel" des MfS) in Erfahrung gebracht hatte, dass Peter Ziesecke einen Mitstudenten aufgefordert habe, eine Sammlung von Unterschriften mit dem Ziel der Freilassung der verurteilten Kommilitonen zu erreichen. Außerdem sei Peter Ziesecke der Auffassung, ‚dass viele Studenten über die Hilfsmaßnahmen der 5 sozialistischen Länder vom 21.8.1968 in der ČSSR die gleiche feindliche Auffassung wie er vertreten' (BStU-Unterlagen, Außenstelle Dresden, Peter Ziesecke, Blatt 189). Ausdrücklich forderte Major Simon die Abteilung XX der Bezirksverwaltung des MfS auf, durch eine ‚operative Auswertung' die Unterschriftensammlung zu unterbinden." [17]

---

[17] Zit. n. Matthias Lienert, Zwischen Widerstand und Repression. Studenten der TU Dresden 1946–1989; Seiten 186 ff, Köln: Böhlau 2011.

„Sagt Ihnen der Name Leonhard etwas?"

Dr.-Ing. Falk Anders, (TU Dresden, Studienjahrgang 1962, Fakultät Elektrotechnik/Regelungstechnik, Diplom1968)

Durch die Verhaftung zweier Studenten meiner Seminargruppe kam ich 1966 wegen „Mitwisserschaft" ins Blickfeld des Ministeriums für Staatssicherheit (MfS). Ein weiterer Student meines Studienjahrgangs 1961/62, Volker Glatzer, war 1964 mit einem Freund aus der DDR geflüchtet. Wir waren schon in der Seminargruppe ganz gut befreundet, doch seine Flucht aus der DDR kam für mich überraschend – erfüllte mich aber mit einer gewissen Genugtuung: Er hat es geschafft, dachte ich.

Ich weiß heute nicht mehr, wo und wie mich die Stasi damals kontaktierte, ob die erst mal bei mir zu Hause in Meißen auftauchten oder ob ich in Dresden angesprochen wurde. Auf alle Fälle hatte ich dann am 17. November 1966 in der Dresdener Zentrale des MfS in der Bautzner Straße anzutreten. Dort wurde ich „als Zeuge zum Untersuchungsvorgang L und 2 Andere" vernommen. So im Protokoll, unterschrieben von einem Oberleutnant Rautenstrauch, wobei Namen von MfS-Mitarbeitern auf Protokollen nicht unbedingt die Klarnamen sind.

Zeuge aus einem anderen Grund als den, worüber ich mir Sorgen gemacht hatte: Einer der beiden verhafteten Studenten, Günter Knoblauch, hatte mich in seiner Vernehmung durch das MfS als „rot und linientreu" dargestellt. Das wusste ich zu Beginn meiner Zeugenvernehmung natürlich nicht. Allerdings war das anscheinend nicht glaubwürdig für die Stasi-Leute.

Man versuchte, mich dahingehend unter Druck zu setzen, dass ich von den Verhafteten Kommilitonen Hetzmaterial erhalten und verbreitet hätte. Da ich dieses angesprochene Material – es waren relativ harmlose Zeitungsausschnitte – aber noch zu Hause hatte, konnte ich zumindest den Vorwurf der „Verbreitung" widerlegen. Das sogenannte Hetzmaterial habe ich später dann brav bei der Stasi-Kreisdienststelle in Meißen abgeliefert.

Dann wurde mir vorgeworfen, dass ich doch Briefkontakt zu einem Glatzer – dem geflüchteten Studenten aus unserer Seminargruppe – hätte und von diesem auch sogenanntes Hetzmaterial erhalten hätte.

Mit „dezenten Hinweisen" darauf, dass ich doch sicher weiterhin Student bleiben wolle und auch mein ein Jahr jüngerer Bruder doch studiere und mein jüngster Bruder auch Abitur machen wolle ..., wurde ich zur Mitarbeit bzw. Zusammenarbeit mit dem MfS ermutigt. Ich schreibe bewusst „ermutigt", denn an eine direkte Aufforderung kann ich mich nicht erinnern, obwohl das im Protokoll anders dargestellt ist.

Ich sollte dann Berichte über mir nahestehende Kommilitonen aus meiner Seminargruppe anfertigen: Horst M., Dieter D., Peter S. Das konnte ich zwar nicht ganz abwenden, jedoch mit dem Hinweis, dass ich in Meißen wohnte und außerhalb der Vorlesungen keinen Kontakt zu ihnen hätte, sehr abmildern. Meine Berichte über die Genannten fielen entsprechend nichtssagend aus. Auch einen Bericht über den geflüchteten Volker Glatzer sollte ich liefern. Und ich sollte mit Glatzer in Briefkontakt bleiben, damit er mir weiterhin schreibe – was ich allerdings bald durch eine Karte, die ich über einen Freund an ihn aufgab, verhindern konnte.

Aber erst einmal war ich froh, als ich nach einigen Stunden Verhör doch wieder auf der Straße stand!!! Ich hatte die ganze Zeit über das eiserne Rolltor im Kopf, das sich hinter mir schloss, als ich den Stasi-Bereich in der Bautzner Straße betrat. Ich hatte die ganze Zeit krampfhaft überlegt und nach einem Ausweg gesucht. Ausweg dahingehend, dass ich keinesfalls etwas für die Stasi tun und niemandem – selbstverständlich aber auch mir nicht – Schaden zufügen wollte. Das erschien mir nicht einfach. Jedoch gewann ich im Verlaufe des Gesprächs den Eindruck, dass ich dem Vernehmer vielleicht intellektuell etwas *überlegen* war.

Ein Beispiel dazu fällt mir ein: Befragt danach, ob mir der Name „Leonhard" etwas sage – wir hatten Wolfgang Leonhards Buch „Die Revolution entlässt ihre Kinder" unter uns in der Seminargruppe im Umlauf – habe ich sofort gesagt: „Na klar!"

Und auf die erwartungsfrohen Blicke dann ausgeführt: „Leonhard Frank meinen Sie? Der sagt mir was." War da Enttäuschung im Gesichtsausdruck von Oberleutnant Rautenstrauch zu sehen?

(Anmerkung des Herausgebers: Leonhard Frank (1882–1961) war ein deutscher Schriftsteller, der wegen seiner sozialkritischen und pazifistischen Haltung in der DDR sehr geschätzt und verlegt wurde.
Der MfS-Vernehmer Rautenstrauch meinte jedoch Wolfgang Leonhard. Siehe dazu den **Kommentar zeithistorisch** am Ende des Beitrages).

Was ich damals noch nicht wusste: Das MfS hatte in der Wohnung der Familie Glatzer über längere Zeit Gespräche abgehört. Und so war ihnen auch bekannt, wer das Buch in der Seminargruppe gelesen hatte - darunter auch ich. Offensichtlich hatte ich das MfS unterschätzt.
Ich habe damals mit niemandem außer meinem Bruder darüber geredet! Nicht etwa wegen der Verpflichtung, Schweigen zu bewahren, die man mir laut Protokoll auferlegt hatte, sondern einfach, um niemanden in Gefahr zu bringen. Auch die oben genannten Kommilitonen, über die ich einmalig „Berichte" zu schreiben hatte, habe ich darüber nicht informiert, allerdings auch aus dem Grunde nicht, weil ich ja nicht wissen konnte, ob sie auch von der Stasi in die Mangel genommen wurden und vielleicht dann „Rückmeldung" an die Stasi gemacht hätten. (Schlimm, wie einfach Misstrauen erzeugt wurde!) Nur Günter Knoblauch habe ich nach seiner Haftentlassung aus Bautzen I - bekannt als „Gelbes Elend" - alles erzählt.

Ich war dann im Ingenieurpraktikum bei Carl Zeiss Jena. Dort wurde ich – das geht aus weiteren MfS-Protokollen und -Berichten hervor – ständig durch einen verlässlichen Genossen „unter Kontrolle gehalten". Was ich tue, mit wem ich telefoniere, was ich mit wem bespreche, zu wem ich welchen Kontakt habe ... man wollte offenbar wissen, ob und wie ich zu „dem G." (Volker Glatzer in West-Berlin) Verbindung hielt. Persönlich durch das MfS angesprochen wurde ich zu dieser Zeit nicht mehr!

Im Sommer 1968 begann meine Zeit als wissenschaftlicher Mitarbeiter an der TU Dresden, im Institut für Textiltechnik. Als Regelungstechniker war ich Spezialist und zuständig für alle mess- und regelungstechnischen Probleme. Erfreulicherweise fand ich dort eine Gruppe gleich gesinnter Kollegen; allerdings erfuhr ich später, dass wir natürlich auch da einen IM unter uns hatten!

Im Zuge der Hochschulreform 1967/ 68 wurde unter anderem die Sektion Verfahrenstechnik gegründet, zu der auch die Textiltechnik kam. Mit dieser Reform erhöhte sich der politische Druck insgesamt, es wurde massiv für Parteimitgliedschaften geworben.

Nach der erfolgreichen Flucht meiner beiden jüngeren Brüder im Jahre 1973 geriet ich erneut ins Blickfeld der Stasi und zusätzlich der Kripo. Man unterstellte mir Mitwisserschaft und nahm es mir nicht ab, dass ich von diesem Vorhaben nichts gewusst habe! Meine Brüder hatten mich aber ganz bewusst nicht informiert, weil ich gerade an meiner Dissertation arbeitete.
Sie waren der irrigen Meinung, mich bald nachholen zu können. Dass ich stattdessen besonders intensiver „Betreuung" durch die staatlichen Organe, wie das so schön hieß, ausgesetzt wurde, hatten sie wohl nicht einkalkuliert.

Glücklicherweise gelang es mir, all die Verhöre einigermaßen schadlos zu überstehen, auch meine Anstellung an der TU Dresden blieb mir (noch) erhalten.
Ein schönes Erlebnis aus meiner TU-Zeit fällt mir ein: Ich wurde eines Tages zum Parteisekretär der TU zitiert. Verständlicherweise erschien ich in seinem Büro sehr angespannt und auf fast alles vorbereitet. Stattdessen fragte mich der Parteisekretär, ob ich Zeit und Interesse für ein Fußballspiel hätte, er habe da eine Karte bekommen und könne nichts damit anfangen. Und da ich doch an der Sektion für den Sport zuständig sei (ich war in der Tat Sportbeauftragter der Sektion Verfahrenstechnik), habe er an mich gedacht.

Das Besondere: Es war ein Europapokalspiel Dynamo Dresden gegen Bayern München, das heißt ein Spiel gegen den „Klassenfeind"! Ich habe die Karte natürlich gern entgegengenommen und war dann im Stadion und habe mich gefreut, dass die Bayern gewonnen haben. Allerdings wäre es sehr leichtsinnig von mir gewesen, diese Freude im Stadion offen zu zeigen, denn offensichtlich waren die meisten Besucher um mich herum linientreue Genossen, die ihre Eintrittskarten selbst nutzten. Oder wollte man einfach nur feststellen, wie ich mich verhalten würde? Vielleicht für Bayern München?
Übrigens, das Stadion war für dieses Spiel hermetisch abgeriegelt, sogar Wasserwerfer waren aufgefahren; solche Angst hatte man trotz der oben geschilderten „Vertriebswege" vor Sympathiekundgebungen für die Bayern!

Ein Jahr später widerfuhr mir das gleiche Schicksal, wieder musste ich den Parteisekretär im Stadion vertreten, diesmal gegen den Hamburger Sportverein (HSV), und wieder gewann der „Klassenfeind" das Spiel – zu meiner Freude! Die Absperrmaßnahmen rund um das Stadion waren auch hier die gleichen wie beim Spiel gegen die Bayern!

Dass ich – trotz dieser „großzügigen Bevorzugung" durch den Parteisekretär – nicht bereit war, in die SED einzutreten, hat mich später erst eine mögliche Dozentur und bald danach die Stelle an der TU gekostet. Vom Sektionsdirektor Professor Heidenreich wurde ich persönlich aufgefordert, die sozialistische Bildungseinrichtung TU zu verlassen und mir doch eine andere Stelle zu suchen. So landete ich 1977 mithilfe eines Freundes am Kombinat Luft- und Kältetechnik Dresden, wo ich bis zu meiner Ausreise im März 1985 tätig war.

Ein Epilog

Im Zusammenhang mit dieser Zuarbeit zum Projekt „Mein Studium in der DDR" nahm ich auch Kontakt zu einem ehemaligen Kommilitonen auf. Ich war sehr verwundert über dessen unterkühltes Verhalten und seine Mitteilung, man hätte mich auf einer Gehaltsliste des MfS gefunden, die er von einem weiteren Kommilitonen, Peter Z., erhalten habe. Ich war wie vor den Kopf geschlagen. Sofort rief ich Peter Z. an. Dieser erklärte mir, so genau wisse er es auch nicht, aber der Name Falk Anders stehe auf der Liste mit Gehaltsangabe, allerdings ohne Geburtsdatum. Beim Telefonat mit diesem Kommilitonen fiel mir ein, dass ein Freund aus Dresden eine vom „Bürgerkomitee Bautzener Straße e. V." erarbeitete Liste der MfS-Mitarbeiter besaß. In dieser Liste sind 3668 fest angestellte Mitarbeiter des MfS Dresden aufgelistet, mit Geburtsdatum. Darunter *tatsächlich* ein Falk Anders, Major, geb. am 27. Mai 1953. Somit konnte ich glücklicherweise schnell belegen, dass es sich nicht um mich handeln kann, denn ein 1953 Geborener konnte kaum zum Studienjahrgang 1962 gehört haben. Inzwischen ist die Sache unter uns geklärt.

Meine Ausreise 1985 war die Konsequenz meiner Erlebnisse in der DDR. Schon als Jugendlicher hatte ich, da aus „kapitalistischem Hause" stammend

- mein Vater besaß eine kleine Elektrofirma -, an der Oberschule Auseinandersetzungen mit linientreuen Lehrern. Wir Kinder lernten frühzeitig, dass es eine Meinung für zu Hause und eine andere für die Schule gab. Meine Zulassung zum Studium wurde trotz sehr guten Abiturs abgelehnt, worauf mein Vater mit mir bei Professor Kindler (TU Dresden, Institutsdirektor Regelungstechnik) vorsprach, der dann meine Zulassung veranlasste.

Falk Anders, geb. 1943; (1962 TU Dresden, Elektrotechnik/Regelungstechnik, Diplom 1968, Wissenschaftlicher Assistent Verfahrenstechnik, Mitautor eines Fachbuches, Promotion. Wegen Ablehnung SED-Eintritt Aufforderung, die TU Dresden zu verlassen. Industrietätigkeit.
1985 Ausreise nach Stuttgart; Abteilungsleiter in der Technik beim Süddeutschen Rundfunk (SDR), Südwestrundfunk (SWR).

***

Kommentar zu Falk Anders

Anders wurde vom MfS unter Druck gesetzt, konnte sich jedoch schnell entziehen, indem er Belangloses und damit für das MfS wertloses Material berichtete. In der Folge beendete das MfS die Zusammenarbeit.
In den umfangreichen Stasi-Dokumenten zu unserem Fall - die Operativen Vorgänge (OV) „Elektro" und „Zwiebel" umfassen insgesamt 10.000 bis 12.000 Seiten - findet sich kein Hinweis darauf, dass Falk Anders jemals Studierenden oder Mitarbeitern der TU Dresden geschadet hat.
Der Fall verdeutlicht, mit welch subtilen Methoden das MfS Menschen zu einer vermeintlich „freiwilligen Mitarbeit" zu zwingen versuchte. Anders hat in dieser schwierigen Situation klug und umsichtig gehandelt. *(G.Knoblauch)*

***

***

Information zeithistorisch - Professor Heidenreich

Heidenreich, Jahrgang 1936, studierte 1954 an der Technischen Hochschule Dresden promovierte dort und war ab 1968 als Assistent-Professor in Aleppo/Syrien, 1970–1990 wieder an der TUD. Um eine Auslandsprofessur (Syrien gehörte zum sowjetischen Einflussbereich) zu erhalten, musste ein hohes Maß an „Systemzuverlässigkeit" vorliegen. Professor Heidenreich kam nach 1989 wegen seiner Vergangenheit und seines Umfeldes alter Strukturen in die Kritik. Er gehörte wohl zu den Ersten an der TU Dresden, die aus der SED austraten, aber keine Verantwortung für ihr Wirken zu SED-Zeiten übernehmen wollten.

***

Information zeithistorisch - Hochschulreform 1967/68

Zu den Hochschulreformen vgl. den Rückblick im Beitrag von Sigismund Kobe, „Das Jahr 1989 – das Ende parteipolitischer Einflussnahme der SED an der TU Dresden"; vgl. außerdem den Rückblick im Beitrag von Matthias Rößler, „Die Erneuerung der Hochschulen zwischen 1989 und 1993 in Sachsen". (Anm. d. Hg.)

***

** Kommentar zeithistorisch ** - Das Buch von Wolfgang Leonhard „Die Revolution entläßt ihre Kinder"

Wolfgang Leonhard gehörte zu jenen zehn kommunistischen Funktionären, die unter Führung Walter Ulbrichts im April 1945 aus Moskau nach Deutschland entsandt wurden. Er kehrte als überzeugter kommunistischer Funktionär nach Berlin zurück. In zunehmender Diskrepanz zur KPD/SED-Politik floh er 1949 zunächst nach Jugoslawien, 1950 in die Bundesrepublik. 1955 veröffentlichte er das Buch „Die Revolution entlässt ihre Kinder" über diese Erfahrungen.

Der Besitz dieses Buches war in der DDR ein Sraftatbestand. Strafrechtlich kam hier das „Strafrechtsergänzungsgesetz" (StEG) vom 11.12.1957 zur Anwendung: Staatsgefährdende Propaganda und Hetze und Staatsverleumdung (§§ 19, 20). Das konnte Haftstrafen bis zu mehreren Jahren nach sich ziehen. Die Weitergabe des Buches unter Studenten wäre ein Grund für die Exmatrikulation gewesen. Das MfS betrieb großen Aufwand wie Hausdurchsuchungen, Zeugenladungen und Gegenüberstellungen sowie Anwendung psychischer Druckmittel, um dieses Buches habhaft zu werden. Im vorliegenden Fall ohne Erfolg.

***

Rezension zur Buchausgabe von 2017
JUNGE FREIHEIT– Wochenzeitung für Debatte - LITERATUR
Nr. 3 /18 | 12. Januar 2018

Zuckerbrot und Peitsche - Über das Studieren in der DDR berichtet ein Sammelband: Die erfolgreiche Ausbildung eines akademischen Mitläufertums im SED-System

Es ist wohl einmalig in der europäischen Geschichte, daß die Studentenschaft nicht zu den Triebkräften einer Revolution gehörte und eher als Gegenkraft in Erscheinung trat. So traten die Studenten der Karl-Marx-Universität Leipzig und die der Pädagogischen Hochschule Dresden als Gegendemonstranten auf dem Augustusplatz beziehungsweise bei der historischen Rede von Bundeskanzler Helmut Kohl vor der Ruine der Frauenkirche auf, schreibt der sächsische CDU-Politiker und frühere Kultus- und Wissenschaftsminister Matthias Rößler in seinem Beitrag für den Sammelband über „Studieren in der DDR". Wie es dazu kam, daß ein Großteil der Studentenschaft dem Sturz des SEDRegimes passiv zusah und so die friedliche Revolution in der DDR zur „Angelegenheit der kleinen Leute" (Rößler) wurde, wird in der 552 Seiten starken Schrift deutlich, die Erinnerungsberichte von mehr als siebzig Zeitzeugen aus den 50er bis 80er Jahren vereint, die primär an Dresdner Hochschulen studiert haben.

*** *

Formen psychischen Drucks an der TU Dresden

Prof. Dr.-Ing. habil. Günter Franke (TU Dresden, Studienjahrgang 1962, Fakultät Elektrotechnik/ Regelungstechnik, Diplom 1968, Promotion 1972)

Am 21. August 1968 war die Niederschlagung des Prager Frühlings in der ČSSR durch die Staaten des Warschauer Pakts. Es war eine sehr angespannte Zeit. Wochen vor dem Überfall rollten nachts die Panzer. Es herrschten Angst und Unruhe. Ich war inzwischen Assistent an der TU Dresden. Wie immer bei solchen politischen Anlässen ging eine Liste herum, in der man sein Einverständnis mit den Maßnahmen der Partei- und Staatsführung der DDR dieses Mal zur Niederschlagung der Konterrevolution in der ČSSR durch Unterschrift erklären sollte. Um die Unterschrift habe ich mich herumgedrückt. Das war nicht mutig. Frontale Opposition hätte man in solch einer angespannten Situation in Bautzen[18] absitzen dürfen.

Solche Formen psychischen Drucks, dass man aus Angst etwas unterschrieb, was man zutiefst verabscheute, brachte manchem Scham und Abscheu vor sich selbst bei und immer wieder ein Stück Rückgratbruch. Das war aber das erprobte Herrschaftsprinzip. Es ging immer um solch kleine Schritte, die die Frage aufwarfen: Lohnt es sich, dafür alles zu riskieren? Für einen Junggesellen war das noch nicht so dramatisch wie für einen Familienvater mit der Verantwortung für die Familie. Bei all dem möchte ich daran erinnern: Wir waren eingesperrt und konnten nicht weg.

Als Assistent war man automatisch Seminargruppenbetreuer. Die Studenten wurden organisatorisch in Seminargruppen von 25 bis 30 Studenten eingeteilt. Jede Seminargruppe bekam einen Assistenten als Betreuer. Ende September sollte ich als neuer Assistent meine Gruppe übernehmen und im Rahmen der „Roten Woche" über die „Rettung des Sozialismus in der ČSSR (Tschechoslowakei)" aufklären. Mit „Rote Woche" wurde die aktuell-politische Schulung aller Studierenden zu Semesterbeginn bezeichnet mit zahlreichen marxistisch-leninistischen Pflichtveranstaltungen. Die Rote Woche fand an allen höheren Bildungseinrichtungen der DDR am Anfang eines jeden

---

[18] Gemeint ist „Das Gelbe Elend" – berüchtigt für die dortigen Haftbedingungen.

Semesters statt. Dozenten waren dabei zuverlässige Kader der SED. Die Teilnahme war verpflichtend, an Ingenieurschulen in der Regel beispielsweise selbst für Angehörige einer sogenannten Blockpartei.

Als Hintergrundinformation war mir bekannt, dass zuvor beim Landeinsatz (Kartoffelernte in Mecklenburg) ein Student wegen seiner Kritik an dem Überfall auf die ČSSR exmatrikuliert worden war. Bei meiner Veranstaltung saßen zwei scharfe Genossen (auch Assistenten am Lehrstuhl für Fernwirktechnik) als Beobachter auf der letzten Bank hinter den Studenten. Ich las einen Artikel aus dem regierungsamtlichen „Neuen Deutschland" auszugsweise vor und sagte dann, dass nun alles klar sei und sicherlich keine Fragen seien. Ich wollte unbedingt eine Diskussion vermeiden, besonders weil die Genossen als Beobachter dabei waren. Danach wurde ich scharf kritisiert, dass ich unengagiert und unparteilich gewesen sei und die Diskussion unterdrückt hätte.

Dieser Vorgang hat mich als frischen Diplom-Ingenieur stark bewegt. Dafür habe ich nicht studiert, sagte ich mir. Ich wollte kündigen. Mein Professor (Claussnitzer), dem ich meine Bedenken offen und vollständig berichtete, meinte jedoch, dass ich das zu schwarz sehen würde und mit meiner Entscheidung doch noch ein halbes Jahr warten solle. Er war mit seinen ca. 60 Jahren noch einer von der alten vertrauenswürdigen Garde. Nach einigen Wochen war ich jedoch wieder bei ihm, um endgültig zu kündigen.

Günter Franke, geb. 1942; Abitur 1961; vor dem Studium ein Jahr ins Braunkohlenwerk Laubusch/Hoyerswerda delegiert; 1962 TU Dresden, Elektrotechnik/ Regelungstechnik/; Assistent Institut für Fernwirktechnik und Institut für Steuerungs-/ Regelungstechnik (Akademie der Wissenschaften der DDR) in Dresden.
Nach der Wende 1989 Fraunhofer Institut; 1997 Professur für Technische Informatik, Fakultät Elektrotechnik Hochschule für Technik und Wirtschaft (HTW).

***

Ich konnte studieren, nachdem ich unterschrieben hatte mit: „Nur im Ernstfall"

Prof. Dr.-Ing. habil. Günter Franke (TU Dresden, Studienjahrgang 1962, Fakultät Elektrotechnik/ Regelungstechnik, Diplom 1968, Promotion 1972)

Mit dem Mauerbau am 13. August 1961 änderte sich das innenpolitische Klima gravierend. Keiner konnte mehr weg, wenn es ihm zu bunt wurde. Wir, die wir mit dem gerade erworbenen Abitur studieren wollten, hatten einen besonders schwierigen Stand. Damals gab es in der DDR noch keine Wehrpflicht. Die Volksarmee rekrutierte sich durch menschenverachtende Werbemethoden.

Mit der Vorimmatrikulation für das Studium der Steuerungs- und Regelungstechnik an der TU Dresden (damals TH Dresden) wurden wir für ein Jahr als Arbeitskräfte in die „sozialistische Produktion" geschickt. Bei mir war es das Braunkohlenwerk in Laubusch bei Hoyerswerda. Zu diesem gehörten einige Tagebaue.

Sogenanntes Tausendmannlager in Hoyerswerda. In Baracke 15 wohnten ca. 50 vorimmatrikulierte Studenten während des Jahres in der sozialistischen Produktion. (Foto: K. Berger)

An der Oberschule hatte ich die Armeewerbungen gut überstanden. Nun ging es erst richtig los, denn das Braunkohlenwerk hatte, wie jeder Betrieb, ein Kontingent von „Freiwilligen" zu erbringen. Da wir nur vorübergehende Betriebsangehörige waren, waren wir ein bevorzugtes Werbungsziel, um das Soldatensoll zu erfüllen, ohne die eigene Stammbelegschaft zu verringern.

Wir waren ungefähr 50 vorimmatrikulierte Abiturienten in Baracke 15 im so-genannten Tausendmannlager in Hoyerswerda. Wenn die Werber nachmit-tags kamen, schlossen wir die Zimmertüren ab und flohen durch die Fenster beispielsweise ins Kino.

Mich haben sie schließlich auch noch am Ende der Kampagne erwischt und durch die Mangel gedreht. Wenn ich daran denke, schüttelt es mich heute noch. Die Werbung dauerte in meinem Fall ca. zweieinhalb Stunden und lief etwa wie folgt ab: Das Kräfteverhältnis war gekennzeichnet durch fünf kräftige junge Männer in Lederjacken (heute etwa Bomberjacken) auf der einen und ich allein auf der anderen Seite. Was genau gesprochen wurde, weiß ich nicht mehr. Ich möchte aber sinngemäß den Ungeist der Sache schildern:

■ *„Warum willst du nicht den Frieden verteidigen gegen die aggressiven Bon-ner Ultras?"*

■ *„Ich halte nichts von militärischen Lösungen. Wir haben gesehen, wohin das führt."*

■ *„Du willst uns schwächen und unterstützt den Überfall der Kapitalisten. Mit solchen Leuten kann man den Sozialismus nicht aufbauen. Solche dürfen nicht studieren."*

Die fünf Leute gaben die Rede unter sich jeweils weiter. Jede meiner Bemer-kungen wurde verdreht bis dahin, dass ich der Hetze gegen unseren Staat bezichtigt und als Unterstützer der Kriegstreiber bezeichnet wurde. Ein Satz ist bei mir haften geblieben: – *„Wir reden mit euch zwei oder drei Mal, dann spricht die Faust. Jetzt ist die Grenze zu."*

Letztlich habe ich aufgegeben und mit dem Zusatz „Nur im Ernstfall" unter-schrieben. Ich dachte: Im Ernstfall holen die dich sowieso.

Beim Nachdenken über diese Niederlage fasste ich sehr bald den festen Ent-schluss, auf das Studium zu verzichten und unter keinen Umständen „frei-willig" zur Armee zu gehen. Den dann in zeitlichem Abstand folgenden drei Aufforderungen zur Einberufungsuntersuchung, die ich noch besitze, habe ich nicht Folge geleistet. Bei der dritten Aufforderung wurde ich morgens in der Signalwerkstatt vom Meister empfangen. Er dürfe mir keine Arbeit ge-ben. Ich solle sofort zur Einberufungsuntersuchung gehen. Daraufhin habe ich die Werkzeugtasche genommen und mich in den Tagebau verdrückt. Ob ich den Kampf weiter durchgehalten hätte, weiß ich nicht. Durch das in die-sen Tagen ratifizierte Wehrpflichtgesetz der DDR (24.1.1962) war der

„freiwillige" Armeedienst zunächst nicht mehr nötig und ich war gerettet. Anfangs waren andere Jahrgänge dran und ich konnte studieren.

Noch eine Anmerkung: Hinsichtlich der Volksarmeeproblematik muss auf ein erschreckendes Anpassungsverhalten bei sonst eigentlich vernünftigen Familien hingewiesen werden. Da wir viele Jahre später unseren Sohn bei der Verweigerung der drei Armeejahre und bei seinem Wunsch nach einem Studium unterstützten, hieß es: *Die denken, sie sind etwas Besseres, und wollen, dass ihr Sohn nur mit dem Grundwehrdienst studiert (Wehrpflicht 18 Monate). Unsere Kinder müssen schließlich auch drei Jahre gehen."*
Das Denkmuster, die Scham oder das schlechte Gewissen über den Mangel an eigener Konsequenz und Stehvermögen durch Diffamierung anderer zu kompensieren, ist mir in anderen Zusammenhängen nicht nur vor der Wende mehrfach begegnet.
Wer die DDR erlebt hat, weiß, wie er *Großdemonstrationen* in Diktaturen einzuschätzen hat. Wer dort nicht „feiwillig" mitmacht und jubelt, bekommt Probleme. Mit der Einführung der Wehrpflicht 1962 wurde der Druck der „erzwungenen Freiwilligkeit" durch den Druck der gesetzlichen Pflicht des Wehrdienstes ersetzt. Die Wehrpflicht verkürzte auch die Zeit von bisher „freiwillig" drei Jahre (in bestimmten Fällen auch zwei Jahre) auf nunmehr anderthalb Jahre Pflicht zum Grundwehrdienst.

∗∗∗

** Kommentar zeithistorisch ** - Wehrdienst
Das „Dienen" in der Nationalen Volksarmee (NVA) war ab Einführung der Wehrpflicht eine prägende Erfahrung für nahezu jeden männlichen DDR-Bürger. Totalverweigerungen – also die Ablehnung auch des Bausoldatendienstes – traten wiederholt auf, sowohl durch Einzelpersonen als auch durch Gruppen wie Schulklassen oder religiöse Gemeinschaften, insbesondere die staatsfernen Zeugen Jehovas. Der Staat reagierte darauf mit Repressionen wie zweijähriger Haft und erneuter Einberufung. Ab den 1980er Jahren ließ die Verfolgung nach, und ab 1985 endeten Verfahren nicht mehr mit Freiheitsstrafen. Dennoch blieben Totalverweigerern berufliche und höhere Bildungschancen verwehrt.
Siehe auch „Themenbeitrag- Studium und Wehrdienst" Band 1, S. 343

∗∗∗

Günter Franke – Ein Beispiel für Standhaftigkeit in Überzeugungen
Ein Kommentar – von Günter Knoblauch

Günter Franke war einer der Besten unseres Jahrgangs 1962. Während seiner Assistenzzeit wurden sogenannte Presseschauen mit Diskussionen organisiert – etwa im Rahmen der „Roten Woche". Offiziell sollten diese Veranstaltungen die Staatsmeinung vermitteln, inoffiziell dienten sie jedoch dazu, die Meinungen der Studenten auszuspionieren. Anwesende SED-Genossen oder verdeckt arbeitende Informelle Mitarbeiter (IM) erstatteten Berichte über die Äußerungen der Teilnehmer, die später in Stasiakten dokumentiert wurden. Das Ministerium für Staatssicherheit (MfS) unterhielt an der TU Dresden eine eigene Dienststelle mit etwa 50 Mitarbeitern – dazu mehr im Beitrag: *„Die Objektdienststelle des MfS an der TU Dresden"*.

Günter Franke erzählte mir von einer schlaflosen Nacht, die er wegen einer solchen Presseschau erlebte. Verzweifelt fragte er sich: „Was soll ich tun? Wenn ich mich weigere, die Presseschau durchzuführen, verliere ich wahrscheinlich meinen Job." Er war sich bewusst, dass die anschließende Diskussion für die Studenten eine existenzielle Bedrohung darstellen konnte.

Trotz seiner Bedenken führte er die Presseschau durch – allerdings auf eine Weise, die den Beobachtern sicher missfiel. Ihm war klar, dass dies erst der Anfang sein würde. Um einer tieferen Verstrickung in das Spitzelsystem zu entgehen, entschied er sich, die Universität zu verlassen. Er kündigte.

Erst 30 Jahre später, nach dem Zusammenbruch der DDR, erhielt Günter Franke eine Professur.

Obwohl viele Studenten ähnlich dachten wie Günter Franke, fehlte ihnen oft der Mut, sich zu widersetzen. Sie lebten in ständiger Angst um ihre Familien, da die Konsequenzen schwerwiegend sein konnten: der Verlust des Arbeitsplatzes, Reiseverbote oder die Blockierung der Schulausbildung ihrer Kinder.

Wer alternativ dachte oder laut protestierte, lief Gefahr, wegen „staatsfeindlicher Hetze" oder „Staatsverleumdung" angeklagt zu werden. Solche Anschuldigungen führten häufig zu beruflichen Einschränkungen oder sogar zur gesellschaftlichen Ausgrenzung im SED-Staat.

***

Der Klassenfeind sitzt auch in Ihren Reihen ..."
„Wer ist hier in der Partei? – Der hebe die Hand!"

Dipl.-Ing. Günter Knoblauch (Studienjahrgang 1959 ABF der TH Dresden, 1962 TU Dresden, Elektrotechnik, 1966 Exmatrikulation, 1968 Fernstudium, Diplom 1970)

Es war eine der ersten Vorlesungen in Marxismus-Leninismus (ML), die wir im Hörsaal des Schumannbaus am Münchner Platz in Dresden hatten. Dieses Gebäude gehört heute zu den geschichtsträchtigen Orten mit einer doppelten Vergangenheit. Während der NS-Zeit war es Sitz von Gericht und Strafjustiz, und auch in der DDR wurde es bis 1952 weiterhin als Gericht und Haftanstalt genutzt. Seit 1964 dient der Schuhmannbau der TU Dresden.

Die Orientierung im Gebäude war auf Grund der noch aus der früheren Nutzung stammenden Aufgänge und der massiven Architektur nicht einfach. Das Gebäude wirkte alles andere als einladend, sondern vielmehr bedrückend. In diesem Ambiente fanden sowohl die Vorlesungen als auch die Seminare in Marxismus-Leninismus statt. Besonders, wenn man alleine im Gebäude unterwegs war, konnte es ein Gefühl von Beklemmung auslösen.

Anmerkung: Was erst nach 1989 bekannt wurde: Im Schuhmannbau war die Objektdienststelle des MfS an der TU untergebracht. Darüber wird in den Themenbeiträgen „Die Objektdienststelle des MfS" berichtet.
Heute erinnert eine kleine Gedenkstätte am Münchner Platz Dresden an die Ereignisse, die mit diesem Ort verbunden sind.

Schon in der ersten Vorlesung „Grundlagen des Marxismus-Leninismus" stellte der Dozent, Herr Edeling, gleich zu Beginn eine provokante Frage: „Wer ist hier in der Partei? – Der hebe die Hand!". Sein Ton klang zugleich fragend und fordernd?

Ich erinnere mich, dass nur sehr wenige Hände nach oben gingen – vielleicht vier oder fünf von etwa 60 Zuhörern. Doch Edeling ließ nicht locker und fügte direkt hinzu: „Sie werden sehen, am Ende der Studienzeit wird das ganz anders aussehen."
Diese Aussage beunruhigte mich. Es war klar: Hier musste ich mir jedes Wort, das ich sagen würde, gut überlegen.

Doch damit war es noch nicht getan. Mitten in seinem Vortrag hielt Edeling plötzlich inne, legte eine Pause ein und richtete seinen Arm in Richtung Zuhörerschaft. Mit theatralischer Geste ließ er seinen ausgestreckten Zeigefinger langsam durch die Reihen wandern, während er eindringlich sprach: „Auch in Ihren Reihen sitzt der Klassenfeind! Aber wir werden ihn finden."

Wir saßen wie erstarrt, kein Laut war im Hörsaal zu hören. Und ich – wie sicherlich auch viele meiner Kommilitonen – hatte in diesem Moment nur einen Gedanken: Hoffentlich sieht er mir nicht in die Augen.
Diese Vorlesung war einer jener Momente, die mir erneut vor Augen führten: Mach keinen Fehler, keinen einzigen Fehler - du willst dein Studium schaffen.

Der Schuhmannbau – in der NS-Zeit Gericht und Strafjustiz, heute Gedenkstätte und Teil des Campus der TU Dresden

Erfahrungen mit Anpassung hatte ich schon früh gesammelt. Die ersten gab es bereits in der Grundschule. Ich wollte an einem Bastelklub teilnehmen, und der sehr freundliche Leiter sagte mir damals: „Günter, du musst aber in die Jungen Pioniere (JP) eintreten – anders geht es nicht." Und so trat ich ein. Das war ein sehr freundlicher Pionierleiter – wir mochten ihn. Vielleicht auch deshalb, weil er uns Schülern einmal auf die Frage, warum er nur Pionierleiter geworden sei, geradeheraus geantwortet hatte: *„Ich habe in meiner Jugend zu viel Mohnkuchen gegessen und das macht dumm."*

Dann kam der von mir angestrebte und von den Lehrern unterstützte Übergang von der Grundschule zur Sportoberschule. Wir Schüler der achten Klasse mussten uns in Reihe aufstellen, zwei uns unbekannte Herren fragten jeden von uns: *„Was sind dein Vater und deine Mutter von Beruf?"* Mein Vater sei verstorben und meine Mutter Verkäuferin – antwortete ich. *„Also Angestellte, tut uns leid!"*
Aus der Traum von der Sportoberschule. Angestellte gehörten zur sogenannten „Klasse des Kleinbürgertums".
Dieses Hindernis für einen Oberschulbesuch oder ein Studium finden wir auch in anderen Biografien der vorliegenden Dokumentation.

Die nächste Hürde in meinem Leben: Nach vier Jahren Lehrzeit sagten mein Lehrausbilder und mein Berufsschullehrer: *„Günter, du solltest studieren, geh auf die Arbeiter-und-Bauer-Fakultät (ABF)."*
Ich war jedoch – aus einer in dem Alter noch etwas undefinierten, gefühlsmäßigen Opposition heraus – nicht in der Freien Deutschen Jugend (FDJ). Das stellte damals bereits einen absoluten Ausschlussgrund für ein Studium an der Arbeiter- und Bauernfakultät (ABF) dar.
Wohlmeinende Lehrausbilder und Berufsschullehrer sagten: *„Günter, du musst in die FDJ eintreten, sonst ..."* Ja, ich wusste um das *Sonst*. Also begann ich mich zu verbiegen und trat in die FDJ ein.

Einfach hingehen und sich an der ABF der TH Dresden einschreiben – das war nicht möglich. Man musste einen Antrag im Betrieb stellen, der durch mehrere Hände ging, bis er schließlich beim Kaderleiter landete. ´Kaderleiter` war der DDR-Terminus für Personalleiter, stets zuverlässige SED-Mitglieder. Dort musste ich antreten. Er fragte natürlich sofort, warum der FDJ-Eintritt erst jetzt erfolgte. Ich erklärte, dass zuvor stets Druck auf mich ausgeübt worden sei, der FDJ beizutreten, und ich mich nun – ohne Druck – freiwillig für die gute Sache in der DDR einsetzen wolle. Nein, rot geworden bin ich damals nicht.
Doch Genosse Kaderleiter Kühn sagte jetzt: *„Jugendfreund Knoblauch, du gehst doch aber vorher freiwillig für zwei Jahre zur NVA (Nationale*

Volksarmee der DDR)!" Dies lehnte ich mit der Begründung ab, dass ich bereits vier Jahre Lehrzeit absolviert habe und nicht noch mehr Zeit durch einen freiwilligem Militärdienst verlieren wolle. Für meine Haltung bekam ich umgehend schriftlich die Quittung von der Kaderleitung: *„Die Qualifizierungskommission hat sich mit Ihrem Antrag auf Delegierung zur ABF befasst und ist zur Auffassung gelangt, dass Sie mindestens noch ein Jahr unter Beweis stellen sollen, dass Sie sich zu einem guten Facharbeiter entwickelt haben und in Ihrer gesellschaftlichen Arbeit mehr Initiative wie bisher entwickeln."*

Was ich nicht wissen konnte: Kaderleiter Kühn hatte sich aus Anlass der damals zu sozialistischen Jahrestagen obligatorischen *Selbstverpflichtungen* verpflichtet, fünf Jugendliche aus dem VEB Feinmess Dresden für den „freiwilligen" Dienst bei der NVA zu werben. Und so versuchte er auf Kosten der abhängigen Lehrlinge sein Soll zu erfüllen.

Damit schien meine Zukunft wohl besiegelt – dachte ich zumindest. Doch ich hatte gute Fürsprecher. Die Leitung der Lehrwerkstatt und meine Berufsschullehrer setzten sich für mich ein. Sie wussten genau, was hier gelaufen war. Und siehe da: Vier Wochen später wurde ich mit bester Beurteilung doch noch an die ABF delegiert.
Plötzlich hieß es, ich hätte unter anderem im Berufswettbewerb der DDR-Jugend eine Medaille in Bronze sowie das Banner erhalten, sei der gesellschaftlich aktivster Lehrling, leite die Fotogruppe und organisiere Veranstaltungen - und noch vieles mehr.
Ich war sprachlos. Was für ein herausragender Kerl ich innerhalb von zwei Wochen geworden war!

Nach der ML-Vorlesung von Edeling – gingen mir viele seiner Aussagen immer wieder durch den Kopf und beeinflussten mein Verhalten – besonders in den Gewi-Seminaren (Gesellschaftswissenschaften). Ich formulierte vorsichtig und bemühte mich, die Erwartungen zu erfüllen

Im Freundeskreis diskutierten wir damals noch offen. An mögliche IMs, also Stasi-Spitzel in unseren beiden Seminargruppen dachten wir nicht. Auch die BStU-Unterlagen enthalten bis Sommer 1966 keine Hinweise auf IMs. In unserer Seminargruppe gab es mit Klaus M. einen einzigen SED-Kandidaten - das war eine spezifische Form im Kontext der Mitgliedschaft, eine

Probephase in der Regel von einem Jahr, um die politische und ideologische Loyalität des Kandidaten zu prüfen. Wir grenzten ihn aus. War das berechtigt? Wir wollten kein Risiko eingehen.

Prof. Gerhard Wunsch – Vorlesungen in Theoretischer Elektrotechnik (Foto: G.Knoblauch)

In den 80er-Jahren stieg der Anteil der SED-Mitglieder unter den Studierenden der TUD erheblich, da die Mitgliedschaft in der Partei eine Voraussetzung sowohl für eine akademische Laufbahn als auch für Führungspositionen in der Industrie wurde."

Ein Vorgriff ins Jahr 2007:

In meiner Studentenakte fand ich 2007 dann Dokumente, die mir nachträglich zeigten, an welch dünnem seidenen Faden mein Studium immer hing. So tauchte zum Beispiel im Protokoll der Aufnahmeprüfung zur ABF auch wieder auf: *„Warum erst 1958 FDJ! Gründe erfragen! Neben beruflicher und politischer Entwicklung des Vaters* auch *der Mutter befragen."*

Und unter dem Beschluss der Aufnahmekommission der ABF steht: *„Auf seine politische Entwicklung achten. Es muss ständig auf ihn Einfluss genommen werden."*

Zurück ins Jahr 1962 zu den ML-Seminaren im Grundstudium.

Diese Seminare waren gezielt darauf ausgerichtet, die Inhalte der marxistisch-leninistischen Lehre nicht nur zu vermitteln, sondern deren ideologische Botschaften fest im Denken der Studierenden zu verankern. Sie dienten als Ergänzung zu den Vorlesungen und wurden von Dozenten geleitet, die systemtreu und entsprechend geschult waren.

Neben Vorlesungsinhalten gab es regelmäßige Hausaufgaben, die vorbereitet werden mussten. Im Seminar wurden diese Aufgaben nicht nur besprochen, sondern oft auch in einem prüfenden Ton abgefragt. Der Stoff wurde förmlich durchgekaut, um sicherzustellen, dass die Studierenden die gewünschten Antworten lieferten und die vorgegebenen Denkweisen verinnerlichten.

Diese Veranstaltungen waren mehr als reine Wissensvermittlung – sie waren ein Instrument zur ideologischen Formung und Kontrolle.

Anpassung und Zustimmung waren keine Optionen, sondern notwendige Voraussetzungen, um nicht negativ aufzufallen.

In unserer Seminargruppe gab es einige sehr gewandte Studenten, die es sich nicht nehmen ließen, unsere ML-Dozentin durch scheinheilige Fragen herauszufordern. Diese provokanten Einwürfe wurde von uns passiveren Seminarteilnehmern genüsslich beobachtet. Einmal, während einer dieser provokanten Aktionen, reagierte die ML-Dozentin – sie hatte längst erkannt, was wir von ihrem Fachgebiet hielten – sichtlich verbittert: „Ich weiß, dass Sie mich nicht mögen, aber das beruht auf Gegenseitigkeit."

Empörung und scheinheiliger Protest brachen im Seminar aus, doch gleichzeitig verspürten viele von uns auch eine gewisse Genugtuung, die Situation für einen Moment zu unseren Gunsten gedreht und auch einmal *gepunktet* zu haben. Kurz darauf wurde die Dozentin durch einen neuen Referenten ersetzt.

Ein solch respektloser Umgang mit der Basisideologie des DDR-Systems und deren Vertretern wurde allerdings später nicht mehr geduldet.

Freiheiten und Traditionen an der TU Dresden wurden schon im ersten Jahr meines Studiums Stück für Stück abgebaut.

Ein persönliches Beispiel dafür war eine der letzten ET-Fine-Veranstaltungen der Elektrotechnikstudenten. Wir saßen im großen Mathematikhörsaal am Zelleschen Weg, mitten in der Mathematikvorlesung bei Professor Lehmann – einer charismatischen und ungewöhnlich beliebten Persönlichkeit –, als wir plötzlich eine Kapelle und die herannahenden Studenten hörten.

Alle rückten zusammen, Professor Lehmann erhielt einen Sessel, und die Elektrotechnikstudenten brachten eine humorvolle Hommage an seine Vorlesungen. Ich erinnere mich besonders an ein Beispiel, das sie vortrugen: Sie beschrieben die „Grenzwertbetrachtungen in der Mathematik" anhand einer Geschichte. „Als die räuberischen Mongolen immer wieder in das große chinesische Reich einfielen und die Chinesen keinen Ausweg mehr sahen, bauten sie die Große Chinesische Mauer. Die Mongolen kamen, schauten und betrachteten die neue Grenze – so entstanden die heutigen Grenzwertbetrachtungen."

Der Saal tobte vor Beifall, denn jeder verstand die Anspielung auf die Berliner Mauer. Doch für die aufführenden Studenten hatte die Aktion ernste Konsequenzen. Die Parteileitung der SED an der TU Dresden wurde sofort einberufen, die beteiligten Studenten mussten sich vor ihr verantworten, und es gab Verwarnungen. Der „Rädelsführer" wurde sogar „zur Bewährung" in die Industrie relegiert – das erfuhren wir jedoch erst viel später. Lothar Gebauer berichtet ebenfalls in seinem Beitrag *Das Ende der ET-Fine an der TU Dresden – 1968*" über spätere Veranstaltungen.

Diese Studienzeit war in vielerlei Hinsicht noch unbeschwert – trotz der Anforderungen durch Ernteeinsätze, Reservistenlehrgänge und die ersten spürbaren Auswirkungen der Einführung des Wehrdienstes sowie der Aktivitäten der Gesellschaft für Sport und Technik (GST).

Von der Stasi bemerkten wir nichts. Doch diese vergleichsweise entspannte Zeit endete spätestens in den 1970er-Jahren, als die Kontrolle und ideologische Einflussnahme erheblich verschärft wurden.

> Günter Knoblauch, geb. 1940 in Aue/Sa.; Lehre; 1959 ABF, 1962 TU Dresden, 1966 Verhaftung, Haft in Dresden/Bautzen; 1968 Fernstudium TU Dresden, 1970 Diplom; arbeitslos; 1971 Aberkennung des Diploms; Flucht in die BRD.[19]
> 1971 Siemens AG München (Rechnerentwicklung; Vertriebsleitung, Entwicklungsleitung, Technologieprojekte, intern. Kooperationen, Strategische Planung, ...); 1986 OFK der Siemens AG, Lehrtätigkeit TAE-Esslingen, Fachbücher, intern. Vortragstätigkeit; 1999-2006 Chairman Mountain Dreams Pvt.Ltd.) (Dt.-Sw.-Nep.)

✳✳✳

Information zeithistorisch – Dozent Herbert Edeling
Was ist über den ML-Dozenten Edelings bekannt? Dipl. rer. pol. Herbert Edeling, geb. 1925, war ab 1952 als Oberreferent im Ministerium für Volksbildung in Berlin tätig. Funktionäre des Ministerium waren maßgeblich an der Gestaltung und Durchsetzung der ideologischen und bildungspolitischen Richtlinien beteiligt. Ihre Maßnahmen zur Förderung des sozialistischen Bildungsideals hatten großen Einfluss auf die politische und berufliche Bildung der Jugend. Ab 1958 war Edeling stellvertretender Direktor für Studienangelegenheiten und Dozent für Wissenschaftlichen Sozialismus am Pädagogischen Institut Dresden, wo er auch Vorlesungen zur Geschichte der deutschen Arbeiterbewegung hielt. Unter den Studenten war er gefürchtet.
Weitere Details zu seinem Wirken an der TU Dresden sind nicht bekannt.
Wissenschaftliche Aspirantur (Promotionsstudiengang) am Institut für Gesellschaftswissenschaften beim ZK der SED 1963.

✳✳✳

---

[19] Günter Knoblauch, Chronik einer angekündigten Flucht, Verlag BoD, 3. Auflage.

„Wer noch an Gott glaubt, der stehe bitte auf!"

Dipl.-Ing. Hartmut E. Henke (TU Dresden, Studienjahrgang 1962, Fachrichtung Landmaschinentechnik, Diplom 1968, RWTH Aachen 1970 Wirtschaftswissenschaften)

„Wachregiment Feliks Dzierzynski, Berlin-Pankow; Volksmarine Ostseegeschwader Rostock, Panzergrenadier Spremberg ..." so lauteten die Antworten meiner Studienkameraden und -genossen beim Vorlesungsbeginn im Frühjahrssemester 1963, als wir uns in der ersten Vorstellungsrunde auf die Frage des Oberassistenten: „Wo haben Sie gedient?" vorstellten.

Hier stellte sich die Crème de la Crème der DDR vor. Das Wachregiment „Feliks E. Dzierzynski" war offiziell Teil der NVA (Nationale Volksarmee der DDR), unterstand jedoch dem MfS (Ministerium für Staatssicherheit). Die Angehörigen hatten sich in der Regel für mindestens drei Jahre verpflichtet und waren meist Genossen der SED.

Als Jüngster der Auserwählten an dieser Eliteuniversität sagte ich lediglich: „Landwirt-Feldwirtschaft – EOS Theodor Koerner Reichenbach/Oberlausitz".

Erst der Lehrabschluss als Landwirt-Feldwirtschaft - neben dem Reifezeugnis - öffnete mir, als im Kriege geborener „Kuhjunge" das „Tor zur Südhöhe", zur TU Dresden, Institut für Landtechnik. Später bezeichnete man den Sohn eines Bauern nach sowjetischer Sprachregelung als „Kulakenjunge": Ein Kulak war ein Angehöriger der in der UdSSR vernichteten Klasse der Großbauern.

Nach der Zwangskollektivierung von Greifswald bis Greiz 1959/60 trat ich nun als „Sohn eines Genossenschaftsbauern" laut Zulassungsbescheid und Beschluss der Auswahlkommission mein Studium an. Das Schreiben des Prorektors für Studienangelegenheiten vom 15. Juli 1962 enthält dazu die folgende freundliche Mahnung:
„Der erfolgreiche termingemäße Abschluss Ihres Studiums trägt dazu bei, die großen Aufgaben unseres Staates auf allen Gebieten des wirtschaftlichen und gesellschaftlichen Lebens in den kommenden Jahren erfüllen zu helfen. Ich erwarte deshalb von Ihnen, dass Sie an der TU-Dresden das in Sie gesetzte Vertrauen durch gute Studienleistungen, durch eine tadellose

Studiendisziplin und tatkräftige Mitarbeit im gesellschaftlichen Leben der Hochschule rechtfertigen."

Ich wurde also vom Ehrendienst in der NVA freigestellt, da man nach dem Bau des „Antifaschistischen Schutzwalls" am 13. August 1961 zum 1.Januar 1962 die Wehrpflicht eingeführt hatte, obwohl wir uns alle zum „freiwilligen Ehrendienst in der NVA" verpflichtet hatten bzw. verpflichten mussten. Somit konnten genügend Männer eingezogen werden, bevor ihr „Verfallsdatum" erreicht ist. In meinem Reifezeugnis in der Gesamteinschätzung steht:

„[...] und seine freiwillige Meldung zum Dienst in der NVA bringen seine politische Aufgeschlossenheit zum Ausdruck [...]."

Mit dieser Aufgeschlossenheit besuchte ich die Vorlesungen und Übungen und meine Anwesenheit und Mitarbeit wurde vom Semsek (Seminargruppensekretär) und vom WiFu (Wissenschaftlicher Funktionär) sowie vom „Wachregimentsoffizier" kontrolliert, und wenn man nicht „spurte", dann sagte der Semsek: *„Du hältst die Klappe und ich steck ihn rein!"*– den „Elite-/Fortschrittsbericht".

Nur gut, dass ich nicht am Förster Platz in einer Studentenbaracke wohnen musste, denn zusammen mit meinem Schul- und Studienkameraden konnte ich ein Privatzimmer im Priesnitzgrund in der Neustadt bewohnen, umgeben von der Roten Armee hinter Stacheldrahtzäunen. Unsere Sicherheit und Überwachung war damit gesichert, zumal in der Nachbarschaft ein kirchlicher Treffpunkt – heute ejlum (Evangelisches Jugendgemeindezentrum) – von der Stasi überwacht wurde.

Täglich ging es mit der Straßenbahn vom Kino Schauburg/Königsbrücker Straße durch die „Wie liegt die Stadt so wüste ..." – Dresdner Innenstadt zum Förster Platz, wo unsere Studienkameraden zu vier bis sechs Personen in Doppelstockbettzimmern etc. wohnten – und keine Bouillon-Suppe von der „Filia hospitalis" (Anmerkung des Herausgebers: Studentenchargon im 18.–20. Jahrhundert, Neu-Latein: die Gastwirtstocher) bzw. deren Mutter serviert bekamen und dazu die Hitparade von Radio Luxemburg sowie die Sender Rias (Rundfunk im amerikanischen Sektor) und SFB (Sender Freies Berlin) hören konnten und man sich nicht beobachtet fühlte. Für uns Elitestudenten galt es, die Grundlagen des Marxismus-Leninismus (ML) zu erlernen, damit wir den ersten öffentlichen Test im Hörsaal Zeunerbau bestanden, denn dort wurden wir vom „ML-Professor" aufgefordert:

„Wer noch an Gott glaubt, der stehe bitte auf!?"

Nur der Sohn des Pfarrers aus Dippoldiswalde stand aus unserer Seminargruppe auf!

Nicht Altmetall sammeln, wie in der Grundschulzeit unter dem Motto „Martin braucht Schrott!!!"(Anmerkung des Herausgebers: gemeint sind die Martin-Schmelzöfen) , sondern Kartoffeln sammeln in Glambeck bei Wismar war unser „September-Oktober-Praktikum", denn es mangelte an Kartoffelvollerntemaschinen, die bei den Kapitalisten schon einige Jahre diese Arbeit erledigten. Für uns Landtechnik-Studenten immer eine Demütigung, da es eigentlich unsere bzw. die Versäumnisse unserer Fachkollegen in den VEB Landmaschinenbau-Kombinaten waren, diese Technik zu produzieren bzw. von marktwirtschaftlichen Wettbewerbern zu kopieren. Diese Möglichkeiten eröffneten sich uns nach dem Vordiplom, denn nun folgten Vorlesungen für moderne Landtechnik, wo wir Lichtbilder etc. von der Royal-Smithfield-Landtechnik-Messe in England gezeigt bekamen, die wir aber nicht besuchen konnten.

Der „Prager Frühling" öffnete uns 1967 das Tor nach Prag, denn in der Vorlesung „Das neue ökonomische System des Sozialismus" (NÖS), unterstützt durch eine Vereinbarung zwischen der TH Prag und der TU Dresden, besuchten wir in der ČSSR Landtechnikbetriebe, z. B. Agrostroi in Prostejow/Mähren, sowie Brünn und die alte Hussittenstadt Tabor und natürlich Prag, wo sich Reformen anbahnten. Auch wir profitierten von den Reformen, denn wir wurden in die IUS Praha (International Union of Students) aufgenommen und erhielten eine International Student Identity Card, abgestempelt von der IUS Praha und der Freien Deutschen Jugend – Sekretariat NUS (National Union of Students) – der Kreisleitung der Technischen Universität Dresden.

Mit dieser Mitgliedschaft in der IUS hatten wir und unsere Professoren der IUS-Constitution/Satzung Folge zu leisten, d. h., wir sollten für die zu „lösenden Aufgaben als demokratische Bürger ausgebildet und zur Umsetzung dieser Werte vorbereitet werden".

In der Fachvorlesung lernten wir Diplomanden neue/alte Weisheiten aus der sozialen Marktwirtschaft zum Beispiel: *„Der Kunde ist König!"* – *„In den USA wird eine Arbeitslosigkeit von zwei bis vier Prozent als nützlich erachtet, um die Arbeitsproduktivität zu steigern!"* – *„Eine US-Firma wird nie ein Produkt produzieren, welches man auf dem Markt billiger einkaufen kann!"* etc.

Die letzte Vorlesung wird angekündigt: Unsere Welt und der Alkohol.

Am 2. November 1967 gestalteten wir „Die wirklich letzte Vorlesung" und ehrten unseren Institutsdirektor Prof. Dr.-Ing. h. c. Werner Gruner für seine Verdienste um die Ausbildung von Landmaschinentechnikern mit dem

„Großen LMT-Orden am roten Band" – wir konnten in seinen Vorlesungen viel Wissenswertes erfahren und er hat immer betont:

- dass die Zugkraft mit der Biermenge abnimmt ...,
- dass ein Sitz für Funktionäre auf jede Maschine gehört,
- dass unzweckmäßige Konstruktionen im Neuererwettbewerb Geld bringen.

Mit diesem Wissen verteidigten wir unsere Diplomarbeiten und danach erhielten wir einen Arbeitsvertrag in einem VEB Kombinat, wo wir den „Prager Frühling" voranbringen wollten.

Am 1. April 1968 begann ich als Konstrukteur im Mähdrescherwerk in Singwitz bei Bautzen. Ich wurde nicht in das sozialistische Arbeitskollektiv aufgenommen, wurde *kritisch* betrachtet und überwacht, was ich aber erst viel später nach Akteneinsicht erfuhr. Da stand: *„Ganz im Gegensatz zu seiner kontinuierlichen und gradlinigen schulischen und beruflichen Entwicklung steht die Herausbildung der weltanschaulichen und gesellschaftspolitischen Haltung des Beschuldigten, die durch Widersprüchlichkeiten und Schwanken des Beschuldigten gekennzeichnet ist."*[20]

Meine beruflichen Aufgaben erfüllte ich, jedoch *„[...] sein gesellschaftliches und politisches Auftreten entsprach von Anfang an nicht den Erwartungen, die an einen Absolventen einer sozialistischen Hochschule gestellt werden müssen. Besonders bei den Gesprächen, die anlässlich der konterrevolutionären Ereignisse in der ČSSR und den Hilfsmaßnahmen der sozialistischen Bruderländer am 21.8.1968 im Kollektiv geführt wurden, zeigte sich, dass der Beschuldigte eine gegnerische Einstellung zu den Maßnahmen der Deutschen Demokratischen Republik und zur Politik unsrer Regierung bezog".*

Der „Prager Frühling" und meine Erziehung zum „democratic citizen" – „citoyen démocrate" – „graschdanami demokratijewski towarisch" wurde in der Oberlausitz an der Grenze zur ČSSR/Böhmen nicht verstanden oder akzeptiert bzw. toleriert, denn als ich am 21. August 1968 in einer SED-Propaganda-Informationsbesprechung zu den Ereignissen im Nachbarland ČSSR verlauten ließ: *„1938 Braune Nazis – 1968 Rote Armee in Prag!!??"*, da stellte der SED-Genosse und Stasi-IM Otto Wilde an alle die Frage: *„Wer sich der*

---

[20] BStU Unterlagen, Stasi – Schlussbericht – Bl. 56 der Akte – vom 14.11.1968 Hö/Jan.

Meinung des Kollegen Henke anschließt, bitte auf die rechte Seite, wo Kollege Henke steht!!"

Ich stand allein auf der „rechten, nicht der Roten Seite" und wusste jetzt, dass der „Prager Frühling" niedergeschlagen wurde, nicht nur in Prag, sondern auch an der TU Dresden, denn Studienkameraden verteilten Flugblätter und wurden eingesperrt sowie vom Rektor exmatrikuliert.

(Anmerkung des Herausgebers: Siehe die Beiträge von Peter Ziesecke „Träume von einem menschlichen Sozialismus" und „Das Ende einer Flugblattaktion")

Was einmal so schön im Frühling 1967 in Prag begann, bei Pilsner Bier im U'Flecku – historisches Restaurant und ein internationaler Treffpunkt mit unseren Gastgebern, den Studenten der TH Prag –, im Herbst 1967 mit dem gemeinsamen Urlaub in der Hohen Tatra und der Besteigung des Gerlachovsky Stit (Gerlachspitze 2.655 m) fortgesetzt wurde, endete am 21. August 1968.

Traurig aber wahr! Vom Mitläufer des Sozialismus wurde ich zum Gegner. Bei der NVA sollte ich umerzogen werden. Bei der sofort veranlassten Musterung lehnte ich vehement einen Dienst in einer NVA ab, die an der Niederschlagung meines geliebten „Prager Frühlings" beteiligt war. Die Flucht in den Westen war die einzige Möglichkeit, sich den „Roten Nazis" zu entziehen.

In Koper/Istrien an der Grenze zu Triest/ Italien nahmen mich serbische Grenzsoldaten im September 1968 fest. Man gewährte mir kein politisches Asyl in Jugoslawien, sondern lieferte mich an die DDR aus. Ich landete also wieder im Elbetal im „Hotel Stasi" an der Bautzner Straße mit schönem Blick auf Dresden und wurde „als Anhänger des Prager Frühlings" zu 22 Monaten Freiheitsstrafe „Im Namen des Volkes" verurteilt.

Aus dem Urteil:
„Diese Strafe ist aber auch notwendig, um beim Angeklagten einen gewissen Umerziehungsprozess herbeizuführen, denn er ist für die sozialistische Gesellschaftsordnung noch nicht verloren."

Im Jahre 1969 wurde ich aus dem „Umerziehungslager KZ Cottbus" (Strafvollzugsanstalt Cottbus) mit einigen anderen politischen Gefangenen für ca. 25.000 DM pro Häftling freigekauft. Damit wurden meine Ausbildungskosten an der TU Dresden rückerstattet.

Nun konnte ich meiner „Lebens- und Prager Frühlingsmotivation" folgen: „Schwerter zu Pflugscharen" zu schmieden – höchstes Friedenssymbol, zu dessen Umsetzung ich als Landtechniker geradezu verpflichtet war: *Sie werden ihre Schwerter zu Pflugscharen und ihre Spieße zu Sicheln machen. Es wird kein Volk wider das andere ein Schwert aufheben und werden ihre Kinder nicht mehr kriegen lernen" (Jesaja 2, Micha 4).*

Ich ging als „Peace Corps Volunteer" 1971 nach Indien und leistete somit meinen NVA- und Bundeswehr-Ersatzdienst und fertigte 30 Jahre lang in zehn Ländern Pflugscharen bzw. angepasste Landtechnik und die Kraft dazu schöpfte ich aus den Hoffnungen des Prager Frühlings an der TU Dresden.

Ein Epilog

Als am 9. November 1989 der „Antifaschistische Schutzwall" in Berlin von „Wir sind das Volk!!" gestürmt wurde, da brach der Weltkommunismus zusammen und ein kleines Dokument, mein internationaler Studentenausweis von 1967, hatte mitgeholfen, den „Eisernen Vorhang" zu öffnen, und somit den Weg für die Vereinigten Staaten von Europa geschaffen.

Hartmut E. Henke, geb. 1944 als dritter Sohn des Landwirts Karl Henke in Görlitz/Ludwigsdorf; 1950 Grundschule, EOS mit landwirtschaftlicher Ausbildung, 1962 TU Dresden, Maschinenwesen. 1968 Diplom, 1968 VEB Fortschritt Neustadt/Sachsen; 1968 Haft, 1969 Freikauf durch die BRD.
1970 RWTH Aachen Studium Wirtschaftswissenschaften; 1971 „Peace Corps Volunteer", Pantnagar Indien, 1976 Einsätze in Kamerun, Philippinen, Sri Lanka, Pakistan, Türkei; 1992 Fachberater für Projekte in Entwicklungsländern.

***

Information zeithistorisch - IUS-Ausweis

Dieser internationale Studentenausweis bot aber noch weitere Vorteile: So benutzen wir Dresdener Studenten ihn auch „illegal", um beispielsweise eine ganz wesentlich verbilligte „internationale" Eisenbahnfahrkarte von Berlin nach Děčín (der ersten Station in der ČSSR) zu kaufen, um dann *in Dresden* in einem unbeobachteten Moment schnell auszusteigen.

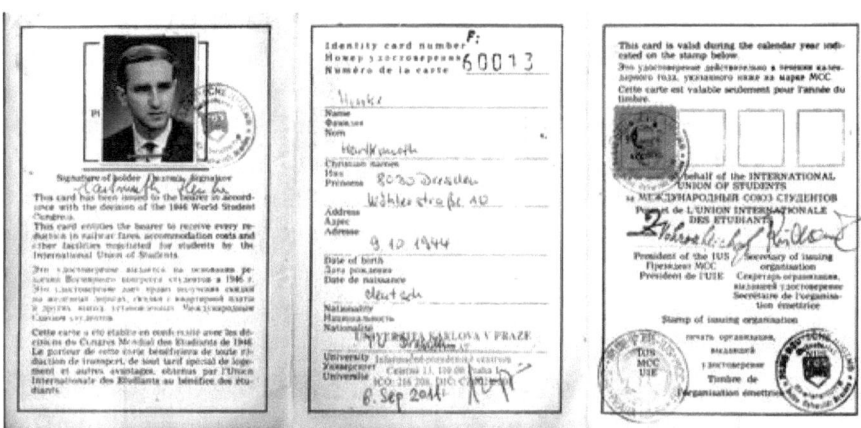

Hartmut Henke: Mein internationaler Studentenausweis, 1967 ausgestellt

***

Information zeithistorisch - NÖS oder NÖS(PEL)

Neues Ökonomisches System (der Planung und Leitung). Das sogenannte Neue Ökonomische System der Planung und Leitung der Volkswirtschaft in der DDR beschloss das ZK der SED 1963, um die Motivation der Werktätigen anzuheben. Es setzte auf Leitungsanreize für Arbeiter und eine größere Selbstständigkeit der Betriebe.

***

Bei meiner Geradlinigkeit würde ich wieder anecken

Dipl.-Ing. Matthias Markert (TU Dresden, Studienjahrgang 1962, Elektrotechnik/Regelungstechnik, Diplom1968)

Erinnerungen zur Unrechtsaufarbeitung des DDR-Staates – 40 Jahre nach dem Abschluss des Studiums an der TU Dresden. Um den „roten Faden" meines Lebens mit den „Knoten" durch die SED-Diktatur zu verdeutlichen, möchte ich ein wenig die Vorgeschichte bis zum Studium andeuten:
Ich bin in einer Familie mit fester Einbindung in die evangelische Kirchgemeinde aufgewachsen, somit auch ohne Zugehörigkeit zur Pionier- und FDJ-Organisation. Mein Vater war selbstständiger Handwerker. Wir gehörten also nicht zur „Arbeiterklasse".

Was meinen beiden Söhnen trotz bester Zensuren später verwehrt wurde, war 1959 in unserer Kleinstadt noch kein Problem: Ich durfte nach der 10. Klasse auf die Erweiterte Oberschule (das Gymnasium) gehen. Dankbar beschämt, dass ich das Abitur trotz bescheidenem Fleiß mit „sehr gut" bestand, habe ich mit 18 Jahren den freien und wohlüberlegten Entschluss gefasst, meine Lebensführung bewusst der Führung Gottes anzuvertrauen. Der erste bedeutende Schritt nach diesem Entschluss war die Bewerbung zu einem Studium: Theologie oder eine technische Richtung? Für ein Theologiestudium war ich offen und dazu wäre ich auch problemlos zugelassen worden. Zur Bewerbung für ein anderes Studium fehlten mir alle „gesellschaftlichen" Voraussetzungen: Zu den oben genannten Umständen fehlte nun auch noch meine Bereitschaft zu einem zweijährigen freiwilligen NVA-Dienst (Nationale Volksarmee). Es gab noch keine Wehrpflicht. Meine Überlegung war, ich bewerbe mich an die TU Dresden. „Wenn Gott mich nicht als Theologe will", braucht er mir nur diesen Weg an die TU zu öffnen.

Wider alle Erwartungen wurde ich an der TU angenommen. Mein letzter alter Klassenlehrer, ein nicht kommunistischer alter SEDler der Vorkriegszeit hat mir nachher die folgende Episode erzählt: Die Kreistagskommission, die über die Studienbewerbungen zu entscheiden hatte, lehnte mich ohne jede Überlegung ab. Doch unser sehr „roter" Direktor, bei dem ich nie Unterricht gehabt hatte, der aus einem Nachbarort kam und also auch keinerlei Bezug zu unserer Familie hatte, begann vor der Kommission eifrig zu argumentieren, dass man doch einem so jungen, begabten Menschen nicht das Leben verbauen dürfe, nur weil die Eltern einfältig und politisch doof wären. – Die Kommission ließ sich umstimmen und so kam ich nicht zur Theologie.

Nun zum Studium: Da ich mich nicht zum Dienst in der NVA bereit erklärt hatte, musste ich mit einigen ähnlich geprägten Kommilitonen ein Jahr in der „sozialistischen Produktion" im Elektrogerätewerk Sörnewitz bei Meißen arbeiten. Dieses Jahr und das erste Semester dort als Praktikumssemester haben mich in meiner Lebenseinstellung sehr geprägt: Ich habe miterlebt, unter welchen Bedingungen Menschen des einfachsten „Proletariats" leben und arbeiten. Weil sie mein Studium finanzieren, habe ich es ihnen gegenüber ernsthaft, verantwortlich betrieben. Dann begann also das eigentliche Studium in Dresden mit viel Freude und Erfolg, mit dem Diplomabschluss „sehr gut".
Dafür bekam ich eine Assistentenstelle an der TU zugesichert. Kurz vor dem Abschluss der praktischen Diplomaufgabe gab es an einem Sonntag wieder eine „freie und geheime" Volkskammerwahl. Was sollte ich tun? Im Gottesdienst am Vormittag zum Ende einer völlig unpolitischen Predigt sagte der Pfarrer: „Für viele von uns ist dieser Wahltag ein schweres Problem. Ich rate Ihnen, entscheiden Sie nach Ihrem Gewissen. Die Frage, was daraus wird, kommt vom Teufel." – Ich bin also meinem Gewissen gefolgt und nicht zur Wahl gegangen!

Schon am folgenden Tag gegen Abend kam ein meiner Frau und mir fremder Mann zu uns in die Wohnung und erkundigte sich, warum ich nicht zur Wahl gegangen sei. Auf meine Begründung hin kündigte er mir an, dass das für eine Anstellung an der TU Dresden Folgen haben würde. Er wusste offensichtlich gut über mich Bescheid.

Schon am nächsten Tag sagte mir der Oberassistent, dass ich zum Herrn Dekan Clausnitzer kommen solle. Der führte mit mir in seinem Dienstzimmer hinter einer dick gepolsterten Tür ein sehr vertrauensvolles Gespräch. Er achte meine Haltung und sei selbst praktizierender Katholik, der natürlich seine Stellung nur mit Kompromissen halten könne. Sicher könne er durchsetzen, dass ich die Assistentenstelle bekäme. Doch bei meiner Gradlinigkeit würde ich bei der nächsten Gelegenheit wieder anecken. Er sei aber bereit mir eine außerordentliche Dissertation zu ermöglichen.

Ohne Probleme habe ich dann in Radeberg in einer Entwicklungsabteilung im sich noch im Aufbau befindlichen Kombinat Robotron eine Stelle bekommen, jedoch wurde mir jegliche Form eines beruflichen Aufstiegs blockiert. Sogar als ich für einen tödlich verunglückten Kollegen einsprang und in der Betriebsakademie in meinem Fach Unterricht erteilte, musste mich mein Abteilungsleiter auf Geheiß der Betriebsparteileitung zurückpfeifen. Als ich mit Kollegen im Staatsratsgebäude in Berlin ein bei uns entwickeltes Gerät in Betrieb nehmen sollte, verwehrte mir der Pförtner den Eintritt.

Für dienstliche Reisen auch ins sozialistische Ausland kam ich nicht infrage. Trotz der Repressionen gegen mich und auch später für meine beiden Söhne empfinde ich und auch sie, dass uns auch darin Gott auf einen für uns richtigen Weg geführt hat. Dazu ein Zitat von Dietrich Bonhoeffer, einem Opfer im Widerstand gegen Hitler: „Ich glaube, dass Gott auch aus den bösesten Dingen Gutes machen kann und will."

Matthias Markert, geb. 1943, Thum im Erzgebirge; Abitur, ein Jahr Arbeit in der Industrie, 1962 TU Studium Dresden, Schwachstromtechnik, 1968 Diplom; Einberufungsbefehl zur NVA, wegen Ablehnung des Dienstes an der Waffe Dienst als Bausoldat. 1970 Entwicklungsbereich VEB Robotron, als 1985 militärische Produktentwicklungen beginnen, Übertritt in den evangelischen Kirchendienst.

***

Rezension zur Buchausgabe von 2017
Literaturwelt. Das Blog.
Sonntag, 22.10.2017

Autor Immo Sennewald

Der studierwilligen Jugend sei dieses Buch ans Herz gelegt – *und allen die hierzulande Hochschulpolitik machen. Rainer Jork und Günter Knoblauch haben einen enormen Schatz an Erfahrung von Zeitzeugen aus dem Alltag der sozialistischen Diktatur zusammengetragen, der zweierlei offenlegt: Neugier und Freude an selbständiger Arbeit sind mit bevormundenden und doktrinären Bildungssystemen kaum vereinbar – und andererseits lassen sich solche Systeme nur mit lebensfeindlichen, die Freiheit von Wissenschaft und Kunst erstickenden Maßnahmen aufrechterhalten, daran scheitern sie schließlich.*

Um das zu zeigen, bedarf es keiner Polemik. Die Selbstauskünfte von Forschern, Ingenieuren, Lehrern, Künstlern aus vier Jahrzehnten des "Arbeiter- und Bauern-Staates" beweisen es; sie lesen sich obendrein spannender als jeder Krimi. Fast alle Erzähler wehrten sich einfallsreich – mit Intelligenz, Improvisation, Hilfsbereitschaft, mit bisweilen an den "braven Soldaten Schwejk" erinnerndem Witz – dagegen.

Eine Geburtstagskarte als Anwesenheitskontrolle

Dipl.-Ing. Lothar Gebauer (TU Dresden, Studienjahrgang 1963, Elektrotechnik/Regelungstechnik, Diplom 1969)

Das Schweigen der Dreitausend

In den Zeitzeugnissen von damals wird als Konserve vielleicht noch das Hurra der Zweihundert existieren, nicht aber das Schweigen der Dreitausend und die dadurch demonstrierte Abneigung.

Im Herbst 1966, vermutlich Mitte Oktober, fand an der TU eine große Feier statt, 20. Jahrestag der Wiederaufnahme des Studienbetriebes nach dem Zweiten Weltkrieg. Die Bedeutung dieses Jubiläums wurde dadurch unterstrichen, dass der Generalsekretär der SED und Vorsitzende des Staatsrates, Walter Ulbricht, kam. Zur Vorbereitung dieses Besuchs wurde eine größere Zahl fügsamer, linientreuer Studenten für zwei Wochen aus dem Studienbetrieb herausgenommen, als FDJler eingekleidet, und es wurden spontane Fragen an den Genossen Ulbricht eingeübt. Die anderen Studenten waren nicht betroffen. Aber sie mussten zur zentralen Feier vor das Dresdner Hygienemuseum mit dem damals größten Kongresssaal Dresdens kommen. Der Kongresssaal selbst war den Erwähltesten der Erwählten vorbehalten.

Wir anderen Studenten mussten für Ulbricht begeisterte Masse darstellen. Die Teilnahme war Pflicht, es klingt unglaublich, aber dort nicht zu erscheinen, konnte den Studienplatz kosten. Unser einziger SED-Genosse in der Seminargruppe von 25 Studenten hatte sich eine fröhliche Anwesenheitskontrolle ausgedacht, er ließ vor Ort eine Geburtstagskarte an einen Kommilitonen unterschreiben. Es waren alle versammelt.

Die TU Dresden war ohne jeden Zweifel die beste Technische Hochschule der DDR mit vielen Professoren von internationalem Rang. Und dort Student zu sein, war Auszeichnung. Wir waren fast alle in der FDJ, aber ich kenne keinen, der die Uniform besaß, ich kenne niemanden, der jemals auf die Idee gekommen wäre, einen FDJ-Club zu besuchen. Man hat sich lächerlich gemacht, wenn man nur davon gesprochen hat. Und ein Mädchen in einen FDJ-

Club einzuladen, war das Ende einer Beziehung, noch bevor sie begonnen hatte. Bei mündlichen Prüfungen trug man einen Anzug, keine FDJ-Uniform. Also ohne FDJ-Hemd, aber gut gezählt standen wir vor dem Hygienemuseum und hofften, dass alles bald vorbei ist. Plötzlich meldete sich ein Lautsprecherwagen. Irgendein Animateur wollte mit uns die Ankunft Ulbrichts üben: „Unser Staatsratsvorsitzender, der Genosse Walter Ulbricht, er lebe hoch, hoch, hoch."

Es klingt erschreckend, wenn 3.000 Studenten schweigen. Der Einzige, der unser Schweigen falsch gedeutet hat, war der Animateur. Er hat es in falscher Einschätzung der Lage noch einmal probiert mit den Worten, er habe es nicht richtig gehört. Der zweite Versuch war aber so vergeblich wie der erste, dann kam Weisheit über den Animateur und er schwieg wie wir.

Und dann kam Ulbricht. Er saß im Fond seiner russischen Staatslimousine, die rechte Hand auf der Lehne des Vordersitzes, damit er die linke Hand auf dem rechten Arm abstützen konnte, um mit müder Handbewegung etwas anzudeuten, was er vielleicht Winken nannte. Von unserer Seite kein Wort, keine Geste, ein paar Rücken dort, wo sich hätten stolze Fronten zeigen sollen. Dann umrundete die Staatskarosse die Grünfläche vor dem Museum, Ulbricht stieg aus, und zweihundert in Blauhemd gewandete Studenten riefen ihr fast militärisches Hurra. Aufgenommen von den großen Kameras, die auf den Dächern der beiden seitlichen Flügel des Hygienemuseums standen. Ich besaß in der DDR nie einen Fernsehapparat, habe extra abends meine Eltern besucht, um zu sehen, was gezeigt wurde. Es war das Hurra. Und in den Zeitzeugnissen von damals wird als Konserve vielleicht noch das Hurra der Zweihundert existieren, nicht aber das Schweigen der Dreitausend und die dadurch demonstrierte Abneigung.

Haben wir darunter gelitten, Staffage in einem würdelosen Spiel zu sein? Ja, ein bisschen. Vielleicht haben wir es auch still genossen, den Animateur ins Leere laufen zu lassen, aber im Grunde war es nicht außergewöhnlich, wir kannten unsere Grenzen, die wir markiert haben und nur zähneknirschend preisgaben. Aber wir waren keine schäumend aufbegehrenden Helden.

Das hat uns sicher auch der westdeutschen Studentenbewegung entfremdet. Die demonstrierten, statt zu studieren, obwohl sie doch aus unserer Sicht alles hatten, was wir uns wünschten, eine Demokratie (die sie demonstrieren ließ), einen Rechtsstaat allererster Güte.

Das Ende der ET-Fine an der TU Dresden 1968

ET-Fine nannte sich eine Veranstaltung der gesamten Fakultät Elektrotechnik. Die Studenten der Fakultät E-Technik hatten alle Prüfungen nach dem zehnten Semester abgeschlossen. Im elften Semester wurde die Diplomarbeit geschrieben.

Am Ende des zehnten Semesters ging eine größere Abordnung des zehnten Semesters in die Vorlesungen der jüngeren Semester, machte dabei viel Lärm, setzte den gerade lesenden Professor auf einen mehr oder weniger kuriosen Stuhl oder Thron und enterte die Vorlesung. Ein Kommilitone aus dem zehnten Semester hielt, meist im Stil des daneben sitzenden Professors und unter Betonung von dessen Macken, auch mit politischen Seitenhieben verziert, eine Vorlesung. Der Professor wusste immer von den Störenfrieden, er wusste auch, wie er sie wieder zur Ruhe bringen konnte, nämlich durch einen irgendwie lustig verpackten Beitrag (am besten Geld) für die Abschlussfeier nach den Prüfungen. Alle aus dem 10. Semester trugen einen Hut, auf dem sich ein Symbol der Fachrichtung befand, die Hochfrequenztechnik trug eine Yagi-Antenne, die Regelungstechnik einen WC-Spülkasten, die Elektroakustiker eine Hupe.

Es war eine große Herausforderung, auch eine große Ehre, als Student die Vorlesung halten zu dürfen. Sticheleien gegen den Professor wurden sportlich genommen, kritisch waren jedoch Spitzen mit politischer Zielrichtung. Es hat wohl einige das Diplom gekostet, weil sie zum Gedenken an diejenigen, die wir unterwegs verloren hatten, den DDR-Trauermarsch „Unsterbliche Opfer" spielten, der wohl nur der Regierung vorbehalten war. Kommunisten sind humorlose Menschen, selbst bei Trauermärschen – das muss man wissen, wenn man sich äußert.

Das ET-Fine fand sein Ende etwa 1968. Die politische Situation war ohnehin sehr angespannt, weil viele nach Prag und zum Prager Frühling schauten, was die SED-Genossen sehr unruhig machte. Sein brutales und schnelles Ende fand die Veranstaltung dadurch, dass im Hamburger Nachrichtenmagazin „Der Spiegel" ein Artikel erschien, der nur von einem Insider geschrieben worden sein konnte und der die Veranstaltung des ET-Fine nahezu ausschließlich als politische Oppositionsveranstaltung interpretierte. Was im Hintergrund gelaufen ist, das kann man nur ahnen. Offensichtlich wurde die Rektorin, Frau Professor Lieselott Herforth, von „ganz oben" verpflichtet, diese Veranstaltung zu unterbinden. Es geht die Sage, dass es Professoren gab, die den Brief vom „Isotopenlieschen" (Der Begriff „Isotopenlieschen" kommt von ihrer Aufgabe als Kernphysikerin) ungeöffnet liegen ließen, um nach der ET-Fine-Vorlesung erstaunt zu erfahren, dass diese Veranstaltung gerade verboten worden war.

Ich habe einige solcher Vorlesungen erlebt, sie waren immer geistreich, aber politisch eher harmlos. Man wollte nicht nur sich selbst schützen, sondern auch den Professor, dem eine hochpolitische Vorlesung erhebliche Schwierigkeiten bereitet hätte. Wir achteten unsere Professoren und wir wussten uns eins mit ihnen, wenn es darum ging, das Leben erträglich zu halten.

Lothar Gebauer, geb. 1943 in Dresden, Grundschule, Mittelschule, 1959 Facharbeiterlehre organisch-pharmazeutische Chemie, Volkshochschule/ Abitur. „1961 wollte man mich gleich nach der Lehre in die Volksarmee pressen, ich wollte nicht, *die* wollten, es gab ein fürchterliches Geschrei im Betrieb und ich war mir sehr sicher, dass ich mein Leben lang Chemiearbeiter bleiben müsste. 1963 TU Dresden, Diplomarbeit 1969, VEB Robotron;1984 Übersiedlung in die Bundesrepublik.

***

Ergänzende Informationen
und Themenbeiträge

Zusätzliche Informationen und Themenbeiträge

Zu einigen von den Autorinnen und Autoren erwähnten typischen DDR-Fachbegriffen oder geschilderten Erlebnissen werden in kleinen „zeithistorischen Kommentaren", „Erläuterungen", „Informationen" oder „Anmerkungen" ergänzende Hinweise für Leser gegeben, die weniger mit der DDR-Geschichte vertraut sind. Diese Zusatzinformationen sind oft direkt im Beitrag oder in dessen Nähe eingefügt. Die gewählten Bezeichnungen unterscheiden sich in Nuancen und spiegeln Art und Umfang der vermittelten Informationen wider:

- **Kommentierungen** liefern kurze historische oder kontextuelle Einordnungen.
- **Erläuterungen** und **Informationen** erklären Hintergründe oder Begriffe detaillierter.
- **Anmerkungen** konzentrieren sich auf spezifische Aspekte, die eine kurze Ergänzung erfordern.

Komplexere Themen, die sich nicht auf diese knappe Form reduzieren lassen oder in einer Fußnote ausreichend erklärt werden können, werden in ausführlichen **Themenbeiträgen** behandelt. Diese Beiträge ergänzen die Berichte der Autoren und bieten tiefere Einblicke in mehrschichtige Zusammenhänge.

Ein Beispiel hierfür ist der Begriff „Arbeiter-und-Bauern-Fakultäten", dessen Definition je nach Quelle und Perspektive variieren kann.

Zusätzliche Dokumente – verteilt auf alle drei Bände – verdeutlichen u.a., wie Hochschulen, einst Orte freier Wissenschaft und Debatte, unter der SED-Politik zu überwachten Bildungseinrichtungen wurden. An Technischen Universitäten hatten Professoren in den Anfangsjahren noch begrenzten Spielraum. Im Bereich der Pädagogik (siehe Band II) hingegen duldete das Regime keinerlei Abweichungen von der Staatsdoktrin.

Ein Beispiel für die systematische Überwachung liefert das Dokument „VVS MfS 008-Nr. 63/68", das im Rahmen eines Forschungsprojekts mit der TU Dresden entdeckt wurde. Es zeigt, wie die SED-Führung gemeinsam mit dem Parteiapparat, der FDJ und dem MfS Bildungseinrichtungen aller Art – von den Erweiterten Oberschulen (EOS) bis zu Universitäten – durchdrang.

Im Themenbeitrag „Die Objektdienststelle des MfS an der TU Dresden" wird dargestellt, wie die Strukturen und Arbeitsweise des MfS das akademische Leben an der TU Dresden durchzogen. Selbst scheinbar nebensächliche Vorgänge, wie die Ausstellung einer „Reiseanlage zum Personalausweis der DDR" durch Meldeämter oder die Volkspolizei für private Studentenreisen in sozialistische Länder, gingen über die Schreibtische der Mitarbeiter der MfS-Objektdienststelle an der TU Dresden.

Übersicht Themenbeiträge (Auszug)

- Die Arbeiter-und-Bauernfakultäten (Band 1, S. 255)
- Auslandsstudium (Band 2, S. 287)
- Studium und Wehrdienst (Band 1, S. 343)
- Wie das MfS zu seinen Informationen kam (Band 1, S. 347)
- Die Objektdienststelle des MfS an der TU Dresden (Band 1, S. 350)
- Vertrauliche Verschlußache – MfS 008-Nr.63/68 (Band 2, S. 337)

Einige dieser Themenbeiträge sind beitragsnah eingefügt, wenn sie von mehreren Autoren thematisiert wurden. Weitere Beiträge finden sich auf den folgenden Seiten.

***

Themenbeitrag - Studium und Wehrdienst

„An alle männlichen Studierenden des 1. Studienjahres der Fakultäten Maschinenwesen, Technologie, Elektrotechnik, Ingenieurökonomie und Bauwesen"

März 1964 - Ein Auszug:

„Liebe Kommilitonen!
Ihr Studium an der TU Dresden beginnt mit der obligatorischen militärischen Ausbildung, die [...] ein fester Bestandteil Ihres Studiums ist. ...

Sind Sie zur Frühjahrsmusterung aufgerufen, haben Sie zur Musterung in Ihrem zuständigem Wehrkreiskommando zu erscheinen.
Sind Sie nicht gemustert bzw. erfaßt, oder ... so haben Sie sich...

Haben Sie bereits in den bewaffneten Streitkräften der DDR gedient, müssen Sie damit rechnen, bereits 6 Tage früher ...

Sollten Sie den Grundwehrdienst noch nicht ...

Urlaubs- und sonstige Gründe werden als Entschuldigung für das Fernbleiben bei der militärischen oder vormilitärische Ausbildung nicht anerkannt. "

Alles war klar geregelt. Der vollständige Aushang des Prorektors ist am Ende des Beitrages zu finden.

Bis Juni 1961 – also vor dem Bau der Mauer in Berlin – war der Wehrdienst noch freiwillig. Das bedeutete jedoch nicht, dass kein Druck ausgeübt wurde, sich „freiwillig" zum Dienst in der NVA zu verpflichten. Die Werbung für die Nationale Volksarmee hatte oft den Charakter einer Erpressung, besonders für jene mit speziellen Bildungswünschen. Das betraf besonders technische Studiengänge und das Medizinstudium. Das Werben für den freiwilligen NVA-Dienst war häufig Teil sogenannter *„Selbstverpflichtungen"*, die von leitenden Funktionären in Schulen und volkseigenen Betrieben eingefordert wurden.
In seiner Biografie schreibt der Herausgeber: *„Von den 70 Lehrlingen meines Lehrbetriebes wollten sich drei - darunter ich - um ein Studium an der ABF der TU Dresden bewerben. Der Kaderleiter stellte uns faktisch vor die Wahl: 'Freiwilliger Wehrdienst und anschließend Delegierung zum Studium - oder*

kein Studium.' Die beiden anderen verpflichteten sich zum Wehrdienst. Ich jedoch lehnte die Unterschrift für den freiwilligen Wehrdienst ab, und meine Delegierung zum Studium wurde wegen mangelnder gesellschaftlicher Initiative abgelehnt. Erst durch die Intervention der Werkstattleitung und von Dozenten der Berufsschule musste die Kaderleitung die Ablehnung zurückziehen. Letztlich wurde ich mit bestem Zeugnis delegiert. Später erfuhr ich, dass der Kaderleiter eine Selbstverpflichtung übernommen hatte, fünf Jugendliche für die NVA zu „werben"."

Selbstverpflichtungen waren schriftlichen Erklärungen, in denen die sich verpflichtenden Personen erklärten, welche freiwilligen Leistungen sie zur Stärkung des Sozialismus erbringen wollten. Solche Verpflichtungen wurden zu den verschiedensten Anlässen abgegeben – etwa an DDR-Jahrestagen, zum Neuen Jahr oder aus „eigenem Antrieb" gegenüber Vorgesetzten, Dienststellen oder Institutionen. Sie reichten von freiwilligen Aufbaustunden, wie dem Ziegelklopfen bei der Ruinenbeseitigung im Rahmen des Nationalen Aufbauwerks, bis hin zur bereits erwähnten Werbung von Jugendlichen in Schulen und Betrieben für die NVA. An Hochschulen war der Druck oft noch brutaler, wie die Dokumente belegen.

Bis zum Mauerbau gab es noch die Möglichkeit, in den Westen zu flüchten. Nach dem 13.August 1961 änderte sich der Ton und Druck spürbar, was in einigen Beiträgen thematisiert wird.

Das Wehrpflichtgesetz vom 24. Januar 1962 legte eine einheitliche Wehrdienstzeit von 18 Monaten fest und verringerte den individuellen Druck der Werbefunktionäre. Deren Fokus verschob sich nun auf längere Verpflichtungen.

Bereits an den Erweiterten Oberschulen (EOS) begann die gezielte Werbung, um den Bedarf an Unteroffizieren zu decken; Schüler sollten sich als „Unteroffizier auf Zeit" oder „Offizier auf Zeit" verpflichten. Dieser Druck traf auch Lehrlinge in der Berufsausbildung – ein Thema, das der Autor bereits in seiner Biografie angesprochen hat. Wer besondere Studienwünsche hatte, wurde oft gedrängt, sich für eine längere Dienstzeit zu verpflichten.

Als Anreiz wurden Förderung der beruflichen Entwicklung und Sonderstipendien in Aussicht gestellt. Bei den Anwerbegesprächen, in denen die Jugendlichen meist mehreren geschulten Werbern gegenüberstanden, wurde oft erheblicher Druck ausgeübt. Es wird berichtet, dass die Werber der

Wehrkreiskommandos das Ziel hatten, jeden zweiten bis dritten Wehrpflichtigen für eine längere Dienstzeit zu gewinnen.

Studentische Militärparade, Mommsenstraße vor der Alten Mensa der TU Dresden.
(Foto: Archiv der TU Dresden)

Der Druck auf Studierende an Hochschulen und Universitäten wurde nochmals verstärkt – sowohl auf frisch Immatrikulierte als auch auf diejenigen, die zur Reservistenausbildung eingezogen wurden.

Vor schwierige Gewissensentscheidungen wurden vor allem jene gestellt, die aus einem christlichen Elternhaus kamen. Viele verzichteten unter diesen politischen Zwängen ganz auf ein Studium oder eine universitäre Laufbahn.

Professor Kobe schreibt hierzu in „Das Jahr 1989 – das Ende parteipolitischer Einflussnahme der SED an der TU Dresden:
„Die ROA-Werbung (ROA=Reserve-Offiziers-Anwärter) wurde aggressiv und erpresserisch geführt. Derjenige Student, der sich dennoch nicht beugte, wurde als Forschungsstudent abgelehnt, konnte also nicht Doktorand werden. Auf diese Weise verlor unsere Universität nachweislich viele ihrer besten Studenten für den wissenschaftlichen Nachwuchs, während besser Angepasste deren Plätze einnahmen."

***

Technische Universität Dresden
Prorektorat f. Studienangelegenheiten

An alle männlichen Studierenden des 1. Studienjahres
der Fakultäten Maschinenwesen, Technologie, Elektrotechnik,
Ingenieurökonomie und Bauwesen
_____

Liebe Kommilitonen!

Ihr Studium an der TU Dresden beginnt mit der obligatorischen
militärischen Ausbildung, die entsprechend dem Wehrgesetz und
der durch das Staatssekretariat für das Hoch-und Fachschulwesen
gegebenen Durchführungsbestimmung ein fester Bestandteil Ihres
Studiums ist. Die Ausbildung wird im 1. und 2. Studienjahr mit
je 24 Tagen Dauer durchgeführt.

Sind Sie zur Frühjahrsmusterung aufgerufen, haben Sie zur Musterung in Ihrem zuständigen Wehrkreiskommando zu erscheinen.
Sind Sie noch nicht gemustert bzw. erfaßt oder liegt Ihre
Musterung oder Ihr Diensteintritt in den bewaffneten Streitkräften länger als ein Jahr zurück, so haben Sie sich bei
Ihrem zuständigen Wehrkreiskommando einer Tauglichkeitsüber-
prüfung zu unterziehen.
Die Frühjahrsmusterung 1964 findet im Zeitraum von Ende März
bis Anfang April statt. Die dabei erzielten Ergebnisse sind
in dem beigelegten Ergänzungsfragebogen genauestens anzugeben.
Diesen Ergänzungsfragebogen senden Sie bitte bis spätestens

                    30. A p r i l

an das Prorektorat für Studienangelegenheiten an der Technischen
Universität, Dresden A 27, Helmholtzstr.10.

Haben Sie bereits in den bewaffneten Streitkräften der DDR gedient, müssen Sie damit rechnen, bereits 6 Tage früher anzu-
reisen. Den entsprechenden Bescheid erhalten Sie zur Einschreibung.

Die militärische (taugliche Bewerber) bzw. vormilitärische Ausbildung (untaugliche Bewerber) findet voraussichtlich in der
Zeit vom
                17.9.   -   11.10.64

statt. Genaue Informationen erhalten Sie bei der Einschreibung.
Sollten Sie den Grundwehrdienst bzw. Dienst in den bewaffneten
Streitkräften der DDR noch nicht beendet haben, ist dem Prorek-
torat umgehend eine Bescheinigung der entsprechenden Dienststelle
der bewaffneten Streitkräfte zu übersenden.
Urlaubs-und sonstige Gründe werden als Entschuldigung für das
Fernbleiben bei der militärischen oder vormilitärischen Ausbildung
nicht anerkannt. Gemäß Anweisung des SfHF v. Juni 1963 gelten
Sie ab 17.9.64 als ordentlicher Studierender der TU.

                    Dr. Kursitza
              Prorektor f. Studienangelegenheiten
Dresden.

Die Weisung des Prorektors der TU Dresden – (Archiv R. Keller)

Themenbeitrag - Wie das MfS zu seinen Informationen kam

Anwerbung von „Informellen Mitarbeitern (IM)
an Schulen und Hochschulen

Das Ministerium für Staatssicherheit (MfS) nutzte verschiedene Mittel, um Informationen zu gewinnen. Dazu gehörten die sogenannten Informellen Mitarbeiter (IM). Ursula Wonneberger beschreibt dies in ihrem Beitrag „Ein ganz gewöhnlicher Anwerbeversuch der Stasi". Wurde eine Person, sei es freiwillig oder durch Erpressung, als IM gewonnen, so forderte das MfS Berichte über bestimmte Personen oder allgemeine Beobachtungen an. Was das MfS letztlich aus diesen Berichten machte, schildert Uta Knoblauch in ihrem Beitrag „Eigentlich lief mein Studium ganz normal ab".
Ein weiteres Mittel der Informationsbeschaffung war das Abhören von Telefonen, wie Michael Proksch in „Von der Grundschule zur Hochschule – wie über Jahre hinweg psychische Deformationen entstanden" beschreibt.

Als Rainer York und ich 2012 das Projekt „Studieren in der DDR" begannen, hatten wir keine Vorstellung davon, mit welchen Erlebnissen die Autoren auf uns zukommen würden. Das Projekt stand allen Absolventen offen und gab keine thematischen Einschränkungen vor – lediglich der Bezug zum Studium sollte gegeben sein. Die Beiträge sollten besondere, prägende Erlebnisse aus der Studienzeit beschreiben. Kurz gesagt, wir wollten wissen: Was fanden Absolventen an ihrer Studienzeit positiv, und worauf hätten sie gern verzichtet?
Überraschenderweise berichteten viele Autoren von Erfahrungen im Zusammenhang mit der FDJ, der SED und dem MfS. Sie erzählten von ausgeübtem Druck, Erpressungsversuchen und den Ängsten, die durch Drohungen ausgelöst wurden. Einige äußerten sich vielleicht zum ersten Mal offen über Erlebnisse, die zuvor als tabu galten – das hatten wir so nicht erwartet.

Um die Struktur und Arbeitsweise des MfS an der TU Dresden besser zu verstehen und die Berichte der Autoren einordnen zu können, stellte ich mit Unterstützung von Herrn Dr. Lienert, dem Leiter des Archivs der TU Dresden, einen Forschungsantrag bei der BStU. Die zentrale Frage lautete: „Was ist über MfS-Mitarbeiter an der TU Dresden bekannt? Wie sahen die Strukturen des MfS an der TU Dresden aus?"

Bei der Akteneinsicht im September 2014 wurde mir die „Durchführungsanweisung Nr. 1" vorgelegt - herausgegeben vom Ministerrat der DDR. Ein Dokument, von dem man annahm, dass es für das Projekt von besonderem Interesse sein könnte – was sich sofort als zutreffend und aufschlussreich erwies.

Die 18 Seiten umfassende „Vertrauliche Verschlußsache" zeigt, wie allumfassend das System ausgelegt war, Hochschulen, Universitäten und andere Bildungseinrichtungen durch gezielte Überwachung und durch IMs innerhalb des Lehrkörpers zu kontrollieren und zu beeinflussen.

Jeder, der der SED-Linie nicht bedingungslos folgte, galt als „Feind des sozialistischen Systems der DDR" und sollte von den Hochschulen ferngehalten werden. Dass diese Maßnahmen nicht vollständig umgesetzt werden konnten, ist dem mutigen und risikoreichen Engagement vieler Mitglieder des Lehrkörpers und der Verwaltung an der TU Dresden und anderen Hochschulen zu verdanken.

Unsere ursprüngliche Absicht war, den Autoren die Möglichkeit zu geben, ihre Erlebnisse und Sichtweisen zu schildern und somit eine Wissenslücke zu schließen. Im Laufe der Zeit kristallisierten sich einige Themen als besonders relevant für die Autoren heraus, vor allem die Rolle der FDJ, der SED und des MfS.

Während der Arbeit am Projekt wurden auch Bedenken geäußert, das Vorhaben sei einseitig und die Ergebnisse nicht repräsentativ für das Studium in der DDR. Doch wo blieben die Autoren, die es anders erlebt hatten?

Einige Interessenten, die zunächst ihre Teilnahme zugesagt hatten, entschieden sich später dagegen – sie wollten nicht mehr über diese Zeit sprechen.

Umso mehr schätze ich die Offenheit der Autoren, bereit waren, über ihre Erfahrungen und die Entstehung von Kontakten zum MfS zu berichten.

Die Beiträge der Erfurter Studenten und ihre umfangreichen BStU-Unterlagen verdeutlichen, dass die Stasi lediglich das Vollzugsorgan der SED war. Sie setzte den Willen der regierenden Partei konsequent um und goss ihn in die Form der Durchführungsanweisung Nr. 1.

Zugang zu höheren Bildungswegen erhielten nicht die Besten, sondern in erster Linie jene, die systemkonform waren oder bereit, sich anzupassen. Dafür war der SED offenbar jedes Mittel recht.

Das Dokument zeigt, wie das MfS in seiner Funktion als „Schild und Schwert der Partei" weitgehend unsichtbar die Aufgabe übernahm, das Bildungssystem der DDR nach den Vorgaben der SED zu kontrollieren und zu überwachen. Die Anweisungen dieser Verschlusssache sind präzise formuliert und legen detailliert fest, wie Ausbildung, Vorlesungen sowie der Umgang mit Dozenten und Studenten an Hochschulen und Universitäten gestaltet werden sollten.

> Studenten und Schüler, die geeignet sind, die Informationsbasis des MfS an den Universitäten, Hoch-, Fach- und Erweiterten Oberschulen qualitätsmäßig zu erweitern.
>
> Dabei ist stärker als bisher Wert auf Werbungen aus den ersten Studienjahren zu legen, um eine kontinuierliche und perspektivvolle IM-Arbeit zu organisieren.

> 1.2. Assistenten, Dozenten und Professoren, die auf Grund ihrer Lehrtätigkeit einen großen Personenkreis operativ erfassen und in der Lage sind, sowohl unter den Studenten als auch im Lehr- und Verwaltungskörper operativ wirksam zu werden. Sie müssen insbesondere in der Lage sein, die raffinierten Methoden der politisch-ideologischen Diversion zu erkennen und zu bearbeiten. Die Werbung unter diesem Personenkreis ist gleichzeitig vom Standpunkt der Absicherung der Reisekader sowie des Erkennens und Bearbeitens der feindlichen Kontaktpolitik/Kontakttätigkeit durchzuführen.

Beides sind Auszüge aus der Durchführungsanweisung Nr. 1 des MfS – Seite 4

Themenbeitrag - Die Objektdienststelle des MfS
an der TU Dresden

Einführung zum Beitrag

*„In einigen Jahren werden hoffentlich Forschungen sowohl das Ausmaß von Ableh-
nung als auch von Kooperationsbereitschaft mit der Staatssicherheit an der TU Dresden wissenschaftlich befriedigend belegen."* (Reiner Pomerin, 2003)[21]

Die 3-bändige Ausgabe „Geschichte der TU Dresden 1828 – 2003" von Reiner
Pomerin behandelt in Band 1 auf wenigen Seiten das Thema der Überwachung aller Aktivitäten an der TU Dresden durch die SED und das MfS.
Bei meinen ersten Besuchen – im Rahmen meiner Rehabilitation - traf ich
mich 2007 zusammen mit meiner Frau an der TU Dresden mit verschiedenen
Professoren. In diesen Gesprächen wurde immer wieder das Buch „Geschichte der TU Dresden" von Pomerin erwähnt. Es wurde angemerkt: *„So
kann man das das doch nicht stehenlassen ..."* Also konnte ich nicht umhin,
mir anzusehen und zu lesen, was da von vielen kritisiert wurde. Um es kurz
zu fassen: Der gesamte Komplex der Überwachung, Kontrolle, Bespitzelung
und Ausgrenzung von Mitarbeitern und Studenten der TU durch die SED-
Führung der der TU sowie deren Instrumentarien wie beipielsweise FDJ und
MfS (letzteres sehr verdeckt), wird auf weniger als 10 Seiten abgehandelt.
Angesichts dessen wurde verständlich, warum großer Unmut darüber
herrschte. *Das kann es doch nicht gewesen sein! So kann man das doch
nicht stehen lassen!*

Schauen wir uns die Erkenntnisse der Pomerinschen Arbeit zum Zeitraum
1945 bis 1989 an. Pomerin schreibt ab Seite 314:
*„Das Ausmaß von alltägliche Bevormundung, Überwachung, Kontrolle, Gän-
gelei und Repression ist an dieser Stelle sowohl in seinem Umfang als auch
in seiner Konsequenz allenfalls anzudeuten. Im Gegensatz zu demokratischen Parteien organisiert die SED ihre Mitglieder nicht nur am Wohnort,
sondern auch am Arbeitsplatz.*

---

[21] Reiner Pommerin: 175 Jahre TU Dresden. Geschichte der TU Dresden 1828–2003, Seiten
315f, Köln 2003.

Am 22. Oktober 1968 erfolgt mit der dritten Hochschulreform auch eine Neustrukturierung der Partei an der TU. Die Kreisleitung der SED an der TU umfasst weiterhin 45 Mitglieder und zehn Kandidaten. Die Zahl der Grundorganisationen (GO) erhöht sich jedoch von 19 auf 28 mit 58 Abteilungsparteiorganisationen (APO) und 203 Parteigruppen. Damit ist die SED auf sämtlichen Ebenen der TU vertreten. Die APO gliedern sich in die Studienjahrgänge; ihre Mitglieder sind TU-Mitarbeiter, Wissenschaftler sowie Studenten, und auch die FDJ gliedert sich in die Studienjahrgänge. Ein festes Informationsnetz wird von der untersten zur obersten Stufe der Parteiorganisation in der TU, über die Kreis- und Bezirksleitung der SED bis hin zum ZK (Zentralkomitee) geworfen. Dieses Netz liefert zum einen Informationen zur Stimmung an der Basis, zum sogenannten „Bewusstseinszustand", und es ermöglicht zum anderen die schnelle Durchsetzung von Weisungen.

[...] Schon die Parteiorgane erfassen und melden praktisch lückenlos jede kleinste kritische oder gar negative Äußerung eines Hochschullehrers oder Studenten an der TU, wie beispielsweise ein entsprechender Bericht zur Äußerung von Professoren nach dem sechsten Parteitag der SED deutlich macht. Eine Möglichkeit zu diesen zumeist aus ihrem Kontext gerissenen Äußerungen Stellung zu nehmen, erhalten die zitierten Hochschullehrer allerdings nicht. Hier ist Missbrauch und Denunziantentum sowie das Begleichen persönlicher Rechnung Tür und Tor geöffnet. Natürlich werden ebenso positive und zustimmende Äußerungen erfasst und gemeldet. Dabei entsteht in der Rückschau der Eindruck, als solle mit solchen positiven Zitaten entweder den höheren Funktionären geschmeichelt oder aber die Arbeit und Leistung der jeweiligen Parteiorganisation besonders hervorgehoben werden.

Dieses Informationsnetz der Partei hat eigentlich keine Lücken, dennoch erscheint der SED-Führung eine zusätzliche Kontrolle erforderlich, entsprechend operiert überall noch die Staatssicherheit mit ihren hauptamtlichen Mitarbeitern, mit den „Offizieren im besonderen Einsatz" (OibE), den „Inoffiziellen Mitarbeitern" (IM) sowie den „Gesellschaftlichen Mitarbeitern für Sicherheit" (GMS).
[...] Durch Offiziere der Stasi erhalten zahlreiche Studenten und Wissenschaftler die praktische Anleitung für die von ihnen an der TU erwünschten

Spitzeldienste. Sie erfüllen diese zumeist freiwillig und aus Überzeugung, seltener wird Zwang oder Erpressung nötig. Doch es gibt – erfreulicherweise – auch aufrechte Charaktere unter den Angehörigen der TU Dresden, die sich weigern, der Stasi als Informant und Spitzel zu dienen.

In einigen Jahren werden hoffentlich Forschungen sowohl das Ausmaß von Ablehnung als auch von Kooperationsbereitschaft mit der Staatssicherheit an der TU Dresden wissenschaftlich befriedigend belegen. "

Pomerin schätz die Situation zutreffend ein, doch es mangelt ihm zum Zeitpunkt der Publikation offensichtlich an ausreichenden Daten. Aus meiner Sicht bestand auch später an der TU Dresden kein ausgeprägtes Interesse an einer umfassenden Aufarbeitung der Vergangenheit. Offensichtlich befürchtete man, die TU könnte dadurch Schaden nehmen.

Diese Einschätzung teilten mir 2007 auch die Dekane Prof. Lehnert und Prof. Schegner in einem Gespräch mit. Beide stammten aus der Bundesrepublik und waren mit der Vergangenheit der TU Dresden in dieser Tiefe nicht vertraut. An diesem Gespräch nahmen außerdem Prof. Reibiger und meine Frau teil. Auch Prof. Kobe (siehe Einführungsbeitrag) äußerte sich in ähnlicher Weise.

Arbeiten wie die von Reinhard Buthman „Die Objektdienststellen des MfS" aus dem Jahr 1999 blieben bei Pomerin weitgehend unberücksichtigt, da sie für den spezifischen Kontext möglicherweise als zu allgemein für Dresden erachtet wurden oder damals noch nicht bekannt waren.

Die Objektdienststelle des MfS an der TU Dresden
Der Georg-Schumann-Bau

Günter Knoblauch

„Der Gegner hat die Bedeutung der planmäßigen Entwicklung unseres Hoch-schulwesens und der Volksbildung für die Stärkung der DDR erkannt und organisiert durch staatlich gelenkte Organisationen und Einrichtungen, wie das sog. Gesamtdeutsche Ministerium, die westdeutsche Rektorenkonferenz, das „Kuratorium unteilbares Deutschland", die Beauftragten „Referenten an den westdeutschen Hochschulen für mitteldeutsche Hochschulfragen" sowie studentische Organisationen eine systematische Zersetzung.

> *Das Ziel besteht darin,*
> - *Unter der studentischen Jugend Zweifel an der Richtigkeit der Politik der Partei und Regierung zu erzeugen;*
> - *Die führende Rolle der Partei zu untergraben;*
> - *die Sieghaftigkeit des Sozialismus in Frage zu stellen.*
> *Diese Zersetzungstätigkeit ..."*

Dieser Auszug stammt von Seite 2 der 18-seitigen „Durchführungsanweisung Nr. 1 zur Dienstanweisung Nr. 4/66 des Ministers für Staatssicherheit."

Schon der Titel offenbart die Denkweise der Verfasser und lässt erschre-ckende Rückschlüsse zu. Unweigerlich stellt sich die Frage: Was ging in den Köpfen jener vor, die diese detaillierte Anweisung mit solcher Präzision for-mulierten? Möglicherweise folgten sie einer Doktrin wie: „Bist du nicht für uns, so bist du gegen uns; bist du gegen uns, bist Du unser Feind – ein Dazwischen wird nicht geduldet!"
Die Anweisungen umfassen die Rekrutierung und Zusammenarbeit mit 'In-formellen Mitarbeitern' (IM), die Überwachung sämtlicher studentischer Ak-tivitäten, Diskussionen in Seminaren und das Verhalten der Studenten bei Ernteeinsätzen oder Reservistenlehrgängen. Kein Lebensbereich – von der Oberschule bis zur Hochschule – bleibt unbeachtet; alles wird durch detail-lierte Verhaltens- und Überwachungsvorschriften geregelt.

Die Umsetzung der Dienstanweisung an der TU Dresden

Die Umsetzung der Dienstanweisung oblag den „Objektdienststellen" (OD) des Ministeriums für Staatssicherheit (MfS). An der Technischen Universität Dresden wurde hierfür am 27. Oktober 1976 eine Dienststelle mit 28 Mitarbeitern eingerichtet, aufgeteilt in vier Referate[22]. Diese Dienststelle befand sich im Georg-Schumann-Bau am damaligen Salvador-Allende-Platz (heute wieder Münchner Platz), und war sowohl über die George-Bähr-Straße 7 als auch über den Münchner Platz zugänglich.

Der Georg-Schumann-Bau, ursprünglich als Landgericht am Münchner Platz errichtet, wird seit einem Umbau 1964 von der TU Dresden genutzt und gehört heute zum Campus. Darüber hinaus beherbergt auch die Gedenkstätte Münchner Platz Dresden, mit einer Ausstellung zur Geschichte des Landgerichts sowie sechs original erhaltenen Todeszellen der früheren Dresdner Haupthaftanstalt. Das Gebäude ist nach dem Widerstandskämpfer Georg Schumann benannt.

Im Jahr 1989 beschäftigte die OD an der TU Dresden 29 hauptamtliche Mitarbeiterinnen und Mitarbeiter, darunter sogenannte Offiziere im besonderen Einsatz (OibE) sowie Hauptamtliche Inoffizielle Mitarbeiter (HIM). Die interne Nomenklatur des MfS erscheint auf den ersten Blick verwirrend und widersprüchlich, jedoch war innerhalb des Ministeriums eine klare Unterscheidung zwischen „Hauptamtlichen (Inoffiziellen Mitarbeitern)" und „Inoffiziellen Mitarbeitern" (IM) etabliert. Die HIM zählten demnach zu den hauptamtlichen Mitarbeitern des MfS.

Der Leiter des Archivs der TU Dresden, Dr. Lienert, schreibt:
„Sie saßen in einer Zimmerflucht natürlich ohne Namen an der Tür bzw. Firmenbezeichnung. Bei den Mitarbeitern der OD handelte es sich um Hauptamtliche, zum Teil in Offiziersrang. Sie traten natürlich unter Verwendung von Legenden, manchmal mehr oder weniger offen auf. Ihr Auftrag bestand ganz allgemein in der „politischen Absicherung der TUD vor feindlich-negativen Kräften". Das schloss auch schwere kriminelle Vergehen ein, die nach deren Auffassung im gesamtgesellschaftlichen Zusammenhang auch eine politische Dimension hatten. Die Hauptamtlichen müssen von den Inoffiziellen klar getrennt werden. Ein Teil der Hauptamtlichen waren als Führungsoffiziere tätig, die ihre Inoffiziellen „betreuten" und deren Berichte

---

[22] Befehl 19/76 vom 27.10.1976, S. 1 f.; BStU, ZA, DSt 102293.

entgegennahmen und prüften. Die Aufgaben reichten von der Überprüfung von Westkontakten bei VS-Verpflichteten, der Beobachtung von Antragstellern auf Ausreise, der Überprüfung von Nomenklaturkadern (insb. Westreisekadern), teilweise der Überwachung des stud. Lebens (Theatergruppe, Wohnheime, ausl. Studierende) bis hin zur Spionageabwehr."

Professor Kobe berichtete 2003 auf der Festveranstaltung an der TU Dresden am 14.Oktober 2003:

„Eine Kontrolle im Februar 1990 ergab, dass von der TU aus eine direkte Telefonverbindung in die Stasi-Zentrale Bautzener Str. bestand und jeder Hausapparat der TU von dort abgehört werden konnte. Von den IM an der TU hatte sich bis zu diesen Zeitpunkt nur ein kleiner Teil freiwillig zu ihrer Vergangenheit bekannt. Heute ist bekannt, dass zum Beispiel in der Sektion Physik mindestens acht Prozent aller Wissenschaftler geheime Verbindungen zur Stasi hatten, der Anteil der Hochschullehrer der Physik betrug mindestens 20 Prozent."

Die Übersicht „IM-Struktur der Objektdienststelle TU Dresden" - zeigt für das Jahr 1988 – unter Einbeziehung der Verkehrshochschule und der Ingenieurhochschule in Dresden – die Anzahl der im Einsatz befindlichen hauptamtlichen IM.

Gesellschaftlicher Mitarbeiter für Sicherheit (GMS)	61
Inoffizieller Mitarbeiter zur politisch-operativen Sicherung des Verantwortungsbereiches (IMS) (IM-Kategorie 1968–1989)	159
Inoffizieller Mitarbeiter der Abwehr mit Feindverbindung bzw. zur unmittelbaren Bearbeitung im Verdacht der Feindtätigkeit stehender Personen (IMB) (IM-Kategorie 1968–1989, Vorläufer IMF, IMV)	5
Inoffizieller Mitarbeiter im bzw. für besonderen Einsatz (IME)	29
Führungs-IM (FIM), IM zur Führung anderer IMS und GSM	17
Inoffizieller Mitarbeiter zur Sicherung der Konspiration und des Verbindungswesens (IMK) (IM-Kategorie 1968–1989)	46
Gesamt ohne IMK	271

IM-Struktur der Objektdienststelle TU Dresden für das Jahr 1988 – eingebunden waren die Hochschule für Verkehrswesen Friedrich List und die Ingenieurhochschule Dresden.

Über die genaue Zahl der unter Studenten und der im Lehrkörper aktiven oder geworbenen Inoffiziellen Mitarbeiter (IM) liegen mir keine Informationen vor,

Wurden Studierende oder Universitätsmitarbeiter für eine Mitarbeit angesprochen und kam es dabei – oft unter Druck durch Erpressung, Versprechen von Vergünstigungen, Beförderungen oder besseren Karrierechancen – zu einer Zustimmung, so landeten sie zunächst in einer sogenannten Vorlaufakte (IM-Vorlauf).

Erbrachte der IM-Vorlauf aus Sicht des MfS „brauchbare" Informationen, wurde die Person offiziell als IM registriert. Blieb der IM-Vorlauf jedoch ohne verwertbare Ergebnisse, schloss das MfS die Akte.

Besonders problematisch war es, wenn sich ein IM-Vorlauf im Freundes- oder Kommilitonenkreis „geoutet" hatte, was durch die unterzeichnete Mitarbeitserklärung ausdrücklich untersagt war. In solchen Fällen wurde die Person für das MfS wertlos und die Vorlaufakte wurde ebenfalls geschlossen.

Ein Beispiel für das Wirken von IM ist der Fall von Professor Simon an der Technischen Hochschule (TH) Dresden. Simon war Professor mit Lehrstuhl, Vorstand der Abteilung Chemie und Biologie, Institutsdirektor für anorganische und anorganisch-technische Chemie sowie Dekan der Ersten Fakultät der TH Dresden. Zudem war er Mitglied der Sächsischen Akademie der Wissenschaften zu Leipzig.

Von 1959 bis 1961 wurde Professor Simon im Operativen Vorgang (OPV) „Chemie" vom MfS bearbeitet, nachdem zuvor ein sogenannter Überwachungsvorgang eingeleitet worden war.[23] Aus den noch erhaltenen Unterlagen des MfS und Berichten geheimer Informanten (GI) geht hervor, dass das MfS seine Informationen - darunter auch offenkundige Falschinformationen - aus Simons engstem Mitarbeiterkreis bezog. Mit seinem Tod im Jahre 1961 wurde der OPV geschlossen.

Besonders bemerkenswert ist der Fall Simon auch deshalb, weil das Abschlussprotokoll des MfS zeigt, wie nach seiner Emeritierung (1960) und seinem Tod (1962) eine „Umorganisation" am Institut durchgeführt wurde:

„[...] Im Institut befindet sich ein neuer Direktor, der Genosse unserer Partei ist. Er hat es bereits verstanden, das Institut ideologisch zu säubern. Im

---

[23] Überwachungsvorgang (= Ü-Vorgang), MfS-Dokument vom 22.5.1958, Reg.Nr. 162/58, Verwaltung Dresden, Abt. V/6; BSTU 00009

Verlaufe kurzer Zeit werden alle ehemaligen Vertrauten des Beschuldigten aus dem Institut entfernt bzw. unter Kontrolle gehalten. "[24]

Um die in der Dienstanweisung Nr. 1 formulierten Ziele an der TU Dresden umzusetzen, reichte es nicht aus, die dortige MfS-Dienststelle personell zu verstärken. Diese Vorgaben konnten nur durch den zusätzlichen Einsatz der Parteikader erfüllt werden. Miit der 3. Hochschulreform wurden daher die Strukturen sowohl an die wissenschaftliche Erfordernisse als auch an die langfristige personelle Strategie der SED hinsichtlich der Besetzung von Führungspositionen an den Universitäten angepasst. Damit wurde sichergestellt, dass keine Ernennungen, Einstellungen, Zulassungen oder Promotionen ohne die Zustimmung der SED und ihrer Grund- und Abteilungsparteiorganisationen möglich waren.
Der gesamte Universitätsbereich stand unter der Kontrolle der „Vertraulichen Verschlusssache MfS 008-Nr.63/68".

Für detaillierte Informationen zu den Strukturen und Aufgaben der Objektdienststellen sei auf die Dokumentation von Reinhard Buthmann *„Die Objektdienststellen des MfS (MfS-Handbuch)"*, hingewiesen.[25]

Anschließend stellt sich die Frage, wie diese 18-seitige Anweisung dem Leser zugänglich gemacht werden sollte. Das Herausgreifen einzelner Formulierungen, Passagen oder Anweisungen würde ihrer Bedeutung kaum gerecht werden. Daher wird die Anweisung in Band 2 vollständig veröffentlicht.

---

[24] Einstellung des OPV „Chemie", MfS Dokument vom 10.03.1961, Reg. Nr. 16/59; 36/61 Ablage, BSTU 000156.
[25] Reinhard Buthmann: Die Objektdienststellen des MfS (MfS-Handbuch). Hg. BStU, Berlin 1999, S. 20,

Die Autoren im Bild – eine Galerie statt Studentenausweisen

In der Erstausgabe von *Zwischen Humor und Repression* begleiteten studentische Ausweise mit Passbild viele der Beiträge. Gesichter, eingefroren in einem Moment der Jugend – unsicher, trotzig, hoffnungsvoll. Für die neugestaltete Auflage wurde aus gestalterischen und konzeptionellen Gründen auf diese Form der Bebilderung verzichtet. Der Charakter der Beiträge hat sich dadurch nicht verändert – doch die Vorstellungskraft ist nun stärker gefordert.

Wer waren sie, diese jungen Frauen und Männer, die einst mit großen Erwartungen an die Hochschulen der DDR kamen?

Viele von ihnen waren noch unpolitisch, neugierig auf das Studium – vielleicht sogar ein wenig stolz, Teil eines Systems zu sein, das sich selbst „sozialistisch" nannte.

Der Anfang war oft geprägt von freudiger Erwartung, neuen Freundschaften, anregenden Diskussionen, gegenseitiger Unterstützung, gemeinsamen Unternehmungen. Doch schon bald traten andere Erfahrungen hinzu: Sprachlosigkeit angesichts der Kontrolle – und das wachsende Bewusstsein für die allgegenwärtige Repression.

Die einen kamen irgendwie durch – trotz des Ballasts politischer Indoktrination und geforderter Anpassung, worauf sie gern verzichtet hätten. Die anderen gerieten früh in Konflikt mit einem Machtapparat, der keine Infragestellung der offiziellen Ideologie duldete, auf bedingungsloser Unterordnung bestand – und so aus jungen Studierenden über Nacht Oppositionelle machte.

Einige von ihnen erzählen in diesem Band von genau diesen Momenten. Etwa
• in Gabriele Stötzers „Ein Brief an Margot Honecker",
• in Roland Meys Erinnerungen an die „zwei Stunden im Hörsaal eingesperrt",
• in Klaus Jorks Reflexion über „Wir sind der Meinung ...",
• oder in Roland Jahns Geschichte „Roland, wir stehen zu dir".

Manches wirkt aus heutiger Sicht kaum mehr nachvollziehbar: etwa der Glaube, die Härte, der Druck, das Misstrauen könnten bloß Ausrutscher gewesen sein – nicht etwa politisches Kalkül. Und doch war da etwas sehr Menschliches in dieser Hoffnung auf Einsicht, auf Gerechtigkeit von oben.

Heinz Clemens

Gerhard Hönisch

Christian Müller

Peter Böhmer

Ullrich Otto

Klaus Lunkwitz

Klaus Jork

Ursula Wonneberger

Hans-Jürgen Brink

Christian Höfgen

Fritz Rath

Matthias Lienert

Helmar Schober

Kurt Schwinkowski

Roland Mettcher

Peter Ziesecke

Falk Anders	Hartmut Henke	Matthias Markert	Lothar Gebauer
Hans-Jürgen Hardtke	Reinhard Keller	Uta Knoblauch	Martin Böttger
Guntram Glöde	Joachim Schmiele	Michael Proksch	Joachim Klose
Hans-H.-Grimmling	Michael Ventzke	Joachim Heinrich	Frank Kempe

Martina Pontius/Anger

Lutz Rathenow

Gabriele Stötzer

Roland Jahn

Manfred Mortzeck

Matthias Rößler

Michael Büdke

Peter E. Rompf

Armin Hübner

Günter Knoblauch

Christian Beinhoff

Klaus Heyde

Bernd Kuhlmann

Ingrid Straßberger

Wolfgang Zill

Rainer Jork

Hubertus Deick   Gisela Krause   Wilhelm Petzholtz   Wolfgang Friese

Christian Meyer   Hans-Peter Leidhold   Günter Herrmann   Otto Härtig

Gerhard Wedekind   Hans-Lutz Dalpke   Hartmut Hempel   Christina Harnisch

Svetoslav Bakardjiev   Betina Stock   Thomas Heeger   Hans Joachim Preuß

Günter Franke   Klaus Appenroth   Wolfgang Kupke   Michael Balzer

Johannes Wallmann   Detlef Färber

***

Publikationen

Chronik einer angekündigten Flucht

Der Autor spannt den Bogen von abenteuerlichen Reisen im Ostblock über die Indoktrination, der er als Student und Reiseleiter ausgesetzt war, bis hin zu seiner Verhaftung durch das Ministerium für Staatssicherheit (MfS). Mit Einblicken hinter die Gefängnismauern der Stasi-Haft und des berüchtigten Gelben Elends in Bautzen zeigt er auf, mit welchen Mitteln und welchem Aufwand das MfS versuchte, Andersdenkende unter Kontrolle zu bringen. In einer langen, spektakulären und dem Generalstaatsanwalt der DDR angekündigten Flucht durch vier Länder erreicht der Autor schließlich die Bundesrepublik.

Dr. Matthias Rößler, Präsident des Sächsischen Landtags a.D.: „Seine Geschichte ist nicht nur spannend, sie wird auch packend erzählt. Das von ihm geschriebene Buch liest sich wie ein Abenteuerroman, ist aber ebenso ein verlässliches und authentisches Zeugnis über die Unfreiheit der DDR, die Methoden der Stasi und das von ihr verübte Unrecht...
Günter Knoblauchs Buch ist ein Glücksfall für die Aufarbeitung der DDR-Geschichte... "

LZ - Leipziger Zeitung: "Die Chronik einer angekündigten Flucht ist eine auf fast 500 Seiten durchweg spannende Publikation, vollkommen außerhalb der bisher bekannten oder verfilmten Fluchtgeschichten... Ein sehr gutes Geschichtsbuch und überdies ein echter Krimi. Das muss in die deutschen Geschichtsarchive! ..."

Forschungsverbund SED-Staat der Freien Universität Berlin: "Die Fluchtgeschichte liest sich wie ein Abenteuerroman und ist doch nichts als reine Wahrheit über die Realität im geteilten Europa des 20. Jahrhunderts... Die Chronik einer angekündigten Flucht erzählt eine Geschichte, die hoffentlich in der politischen Bildung ihren Platz findet."

Günter Knoblauch
Verlag: BoD – Norderstedt,
3. erw. Aufl. 2024,
388 Seiten, 80 Abb.

Paperback Preis 15,50 €
ISBN: 978-3-75683 1257 1

ePub:
ISBN-13: 978-3-758-39773-8

Zwischen Humor und Repression – Aufbruch und Illusion
Studieren in der DDR
Band 1

Die neugestaltete und überarbeite Buchausgabe von 2017 in neuer Aufmachung und mit weiteren Beiträgen und Kommentaren zur Zeit.

Freie Universität Berlin - Forschungsverbund SED-Staat
"[...] Die Herausgeber des vorliegenden Bandes waren selbst Studenten der TU Dresden. Es gelang ihnen zahlreiche Kommilitonen als Zeitzeugen zu gewinnen, die den Band mit persönlichen Geschichten über ihre Studienzeit und die dabei gesammelten Erfahrungen zu einem ebenso spannenden wie aufschlussreichen Dokument des "gelebten Lebens" in der DDR machen. Es ist der Sorgfalt, Ausdauer und Mühe von Günter Knoblauch und Rainer Jork zu verdanken, dass diese besondere Universitätsgeschichte aus der Perspektive mehrerer Studentengenerationen überhaupt zustande gekommen ist ....." *(zur Buchausgabe von 2017)*

Literaturwelt.Das Blog
Der studierwilligen Jugend sei dieses Buch ans Herz gelegt – und allen die hierzulande Hochschulpolitik machen. Rainer Jork und Günter Knoblauch haben einen enormen Schatz an Erfahrung von Zeitzeugen aus dem Alltag der sozialistischen Diktatur zusammengetragen, der zweierlei offenlegt: Neugier und Freude an selbständiger Arbeit sind mit bevormundenden und doktrinären Bildungssystemen kaum vereinbar – und andererseits lassen sich solche Systeme nur mit lebensfeindlichen, die Freiheit von Wissenschaft und Kunst erstickenden Maßnahmen aufrechterhalten, daran scheitern sie schließlich. Um das zu zeigen, bedarf es keiner Polemik. Die Selbstauskünfte von Forschern, Ingenieuren, Lehrern, Künstlern aus vier Jahrzehnten des "Arbeiter- und Bauern-Staates" beweisen es; sie lesen sich obendrein spannender als jeder Krimi. Fast alle Erzähler wehrten sich einfallsreich – mit Intelligenz, Improvisation, Hilfsbereitschaft, mit bisweilen an den "braven Soldaten Schwejk" erinnerndem Witz – dagegen. ...
(zur Buchausgabe von 2017)

Günter Knoblauch (Hg.)
Verlag: BoD, Norderstedt
1. Auflage 2/2025
2. Auflage 9/2025
374 Seiten, Abbildungen
ISBN 978-3-769-35207-8

Zwischen Humor und Repression – Anpassung und Widerständigkeit

Studieren in der DDR

Band 2

DRESDENER NEUESTE NACHRICHTEN
Die politisch gesetzten Grenzen und praktischen Spielräume an Universitäten zu DDR-Zeiten versuchen die Herausgeber Rainer Jork und Günter Knoblauch in ihrem neuen Sammelband auszuloten. Darin schildern 84 ehemalige Studenten und Dozenten ihre Erlebnisse an der Technischen Universität Dresden (TUD) und weiteren ostdeutschen Unis vor der Wende. [...] die Herausgeber haben die Erinnerungen durch zeitgeschichtliche Anmerkungen, Erläuterungen und einen Anhang über studentische Kultur in der DDR ergänzt. Obgleich Jork und Knoblauch auf eine theoretische Kommentierung verzichten, wird doch deutlich: Es gibt keine einfache Antwort auf die Frage, ob und wie man sich verbiegen musste, um in der DDR zu studieren. Eher gibt es viele Antworten, die vom konkreten Fall, von Ort und Zeit stark abhängen.....[..] Repräsentativ mag die daraus entstandene Anthologie nicht sein, wie DDR-Forscher Prof. Eckhard Jesse schon im Vorwort betont. Auch ist dieser Band kein „Erklärbuch" aus einem theoretischen Guss. Aber als Quellensammlung für weitere Forschungen ist sie von unschätzbarem Wert. „Das Sammelwerk vermeidet beides: Dämonisierung und Verharmlosung der universitären Kaderschmiede", meint Eckhard Jesse. „Grautöne überlagern oft Schwarz-Weiß-Bilder. ..."
(zur Buchausgabe von 2017)

Deutschlandfunk Andruck - Das Magazin für Politische Literatur
Studieren in einer Diktatur - „[...] Die Hochschulen der DDR waren nicht nur Institutionen von Wissenschaft und Lehre. Noch mehr waren sie Orte, an denen stromlinienförmige Sozialisten ausgebildet wurden. Schon die Zulassung zu einem Studium war ein Mittel, um junge Leute zu disziplinieren. Nachzulesen ist das im Sammelband "Zwischen Humor und Repression ..."
(zur Buchausgabe von 2017)

Günter Knoblauch (Hg.)
Verlag: BoD, Norderstedt,
1. Auflage 2/2025
2. Auflage 5/2025
382 Seiten, Abbildungen

ISBN 978-3-8482-5729-4

Zwischen Humor und Repression – Kompendium zur Buchreihe
Studieren in der DDR
Band 3

Das *„Kompendium zur Buchreihe"* bietet eine didaktische Sammlung mit Vorschlägen, Materialien und Hinweisen für die Arbeit mit den Bänden *„Aufbruch und Illusion"* (Band 1) und *„Anpassung und Widerständigkeit"* (Band 2). Es wurde speziell für Schülerinnen und Schüler der Sekundarstufe II sowie Studierende konzipiert, die sich mit den Studienbedingungen, Möglichkeiten und Einschränkungen der studentischen Generation in der DDR auseinandersetzen oder sich darüber informieren möchten.

Darüber hinaus lädt das Kompendium alle Leserinnen und Leser sowie Autorinnen und Autoren zur Selbstreflexion ein. Es regt dazu an, die Berichte anderer unter einem persönlichen Blickwinkel zu betrachten: War mein Erleben eine Singularität im Studienprozess? Eine Normalität? Oder waren auch andere mit vergleichbaren Situationen konfrontiert?

Den Leserinnen und Lesern von heute – insbesondere der jungen Generation – soll das Buch Einblicke ermöglichen und helfen, diese Zeit der deutschen Geschichte besser zu verstehen. Eine Geschichte, die nicht in Schwarz-Weiß zu zeichnen ist, sondern die vielschichtigen Nuancen und Facetten des studentischen Lebens in der DDR sichtbar macht.

Günter Knoblauch (Hg.)
Verlag: BoD, Norderstedt,
1. Auflage 2025

110 Seiten
ISBN 978-3-769-35595-6

Studieren in der DDR

bedeutete auch, sich immer wieder den gesellschaftlichen, politisch-ideologischen Zwängen zu stellen. Die Erlebnisberichte von über 70 ehemaligen Studentinnen und Studenten verdeutlichen, wie unter der Diktatur einer Partei mit ihrem Sicherheitsapparat, der Stasi, Lebensläufe wesentlich geprägt, geformt oder gar gebrochen wurden. Zwischen Humor und Verweigerung, Anpassung und Empörung gestalteten sich innere und äußere Fluchtbewegungen.

Stimmen zum Buch

Lutz Rathenow, Landesbeauftragter Aufarbeitung SED-Diktatur a.D., Sachsen

„[...] Das Buch ist gut und spannend, es hängt aber auch zwischen Baum und Borke - im Vergleich zu den Studien für die Universitäten Jena/Halle ist es nicht durchgeschrieben wissenschaftlich, für lebendige Erzählungen (die es an vielen Stellen bietet !!) ist die Verpackung sehr opulent und doch nüchtern. Aber die Quadratur des Kreises geht nicht, das Buch kommt ihr erstaunlich nahe."

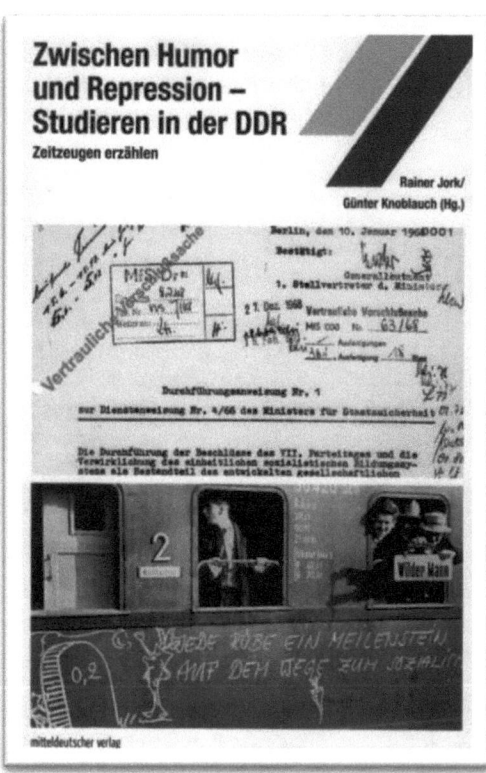

R. Jork / G. Knoblauch (Hg.)
Mitteldeutscher Verlag, 2017
552 Seiten, s/w-Abb.

ISBN: 978-3-95462-879-1
Preis 19,95 €

Die Hochschule für Musik FRANZ LISZT Weimar

Die Vergangenheit holt die HfM ein

Professor Stölzl, Präsident der Hochschule für Musik FRANZ LISZT Weimar: *„[...] es gibt staatlich bezahlte Institute, wie z.B. die Bundesstiftung zur Aufarbeitung der SED-Diktatur, und [...] es gibt viele Forscher, die sich mit der DDR befassen. Mögen sie sich auch mit der HfM befassen. Ich fände es toll."*

Die beiden Autoren haben mit Hilfe von Dokumenten, Interviews, Veröffentlichungen und eines Podiumsgesprächs einen Anfang für eine offene Diskussion der jüngeren Vergangenheit der HfM gemacht.

Prof. Dr.-Ing. Jürgen Wenge *(Mitglied des Leipziger Bürgerkomitees von 1989/90)*

Wer die Zukunft meistern will, muss die Vergangenheit analysieren. Und wer die Aufarbeitung vergangener Jahrzehnte verweigert oder kaschierend realisiert, der wird auch die Probleme der Gegenwart nur noch vergrößern. ... Die Logik ihrer Beweisführungen einerseits und die Ignoranz dieser Beweise andererseits sind beeindruckend und zugleich erschreckend. Wegen der Trivialität der dargestellten Defekte können „unwissentliche Konstruktionen" ausgeschlossen werden. Beim wissentlichen Ignorieren von: wenn keine Stasi-Aufarbeitung, dann keine abgeschlossene Opfer-Rehabilitation und wenn Stasi-Einfluss unberücksichtigt, dann keine wahre Zeitgeschichte, dann führt das sofort zu der Frage: Wer soll damit beschützt und vor Schaden bewahrt werden?

Diese Publikation soll dazu beitragen, dass es zu keiner Geschichtsklitterung kommt.

Ehrhart Neubert, (1998-2003 Vorstand der Bundesstiftung zur Aufarbeitung der SED-Diktatur): *„Die Autoren putzen an Weimar und der Reputation seiner kulturellen Institutionen. Und Weimar, jedenfalls das Bild von Weimar als historischer und hervorragender Platz deutscher und europäischer Kultur, hat das auch nötig ..."*

Rezensionen zum Buch

G. Knoblauch /R. Mey
Mitteldeutscher Verlag, 2018, 124 Seiten
ISBN: 978-3-95462-952-7
Preis 10,00 €

epub:
ISBN: 978-3-96311-7
Kostenlos

Die Hochschule für Musik FRANZ LISZT Weimar

Ein Buch gegen das absichtliche Vergessen

„[...] es gibt staatlich bezahlte Institute, wie z.B. die Bundesstiftung zur Aufarbeitung der SED-Diktatur und [...] es gibt viele Forscher, die sich mit der DDR befassen. Mögen sie sich auch mit der HfM befassen. Ich fände es toll." (der Präsident der Hochschule für Musik FRANZ LISZT Weimar)

„[...] Nachdem die HfM die kulturellen Leistungen der Vergangenheit für sich in Anspruch nimmt, die Verantwortung für die politischen Verformungen zu DDR-Zeiten aber von sich weist, haben sowohl Außenstehende als auch Betroffene sich in einer Vielzahl von Veröffentlichungen und Rundfunksendungen dieser Aufgabe angenommen. "Der Schrei" schreibt mit neuen Recherchen, Erkenntnissen und Veröffentlichungen die Publikation „Defekte einer Hochschulchronik - Die Hochschule für Musik FRANZ LISZT Weimar" aus den Jahre 2018 fort."(Forschungsverbund SED-Staat der Freien Universität Berlin)

„Wer die Zukunft meistern will, muss die Vergangenheit analysieren. Und wer die Aufarbeitung vergangener Jahrzehnte verweigert oder kaschierend realisiert, der wird auch die Probleme der Gegenwart nur noch vergrößern..." – Prof. Dr. Jürgen Wenge, Thüringer Landeszeitung

Günter Knoblauch (Hrsg.)

DER SCHREI

Die Hochschule für Musik Franz Liszt Weimar

Ein Buch gegen das absichtliche Vergessen

Der Herausgeber hat, zusammen mit weiteren Autoren, erneut die DDR-Vergangenheit an der *Hochschule für Musik FRANZ LISZT Weimar* in den Blick genommen und stellt die Frage: Warum werden diejenigen angefeindet, die Licht ins *Dunkel der HfM-Vergangenheit* bringen wollen? Diejenigen, die eine eigentlich von der HfM zu leistende Arbeit übernahmen und Vorgängen und Vorwürfen des Verdachts auf Kollaboration mit der Stasi, der Manipulation von Studienergebnissen, der Verfälschung der Hochschulchronik, ... nachgingen?

Mit neuen Recherchen, Erkenntnissen und Veröffentlichungen setzt „Der Schrei" die Publikation „Defekte einer Hochschulchronik" aus dem Jahr 2018 fort.

Verlag **BoD** – Nordersted
1. Auflage 8/2023, 184 Seiten
Paperback
ISBN: 978-3-757-81708-4
Preis 10,80 €
e-Book
ISBN: 978-3-756-85410-3

***

Zur Buchausgabe von 2017

„Die Anthologie gibt mit über 80 Zeitzeugenberichten einen facettenreichen Einblick in die Studienbedingungen an den Hochschulen, vor allem der 1950 bis 1970er Jahre. Zu Wort kommen vor allem Studenten der TH/TU Dresden aus technischen und naturwissenschaftlichen Fächern, die aus ganz unterschiedlichen Gründen „angeeckt" sind und deshalb mit dem SED-Staat in Konflikt gerieten. Manche von ihnen gingen später in den Westen, andere verblieben in der DDR. ...
Besonders hervorzuheben ist die didaktisch gute Aufbereitung. Ein Glossar mit Erläuterungen zu historischen Bezügen, Verweise auf Zeitdokumente und weiterführender Literatur prädestinieren diesen Band zum Einsatz im Unterricht."

Dr. Clemens Vollnhals
Stellvertretender Direktor des Hannah-Arendt-Instituts für
Totalitarismusforschung e. V. an der TU Dresden.

***

„[...] Den Autoren ist es mit ihren lebendigen Erzählungen gelungen, nachfühlbar aufzuzeigen, wie die SED-Diktatur Lebensläufe prägte und, wo sie ihren Machtgestaltungsanspruch nicht durchsetzen konnte, diese auch zerstörte.
Außerdem zeigen die Berichte von den Hochschulen in Dresden, Freiberg, Karl-Marx-Stadt, Halle oder Erfurt auch die verschiedenen Verweigerungsarten der Studierenden. Humor fehlt da nicht und ist nicht nur im Titel vorhanden. [...] Das Buch brilliert darüber hinaus durch weiterführende Erklärungen, die Herstellung historischer Bezüge, einen fulminanten Fußnotenapparat sowie eine immense Sammlung von Zeitdokumenten und Fotos. Es regt auf mehrfache Weise zur Nutzung im Unterricht an."

Maximilian Heidrich,
MA beim Sächsischen Landesbeauftragten
zur Aufarbeitung der SED-Diktatur

***

374